역주 원중랑집 1

The Complete Works of Yuán Hóng Dào

지은이 원굉도(袁宏道, 1568~1610)는 명(明)나라 공안(公安) 사람으로 자(字)는 중랑(中郞)이다. 1592년(萬曆 20)의 진사로, 오현(吳縣) 현령으로 있다가 곧 관직을 그만두고 고향으로 돌아갔다. 뒤에 다시 기용되어 계훈낭중(稽勳郞中)에 이르렀다. 형 종도(宗道), 동생 중도(中道)와 함께 문학으로 이름이 높아서 '삼원(三袁)'이라 일컬어졌다. 왕세정(王世貞)·이반룡(李攀龍) 등 전후칠자(前後七子)의 복고주의를 비판하고, 자신의 성령(性靈)을 펼쳐내고 격투(格套)에 얽매이지 않을 것을(獨抒性靈, 不拘格套) 주장하였다. 저서에 『원중랑집(袁中郞集)』, 『상정(觴政)』, 『병사(甁史)』 등이 있으며 『명사(明史)』 권288에 전기가 전한다.

옮긴이 심경호(沈慶昊)는 서울대학교 인문대학 국어국문학과 및 동 대학원을 졸업했다. 일본 교토대학(京都大學) 문학연구과 박사과정(중국문학 전공)을 수료하고 박사학위를 받았다. 한국정신문화연구원 교수, 강원대학교 인문대학 국어국문학과 교수를 거쳐, 현재 고려대학교 문과대학 한문학과 교수로 재직중이다. 저서로 『강화학파의 문학과 사상』 1~4(공저, 한국정신문화연구원), 『다산과 춘천』(강원대 출판부), 『조선시대 한문학과 시경론』(일지사), 『한문산문의 내면풍경』(소명출판), 『한학연구입문』(이회문화사), 『김시습평전』(돌베개) 등이 있으며, 역서로 『금오신화』(홍익출판사), 『당시 읽기』(창작과비평사), 『주역철학사』(예문서원), 『중국의 자전문학』(소명출판) 등 다수가 있다.

옮긴이 박용만(朴用萬)은 한국정신문화연구원 한국학대학원 문학박사로, 현재 한국정신문화연구원 전문위원이다. 논문으로 「이용휴(李用休)의 시문학 연구」 외 다수가 있으며, 역서로 『효경』(이회문화사), 『마음을 다스리는 글』(이회문화사) 등이 있다.

옮긴이 유동환(劉東桓)은 고려대학교 대학원 철학과 철학박사로, 현재 (주)여금 대표이자 한신대학교 디지털문화콘텐츠학과 겸임교수이다. 논문으로 「이지(李贄)의 천인이욕론(天人理欲論) 연구」 외 다수가 있으며, 저서로 『조조병법』(바다출판사)이 있고, 역서로 『몽구』(홍익출판사), 『안씨가훈』(홍익출판사) 등이 있다.

역주 원중랑집 1

1판 1쇄 인쇄 2004년 12월 10일
1판 1쇄 발행 2004년 12월 20일

지은이 / 원굉도
옮긴이 / 심경호·박용만·유동환
펴낸이 / 박성모
펴낸곳 / 소명출판
출판고문 / 김호영
등록 / 제13-522호
주소 / 137-878 서울시 서초구 서초동 1621-18 (란빌딩 1층)
대표전화 / (02) 585-7840
팩시밀리 / (02) 585-7848
somyong@korea.com / www.somyong.com

ⓒ 2004, 한국학술진흥재단

값 27,000원

ISBN 89-5626-136-9 93820
ISBN 89-5626-135-0 93820(전10권)

역주 원중랑집(袁中郎集) 1

The Complete Works of Yuán Hóng Dào

원굉도 저 / 심경호 · 박용만 · 유동환 역주

소명출판

　이 책은 명나라 말기의 자유주의 사상가이자 개성주의 문학가였던 원
굉도(袁宏道)의 시문을 역주한 것이다. 본래 한국학술진흥재단에서 시행
하는 동서양학술명저 번역지원사업의 2001년도 과제로 선정되어 2003년
도에 결과물을 제출하였는데, 금번에 이와 같은 형태로 간행하게 되었다.
　원굉도는 인간 존재의 문제에 대해 진지하게 탐색하는 한편으로, 세
속의 삶을 조롱하면서 일견 퇴폐적이라고까지 할 감각적 취미를 지녔던
인물이다. 문학의 방면에서는 복고주의 문학을 비판하고 개성을 중시하
는 참신한 시문을 창작하여, 명나라 말기의 중국에서만이 아니라 17세기
이후 한국이나 일본에서도 인기가 매우 높았다. 심지어 그의 문집이『사
고전서(四庫全書)』에 수록되지 않고「존목(存目)」에 이름만 기록된 것은
그의 시문이 하도 청신하고 발랄해서 청나라 사람들이 싫어해서 그런
것이라는 오해마저 생겨날 정도였다. 중국에서 신문화운동이 벌어지던
1930년대에는 원굉도의 문학적 성과를 둘러싸고 선전하는 이론과 비판
하는 이론이 첨예하게 대립하기도 하였다. 오늘날 동아시아의 전근대 시
기 문학사와 지성사를 연구하는 사람들은 원굉도의 문학 및 사상을 크

게 주목하고 있다.

그런데 우리나라에서는 과거에 원굉도의 시문을 목판으로 인쇄한 적이 없었던 듯하고, 현대에 들어와서 선역하여 소개한 일도 없었다. 일본의 경우는 미흡하나마 17세기 말에 이미 훈점본이 나왔고, 또 적은 양이지만 시의 일부를 선역한 이리야 요시타카[入失義高]의 『원굉도(袁宏道)』(岩波書店, 東京, 1963)가 있다. 한편 중국에서는 전백성(錢伯城)의 『원굉도집전교(袁宏道集箋校)』(중국: 上海古籍出版社, 1981)가 간행되어 원굉도 연구에 상당한 기여를 하게 되었다.

원굉도의 문집을 우리말로 역주하는 과제가 학술진흥재단의 번역지원사업으로 공시되었던 것은 아마도 우리 학계의 요구가 일정하게 반영된 때문일 것이다. 나는 그 지원을 받게 되어, 박용만 박사, 유동환 박사와 번역연구팀을 구성해서, 2001년도 겨울부터 원굉도의 시문을 강독하기 시작하였다. 박용만 동학은 원굉도의 문학과 깊은 관계가 있는 이용휴(李用休)의 문학을 전공하여 한국학대학원에서 문학박사학위를 취득하였고, 유동환 동학은 원굉도의 사상에 깊은 영향을 준 이탁오(이지)의 사상을 연구하여 고려대학교 철학과에서 철학박사학위를 취득한 분이다.

본래 문학과 사상을 공부하기 위해서는 한 작가 혹은 저술가의 전집을 통람하는 것이 좋다. 나는 평소 통람의 한 방법으로 역주의 방식을 매우 중요하게 여겨 왔다. 원굉도 시문의 역주는 학계나 일반 독자를 위한 봉사의 의미도 있지만, 무엇보다 나 자신이 그 시문들을 통람하기 위해서도 매우 필요한 일이었다.

우리들은 전백성 씨의 『원굉도집전교』를 토대로 역주를 시작하였다. 『원굉도집전교』는 패란거(佩蘭居)의 40권본 『원중랑전집』을 저본으로 삼아, 원래의 시문을 체제에 따라 분류하고 합편한 것으로, 여러 이본들을 교감하고 전교(箋校)를 붙인 것이다. 본편 55권과 부록 3권 등 전체 58권으로 이루어진 방대한 분량이다. 부록 1권은 일시·일문을 모아 놓았고, 부록 2권은 전기(傳記)·평론(評論)·저록(著錄)을 수록하였으며, 부록 3은 원굉도의 시문이 그때그때 편집되어 단행(單行)될 때 쓰여진 서발문을 편집하였다. 국역은 『원굉도집전교』에 수록된 본편 55권을 대상으로 삼아 그 내용을 모두 번역하기로 하였다.

역주본을 간행하기 위해 우선 박용만 박사와 유동환 박사가 원문을 전부 전산 입력하여 주었다. 55권이나 되었으므로, 입력을 한 뒤 오자를 바로잡는 데만도 상당한 시간이 걸렸다. 한국학대학원의 여러 젊은 연구자들과 나의 연구실에서 공부하는 대학원생들도 도와주었다. 이 자리를 빌어서 감사 드린다.

그 뒤 우리 세 사람은 전공을 고려해서 권별로 분담해서 각각 초벌 작업을 하고 그것을 자료로 강독을 하면서 내가 감수하려고 하였다. 그러나 여러 가지 난관에 부딪혔다. 두 분의 경우 대학의 강사로서 바쁜 생활에 쫓겨야 하였고, 나의 경우도 여러 가지 사정상 역주에 몰두할 수가 없었다. 게다가 나는 2003년도에 연구년을 맞아, 그 해 4월부터 다음 해인 2004년의 2월까지 일본 교토대학의 초빙교수로 가 있어야 하였다. 강독을 할 수 없게 된 것이다.

그래서 2003년 4월부터 작업의 방식을 바꾸었다. 상당 부분의 시문들을 내가 일차적으로 역주하고, 두 공동연구자가 그 원고를 검토하고 교정을 보아주기로 하였다. 하지만 내게는 별도의 일들이 산적하여 있었다. 최종보고서의 제출기한을 연기해달라고 청원하였으나, 규정 때문에 허락을 받지 못하였다. 그 때문에 나는 교토에서의 연구기간을 매우 고통스럽게 보내었다. 2003년 8월부터 11월까지는 외출도 거의 하지 못하고 열악한 환경의 숙소에서 밤 깊은 시각까지 자판을 두드려 대었다. 눈이 보이지 않게 되고, 물 한 모금 마시지 못하게 된 적도 있었다. 다만 고독하였기에 집중할 수 있었고, 그 때문에 마음의 상처를 치유할 수 있었다. 그렇지만 사전 등의 공구서가 가까이 없었으므로 안타까웠다.

원굉도의 시문은 평이하고 재미있는 글도 많지만, 번역하기 까다로운 시문도 많았다. 곧, 원굉도의 시는 평이한 것은 아주 평이하여 속되다는 비판을 듣는다. 하지만 원굉도는 풀어서 쓸 내용들을 한두 마디로 압축하길 좋아하고, 원관념과 보조관념의 연결에 의외성을 도입한 비유 형식을 곳곳에 끼워 넣으며, 단어를 쪼개어 수수께끼같이 만든 할렬어를 다용하였다. 그뿐 아니라 하나의 구에 전절을 많이 두거나, 공대(工對)가 아닌 비틀린 대장(對杖)을 즐겨 사용하였으므로 번역을 하면 무미한 서술문으로 될 수밖에 없는 것도 있었다. 게다가 위진(魏秦)의 인물고사를 전고로 많이 사용하였고, 기존의 시문들을 불쑥불쑥 틀어서 끌어다 썼다. 심지어 험운(險韻)으로 시 짓기를 좋아하였고, 시상의 전개도 기복이 심하였다.

산문의 경우는 생각과 정서의 흐름에 따라 문장을 끊고 꺾었으므로, 나로서는 이해하기 어려웠다. 불교 용어를 쓴다든가 불가언설의 선적 논리를 구사한 것도 많았다. 이러한 점은 원굉도가 '독서성령(獨抒性靈)'을 기치로 내세운 사실과 일견 모순되는 듯하게 여겨지기까지 하였다. 그러나 실은 원굉도는 자신만의 독특한 경지를 열기 위해 이른바 법(法)을 배격하였으므로, 그 결과 더욱 난해한 시문을 낳고 말았던 것이다. '나의 시' '나의 글'이란 그만큼 난해성을 수반한다는 사실을 깨달았다.

원굉도의 형 원종도(袁宗道)는 아우의 시가 특히 중간에 크게 변하여 대단히 각고(刻苦)하여 내었다고 하였다. 각고하여 시를 지은 것은 원종도 자신도 마찬가지였다. 원종도는 스스로의 시에 대해 일컫기를, "새로 지은 시가 너무 기괴하고 험벽해서 괴이하여라, 뼈가 삭을 정도로 괴롭게 읊는 것이 가을 매미와 같구나(怪得新詩奇僻甚, 苦吟骨削類枯蟬)"라고 하였다. 정말로 원굉도는 새로운 어휘들을 만들어 쓰거나 일상에서는 그리 쓰이지 않고 몇몇 시인들만 사용하던 어휘들을 즐겨 썼다. 그 사실은 그의 시문에 나타난 많은 어휘들이 『한어대사전(漢語大詞典)』 12책(중국 한어대사전편집위원회 한어대사전편찬처 간행, 1991)의 표제항에서 유일하거나 극소수의 용례로 등재되어 있는 사실로도 짐작할 수 있을 것이다.

그렇게 각고하여 창작한 시와 문을 이해하기 위해, 나는 한시 한문 공부를 다시 하여야 할 것만 같았다. 내가 작성해서 인터넷 메일로 보낸 원고들을 윤독하고 각주를 보완하고 내용을 수정하느라, 박용만 박사와 유동환 박사는 무척 고생을 하였다. 번역 결과는 완전히 우리 세 사람의 공동작업이다. 머리 숙여 감사 드린다.

2004년 2월에 다시 안암동의 연구실로 복귀하였으나, 여러 가지 일이 일어나 나의 삶 자체가 뒤틀리고 말았다. 미처 귀국하지 못한 사이에 스승이자 후원자이신 장인을 잃었다. 3월부터 5월까지는 눈물을 훔치면서 장인의 유고와 장서들을 정리하였다. 8월의 혹서에는 나의 하늘이신 아버지를 잃었다. 한문학회의 중국 학술대회에 참석하고 잠시 기분을 전환한 직후의 일이었다. 마을버스 타는 곳까지 내 책을 들어다 주시고 골목길로 올라가시는 '아버지의 뒷모습'을 뵌 것이 마지막이 되었다. 원굉도가 자주 사용한 말처럼 인생이란 하나의 포말이요 환영이란 말인가!

역주본을 출간하려면 아직 검토하고 수정할 내용이 많았다. 마음을 추스르고 한 해 더 뜸을 들였으면 하였다. 하지만 출판사의 사정이 여의치 않아서, 2004년도 12월 말까지 책을 출간하여야 한다고 하였다. 소명출판은 최근 한국학 분야의 젊은 저자들과 깊은 관계를 맺고 의미 있는 학술서적을 지속적으로 간행해오고 있다. 이런 출판사가 사정이 어렵다는 것을 알면서 그저 덤덤하게 있을 수는 없었다. 다시 무리를 하였다. 강의의 짬짬이, 그리고 늦은 시각까지, 침침한 눈을 노트북의 화면에 고정시켜야 하였다.

새로 수정한 원고는 공동연구자들도 교정을 보아주었으나, 내 연구실의 송호빈 군, 한민섭 군, 그리고 나의 여러 수업을 들어온 고려대 대학원의 안세현 군, 김광년 군이 많은 도움을 주었다. 특히 송호빈 군과 안세현 군은 오·탈자와 부호의 잘못을 일일이 지적해주었다. 이 젊은 동학들의 도움이 없었다면 역주본은 도저히 출간할 수가 없었을 것이다. 이 책이 이러한 과정을 거쳐 이러한 형태로 세상에 나오는 것도 운명이라면 운명이라고 하여야 하지 않을까!

완간을 자축할 수 없는 아쉬움과 슬픔을 고백하기 위해, 저간의 사정을 구구하게 기록하여 둔다. 모쪼록 이 번역본이 원굉도의 문학과 사상을 이해하고자 하는 분들에게 자그만 길잡이나마 되었으면 한다.

2004년 12월 1일
회기동의 작은 마당 집에서
고애자 심 경 호

일러두기

○ 이 번역물은 원굉도(袁宏道)의 문집 『원중랑전집(袁中郎全集)』을 전역(全譯)한 것이다. 다만 번역의 저본으로는 전백성(錢伯城), 『원굉도집전교(袁宏道集箋校)』(중국 : 上海古籍出版社, 1981)를 사용하였다.

『원굉도집전교』는 패란거(佩蘭居)의 40권본 『원중랑전집』을 저본으로 삼아, 원래의 시문을 체제에 따라 분류하고 합편(合編)한 것으로, 여러 이본들을 교감하고 전교(箋校)를 붙인 것이 특징이다. 본편 55권과 부록 3권 등 전체 58권으로 이루어진 방대한 분량이다. 본편 55권 가운데 30권은 유기(遊記)·척독(尺牘)·서(敍)·비(碑)·잡저(雜著) 등의 산문이고, 24권은 시집이다. 제55권에는 시와 산문이 함께 실려 있다. 부록 1권은 유실된 시문을 모아 놓았고, 부록 2권은 전기(傳記)·평론(評論)·저록(著錄)을 수록하였으며, 부록 3은 원굉도의 시문이 그때그때 편집되어 단행(單行)될 때 쓰여진 서발(序跋)을 모아 편집하였다. 이 번역본은 일차적으로 『원굉도집전교』에 수록된 본편 55권을 모두 번역하기로 한다.

그리고 『원굉도집전교』에 대하여, 일부 의심되는 점은 다음 자료에 의하여 보완하거나 정정하였다.

李建章, 『≪袁宏道集箋校≫志疑·袁中郎行狀箋校證·炳燭集』, 湖北人民出版社, 1994.

또한, 최근에 원굉도의 불교 관련 저술인 『덕산주담(德山麈譚)』(본 번역책 권44)의 원본이라고 할 『산호림(珊瑚林)』에 대한 연구가 이루어졌으므로, 『덕산주담』의 부분을 번역할 때에는 그 연구성과를 충분히 참고로 하였다.

아라키겐고(荒木見悟) 편, 『산호림(珊瑚林)』, ぺりかん社, 2001.3.

○ 원굉도의 문집은 『사고전서(四庫全書)』에 수록되지 않고 그 「존목(存目)」에만 이름이 올라 있고, 근세에 들어와 『사부비요(四部備要)』, 『사부총간(四部叢刊)』 등 문화사적으로 매우 중요한 총서(叢書)가 편찬될 때에도 수록되지 않았다. 이러한 반면에 그의 문집은 민간에서 다양한 판본과 전사본으로 유통되었고, 조선 후기의 문인들 및 일본의 문인들 사이에서도 널리 읽혔다. 따라서 원문이 여러 가지 형태를 띨 수 있으므로, 주요한 이본(異本)들에 대해서는 원문의 표기 사실을 밝혀 두는 것이, 원굉도를 연구할 때나 조선 후기 시문과 원굉도의 시문을 비교 연구할 때에 참고가 되리라고 생각된다.

전백성(錢伯城), 『원굉도집전교(袁宏道集箋校)』에 따르면 원굉도의 저작 판본 가운데 주요한 것들은 아래와 같다.

① 공안 가각본(公安家刻本) : 권수 미상. 원굉도가 아우 원중도(袁中道, 小修)에게 준 서신에

언급되어 있으나 지금은 볼 수가 없다.

② 오군(吳郡) 원숙도(袁叔度, 無涯) 서종당(書種堂) 사각본(寫刻本) : 만력(萬曆) 30(1602)년, 36(1608)년, 38(1619)년에 모두 7종이 간행되었다. 『폐협집(敝篋集)』 2권, 『금범집(錦帆集)』 4권(부록 : 『去吳七牘』), 『해탈집(解脫集)』 4권, 『병화재집(瓶花齋集)』 10권, 『광장(廣莊)』 1권, 『병사(瓶史)』 1권, 『소벽당집(瀟碧堂集)』 20권(오군 『소벽당집』에는 두 종류가 있다. 하나는 20권본이고, 다른 하나는 『속집』 10권을 더한 것인데, 단 이 『속집』은 실은 『병화재집』임). 이것을 아울러 '원중랑 7종'이라 하는데, 원중랑은 '정밀하되 미비된(精而不備)' 텍스트라고 불렸다. 하지만 종수(種數)와 집명(集名)이 원작자의 의도에 부합하므로, 전집은 아니지만 정본(精本)이라 할 수 있다.

③ 수수(繡水) 주응인(周應鶚) 교각(校刻) 『원중랑전집(袁中郎全集)』 : 만력 연간 간행. 모두 10종. 『광장(廣莊)』 1권, 『폐협집(敝篋集)』 2권, 『파연재집(破硏齋集)』 3권, 『광릉집(廣陵集)』 1권, 『도원영(桃源詠)』 1권, 『화숭유초(華嵩游草)』 2권, 『병사(瓶史)』 1권, 『상정(觴政)』 1권, 『광언(狂言)』 2권, 『광언별집(狂言別集)』 2권.

④ 『원중랑미각유고(袁中郎未刻遺稿)』 2권 : 『삼원선생집(三袁先生集)』 가운데 하나로, 대략 만력·천계(天啓) 연간에 간행되었다. 원중도(袁中道)는 원굉도의 유작 가운데 별도로 2권이 더 있다고 말한 바 있다. 원중도의 가각본(家刻本)은 지금 볼 수가 없고, 또 원굉도의 아들 원팽년(袁彭年)의 『속집(續集)』도 있었던 듯하지만 지금 볼 수가 없다. 어쩌면 이 텍스트는 원중도가 편정(編定)한 2권본이었을 가능성이 있다. 권수(卷首)에 '운간 진계유 중순보 열(雲間陳繼儒仲醇甫閱)'이라 쓰여 있다.

⑤ 하위연(河偉然) 편 『이운관유정원중랑전집(梨雲館類定袁中郎全集)』 24권 : 만력 45(1617)년 금릉(金陵) 대업당(大業堂) 간행. 원굉도의 시문을 체계별로 분류하여 편찬한 것은 이 책에서 시작되었다. 청나라 동치(同治) 연간에 다시 원헌건(袁憲健)·원조(袁照)의 복각본(覆刻本)이 나왔다.

⑥ 원중도(袁中道) 편 『원중랑선생전집(袁中郎先生全集)』 23권 : 만력 47(1619)년 휘주(徽州) 간행. 위의 텍스트와 마찬가지로 분체합편(分體合編)의 체제이다. 권수(卷首)에 필무강(畢懋康)의 서문이 있고, 권5의 서명 아래에 '해양 오회정 복계 교(海陽吳懷貞復季校)'라고 쓰여 있다. 지금 희귀본이다.

⑦ 육지선(陸之選) 편 『신각종백경증정원중랑전집(新刻鍾伯敬增定袁中郎全集)』 40권 : 숭정(崇禎) 2(1629)년 무림(武林) 패란거(佩蘭居) 간행. 분체합편(分體合編). 수록된 편목이 가장 완전하여 다른 텍스트보다 널리 유행하였다.

⑧ 육운룡(陸雲龍) 평선(評選) 『취오각평선원중랑선생소품(翠娛閣評選袁中郎先生小品)』 2권 : 숭정 5(1632)년 전당(錢塘) 쟁운관(峥雲館) 간행. 선문(選文)은 모두 50편.

⑨ 『원굉도시문집(袁宏道詩文集)』 : 『명사(明史)』 「예문지(藝文志)」에 이름이 기록되어 있으나, 과안하지 못하였다.

⑩ 『서방합론(西方合論)』 10권 : 태창(泰昌) 원년(1620) 오문(吳門) 각본(刻本)이 있으나 볼 수 없다. 지금 볼 수 있는 것은 순치(順治) 4(1647)년 주지기(周之夔) 간본과 순치 8(1651)년 석 지욱(釋智旭) 평본(評本)이다. 일본 대정신수대장경(大正新修大藏經)에 수록되어 있는 『서방합론』은 바로 주지기 간본에 의거하여 배인(排印)한 것이다.

이밖에도 각종 별행본(別行本)이 있고, 또 시문 총집(總集)이나 선집(選集)에 원굉도의 시문이 수록되어 있는 것이 많이 있다. 대표적인 별행본으로는 다음과 같은 것들이 있다.

『광장(廣莊)』·선열산방본(禪悅山房本), 진미공중정본(陳眉公重訂本).

『병사(甁史)』: 진미공중정본.
『묵휴(墨畦)』: 『황명백가소설(皇明百家小說)』 수록. 『학해유편(學海類編)』 수록(제목은 '瓶花齋雜錄').
『섬락일기(陝洛日記)』: 즉, 『장옥후기(場屋後記)』. 『황명백가소설(皇明百家小說)』 수록.
『서호유기(西湖遊記)』 일부: 즉 『해탈집(解脫集)』 가운데 『서호유기』의 일부. 『무림장고총편(武林掌故總編)』 수록(서제목은 '西湖記述').

기타 각종 시문총집, 선집으로 원굉도의 시문을 수록한 것을 열거하면 다음과 같다.

『명산개기(名山槪記)』: 숭정 연간 간행. 편자 미상. 원굉도의 유기, 잡저, 척독 70여편 수록.
『명문해(明文海)』: 초본(鈔本). 황종희(黃宗羲) 편. 원굉도의 각체 문 20편 수록.
『명시초(明詩鈔)』: 彭孫詒 편. 원굉도의 시 약간수 수록.
『열조시집(列朝詩集)』: 전겸익(錢謙益) 편. 원굉도의 시 약간수 수록.
『명시종(明詩綜)』: 주이준(朱彝尊) 편. 원굉도의 시 약간수 수록.
『명시별재(明詩別裁)』: 심덕잠(沈德潛) 편. 원굉도의 시 약간수 수록.
『명시기사(明詩紀事)』: 진전명(陳田明) 편. 원굉도의 시 약간수 수록.

전백성 씨는 전교본(箋校本)을 새로 편찬하면서 다음과 같은 텍스트들을 주로 참고로 하였다.

패란거(佩蘭居) 40권본: 전교본(箋校本)에서는 '원본(原本)'이라 하였으나, 이 번역본에서는 '패란거본'이라 명명한다.
오군(吳郡) 서종당본(書種堂) 간행본: 전교본에서는 '오군본(吳郡本)'이라 하였으나, 이 번역본에서는 '서종당본(書種堂本)'이라 명명한다.
원소수(袁小修) 편교본(編校本): 전교본에서는 '소수본(小修本)'이라 하였다. 이 번역본에서도 '소수본'이라 간칭한다.
이운관본(梨雲館本): 전교본에서는 '이본(梨本)'이라 간칭하였으나, 이 번역본에서는 '이운관본(梨雲館本)'이라 명명한다.
『원중랑십집본(袁中郞十集本)』: 전교본에서는 '십집본(十集本)'이라 간칭하였다. 이 번역본에서도 '십집본(十集本)'이라 부른다.
『원중랑미각유고』: 전교본에서는 '유본(遺本)'이라 간칭하였으나, 이 번역본에서는 '유고본(遺稿本)'이라 명명한다.
취오각(翠娛閣) 평선본(評選本): 전교본에서는 '취본(翠本)'이라 간칭하였으나, 이 번역본에서는 '취오각본(翠娛閣本)'이라 명명한다.
『명시초(明詩鈔)』

이 번역본에서는 이본(異本)들 사이의 글자의 출입을 조사할 때 전백성 씨의 교감기를 참고로 하고, 원본을 볼 수 있는 것은 직접 원본을 활용하였다.
○ 시의 번역은 원문의 뜻을 잘 전달할 수 있도록 풀어서 번역하되, 번역문 자체가 하나의 시가 될 수 있도록 어법이나 어휘를 조정하였다.
산문의 번역은 원문의 뜻을 이해하기 쉽도록 적절히 끊어서 번역하였다. 문체는 직역 어투를 피하고 가급적 일반인들도 이해할 수 있도록 현대 어법에 맞는 평이한 문체를 사용하였다.

○ 시나 산문의 창작 시기, 인명과 지명, 창작 의도에 관한 사항 가운데 전백성(錢伯城), 『원굉도집전교(袁宏道集箋校)』의 고증을 소개할 필요가 있는 것들은 '전교(箋校 : 전교)'에 정리하였다. 또한 전백성 씨의 원문 교감 가운데 반드시 소개할 필요가 있다고 생각되는 내용은 역시 '전교'의 항에서 함께 제시하였다. 다만 전백성 씨의 전교(箋校)가 부적절하다고 판단될 때는 내용을 조정하였다. 예를 들면 전백성 씨는 원굉도의 불교사상이 초보적인 수준이었다고 보았으나 그것은 사실과 다르므로, 관련 서술을 삭제하였다. 그리고 李建章, 『『袁宏道集箋校』志疑・袁中郎行狀箋證・炳燭集』(湖北人民出版社, 1994)에서 지적된 전백성 씨 전교(箋校)의 의문점이나 오류는 '지의(志疑 : 지의)'라는 항목에서 소개하였다.

그리고 『원굉도』의 문집 이외에 원굉도의 시문과 관계 있는 주요 자료들을 집록(輯錄)・평선(評選)하거나 연구한 다음과 같은 서적들을 역시 참조하였다.

원중도(袁中道), 『가설재집(珂雲齋集)』(전3책), 上海 : 上海古籍出版社, 1989.
원종도(袁宗道), 『백소재유집(白蘇齋類集)』, 上海 : 上海古籍出版社, 1989.
이지(李贄), 『분서(焚書)・속분서(續焚書)』, 臺北 : 河洛圖書出版社, 1974.
황인생(黃仁生) 집교(輯校), 『강영과집(江盈科集)』(상하), 岳麓書社, 1997.
유지운(劉志雲) 역, 『병사(瓶史)』, 日本 : 1987.3.
아라키겐고(荒木見悟) 편, 『산호림(珊瑚林)』, ぺりかん社, 2001.3.
아라키겐고(荒木見悟) 저, 『명대사상연구(明代思想研究)』, 創文社, 1988.
이리야 요시타카(入矢義高) 주, 『원굉도(袁宏道)』, 中國詩人選集 2집 11, 岩波書店, 1963.
주질평(周質平), 『원굉도평전(袁宏道評傳)』, 東海大學中文研究所 碩士論文, 1974.
임양직(任亮直), 『원중랑시문선주(袁中郎詩文選注)』, 河南大學出版社, 1993.
주군(周群), 『원굉도평전(袁宏道評傳)』, 南京大學出版社, 1999.12.
Hung Ming-shui, *Yuan Hung-tao and the Late Ming Literary and Intellectual Movement*, Ph7. dissertation, University of Wisconsin-Madison, 1974.12.
모순(茅盾), 『서호람승(西湖攬勝)』, 林台・章輝夫・阮柔 譯, 『西湖名所めぐり』, 浙江人民出版社・外文出版社, 1982.

또한 원굉도 시문을 번역할 때에 다음과 같은 일본 훈점본(訓點本)도 참고로 하였다.

『이운관유정 원중랑전집(梨雲館類定 袁中郎全集)』, 和刻本漢詩集成 第十九輯 補篇三, 影印 據 元祿九年(1696)十月 京都 小島市右衛門 等 覆明末刊寫刻本 24冊, 汲古書院, 1977.
『원중랑선생척독(袁中郎先生尺牘)』, 和刻本漢籍文集 第十五輯, 影印 據 宮川德(崑山)・鳥居吉人(九江)編 山本時亮(北皐)校 安永十年(1781) 山本北山奚疑塾刊本 2卷, 汲古書院, 1975.

원굉도에 대한 연구는 중국에서 1970년대부터 시작되었으며 한국에서는 1990년대부터 점차 이루어지기 시작하였다. 참고할 만한 주요저작들을 학위논문과 단행본을 중심으로 정리하면 다음과 같다.

〈한국〉
裵다니엘, 「袁中郎의 文學觀硏究」, 韓國外國語大學校 碩士學位論文, 1990.
李基勉, 『袁宏道性靈說硏究』, 高麗大學校 博士學位論文, 1993.
南德鉉, 『公安派之文學論硏究-以袁氏三兄弟代表』, 韓國外國語大學校 碩士學位論文, 1994.
禹在鎬, 『袁宏道詩歌硏究』, 서울大學校 博士學位論文, 1995.
姜炅範, 『袁宏道散文硏究』, 成均館大學校 博士學位論文, 2001.
宋泰明, 「원굉도 척독 연구」, 고려대학교 대학원 석사논문, 2001.12

〈중국〉
朱銘漢, 『袁中郎之文學批評觀』, 東海大學校 碩士學位論文, 1978.
高八美, 『袁中郎及其小品文硏究』, 臺灣輔仁大學校 碩士學位論文, 1978.
陳萬益, 『晚明性靈文學思想硏究』, 臺灣大學校 博士學位論文, 1978.
吳武雄, 『公安派及其著述考』, 東海大學校 碩士學位論文, 1981.
李愚一, 『袁中郎小品文硏究』, 高雄師範大學校 碩士學位論文, 1986.
朴鍾學, 『公安派文學思想及其背景硏究』, 臺灣大學校 碩士學位論文, 1988.
林美秀, 『袁中郎的思想與文學硏究』, 高雄師範大學校 博士學位論文, 1997.
韋仲公, 『袁中郎學記』, 新文豊出版公司, 1979.
田素蘭, 『袁中郎文學硏究』, 文史哲出版社, 1982.
任訪秋, 『袁中郎硏究』, 上海古籍出版社, 1983.
周質平, 『公安派的文學批評及其發展』, 臺灣商務印書館, 1986.
邱敏捷, 『參禪與念佛-晚明袁宏道的佛敎思想』, 商鼎文化出版社, 1993.
湖北公安派文學硏究會, 『晚明文學革新派公安三袁硏究』, 1987.

○ 한편, 기타 자료나 연구논저를 참조하여 덧붙여 할 내용이 있거나, 원굉도의 해당 시문이 조선 후기의 한문학과 상당한 관련이 있을 경우에는 그 사실을 '부론(附論 : [부론])'으로 밝혔다.

○ 시나 산문의 내용을 이해하기 위하여 필요한 전고(典故)나 점화(點化)의 사실은 각주의 형태로 가능한 한 충실하게 붙였다. 특히 전고가 있는 경우에는 주석에서 그 내용을 충분히 풀어서 소개하여, 일반인들도 흥미를 가질 수 있도록 하였다.

○ 원굉도의 시문과 한국한문학과의 관련에 대해서는 번역본의 10책 권말에 별도로 해설을 붙였다. 또한 원굉도의 가계표와 연보를 별도로 작성하여 권두에 제시하였다.

○ 시의 원문은 각 시의 아래에 붙여두어 열람하기 편하도록 하였다. 또한 시의 원문에는 구와 연을 구별하기 위하여 반점과 온점을 찍었다. 환운(換韻)하였을 경우에는 운이 바뀐 곳마다 부호(」)를 붙였다. 원문의 이체자는 가능한 한 그대로 표기하였지만, 조판의 사정 때문에 부득이 IS 9081의 글자체로 바꾼 예도 있다.

○ 산문의 원문에는 구두 부호를 붙이고, 압운을 하였을 경우에는 운자를 고딕체로 표시하였다. 원문의 이체자는 가능한 한 그대로 표기하였지만, 조판의 사정 때문에 필요한 경우에는 IS 9081의 자체로 바꾸었다.

원씨(袁氏)의 가계1)

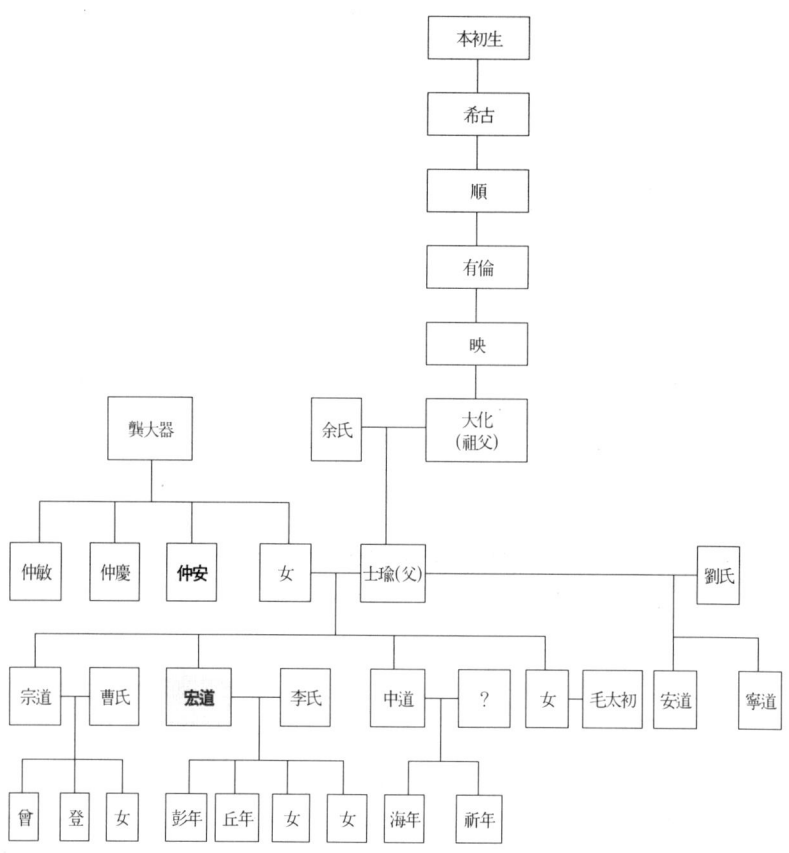

---

1) 이리야 요시타카(入失義高), 『원굉도(袁宏道)』(岩波書店, 東京, 1963), 162면을 참조. 한편, 전백성(錢伯城)의 『원굉도집전교(袁宏道集箋校)』(上海古籍出版社, 1981)는 원굉도의 가계와 관련하여 잘못 기록한 것이 있다. 특히 원이도(袁履道)를 원굉도의 이복동생이라고 곳곳에서 언급하였으나, 원이도는 증조가 다른 족형제이다. 이리야 요시타카의 표가 정확하다.

年 代	年齡	事 跡	尺牘作品
隆慶2年(1568)	1	12月 6日, 湖北 公安縣 長安里에서 태어남. 이때 袁宗道의 나이 9歲.	
隆慶3年(1569)	2		
隆慶4年(1570)	3	袁中道가 태어남.	
隆慶5年(1571)	4		
隆慶6年(1572)	5		
萬曆1年(1573)	6		
萬曆2年(1574)	7		
萬曆3年(1575)	8	母親 龔氏 사망. 庶祖母인 詹氏와 余氏가 袁氏 三兄弟를 양육함.	
萬曆4年(1576)	9		
萬曆5年(1577)	10		
萬曆6年(1578)	11		
萬曆7年(1579)	12	袁宗道 湖廣鄕試에 及第	
萬曆8年(1580)	13	袁宗道 妻의 질병으로 會試에 응시하지 못하고 歸鄕함	
萬曆9年(1581)	14		
萬曆10年(1582)	15	諸生이 되어 沙市의 鄕校에 入學. 縣城의 남쪽에서 文社를 결성하여 社長이 됨. 鄕試 준비를 위해 詩와 古文辭를 짓기 시작함.	
萬曆11年(1583)	16	袁宗道 會試를 보러 上京하다 黃河가 넘쳐 되돌아 옴. 袁宗道의 妻인 曹氏 死亡.	
萬曆12年(1584)	17		
萬曆13年(1585)	18	袁中道와 함께 鄕試에 應試하였다가 함께 떨어짐. 李氏와 結婚함.	
萬曆14年(1586)	19	袁宗道 南京 會試에서 會元으로 합격하고 翰林院庶吉士에 除授됨.	
萬曆15年(1587)	20		

---

1) 본 「원굉도연보」의 사적은 이리야 요시타카(入矢義高)의 『원굉도(袁宏道)』(岩波書店, 東京, 1963), 163~168면의 연보를 참고하였다. 척독은 전백성(錢伯城)의 『원굉도집전교(袁宏道集箋校)』 및 송태명(宋泰明), 「원굉도 척독 연구」(고려대학교 대학원 중어중문학과 석사논문, 2001.12)에 의거하였다.

萬曆16年(1588)	21	鄕試에 及第함. 이때 主考官인 馮琦를 만남. 10月에 袁宗道가 翰林院編修가 됨.	
萬曆17年(1589)	22	會試에 떨어짐. 袁宗道가 太史가 되어 공무를 이유로 고향으로 돌아와 '性命之學'을 들려줌.	
萬曆18年(1590)	23	袁氏 三兄弟가 公安을 방문한 李贄를 만나 會談함.	
萬曆19年(1591)	24	袁中道 재차 鄕試에서 떨어짐. 袁氏 三兄弟가 다시 李贄를 麻城의 龍湖에서 만남. 이때『金屑』을 보여줌	
萬曆20年(1592)	25	3月 禮部會試에 及第. 袁宗道와 함께 휴가를 얻어 귀향. 5月 袁中道와 李贄를 武昌에서 만남. 病으로 7月 公安에 돌아옴	
萬曆21年(1593)	26	4月 袁氏 三兄弟가 李贄를 麻城의 龍湖에서 만남.	
萬曆22年(1594)	27	10月 上京하여 12月 吳縣의 知縣에 除授됨. 袁中道 다시 鄕試에 떨어짐	
萬曆23年(1595)	28	3月 吳縣에 縣令으로 부임. 10月 袁中道가 吳縣에 있는 袁宏道를 찾아 옴.	〈寄同社〉〈寄散木〉〈家報〉〈龔惟長先生〉〈丘長孺〉〈毛太初〉〈王子聲〉〈蘭澤・雲澤叔〉〈江長州進之〉〈龐丹徒〉〈楊安福〉〈吳因之〉〈湯義仍〉〈徐漢明〉〈沈博士〉〈瞿太虛〉〈李宏甫〉〈龔惟長先生〉〈王以明〉〈湯義仍〉〈屠長卿〉〈答人〉
萬曆24年(1596)	29	3月부터 일곱 차례에 걸쳐 사직을 구하였으나 무산됨. 8月 瘧疾이 일어남.	〈陳志寅〉〈羅隱南〉〈龔惟長先生〉〈管寧初〉〈梅客生〉〈伯修〉〈湯義仍〉〈管東溟〉〈沈學博〉〈王百穀〉〈龔惟長先生〉〈王以明〉〈李子髯〉〈沈廣乘〉〈劉子威〉〈潘去華〉〈徐少府〉〈朱虞言司理〉〈曹以新・王百穀〉〈方子公〉〈王束白〉〈小修〉〈家報〉〈朱司理〉
萬曆24年(1596)	29	9月・10月 陶望齡과 洞庭湖를 유람함. 袁宗道 翰林院編修가 됨.	〈曹魯川〉〈張幼于〉〈江進之〉〈李本建〉〈吳曲羅司理〉〈伯修〉〈皇甫二泉〉〈聶化南〉〈陶石簣〉〈陳志寅〉〈孫太府〉〈陶石簣〉〈吳曲羅〉〈朱司理〉〈沈何山〉〈何湘潭〉〈董思白〉〈朱司理〉〈龔惟長先生〉〈欽叔陽秀才〉〈張幼于〉〈伯修〉〈李健翁〉〈羅邓南〉〈張幼于〉〈馮琢菴師〉〈丘長孺〉〈湯邵陸〉〈陶石簣〉〈王聞溪〉〈江進之〉〈董思白〉〈屠長卿〉〈華之藎〉〈管東溟〉〈孫心易〉〈王孟夙〉〈顧紹芾秀才〉〈何常熟〉〈朱司理〉〈又〉〈張幼于〉〈諸學博〉〈曹以新〉〈王瀛橋〉〈錢象先〉〈王百穀〉『去吳七牘』

萬曆25年(1597)	30	2月 辭職을 허락 받아 江南의 山水를 유람함. 袁宗道가 司經局洗馬·直講讀이 됨. 袁中道가 재차 順天府鄉試(京兆試)에 떨어짐. 잠시 眞州에 머뭄.	〈朱司理〉〈徐漁浦〉〈范長白〉〈江進之〉〈倪崧山〉〈江進之〉〈黃綺石〉〈李本建〉〈晶化南〉〈張幼于〉〈馮秀才其盛〉〈陶石簣〉〈湯郎陸〉〈朱司理〉〈江進之〉〈梅客生〉〈虞長孺·僧孺〉〈孫心易〉〈羅澄溪〉〈與仙人論性書〉〈陳正甫〉〈伯修〉〈趙無錫〉〈沈廣乘〉〈徐崇白〉〈王百穀〉〈錢象先〉〈華中翰〉〈王百穀〉〈徐闓卿〉〈張幼于〉〈吳敦之〉〈朱司理〉〈管東溟〉〈江進之〉〈李季宣〉〈桑武進〉〈錢象先〉〈江進之〉
萬曆26年(1598)	31	4月 上京, 順天府教授를 맡음. 7月 袁宗道가 左春坊左中允으로 昇任됨. 袁中道가 上京하여 太學에 입학함. 崇國寺에서 葡萄社를 결성함. 袁氏 三兄弟가 그의 知友와 함께 研學하였으며 詩酒를 즐김. 후에 公安派結成에 영향을 줌	〈答陶石簣編修〉〈答梅客生開府〉〈答梅客生〉〈又〉〈又〉〈與陳正甫提學〉〈答王則之檢討〉〈答吳敦之司理〉〈答朱虞言司理〉〈答陶石簣〉〈答范光父水部〉〈答梅客生〉〈孫司季〉〈蘭澤·雲澤兩叔〉〈答梅客生〉
萬曆27年(1599)	32	3月 國子監助教로 昇進.	〈與陶石簣〉〈答樂之律〉〈與李龍湖〉〈與無念〉〈答楊鳥棲〉〈答張東阿〉
萬曆27年(1599)	32	5月 袁宗道가 左春坊左諭德 兼 侍講으로 승진함.	〈又〉〈答梅客生〉〈又〉〈又〉〈又〉〈與沈伯函水部〉〈與李子髥〉〈與江進之延尉〉〈答謝在杭司理〉〈答李元善〉〈答毛太初〉〈答王百穀〉〈答梅客生〉〈與祁仲興〉〈答沈伯函〉〈馮侍郎座主〉〈斯惟長先生〉〈李龍湖〉〈答王以明〉〈焦弱侯座主〉〈又〉〈李龍湖〉〈答陳正甫〉〈家報〉〈答無念〉〈答陶石簣〉〈答劉光州〉〈馮琢菴師〉〈又〉〈答謝在杭〉〈答王繼津大司馬〉〈答陶石簣〉〈答李元善〉〈答王百穀〉〈答顧秀才帟〉〈答吳觀我編修〉〈陶石簣〉〈答陶石簣〉
萬曆28年(1600)	33	3月 禮部儀制司主事가 됨. 6月 廬山을 유람함. 8月 병을 이유로 휴가를 얻어 袁中道와 함께 公安縣으로 돌아옴. 袁宗道가 11月, 左春坊右庶子 兼 翰林院侍讀으로 승진하였으나 11月 40歲로 病死함. 겨울 祖母인 余씨가 사망함. 袁中道가 또 順天府鄉試에 떨어짐.	〈李龍湖〉〈答黃無淨祠部〉〈答平侍庶子〉〈答升伯修讀〉〈李湘洲編修〉〈斯惟學先生〉〈又〉
萬曆29年(1601)	34	이미 관직에 오를 뜻을 버리고 柳浪湖에 별채를 짓고 禪僧들과 담론함. 袁中道가 通州에서 李贄를 만남	〈何客部本江〉〈雷元亮郡丞〉〈黃平倩〉〈陶周望宮諭〉〈蕭允升庶子〉〈馮尙書座主〉〈答王以明〉〈答陶石簣〉
萬曆30年(1602)	35	庶祖母 詹氏 사망.	〈王則之宮諭〉〈王伯穀〉〈答徐見可太府〉〈又〉〈與耿中丞叔臺〉〈王百穀〉〈袁無涯〉
萬曆31年(1603)	36	袁中道가 34歲의 나이로 順天府鄉試에 합격.	〈答陶周望〉〈蕭允升祭酒〉〈顧升伯宮允〉〈金給諫〉
萬曆32年(1604)	37	가을 桃花源·德山을 유람함. 袁中道가 會試에 떨어짐	〈羅雲連〉〈陶孝若〉〈黃平倩〉

萬曆33年(1605)	38	淸溪·紫蓋 등의 명승지를 돌아봄	〈與友人〉〈答沈何山儀部〉〈答吳本如儀部〉〈劉行素儀部〉〈李湘洲司業〉〈曾退如編修〉〈答費太府〉〈答董玄宰太史〉
萬曆34年(1606)	39	가을 袁中道와 함께 上京함.	〈答薛左轄〉〈答李西卿〉〈與李杭州〉〈與王百穀〉〈潘茂碩〉
萬曆34年(1606)	39	禮部儀制司主事에 除授됨.	〈蘇潛夫〉〈陶周望祭酒〉〈答錢雲門邑侯〉〈與蔡嘉興〉〈答陶周望〉〈與曹進士平子〉〈答曾退如〉〈錢邑侯〉〈王觀察〉〈袁無涯〉〈與劉雲嶠祭酒〉〈與謝在杭〉〈與潘景升〉〈與張日觀少參〉
萬曆35年(1607)	40	가을 아내 李氏가 病死함. 2月 吏部驗封主事에 轉任됨. 袁中道가 재차 會試에 실패함.	〈與陶祭酒〉〈與黃平倩〉〈答劉雲嶠祭酒〉〈與無念〉〈與死心〉〈與夏徐州〉〈答葳參知〉〈與沈銘縝司業〉〈與靑園憲副〉〈答孟曹縣〉〈答李本寧〉〈與黃平倩〉〈答郭靑螺中丞〉〈答黃竹實〉〈答寋督撫〉〈答小修〉
萬曆36年(1608)	41	3月 上京하여 관직에 오르고 곧이어 吏部考功員外郎으로 승진함.	
萬曆37年(1609)	42	가을 陝西鄕試의 主考官으로 長安에 부임하여 임무를 마친 후 秦中의 명승지를 돌아봄. 돌아오는 길에 嵩山에 올랐다가 華山의 勝景을 유람함.	〈與于念東開府〉〈答友人〉〈答汪右轄以虛〉〈答段學使徹之〉〈與楊長安〉〈答郭美命〉
萬曆38年(1610)	43	吏部稽勳郎中으로 승진. 휴가를 얻어 袁中道와 함께 귀향, 3月 公安에 도착. 9月 6日 沙市의 新邸에서 질병으로 일생을 마침.	〈上孫立亭太宰書〉〈與王給事〉〈與梅長公〉〈與朱玉槎〉〈與沈冰壺〉

역주 원중랑집 1

차례

역주 원중랑집 2

차례

역주 원중랑집 3

역주 원중랑집 4

역주 원중랑집 5

차례

역주 원중랑집 6

차례

역주 원중랑집 7

차례

역주 원중랑집 8

차례

역주 원중랑집 9

차례

역주 원중랑집 10

페협집(敝篋集) 권1

17세 되던 1584년(만력 12년 갑신)부터 24세 되던 1591년(만력 19년 신묘)년까지 지은 시들을 수록하였다.

청총마(靑驄馬)

청총마
아홉 자 넘는 놈을
백금 주고 사서
천금 들여 장식하니,

두 발굽 한꺼번에 땅에 닿는 일 없고

준족이 날아오르듯 하네.1)

"여보, 젊은 한량2)

어째서 타향에 있는 게요?"

젊은이는 오동나무 아래 말을 세우고

손에는 산호 채찍을 거머쥐고3)

아무리 불러도 아는 체 하지 않고

눈동자 굴려 주로(酒壚)의 여인4)을 흘끗 본다.

주로 여인이 어찌 예쁘지 않으랴

새벽 이슬에 젖을까 치마를 걷는구나.5)

젊은이는 다섯 걸음마다 말을 멈추고

열 걸음마다 한 번씩 뒤돌아보네.

"길손이 먼 데서 오셔서6)

---

1) 영멸여비상(影滅如飛翔) : 영멸은 절영(絶影)의 뜻으로, 신속히 달리는 말의 비유. 진 시황에게 명마 일곱이 있었는데, 그 가운데 추풍(追風)과 섭영(躡景)이 있다. 절영이 곧 섭영이다. 갈홍(葛洪)의 『포박자(抱朴子)』에도 '추풍(追風) 섭영(躡景)'이 말의 빙족(騁 足)을 설명하는 묘사어로 나와 있다.

2) 야유랑(冶遊郞) : 방탕한 젊은이. '야유'는 기녀를 호리고 노는 것을 말한다.

3) 수제벽산호(手提碧珊瑚) : 당나라 시인 최국보(崔國輔, 687?~755?)의 「장락소년행(長 樂少年行)」 시에 "산호 채찍을 잊어버리고 나니, 흰말이 교만을 떨고 가려 하지 않는다 (遺却珊瑚鞭, 白馬驕不行)"는 구절이 있다.

4) 당로(當壚) : 주로(酒壚)에서 술을 파는 사람. 당로(當壚)는 매주(賣酒)의 뜻. 로(壚)는 술단지를 놓아두는 토돈(土墩).

5) 건의(褰衣) : 건상(褰裳). 치맛단을 걷어올림. 『시경』 「정풍(鄭風)」 「건상(褰裳)」편의 "치맛단 걷어올리고 진수를 건너지요(褰裳涉溱)"라고 한 표현을 의식한 것이다. 「모시 서(毛詩序)」는 「건상」편에 대하여, 정나라의 돌(突)과 홀(忽)이 왕권을 다투자, 국인(國 人)이 큰 나라가 와서 자기 나라를 바로잡아 주길 기대하는 뜻을 담은 것이라고 하였 다. 하지만, 주희(朱熹)의 『시집전(詩集傳)』은 음녀(淫女)가 정인(情人)에게 "만일 그대 가 은혜를 끼쳐 나를 생각한다면 나는 치맛단을 걷고 진수를 건너 그대를 따르리다"라 고 말한 것이라고 보았다. 원굉도는 『시집전』의 설을 따라 '건상'의 의미를 음녀의 태 도로 본 듯하다.

6) 객종원도래(客從遠道來) : 『고악부(古樂府)』 「음마장성굴행(飮馬長城窟行)」의 "길손 이 먼 곳에서 오셔서, 내게 한 쌍의 잉어를 주셨네(客從遠方來, 遺我雙鯉魚)"라는 구절

난새 무늬의 푸른 띠를 제게 주시고는
목을 서로 비비고 동심을 맺어7)
흰 바위와 푸른 솔에 대고 마음을 맹세하였죠"
동쪽 집 미녀가 진나부(秦羅敷)8)라면
서쪽 집 방탕한 사내는 풍자도(馮子都).9)
원앙은 제 아름다운 깃털을 사랑할 뿐
물밑에 욕정 많은 사다새10) 숨은 걸 어찌 알랴?

青驄馬, 九尺强.

百金買, 千金裝.

雙蹄不着地, 影滅如飛翔.

借問冶遊郞, 何爲在他鄕.」

下馬立靑梧, 手提碧珊瑚.

千喚不知人, 盡眼眄當壚.

을 환골한 것이다.

7) 교경(交頸)과 동심(同心) : 부부가 한 마음을 맺어 사랑함을 말한다. '교경'은 『장자』 「마제(馬蹄)」편의 "말은 기쁘면 서로 목을 얽어서 부벼댄다(夫馬 …… 喜則交頸相靡)"에서 나왔다.

8) 진나부(秦羅敷) : 한단(邯鄲)의 여인. 왕인(王仁)의 아내로, 길에서 뽕잎을 따고 있었는데, 월왕(越王 : 혹은 조왕)이 그녀에게 혹하여 술을 마시게 하고 유혹하려 하였으나 뿌리쳤다. 『옥대신영(玉臺新詠)』에 수록된 「일출동남우행(日出東南隅行)」, 일명 「맥상상(陌上桑)」, 「염가나부행(艶歌羅敷行)」이 이 고사를 소재로 한 노래이다. 「고시위초중경처작(古詩爲焦仲卿妻)」에 "동쪽 집에 어진 여인이 있으니, 스스로 이름을 진나부라 하네(東家有賢女, 自名秦羅敷)"라는 구절이 있다.

9) 풍자도(馮子都) : 자도(子都)는 고대에 미남자를 가리키는 범칭이다. 『시경』 「정풍(鄭風)」 「산유부소(山有扶蘇)」에 나온다. 풍자도는 『맹자』 「진심 하(盡心 下)」에 나오는 풍부(馮婦)를 빗대서 쓴 표현인 듯하다. 풍부는 본래 맨 손으로 범을 쳐서 잡을 수 있을 만큼 용맹하였는데, 사(士)가 된 뒤에도 범을 맨 손으로 잡으려 하자, 다른 사(士)들이 보고 웃었다고 한다. 옛 습관을 버리지 못하는 자를 말한다.

10) 제호(鵜鶘) : 사다새. 소인이나 탐욕을 부리는 사람을 상징한다. 『시경』 「조풍(曹風)」 「후인(侯人)」에서는 "사다새가 저수지에 있는데도 날개가 젖지 않네(鵜鶘在梁, 不濡其翼)"라고 하여, 소인이 조정의 맡은 직책을 제대로 수행하지 못하는 것을 비유하였다. 여기서는 탐욕을 부리는 남자를 비유하였다.

當壚豈不冶, 褻衣愁曉露.

五步一停驄, 十步一回顧.」

客從遠道來, 贈我青鸞帶.

交頸復同心, 白石青松在.」

東家好女秦羅敷, 西家蕩兒馮子都.

鴛鴦只愛毛翎好, 那知水底有鶼鶒.」

1584년(만력 12년, 갑신) 공안(公安)에 있을 때 지은 작품이다. 원굉도의 아우 원중도(袁中道)의 『가설재문집(珂雪齋文集)』권9 「원중랑선생행장(袁中郎先生行狀)」에 보면, "처음에 『폐협집』을 엮었는데, 효렴(孝廉)으로 천거되어 과거에 급제하였을 당시에 지은 작품들을 모았다"라고 하였다. 원굉도는 이 해에 동시(童試)에 응시하여, 형주지부(荊州知府) 학여송(郝汝松)의 추천으로 부학(府學)에 입학하였고, 다음 해 성시(省試)에 응시하였다.

○ 청총마(青驄馬) : 악부(樂府)의 옛 노래 제목이었을 듯하다. 그러나 곽무천(郭茂倩)의 『악부시집(樂府詩集)』에 보면 횡취곡(橫吹曲) 가운데 「총마(驄馬)」가 있고 서곡가(西曲歌)에 「청총백마(青驄白馬)」가 있으나, 「청총마」라는 제목은 없다. '청총마'라는 말은 「소소소가(蘇小小歌)」에 나오는 "나는 유막 두른 수레를 타고, 낭군은 청총마를 타고 가네(我乘油壁車, 郎乘青驄馬)"라는 구절에서 따왔을 가능성이 있다.

뽕 따는 노래(採桑度)

언니 동생 너덧이
아침마다 뽕 따러 가요.
푸른 비단실을 대바구니 밑에 매달아
그 환한 빛이 길가를 곱게 물들이네.
지난해는 늦게 뽕을 땄지만

올해는 일찌감치 뽕을 따야지.

다만 누에가 잘 자라지 않아

시집갈 옷 못 지으면 어쩌나.

뽕도 따고 지초도 따자니

물이 뚝뚝 들도록 비단옷 젖지만,

너무 즐거워 봄꽃은 안중에 없어요[11]

낭군이 내 일백 장(丈) 비단실을 끌고 가기에.[12]

姊妹行四五, 朝朝行採桑.

靑絲絡籠底, 光艶映道傍.」

去年採桑遲, 今年採桑早.

只愁蠶不熟, 悵我嫁時襖.」

採桑復採芝, 照水濕羅衣.

歡自不呑華, 牽儂百丈絲.」

1584년(만력 12년, 갑신)에 공안에 있을 때 지은 작품. 「채상도(採桑度)」는 악부 서곡가(西曲歌)에 속한다. 원굉도의 이 시와 위의 「청총마」는 젊어서 악부를 모방하여 지은 것이다.

---

11) 환자불탄화(歡自不呑華) : 너무나 즐거워서 탄화와주(呑花臥酒)도 하지 않는다는 뜻. 탄화(呑華)는 탄화와주(呑花臥酒)의 준말로, 꽃을 감상하고 술을 마시는 것을 대단히 심하게 하는 것을 말하며, 봄날의 행락(行樂)을 뜻한다. 『운선잡기(雲仙雜記)』에 보면, 우송(虞松)은 바야흐로 봄이 되자 생각하길, "달을 쥐고 바람을 등에 지는 일은 잠시 훗날로 미루더라도 꽃을 삼키고 술에 취하여 눕는 일은 시기를 놓칠 수가 없다(握月擔風, 且留後日, 呑花臥酒, 不可過時)"라고 생각하였다고 하였다.

12) 견농백장사(牽儂百丈絲) : 내 일백 장 길이의 비단실을 끌고 간다. 남녀의 정이 깊어 결합하는 것을 말한다. 견사(牽絲)는 남녀의 혼인 혹은 남녀의 결합을 상징한다. 당나라 곽원진(郭元振)이 재상 장가정(張嘉貞)의 눈에 들어, 장가정이 자신의 딸을 주려고 하였는데, 장가정은 자신의 다섯 딸에게 각각 비단실을 들고 있으라고 하고는 곽원진에게 마음에 드는 딸아이의 비단실을 잡아당기게 하였다. 곽원진은 셋째 딸의 비단실을 잡아당겨 그녀와 결혼하게 되었다고 한다. 『개원천보유사(開元天寶遺事)』의 「견홍사취부(牽紅絲娶婦)」에 고사가 나온다.

○ '映'이란 글자는 다른 텍스트에는 '大'로 되어 있다고 한다. 여기서는 『원굉도집전교(袁宏道集箋校)』의 교감을 따라 '映'으로 하였다.

옛 형주를 노래함(古荊篇)

해마다 삼월이면 복사꽃이 날아
초왕[13] 궁궐 안에서 번화함을 다투네.
구름은 촉 땅까지 삼천 리에 이어지고
버드나무 늘어진 강둑 따라 십 만 호가 즐비하네.
수놓은 휘장 붉은 누대에는 제비가 둥지 틀고
무늬 창 푸른 누각에선 갈가마귀 깨어나누나.
갈가마귀 돌아가고 제비 소리 한가롭게 들리나니
강가 성[14]에 봄이 얼마나 깊었는지 모르겠군.
봄바람에 합환화(合歡花)[15]가 향기를 뿜고
석양 비긴 상사수(相思樹)[16]에 까마귀 우는 때,

---

13) 초왕(楚王) : 요왕(遼王)을 빗대어 한 말이다. 진전(陳田)의 『명시기사(明詩紀事)』에 보면, "이 시는 강릉(江陵)만을 풍자하는 것이 아니라 아울러 요왕(遼王)을 위하여 지은 것이다"라고 하였다. 요왕의 번부(藩府)는 영락 연간에 광녕주(廣寧州, 지금의 遼寧省 北鎭縣)에서 형주부(荊州府)로 옮겨왔다. 융경(隆慶) 2년에 요왕 헌절(憲㸅)이 '음학하고 참람한 여러 죄상' 때문에 폐위되어 서인이 되었다. 그 뒤 장거정(張居正)이 그의 집을 탈취하였다.

14) 강성(江城) : 양자강 가의 성. 여기서는 강릉(江陵)을 말한다. 참고로, 후한말에 유표(劉表)가 형주(荊州)를 다스릴 때 형주의 치소는 현재의 호북성(湖北省) 양양(襄陽)에 있었다.

15) 합환화(合歡花) : 합환초를 말함. 한 줄기가 백 갈래로 갈라져 있다가 밤이면 하나로 합한다고 함.

16) 상사수(相思樹) : 상사목을 말한다. 전국시대 위(魏)나라가 진(秦)에 시달리자, 종군 나가서 돌아오지 못하는 남편을 그리워하던 아내가 그리움에 지쳐 죽었다. 그녀의 무덤에서는 나무가 하나 자라났는데, 가지와 잎이 모두 남편 쪽을 향하였다고 한다. 남조 양(梁)나라 때 임방(任昉)이 지었다고 하는 『술이기(述異記)』에 전한다.

왕손은 탄환 끼고 영(郢)17)의 서문18)에 서성이고

소년은 장대(章臺) 길19)에서 길손을 유인하네.20)

우쭐거리는21) 소년은 이름난 미남22)

말에는 아로새긴 안장 얹고 붉은 고삐에 황금 재갈 물렸네.

뽕 따는 밭둑에는 푸른 실 얽은 대바구니23) 어른거리고

홍분(紅粉) 누대24)에선 백저(白紵) 노래25) 울려난다.

백저가(白紵歌)와 녹수가(綠水歌)26)를 그대 위해 부르나니

---

17) 영(郢) : 춘추시대 초(楚)나라 수도 초나라를 가리킨다.

18) 문서(門西) : 서문(西門)과 같다. 성동(城東), 성서(城西)를 동성(東城), 서성(西城)이라
고도 표기하는 예와 같다.

19) 장대로(章臺路) : 장대의 길. 가루기관(歌樓妓館)이 늘어선 번화한 거리. 장대(章臺)는
본래 전국시대 진(秦)나라의 관명(官名)으로, 궁안에 장대가 있었고 그 아래 거리가 있어
서, 장대가(章臺街)라 하였다. 원래의 유지는 섬서성(陝西省) 장안현(長安縣) 옛성 안의
서남쪽에 있었다. 한나라 때에도 번화가였다. 기원전 1세기 무렵인 전한 때 장창(張敞)은
경조윤(京兆尹)의 벼슬이었으나 위풍이 없었다. 그는 조정에서 퇴출하면 말을 장대의 거
리로 질주케 하면서 부채로 말을 쳤다고 한다. 『한서(漢書)』에 나온다. 당나라 사람들은
대부분 환락가를 비유하는데 이 말을 사용하였다. 당나라 허요좌(許堯佐)의 「유씨전(柳
氏傳)」에 보면, 한굉(韓翃)이 애희(愛姬) 유씨와 함께 안사(安史)의 난으로 서로 헤어져
서는 유씨가 출가하여 비구니가 되었는데, 한굉이 유씨에게 시를 부쳐, "장대의 버들이
여, 장대의 버들이여, 지난날 청청하더니 지금도 있는가? 긴 가지를 옛날처럼 드리울 수
있다면, 응당 다른 사람의 손에 꺾이리(章臺柳, 章臺柳, 昔日靑靑今在否? 縱使長條似
舊垂, 亦應攀折他人手)"라고 하였다. 뒤에는 장대라고 하면 가루기관(歌樓妓館)을 일컫
게 되었다.

20) 차객(借客) : 길손을 돕는다. 손님에게 길 안내를 한다는 뜻임. 더 나아가 길손을 유인
한다는 뜻도 있다.

21) 교교(矯矯) : 기세가 드센 모양. 날랜 모양.

22) 도아(都兒) : 자도(子都). 고대에 미남자를 가리키는 범칭이다.

23) 채상맥상청사롱(採桑陌上靑絲籠) : 앞서의 「뽕 따는 노래(採桑度)」에 유사한 어구가
나왔다. 처녀들이 큰 길 가에서 푸른 끈으로 맨 대바구니를 끼고 뽕 잎을 따는 정경을
묘사한 것이다.

24) 홍분루(紅粉樓) : 가무(歌舞)를 하는 대사(臺榭)를 범칭한다. 당나라 단성식(段成式)의
『유양잡조(酉陽雜俎)』「사탑기 상(寺塔記 上)」에 보면, "장락방(長樂坊) 안국사(安國
寺)의 홍루(紅樓)는 예종(睿宗)이 번부(藩府)에 있을 때의 무사(舞榭)이다"라고 하였다.

25) 백저사(白紵辭) : 악부의 오나라 무곡인 「백저가(白紵歌)」를 말한다. 춤추는 모습을
성대하게 묘사한 가사이다. 「백저무가(白紵舞歌)」라고도 한다.

26) 녹수가(綠水歌) : 녹수(綠水)는 악부(樂府) 금곡가사(琴曲歌辭)의 곡. 淥水로도 적는다.

청춘남녀의 옥팔찌와 패옥이 강물 소리를 내누나.

성 동쪽의 관현 소리는 성 서쪽으로 이어지고

재상부가 호화로워 붉은 저택[27]을 압도하네.

협객은 옛 길 가에서 매를 날리고[28]

미인은 수양버들 속에서 웃음을 파는군.[29]

춘 이월 수양버들 사이로 붉은 누각 비치고[30]

사람들은 누각 머리에서 잔치 벌여 즐기네.

왁자지껄 다니면서[31] 아침에는 술을 보내고

관현 소리 시끄러운 속에 밤에는 수수께끼 놀이.[32]

관현 소리 급해지고 밤이 깊어지면

꽃을 애석해하는 소녀는[33] 기우는 봄날을 원망하네.

강엄(江奄)의 「녹수곡(淥水曲)」에 보면, "못가에 부들은 가지런히 자라고, 모래톱에는 당리꽃이 지려 하네. 춘심이 물씬 흐드러지기 쉽거늘, 봄 강물을 어찌 넘기 어려우랴. 계수나무 노를 저녁바람에 저으니, 능강에 갓 오른 달이 비치는구나. 방향을 바칠 수만 있다면, 그대 위해 비단 버선으로 사뿐 걷겠어요(塘上浦欲齊, 汀洲杜將歇. 春心旣易蕩, 春流豈難越. 桂檝及晚風, 菱江映初月. 芳香若可贈, 爲君步羅襪)"라고 하였다.

27) 주저(朱邸) : 붉은 칠을 한 부호의 집을 말한다.

28) 비응(飛鷹) : 매를 날림. 비응주구(飛鷹走狗)는 매를 날리고 개를 달리게 하는 것으로, 수렵(狩獵)을 뜻한다. 『후한서(後漢書)』 「원술전(袁術傳)」에 보면, "젊어서는 협기로 이름이 나서, 여러 공자들과 함께 자주 매를 날리고 개를 달리게 하였으나, 뒤에는 상당히 기세가 꺾였다(少以俠氣聞, 數與諸公子飛鷹走狗, 後頗折節)"라고 하였다.

29) 매소(賣笑) : 본래는 창기(娼妓)가 아양을 떠는 것을 말함. 여기서는 미인이 웃음을 흘리는 것을 말한다.

30) 은주루(隱朱樓) : 붉은 누각이 숨어 있다. 붉은 누각이 살짝 보인다는 뜻.

31) 기석훤전(綦舃喧闐) : 발로 여기저기 밟고 다녀서 복잡하고, 사람들 소리가 왁자지껄하게 시끄러운 것을 말한다. 기(綦)는 신발끈, 석(舃)은 나무를 바닥에 댄 신발.

32) 장구(藏鉤) : 고대의 유희. 진(晉)나라 주처(周處)의 『풍토기(風土記)』에 따르면, 섣달 그믐날에 제사를 지낸 뒤 늙은 사람이 아동을 두 패로 갈라 서로 승부를 겨루게 시켰다고 한다. 여기서는 놀이판이라는 뜻으로 쓰였다. 전하는 말에, 한(漢)나라 때 소제(昭帝)의 모친 구익부인(鉤弋夫人)이 어려서 손이 말려 있었는데, 입궁한 뒤에 한무제가 그 손을 펴보았더니 갈고리 하나가 있었다고 하며, 뒷날 사람들이 이것을 모방하여 장구의 유희를 만들었다고 한다.

33) 석화(惜花) : 꽃이 져서 흩어지는 것을 애석해 함. 상곤(常袞)의 시(「登棲露寺」)에 "달이 오르길 기다렸더니 물살이 급해지고, 바람이 자주 일어나 꽃 지는 것이 애석하다(待

복사꽃 너울거리는 아래34) 노래는 피가 되고

난향 등불35) 연기에 싸여36) 등잔불은 찬 기운을 전한다.

새벽바람에 창포 갯가37)엔 버드나무 흔들리고

가을 달 아래 금정 난간38)에선 오동 잎 지나니,

가을달은 다시 둥글고 봄꽃은 또 피어나건만

문 앞 산앵도나무39) 가지는 아홉 번을 꺾이다니.40)

月水流急, 惜花風起頻"라고 하였고, 백거이(白居易)의 시(「日長」)에는 "강물을 사랑스
러워 배의 노를 자주 젓고, 꽃 흩어지는 것이 애석하여 땅을 쓸지 않노라(愛水多棹舟,
惜花不掃地)"라고 하였다.

34) 염염(灩灩): 달빛이 물에 비추어 빛나는 모습, 혹은 물이 넘실거리는 모습. 앞의 예로
는 장약허(張若虛)의 시(「春江花月夜」)에 "반짝이는 달빛은 물결 따라 천만리, 봄 강의
어느 곳인들 밝은 달 없는 곳이 있으랴(灩灩隨波千萬里, 何處春江無月明)"라고 하였
다. 뒤의 예로는 살천석(薩天錫)의 시(「走筆贈燕孟初」)에 "버드나무 꽃이 향기를 풍기
며 술 단지를 때리고, 술의 물결은 봄 강물처럼 넘실대누나(柳花吹香撲酒缸, 酒波灩灩
如春江)"라고 하였다. 여기서는 복사꽃이 흐드러지게 핀 모습을 넘실거린다고 말한 듯
하다.

35) 난주(蘭炷): 난고(蘭膏)를 심지로 사용하는 등불. 난고는 난초 향을 넣은 기름. 『초사
(楚辭)』 가운데 송옥(宋玉)의 「초혼(招魂)」에 "난고의 밝은 촛불이 비추고, 아름다운 여
인이 나란히 늘어섰네(蘭膏明燭, 華容備些)"라고 하였는데, 『통석(通釋)』에 따르면, 난
고는 기름의 냄새를 없애기 위해 난초 향을 넣어 고(膏)로 정련(精煉)한 것이라고 한다.

36) 만만(漫漫): 본래는 길고 먼 모습인데, 연기가 일대에 가득 찬 모습을 가리키기도 한
다. 여기서는 연기가 가득 들어차 모습이다.

37) 창포포(菖蒲浦): 창포는 동지 후 57일에 나오기 때문에 온갖 풀 가운데 가장 먼저 나
오는 것으로 알려져 있으며, 음력 4월 14일을 창포의 생일이라고 한다. 또한 단오날에
는 창포로 끈을 만들어 아이들이 그것을 채찍 삼아 치고 노는 놀이를 한다든가, 남자
아이가 있는 집에서는 창포로 칼을 만들어 장식을 하고 축하하였다는 기록이 있다. 따
라서 창포의 갯가는 봄 갯가를 의미한다.

38) 금정(金井): 부호 석숭(石崇)이 우물의 난간을 금으로 둘렀다는데서 나온 말이다. 화
려한 난간을 두른 우물을 말한다. 주로 가을의 우물을 가리킨다. 대숙륜(戴叔倫)의 「백
저사(白苧詞)」에 "관왜궁에 이슬 꽃이 차고, 달 지자 까마귀 울며 금정에 흩어진다(館
娃宮中露華冷, 月落啼鴉散金井)"라는 구절이 있어, 성안의 우물을 가리키는 말로 쓰
였다. 왕세정(王世貞)의 「서궁원(西宮怨)」에서는 "누가 금정의 오동에 지는 이슬을 어
여삐 하는가, 한밤 내내 원앙 기와에는 서리 깔렸는걸(誰憐金井梧桐露, 一夜鴛鴦瓦上
霜)"이라고 하였다.

39) 욱리(郁李): 당체(唐棣. 棠棣), 즉 산앵도나무를 말한다. 낙엽이 지는 관목으로, 봄날
개화하였다가 여름에 열매를 맺는다.

40) 구회절(九迴折): 아홉 번 구불구불 꺾였다는 뜻. 구불구불한 애간장이 산앵도나무 가

부디 양대(陽臺)[41] 비 내린 뒤의 구름이 되고파라

누가 낙수(洛水)[42]의 바람에 날리는 눈[43]을 어여삐하랴.

양대와 낙수의 꿈은 부질없이 길기만 할 뿐이니

창가(娼家)의 대모[44] 침상에서 꾸는 꿈만 하랴.

동쪽 집 어여쁜 자매를 골랐더니

도리어 서쪽 집 도련님을 끌어들이다니.

비단 이불 만들었어도 호랑나비가 길 잃었기에[45]

푸른 오동나무 심어 봉황을 깃들여야 하리.[46]

지처럼 구불구불하다는 뜻.

41) 양대(陽臺) : 초(楚)나라 때 신녀가 나왔다는 무산(巫山)의 고당(高唐)을 말한다. 신녀는 회왕(懷王)과 하룻밤을 자고 떠나가면서 자신은 아침에는 구름이 되고 저녁에는 비가 되어 늘 양대의 아래에 있겠다고 하였다. 남녀가 합환하는 곳을 가리키는 말로 쓰인다. 『문선』에 수록된 송옥(宋玉)의 「고당부(高唐賦)」에 나오는 고사이다. 즉, 송옥의 「고당신녀부」의 서문을 보면 다음과 같이 기록되어 있다. 초 양왕이 송옥과 함께 운몽대에서 노닐다가 고당관(高唐觀)을 바라보자, 송옥이 아뢰었다. "예전에 선왕이 일찍이 고당에서 노닐다가 잠시 낮잠을 주무시는데 꿈속에 한 부인이 나타나 '저는 무산 선녀인데, 왕께서 고당에 놀러왔다는 소식을 듣고 왕께 천침(薦枕)하고자 합니다'라고 하였습니다. 그래서 왕은 그녀와 잠자리를 함께 하였죠. 무산 선녀는 그곳을 떠나면서 말하기를 '저는 무산 남쪽 고당의 산둥성이에 살면서 아침에는 떠도는 구름이 되고 저녁에는 비가 되어 아침저녁으로 양대로 내려올 것입니다'라고 하였습니다." 양왕이 송옥에게 그 사실을 시로 짓게 하였는데, 그 날 저녁에 왕이 꿈속에서 신녀를 만났다고 한다.

42) 낙수(洛水) : 낙하(洛河). 섬서성(陝西省) 서쪽 낙남현(洛南縣)에서 발원하여 동쪽으로 하남성으로 들어가 황하(黃河)로 흘러 들어간다. 전설의 황제 복희(伏羲)의 딸인 복비(宓妃)가 이곳에서 빠져 죽어 신녀(神女)가 되었다고 한다. 삼국시대 위(魏)나라 조식(曹植)의 「낙신부(洛神賦)」 서문에 보면, "황초(黃初) 3년에 내가 경사(京師)로 올라가는데, 돌아서 낙천(洛川)을 건너게 되었다. 옛사람이 말하길, 이 강물의 신은 복비(宓妃)라고 하였다. 송옥(宋玉)이 초왕에게 신녀의 일을 이야기했던 것에 느낀 바 있어 마침내 이 부를 짓는다"라고 하였다. 뒷날, 낙수라고 하면, 배필을 잃고 홀로 있음을 가리키게 되었다.

43) 풍중설(風中雪) : 조식(曹植)이 지은 「낙신부(洛神賦)」에서, 복비(宓妃)의 풍만하면서도 나긋나긋하고 은근한[輕盈隱約] 모습을 묘사할 때 사용한 구절에서 따왔다. 「낙신부」에 보면, "가벼운 구름이 달을 살짝 가린 듯 방불하고, 지나는 바람에 흰눈이 휘휘 도는 것처럼 나풀나풀하누나(仿佛兮若輕雲之蔽月, 飄颻兮若流風之回雪)"라고 하였다.

44) 대모(玳瑁) : 대모로 장식한 침상. 대모는 거북이와 비슷하면서, 등딱지에 갈색과 담황색이 섞인 색깔의 꽃무늬가 있는 것으로, 그 껍데기를 이용하여 장식품을 만든다.

45) 미호접(迷蝴蝶) : 호접이 길을 잃다. 쌍을 이루지 못함을 비유한다.

유객은 못내 연연해하여

강가 성 일만 리에 봄 풀을 두루 밟나니,

손님 친구들이 구름 같이 모인 것만 알 뿐

살 같은 세월을 어이 머물러 두랴.

꽃 피고 꽃 질 때마다 아득한 수심이 일어나니[47]

영(郢) 나무와 언수(鄢水) 구름은 가을을 몇 번 맞았던가.[48]

곽씨(霍氏)[49]의 공명도 꿈속 일이고

양효왕(梁孝王)[50] 누대도 그저 산언덕 된 것을.[51]

영고성쇠의 뒤바뀜을 어찌 다 말하랴[52]

---

46) 서봉황(棲鳳凰) : 봉황은 오동이 아니면 서식하지 않는다고 한다. 왕승달(王僧達)의
   시(「答顔延年」)에 "봉황을 깃들일 가지를 만들기 어렵고, 좋은 하사품은 내리질 않네
   (棲鳳難爲條, 淑貺非所臨)"라고 하였다.

47) 형생수(逈生愁) : 한없이 이어지는 수심을 일으키다. 형(逈)은 한없이 이어진다는 뜻.

48) 영수언운기도추(郢樹鄢雲幾度秋) : "영(郢)의 구름과 언수(鄢水)의 구름은 몇 번이나
   가을을 겪었던가?" 시간이 흐름이 빠르고 역사의 변천이 신속함을 두고 비감을 느껴
   말한 구절이다. 영(郢)은 앞서 나왔듯이, 춘추전국시대 초나라의 도성. 언(鄢)은 언수(鄢
   水). 언수는 호북성(湖北省) 의성현(宜城縣)에 있으며, 한수(漢水)로 흘러든다.

49) 곽씨(霍氏) : 곽광(霍光)의 일문. 곽광은 한(漢)나라 하동(河東) 평양(平陽)의 사람인데,
   무제(武帝) 때 봉거도위(奉車都尉)가 되어, 궁정에 출입하길 20여 년이나 하였는데, 소
   심근신(小心勤愼)하여 한 번도 과실을 저지르지 않았다. 소제(昭帝)가 8세에 등극하자
   대사마대장군(大司馬大將軍)으로서 유조(遺詔)를 따라 정치를 보필하였으며, 박륙후(博
   陸侯)에 봉해졌다. 소제가 붕어하자 창읍왕(昌邑王) 하(賀)를 영입하였으나 그가 음란하
   자 태후에게 표를 올려 폐하고 무제의 증손을 세웠으니, 그가 선제(宣帝)이다. 이때부터
   20여 년 동안 정권을 잡아, 족당(族黨)이 조정에 가득하였으며, 정치를 천단하였다. 죽은
   뒤에는 시호를 받았지만, 선제(宣帝)가 친히 정무를 돌보게 되면서 곽씨의 병권(兵權)을
   빼앗았고, 마침내 그 일족을 멸하였다. 『한서』 「곽광전(霍光傳)」에 나온다.

50) 양왕(梁王) : 양효왕(梁孝王) 무(武)를 말한다. 한나라 문제(文帝)의 비 두황후(竇皇后)
   의 막내아들로, 오초칠국(吳楚七國)의 난을 평정하는 데 공을 세워 상으로 하사받은 것
   이 이루 헤아릴 수 없을 정도였다. 궁실과 원유(園囿)를 거대하게 짓고, 출입할 때 의장
   (儀仗)을 두어, 천자 같은 행색을 하였다.

51) 공산구(空山丘) : 그저 산언덕처럼 텅 빔. 이백(李白)의 「강상음(江上吟)」에서 "굴평의
   사부(詞賦)는 일월 같이 높이 달렸고, 초왕의 누대는 산언덕처럼 텅 비었네(屈平詞賦懸
   日月, 楚王臺榭空山丘)"라고 하였다.

52) 영고번복경하언(榮枯翻復竟何言) : "영화스런 시절이 뒤집어져서 쇠퇴한 시절로 바뀌
   게 되는 것을 보고 느끼는 슬픔을 어찌 다 말할 수 있으랴"는 뜻.

지난 밤 약수(弱水)[53]가 오늘은 곤륜산(崑崙山).[54]

아무도 다시는 서주(西州) 길[55]에서 통곡하지 않고

참새는 또 적씨(翟氏) 문 앞에 가득한 법.[56]

한나라 은혜는 어이 얕고 하늘은 또 어이 야박한가

백년의 고관 가문이 끝내 적막하게 되고 말아,[57]

전에는 내쉬는 숨이 연기와 구름을 이루더니

오늘 아침엔 세력 잃어 진흙에 버려진 돌이구나.

아미 눈썹 하얀 이의 미인은 누구에게 시집갔나

금 평상과 옥 팔걸이는 누굴 위해 만들었던가.

끝났도다! 돌아갈지라!

---

53) 약수(弱水) : 『산해경(山海經)』 「대황서경(大荒西經)」에 보면, 서해의 남쪽, 유사(流沙)의 해안에, 곤륜의 구(崑崙之丘)라는 큰 산이 있고 그 산 아래에 약수의 못(弱水之淵)이 둘러 있다고 하였다.

54) 곤륜(崑崙) : 서해의 남쪽, 유사(流沙)의 해안에 있다는 곤륜의 구(崑崙之丘). 약수가 그 아래 흐른다고 한다.

55) 서주로(西州路) : 서주의 길. 서주는 옛 성의 이름. 지금의 남경시(南京市) 조천궁(朝天宮) 서쪽에 유지가 있다. 동진(東晉) 때 사안(謝安)이 죽기 전에 병든 몸을 이끌고 환도할 때 서주 성문 앞을 지났다. 사안이 죽은 뒤에 그 사위 양담(羊曇)이 그를 추모하여, 서주의 길을 경유하지 않았는데, 한 번은 석두(石頭)에서 대취하여 자기도 모르는 사이에 그 문 앞에 당도하였다. 양담은 조식(曹植)의 "살아서는 화려한 집에 거처하였으나, 죽어서는 산언덕으로 돌아갔도다(生存華屋處, 零落歸山丘)"라는 구절을 읊고 통곡하였다고 한다. 『진서』 「사안전(謝安傳)」에 나온다.

56) 유작환등적씨문(有雀還登翟氏門) : 적씨는 서한(西漢) 때 하규(下邽) 사람. 정위(廷尉)로 있었을 때 빈객이 문에 가득하였지만, 실각하자 문밖에 참새 그물을 펼쳐둘 정도였다. 뒤에 다시 복직하자, 빈객이 그를 다시 찾아오려 하였으므로, 그는 그 문에다 "'죽을 지경에 처하였다가 살아 돌아와서 비로소 사귀는 사람들의 진정한 마음을 알 수 있다. 부자가 되었다가 가난하게 되었다가 하고서 비로소 교분이 깊은지 옅은지를 알 수 있다. 고귀하였다가 실각하고서 비로소 사귀는 사람들의 마음속이 보이는 법이다(一死一生, 乃知交情. 一貧一富, 乃知交態. 一貴一賤, 交情乃見)"라고 써 두었다고 한다. 『사기』 「급·정열전(汲鄭列傳)」의 '태사공이 말하길'에 나온다.

57) 한은하천천하박, 백년관대좌소삭(漢恩何淺天何薄, 百年冠帶坐蕭索) : 한나라 은혜란 곧 당대(當代)의 사실을 빗대어 한 말이다. 관대(冠帶)란 신분 높은 관리를 가리킨다. 한나라 장형(張衡) 서경부(西京賦)의 "관대가 교착하여 있다(冠帶交錯)"라는 구절에 대한 『문선』의 주에 "관대는 진신(縉紳)이니, 관리[吏人]를 말한다"라고 하였다. 좌(坐)는 '마침내, 이에'라는 뜻이다.

초나라에 본디 보배가 없었던 것 아니건만
형산에는 부질없이 슬픔만 남았구나.58)
그대 보게나, 백설가와 양춘가 가락이59)
천년 뒤에도 진정한 시로 추앙됨을.60)

年年三月飛桃花, 楚王宮裏鬪繁華.
雲連蜀道三千里, 柳拂江堤十萬家.
丹樓繡幌巢飛燕, 靑閣文窓起睡鴉.」
鴉歸燕語等閒度, 不記江城春早暮.
東風香吐合歡花, 落日烏啼相思樹.
王孫挾彈郢門西, 少年借客章臺路.」
少年矯矯名都兒, 雕鞍朱勒黃金羈.

---

58) 초국비무보, 형산공유애(楚國非無寶, 荊山空有哀) : 『한비자(韓非子)』 「화씨(和氏)」의
   '화씨벽(和氏璧)' 고사'를 빌려 온 것이다. 초나라의 변화(卞和)가 형산에서 박옥(璞玉)
   을 얻어 여왕(厲王)에게 바쳤는데 옥인(玉人)을 시켜 감정케 하니 옥이 아닌 돌이라고
   하였다. 따라서 여왕은 변화가 속였다고 여겨 그의 왼쪽 발뒤꿈치를 잘랐다. 변화는 다
   시 무왕에게 박옥을 바쳤는데, 마찬가지로 돌이라 감정하였으므로 오른쪽 발이 잘렸다.
   문왕이 즉위한 후 변화는 그 박옥을 안고 형산 아래에서 3일 밤낮을 우니 눈에서 피가
   나왔다. 문왕이 그 이야기를 듣고 박옥을 쪼개게 하자 그 속에서 옥이 나왔다고 한다.
   인재가 있지만 그 인재를 제대로 쓰지 못하여 나라가 망하는 지경에까지 이르렀다는
   뜻을 함축하고 있다.
59) 백설양춘조(白雪陽春調) : 초나라의 고아한 노래를 말한다. 송옥(宋玉)의 「대초왕문
   (對楚王問)」에 보면, 속곡은 많은 사람이 노래하지만 고상한 곡은 일부 사람만 창화한
   다고 말하면서, 다음과 같은 비유를 말하였다. "영(郢)에 길손으로 있으면서 노래를 잘
   하는 사람이 있었는데, 처음에 하리파인(下里巴人)을 노래하자 화답하는 자가 수천 명
   이었으나, 〈양춘〉과 〈백설〉을 노래하자 화답하는 자가 수십 명에 불과하였다."
60) 천재환추작부재(千載還推作賦才) : 송나라 조문례(趙聞禮)가 사(詞) 작품집을 엮어서
   『양춘백설(陽春白雪)』이라 이름하였는데, 2백여 시가의 사를 선하였으며, 송나라 때 전
   하지 않는 사도 많이 실었다. 원나라 때 양조영(楊朝英)은 『악부신편양춘백설(樂府新
   聲陽春白雪)』을 엮어서, 사(詞)와 곡(曲)을 아울러 수록하였고, 원나라 때 사람들의 산
   곡(散曲)도 많이 실었다. '양춘백설'이란 말이 세상에 전하는 고귀한 시문이란 뜻으로
   사용됨을 알 수 있다. 또한 이백(李白)의 「강상음(江上吟)」에서 "굴평의 사부는 일월 같
   이 높이 달렸고, 초왕의 누대는 산언덕처럼 텅 비었네(屈平詞賦懸日月, 楚王臺榭空山
   丘)"라고 한 것도 이 시의 뜻과 유사하다.

採桑陌上青絲籠, 紅粉樓中白紵辭.
白紵綠水爲君起, 靑春環珮如流水.」
東城絲管接西城, 相府豪華壓朱邸.
俠客飛鷹古道傍, 佳人賣笑垂楊裏.」
垂楊二月隱朱樓, 家家宴喜樓上頭.
蒸鳧喧闐朝送酒, 管絃嘈雜夜藏鉤.」
繁絃急管夜初闌, 惜花少女怨春殘.
桃花灩灩歌成血, 蘭炷漫漫火送寒.
曉風楊柳菖蒲浦, 秋月梧桐金井欄.」
秋月春花無斷絶, 門前郁李九迴折.
願作陽臺雨後雲, 誰憐洛水風中雪.」
陽臺洛水夢空長, 那似娼家玳瑁牀.
選得東家佳姉妹, 却延西第好兒郎.
織成錦席迷蝴蝶, 種得青梧棲鳳凰.」
遊人戀戀無窮已, 踏遍江城春萬里.
只解賓從集似雲, 那惜年光去如矢.」
花開花落迥生愁, 郢樹鄢雲幾度秋
霍氏功名成夢寐, 梁王臺館空山丘.」
榮枯翻復竟何言, 昨宵弱水今崑崙.
無人更哭西州路, 有雀還登翟氏門.」
漢恩何淺天何薄, 百年冠帶坐蕭索.
昔時噓氣成烟雲, 今朝失勢委泥礫.
靑娥皓齒嫁何人, 金牀玉几爲誰作.」
已矣哉, 歸去來.
楚國非無寶, 荊山空有哀.
君看白雪陽春調, 千載還推作賦才.」

1584년(만력 12년 갑신)에 강릉(江陵)에서 지은 작품이다.

○ 고형(古荊)은 형주부(荊州府)를 가리킨다. 치소(治所)는 강릉에 있다. 이 시는 재상 장거정(張居正)이 죽은 뒤 적몰(籍沒)의 화를 당한 일을 두고 느낌이 있어서 지은 것이다. 진자룡(陳子龍)의 『명시선(明詩選)』에 보면, "석공(石公 : 원굉도)의 재주와 정감은 본디 유려(流麗)한데, 이 편은 강릉(江陵)의 일을 풍자하여 지은 듯하다"라고 하였다. 장거정의 자(字)는 숙대(叔大)로 강릉 사람이다. 1572(隆慶 6)년부터 1582(만력 10)년까지 내각(內閣)의 수보(首輔)로 있으면서 정치와 경제 방면에서 탁월한 공적을 쌓았다. 1582(만력 10)년 6월에 죽었는데, 1584년에 신종(神宗)이 장거정의 재산을 탐내어서 조칙을 내려 그 가산을 적몰하였다. 그런데 신종이 파견한 사자(使者)가 형주에 다다랐을 때쯤, 수령이 그 가족들을 먼저 금고(禁錮)의 명부에 등록하고 문을 봉쇄하고 말았으므로, 자녀들이 대부분 비어있는 방으로 도망하였다. 사자가 와서 문을 열었을 때는 이미 십여 명이 굶어 죽은 뒤였다. 이 사실은 『명사(明史)』권213 「장거정전(張居正傳)과 권20 「신종본기(神宗本紀)」에 나와 있다. 원굉도의 이 시에서 "곽씨(霍氏)의 공명도 비몽사몽간 일이 되고"라고 한 것은, 장거정의 공적을 애석하여 말한 것이다. 또 "한나라 은혜는 어이 그리 얕고 하늘은 또 어이 야박한가"라고 한 것은 신종이 각박하여 은혜를 베풀지 않은 것을 은근히 가리킨 말이다. 원굉도는 이 해에 강릉에 이르러 형주 부시(府試)에 응시하였는데, 명나라 때 부시는 의례 4월에 있었으므로, 장거정의 가산이 적몰된 사건을 귀로 듣고 눈으로 보았을 것이다. 뒤에 그의 아우 원중도는 『유거시록(遊居柿錄)』권1에서 "강릉의 옛 저택을 지나가다가 처연해졌다. 이 집은 이문요(李文饒)의 평천(平泉) 저택에 거의 맞먹을 정도이다. 이문요는 평천 저택을 연연해하여, 자손들에게 풀 한 포기 나무 하나라도 남에게 주지 말라고 당부하였으나, 그는 섬에서 죽고 말았고 가까스로 영호(令狐)의 꿈에나 나타나서 귀향할 수 있었으니, 강릉(장거정)의 일과 비교하여 더욱 비참하다. 이문요와 강릉(장거정)은 재기가 둘 다 비슷하였는데, 은혜를 갚거나 원수를 갚거나 제 마음대로 한 사실도 비슷하였고, 재앙을 만난 것도 역시 비슷하였다"라고 하였다. 원굉도의 이 시는 감개의 뜻을 기탁하여 인간사의 성쇠(盛衰)를 부앙한 것이니, 원중도의 글과 주제가 흡사하다.

○ 이 시에서 초왕(楚王)은 요왕(遼王) 헌절(憲節)을 가리킨다. 진전(陳田)의 『명시기사(明詩紀事)』는 이 시를 평하여 "이 시는 비단 강릉의 일을 풍자한 것만이 아니라 요왕을 위해서도 지은 것이다"라고 하였다. 초왕의 번부(藩府)는 무창(武昌)에 있었으므로 장거정과는 무관하다. 그런데 요왕의 번부는 원래 광녕주(廣寧州)에 있

었는데, 영락(永樂) 연간에 형주부로 옮겼다. 장거정의 조부 장진(張鎭)은 요왕부 호위(護衛)가 되어, 요왕 헌절이 억지로 술을 마시게 한 바람에 죽었다. 이 일은 왕세정(王世貞)의 「가정 이래 내각수보 전(嘉靖以來內閣首輔傳)」의 「장거정전(張居正傳)」에 나와 있다. 장거정은 헌절이 교만하고 방자해서 자신을 능멸한 일이 많았으므로 원한을 품었으며, 또 그 번부의 장려한 저택을 부러워하였다. 융경(隆慶) 2년에 마침 누가 왕에게 모반의 사실을 밀고하자, 번부의 담을 봉쇄하고 번부를 폐지하고는 장거정이 그 저택을 자기 집으로 삼았다. 이 일은 『명사기사본말(明史紀事本末)』 권61에 나와 있다. 이 시에서 "재상부 호화로움이 붉은 저택을 압도하누나"라고 한 것은 그 사실을 가리킨다.

초여름에 공유학(龔惟學) · 유장(惟長) 두 분 외삼촌과 함께 이성(二聖) 선림에 노닐면서 불경을 뒤적이다가 짓는다. 네 수이다(初夏同惟學 · 惟長舅尊游二聖禪林檢藏有述, 四首)

첫째(其一)

높이 솟은 누각이 이다지도 시원하여
남쪽 호수와 북쪽 봉우리가 모두 바라보이누나.
청엽(靑葉)과 황의(黃衣)[61]의 비석은 남았고
주옥 문갑은 온통 흙먼지에 덮여 있군.
빈 강물은 콸콸[62] 맑은 경내를 둘러 흐르고
외진 골짝[63] 침침[64]한 곳에 저녁 종소리 이누나.

---

61) 청엽(靑葉) 황의(黃衣) : 이성(二聖)을 가리킨다. 청엽계여래(靑葉髻如來)와 누지덕여래(婁至德如來)이다.

62) 은은(隱隱) : 물 흐름이 거칠어서 바위를 씹는 소리를 말한다. 『사기』 「사마상여전(司馬相如傳)」에 실린 「상림부(上林賦)」에 "침침하고 은은하며, 퉁탕거리며 우르릉거리네(沉沉隱隱, 砰磅訇礚)"라고 하였다. 그러나 혹 희미하고 분명치 않은 모습이나 성대한 모습을 가리키는지 모른다.

63) 별학(別壑) : 사람 사는 경계에서 멀리 떨어진 외진 골짝.

깜깜하도록 불경을 강론하여 돌아가지 않다니
그대들 불교 공부의 뜻이 깊음을 잘 알겠군.

一尊高閣許從容, 眺盡南湖與北峰.
青葉黃衣餘碣在, 玉函珠匣總塵封.
空江隱隱流淸梵, 別壑沉沉起暮鐘.
昏黑談經人不去, 知君學佛意初濃.

1585년(만력 13년 을유) 여름에 공안에서 지은 시. 18세였다. 이 해 가을에 원굉도는 무창(武昌)으로 가서 향시(鄉試)를 치렀으나, 합격하지 못하였다.
○ 유학(惟學) : 공중민(龔仲敏). 자(字)가 유학이다. 호는 고정(吉亭), 별호는 협산(夾山)이다. 공안(公安) 사람으로 공대기(龔大器)의 둘째 아들이며, 원굉도의 외삼촌이다. 젊어서 재주가 빼어났고 서적을 두루 읽었다. 1572년(만력 원년)에 향시에 합격하였고, 1595년(만력 23년) 선발에 뽑혀서 가상 지현(嘉祥知縣)이 되었다. 남현 지현(嵐縣知縣)으로 있다가 56세에 죽었다. 치적이 훌륭하다고 칭송되었다. 저술로는 『가상현지(嘉祥縣志)』가 있는데, '상세하고 풍부하며 모범적'이라고 이지(李贄)·초횡(焦竑)으로부터 칭찬을 받았다. 원굉도의 형 원종도(袁宗道, 伯修)가 지은 서문이 『백소재유집(白蘇齋類集)』 권10에 실려 있다. 공중민의 일생에 대하여는 원중도의 『가설재문집(珂雪齋文集)』 권8 「공춘소공전(龔春所公傳)」에 자세하다.
○ 유장(惟長) : 공중경(龔仲慶). 자가 유장이다. 호는 수정(壽亭). 공대기의 셋째 아들, 공중민의 아우이다. 1579년(만력 7년) 향시에 합격하고 이듬해 진사가 되어서 행인(行人)의 벼슬을 받았다가 복건도 어사(福建道御史)에 개수(改授)되었다. 공중경은 장거정을 공격하는 사람들과 적이 되어, 장거정이 죽은 뒤에 조정의 당쟁에 휘말렸다. 『명사』 권229 「심사효전(沈思孝傳)」에 보면, "장거정이 부친상을 당하고도 기복(起復)의 명을 따라 복직하였는데, 심사효와 애목(艾穆)이 합동으로 소(疏)를 올려 간하다가 정리(廷吏)의 심문을 받아 곤장을 맞고 신전위(神電衛)로 수자리 살러 갔

---

64) 침침(沉沉) : 깊고 으슥하며 조용한 모습. 장약허(張若虛)의 시(「春江花月夜」)에 "빗긴 달은 침침하여 바다 안개에 잠겨 있고, 갈석산과 소상강은 무한히 서로 멀구나(斜月沈沈藏海霧, 碣石瀟湘無限路)"라고 하였다.

다. 장거정이 죽은 뒤 소집되어 앞서의 관직에 복귀하였다가 광록소경(光祿少卿)으로 승진하였다. 조정에서는 이식(李植)·강동(장거정)·심사효의 무리를 미워하였다. 심사효는 태상소경(太常少卿)으로 옮겼는데, 어사 공중경이 사주를 받아 비난하였으므로 관직을 버리고 떠나려 하였으나 허락 받지 못하였다"라고 하였다. 공중경은 당시 재상이었던 신시행(申時行)·허국(許國)·왕석작(王錫爵)의 사주를 받았던 것이었다. 또 『명사』 권236 「이식전(李植傳)」에 보면, 1585년(만력 13년) 7월에 "어사 공중경이 다시 이식·오중행(吳中行)·심사효를 사신(邪臣)이라고 탄핵하자, 황제는 배제(排擠)하는 꼴을 미워하여 그를 외직으로 쫓아내었다"라고 하였다. 이때 공중경은 자주(磁州) 통판(通判)으로 쫓겨났다가, 뒤에 병부거가사원외랑(兵部車駕司員外郎)으로 벼슬을 마쳤다. 1602년(만력 30년) 53세로 죽었다. 서적 수집을 좋아하여 장서가 일만 권에 이르렀으며, 몸소 수교(讎校)를 하였다. 『둔암집(遯菴集)』을 남겼다. 공중경의 일생에 대하여는 원중도의 「공춘소공전(龔春所公傳)」에 자세하다. 이 해 원굉도가 공중민과 함께 이성사(이성선림)에 놀러갔을 때, 공중경은 나이 36세였으니, 자주 통판으로 쫓겨났다가 강릉으로 되돌아 온 때였다.

○ 이성선림(二聖禪林) : 공안현 동북쪽에 있는 이성사(二聖寺)를 말한다. 진(晉)나라 때 처음 세웠으며, 흥화사(興化寺)·만수사(萬壽寺)·광효사(光孝寺)라고도 한다. 청엽계여래(靑葉髻如來)와 누지덕여래(婁至德如來)를 모셨다. 『공안현지(公安縣志)』에 나온다.

○ 검장(檢藏) : 이성사의 정법루(正法樓)와 과당(過堂)의 건립 때 공중경이 주재하였는데, 정법루에는 대장경을 보관하였고 과당에는 행각(行脚)을 묵게 하였다. 원굉도가 이곳에서 열람하였다는 대장경은 곧 정법루의 대장경이다. 『공안현지』에 나온다.

○ 別墅沉沉起暮鐘 : 墅이 패란거본에는 壁으로 되어 있으나 墅으로 고친다.

둘째(其二)

장육불 앞에는 허전하게 경초(莖草) 한 포기[65] 놓였고

---

65) 초일경(草一莖) : 일경초(一莖草). 여기서는 불경을 가리키는 듯하다. 본래는 한 줄기의 풀과 범찰(梵刹), 계(戒). 장육금신(丈六金身)은 일여(一如)하여 다르지 않다는 뜻이다. 『종용록(從容錄)』 제4칙에 "세존(世尊)이 대중(大衆)과 길을 갈 때 손가락으로 땅을 가리키며 말씀하시길, '이곳에 범찰을 세울 만하다'라고 하시자, 제석(帝釋)이 경초를 하나 꺾어 지상에 꽂아두고 말하길 '이미 범찰을 세웠습니다'라고 하매 세존이 미소하

연화대에는 엄숙하게 옛 선생(부처)[66]이 앉아 있네.

밤 깊어 빈 누각에서 용수(龍樹)[67]의 말을 듣노라니

속세 밖 마른 소나무는 부처님 이름을 찬미하누나.

부들자리[68]에 앉아 참선하며 내 행실의 미천함을 알겠고

갓 마름질한 가사(袈裟)[69] 걸치매 일신이 가벼움을 느낀다.

제법(諸法)[70]을 모두 꿈과 같이 등한하게 보거늘[71]

눈앞에서[72] 무엇 하러 힘들게 화성(化城)[73]을 찾으랴?

셨다"라고 하였다. 또 조주(趙州)의 어록(語錄)에, "이 일은 명주(明珠)가 손바닥 위에
있는 것과 같다. 호(胡)가 오면 호(胡)가 나타나고 한(漢)이 오면 한(漢)이 나타난다. 노
승이 일경초를 잡아 장육금신을 만드는 것과 같고 장육금신을 잡아 일경초로 쓰는 것
과 같다. 부처는 번뇌요 번뇌는 곧 부처이다"라고 하였다. 누심(漏心)과 부처가 둘이 아
니고 물아일여하다는 소식이라고 한다. 또한 경초선(莖草禪)을 의식하여 쓴 것인지 모
른다. 선종의 역사에 보면 무상의 제자에 마조가 나고, 마조의 제자에 서당(西堂)과 백
장(百丈 : 懷海), 남전(南泉 : 普願)이 나왔는데, 백장은 '일일불작(一日不作)이면 일일불
식(一日不食)'이라고 외쳤고 남전은 '소가 되고 말이 되라, 밭을 갈고 짐을 지라'고 질
타하여 이류중행(異類中行)을 내세웠다. 이때의 '경초'란 마소가 먹는 '꼴'을 가리킨다.
백장과 남전의 외침은 중국의 선종사에서 행방불명이 되고, 400년이 지난 다음 일연선
사의 『중편조동오위』에서 경초선(莖草禪)으로 단장되어 나온 바 있다.

66) 고선생(古先生) : 부처를 말한다. 도가(道家)에서 사용하는 말. 『유양잡조(酉陽雜俎)』
　　「옥격(玉格)」에 보면, "축건에 옛 선생이 있는데, 무위의 경지에 잘 들어갔다(竺乾有古
　　先生, 善入無爲)"라고 하였다.

67) 용(龍) : 용수(龍樹)를 말한다. 인도의 대승불교를 크게 선양한 사람으로, 부처가 멸한
　　뒤 67백년 경(BC 23세기)의 남인도(혹은 서인도) 사람이다. 용수의 말은 곧 불경을 뜻한
　　다. 용수의 저술로는 『대지도론(大智度論)』 1백권, 『십주비파사론(十住毘婆娑論)』 17
　　권, 『중론(中論)』 4권, 『십이문론(十二門論)』 1권 등이 있다.

68) 포탑(蒲榻) : 포단(蒲團). 승려가 좌선(坐禪)하거나 궤배(跪拜)할 때 까는 부들자리.

69) 도휴(稻畦) : 도휴피(稻畦帔)의 준말로, 가사(袈裟)를 말한다.

70) 법(法) : 일체의 말을 통한 것, 소와 대, 유형과 무형, 진실과 허망, 사물과 도리 등 모
　　든 것을 말한다.

71) 등한(等閒) : 마음에 두지 않고 대수롭지 않게 여김.

72) 안저(眼底) : 안중(眼中). 백거이(白居易)의 시(「自問行何遲」)에 "안중에 아무 일도 없
　　으매, 마음속에 온갖 일 하나도 모르네(眼底一無事, 心中百不知)"라고 하였다.

73) 화성(化城) : 환화(幻化)의 성곽으로, 소승에서 도달할 수 있는 경지를 말한다. 즉 소승
　　(小乘)의 열반(涅槃)을 비유하는 말인데, 정토(淨土)나 절을 가리키는 말로 쓰인다. 화성
　　은 본래 『법화경(法華經)』의 일곱 비유 가운데 하나로, 「화성유품(化城喩品)」에 나온
　　다. 일체 중생을 성불로 이끄는 도중에 도사(導師)가 하나의 성곽을 만들어내어 거기에

丈六空傳草一莖, 蓮臺肅肅古先生.

夜深虛閣聽龍語, 世遠枯松讚佛名.

蒲榻參來知行淺, 稻畦栽就覺身輕.

等閒法法都如夢, 眼底何勞覓化城.

전
筆校교 도휴재취각신경(稻畦栽就覺身輕) : 도휴재(稻畦栽)가 『원중랑집』「초간보」
에는 '도전재(稻田栽)'로 되어 있었다. 그런데 원중도의 『가설재문집(珂雪
齋文集)』에 수록된 「답원무애서(答袁無涯書)」에 보면, '도휴'는 가사(袈裟)를 말하
며 수전의(水田衣)라고도 하는데 그것을 '稻田栽'로 한 것은 말이 되지 않으니, 아
마도 잘못 베낀 듯하다고 하였다. 초횡(焦竑)의 『필승(筆乘)』「속집」 권4 '수전의(水
田衣)'조에 보면, 왕소백(王少伯 : 王昌齡) 시와 왕우승(王右丞 : 왕유)의 시에 용례
가 있다고 하고, 가사는 소요복(逍遙服)이나 무진의(無塵衣)라고도 한다고 하였다.

셋째(其三)

선사(禪寺) 문은 손님을 사절하여 대낮에도 닫혔고

대 숲은 침침하여[74] 뜰 하나 넓이로군.

들녘 참새들은 천녀(天女)[75]의 분가루를 반쯤 물어 나르고

들보의 먼지는 불두청(佛頭靑)[76]을 차츰 더럽히네.

육시(六時)[77]에 스님들은 연화루(蓮花漏)[78]에 맞춰 예배하고

잠시 쉬게 해서 정력(精力)을 기르게 한 뒤에 다시 참된 보소(寶所)로 이르게 한다고 하
였다.

74) 음삼(陰森) : 나무가 무성하여 어두침침함. 맹호연(孟浩然)의 시(「庭橘」)에 "빛이 나면
모든 사물을 볼 수 있거늘, 일만 나무가 그늘져 어이 이리 어둑어둑한지(明發覽群物,
萬木何陰森)"라고 하였다.

75) 천녀(天女) : 욕계육천(欲界六天)에 사는 여성. 범어(梵語) devakanyā의 역. 산화천녀(散
花天女). 꽃잎을 뿌리는 천녀. 『유마경(維摩經)』에 보면, 산화천녀가 꽃을 뿌리자 여러
보살에게는 꽃이 붙지 않고 떨어지고 대제자(大弟子)에게는 꽃이 붙어 있었다. 천녀는
말하길, "결습(結習)이 다하지 않았으므로 몸에 꽃이 붙어 있다"고 하였다.

76) 불두청(佛頭靑) : 염료의 한 가지. 청색의 암회구(巖繪具)의 하나. 편청(扁靑), 석청(石
靑)이라고도 한다. 여기서는 들보의 단청을 말한다.

삼교(三敎)[79]를 취하러 사람들은 패엽경(貝葉經)[80]을 뒤적이네.
옷 아래의 보배[81]를 그대는 아는가 모르는가?
깨어나면[82] 새벽녘 명성(明星)[83]을 보리라.

禪關避客晝常局, 竹樹陰森可一庭.
野雀半唧天女粉, 梁塵漸汚佛頭靑.
六時僧禮蓮花漏, 三敎人翻貝葉經.
衣下有珠君識否, 寤來如欲睹明星.

넷째(其四)

푸른 가지는 허공에 서릴 듯 높디높고
높은 누각은 긴 바람 받아 맑디맑아라.[84]
괴석과 마른 등나무는 한껏 늙어 있고
섬돌 꽃과 두둑 풀은 절로 어여쁘다.
육조(六朝) 고사는 종소리 여운에 묻어나고[85]

---

77) 육시(六時) : 하루를 낮 삼시, 밤 삼시로 구분하여 합해서 육시라고 한다. 여기서는 주
야 육시에 아미타불을 예찬하는 일을 말한다.
78) 연화루(蓮花漏) : 여산(廬山) 혜원(慧遠)의 제자 혜요(慧要)가 연화를 가지고 만든 시
계. 산 속에 시계가 없으므로 샘물 가운데 12엽의 부용을 세워 물살의 흐름을 가지고
12시를 정하였다고 한다. 이조(李肇)의 『국사보(國史補)』에 나온다.
79) 삼교(三敎) : 석존 일대의 설교를 세 가지로 나눈 것을 말한다. 일반적으로 점교(漸敎),
돈교(頓敎), 원교(圓敎)를 말한다.
80) 패엽경(貝葉經) : 불경. 인도의 다라수(多羅樹) 잎에 불경을 베낀 것에서 연유하였다.
패서(貝書), 패엽서(貝葉書), 패다엽(貝多葉) 등으로 부르기도 한다. 유종원(柳宗元)의
「신예초사원독선경(晨詣超師院讀禪經)」에 "한가로이 패엽서를 들고, 동재(東齋)를 걸
어 나와 읽는다네(閒持貝葉書, 步出東齋讀)"라 하였다.
81) 의하유주(衣下珠) : 옷 아래 있는 보물. '나의 마음' 곧 '불성(佛性)'을 말한다. 보물
로 상징되는 진리가 멀리 있지 않고, 나의 한 몸에 본래 갖추어져 있음을 뜻한다.
82) 오래(寤來) : 여기서의 '오'는 잠에서 깨어난다는 뜻이다.
83) 명성(明星) : 반짝이는 별. 금성(金星).
84) 영령(泠泠) : 바람의 맑은 소리, 맑은 기운. 여기서는 맑은 기운이란 뜻.

천불(千佛)86)의 생애는 새벽 송뢰(松籟 : 솔바람소리)에 들어 있군.
나도 또한 명상(冥想)87)으로 성과(聖果)88)를 구하매
십 년의 꿈이 호계(虎溪)89) 동쪽으로 향하누나.

蒼枝矯矯欲盤空, 高閣泠泠受遠風.
怪石枯藤隨意古, 砌花畦草自然工.
六朝遺事殘鐘外, 千佛生涯曉籟中.
我亦冥心求聖果, 十年夢落虎溪東.

---

85) 육조유사잔종외(六朝遺事殘鐘外) : 두목(杜牧)의 「강남춘(江南春)」에서 "남조 이래 사백 팔십 개 절이 늘어서서, 그 누대들이 봄비의 안개에 싸여 있구나(南朝四百八十寺, 多少樓臺煙雨中)"라고 하였던 시상을 빌려온 것이다. 이 시에서의 육조는 곧 두목의 시에서 말한 남조를 가리키는 말로, 남조는 건강(建康, 당나라 때 金陵)에 도읍을 두었던 송(宋)·제(齊)·양(梁)·진(陳)의 왕조(420~589)를 말한다.

86) 천불(千佛) : 불교에서는 과거·현재·미래의 삼겁(三劫)에 각각 1천불이 출세(出世)한다고 한다.

87) 명심(冥心) : 마음을 가라앉힘. 명상(冥想).

88) 성과(聖果) : 보리열반(菩提涅槃). 성도(聖道)를 수행하여 진정(眞正)한 과(果)를 이루기 때문에 성과라고 한다.

89) 호계(虎溪) : 강서성(江西省) 여산(廬山) 아래의 시내. 동진(東晉) 때 승려 혜원(惠遠)이 여산의 동림사(東林寺)에 살면서, 손님을 전송하더라도 이 시내를 넘지 않았다고 한다. 그런데 하루는 도잠(陶潛 : 陶淵明), 도사 육정수(陸靜修)와 담소하다가 자기도 모르는 사이에 이 시내를 넘었다. 갑자기 범이 우는 소리를 듣고는 세 사람이 껄껄 웃고 헤어졌다는 고사가 있다. 호계삼소(虎溪三笑)라고 한다. 송나라 진순유(陳舜兪)의 『여산기(廬山記)』 권2에 "흐르는 샘이 절 아래를 돌아나가 호계로 들어간다. 지난날 혜원 스님이 손님을 전송하느라 이곳을 지나는데, 호랑이가 문득 울부짖었으므로 이러한 이름을 붙였다. 도원량은 율리에 거처하였고, 산 남쪽에는 육수정이 있었는데, 둘다 도를 아는 인사였다. 혜원 스님은 이 두 사람을 전송하며 함께 이야기하다가 도에 부합하였으므로, 자신도 모르는 사이에 호계를 건넜던 것인데, 그래서 서로 크게 웃었다. 지금 세상에 전하는 삼소도라는 것은 여기에서 비롯된다(流泉匝寺下, 入虎溪. 昔遠師送客過此, 虎輒號鳴, 故名焉. 陶元亮居栗里, 山南陸修靜, 亦有道之士. 遠師嘗送此二人, 與語合道, 不覺過之, 因相與大笑. 今世傳三笑圖, 皆起於此)"라고 하였다. 여기서는 여산의 동림사 같은 탈속한 곳으로 찾아가고 싶다는 뜻을 말한 것이다.

여름날 공산목·공능자·최회지·추백학·이자염과 함께 기녀를
데리고 화상교[90]에 배를 띄우고 노닐다. 두 수(夏日同龔散木·能者·崔
晦之·鄒伯學·李子髥攜妓泛舟和尙橋二首)

첫째(其一)

흰 배는 고니 같은 생김새
아름다운 여인은 성이 노씨(盧氏).
옷 향기는 비췻빛 물에 엉기고
부채 그림자는 사다새[91]를 놀라게 하네.
석죽(패랭이) 꽃은 기녀의 노래와 어우러지고
산 꽃은 들을 화로처럼 불태울 기세.
십리 펼쳐진 물을 멀리 바라보니
한 조각 부용꽃 같은 호수로구나.

白舫形如鵠, 靑娥姓是盧.
衣香泥翡翠, 扇影怯鵜鶘.
石竹和人籟, 山花爇野爐.
遙看十里水, 一片芙蓉湖.

둘째(其二)

어디 말해보오, 원앙의 짝이
갈매기·해오라기[92] 무리와 어떠한가?

---

90) 화상교(和尙橋): 공안에 있는 다리. 명나라 홍희(洪熙) 연간에 승려 지창(智昶)이 세
    웠고, 만력 연간에 중수하였다. 일명 자미교(紫微橋)라 한다. 『공안현지』에 나온다.
91) 제호(鵜鶘): 사다새, 펠리칸. 오택(汚澤), 도하(淘河)라고 한다. 욕정을 상징한다. 앞에
    나왔다.

계곡 빛은 비취 분대의 얼굴에 선을 그리고[93]
대 그림자는 비단 치마에 그림을 그리네.
햇빛 받은 구름은 고기비늘처럼 기운차고[94]
노을 진 물결은 꿩 꼬리 무늬.[95]
학이 나무를 치며 날아오르더니
중천[96]에서 울음소리 들리누나.[97]

試說鴛鴦侶, 何如鷗鷺羣.
溪光描翠黛, 竹影寫羅裙.
雲日魚鱗氣, 霞波雉尾文.
鶴飛衝樹起, 天半一聲聞.

 1585년(만력 13년), 향시(鄕試)에 응하여 공안(公安)에 있을 때 지은 것이다.
○ 공능자(龔能者) : 공중안(龔仲安). 자는 유정(惟靜), 호는 정정(靜亭)이며,

---

92) 구로(鷗鷺) : 갈매기와 해오라기. 백거이(白居易)의 시(「閑居自題」)에 "물결 사이에서
   물고기와 자라를 희롱하고, 바람 고요하매 갈매기와 해오라기 내려온다(波開戲魚鼈,
   風靜下鷗鷺)"라고 하였다. 단, 구로지맹(鷗鷺之盟)은 구맹(鷗盟)과 마찬가지로 기심(機
   心)을 잊고 부세(浮世) 바깥에 노닐고자 하는 맹약을 말한다. 즉, 『열자(列子)』「황제(黃
   帝)」에 나오는 해상인(海上人)의 고사에서 나오는 구로망기(鷗鷺忘機)의 성어와 관계
   가 있다. 여기서는 세상을 버리고 갈매기를 반려로 삼는 것을 말한다.
93) 계광묘취대(溪光描翠黛) : 취대(翠黛)는 비취빛 분대(粉黛). 분대(粉黛)는 미인의 눈썹
   화장을 말하여, 미인을 가리킨다.
94) 어린기(魚鱗氣) : 어린은 구름의 모습을 형용하는 말이다. 『회남자(淮南子)』「남명훈
   (覽冥訓)」에 "산 구름은 풀덤불 같고, 강 구름은 고기 비늘 같고, 가뭄 구름은 연기 불
   같고, 장마 구름은 물결 같아서, 각각 그 형상을 본뜨니, 그것은 감응해서 그러는 것이
   다(山雲草莽, 水雲魚鱗, 旱雲煙火, 涔雲波水, 各象其形, 所以感之)"라고 하였다.
95) 치미문(雉尾文) : 본래는 치미선(雉尾扇)의 무늬. 두보(杜甫)의 「추흥팔수(秋興八首)」
   제5수에 "채색 구름이 꿩 꼬리에 옮겨가나 싶더니 궁궐 부채가 좌우로 열리고, 햇빛이
   권룡(卷龍)의 어의에 감돌더니 천자의 옥안을 뵈웠네(雲移雉尾開宮扇, 日繞龍鱗識聖
   顏)"라고 하였다.
96) 천반(天半) : 반천(半天). 중천(中天).
97) 학비(鶴飛)~일성문(一聲聞) : 『시경』「학명(鶴鳴)」편의 "학은 깊숙한 못 가에 울어도,
   그 소리는 하늘에서 울려난다(鶴鳴九皐, 聲聞于天)"의 뜻을 취하여 왔다.

능자(能者)는 법호(法號)이다. 공중민(龔仲敏), 공중경(龔仲慶)의 막내아우이다. 원 굉도 형제는 그를 '팔구(八舅)'라고 일컬었다. 하지만 나이는 원굉도보다 한 살 적었 으며, 원굉도와 소년 시절에 동학하여 사실상 형제와 다름없었다. 기민하고 강단이 있어, 마음을 두는 것마다 재주가 부합하였다. 1603년(만력 31년)에 비로소 북경에서 을방(乙榜)에 급제하였다. 나이 46세로 죽었다. 원중도의 『가설재문집(珂雪齋文集)』 권10「정정공공묘지명(靜亭龔公墓誌銘)」에 사적이 자세하다.

○ 최회지(崔晦之)·추백학(鄒伯學)은 둘 다 공안 사람이다. 원굉도 형제와 친하게 지내, 원씨 삼형제의 시문에 자주 등장한다. 다만 이름, 호, 사적은 자세하지 않다. 추백학은 금의위지휘첨사(錦衣衛指揮僉事)로 있던 공안 사람 추지유(鄒之有)와 같 은 항렬이었던 듯하다. 이에 대해서는「추금오가 백하로 놀러 가는 것을 전송하며 (送鄒金吾遊白下)」의 전교(箋校)에서 다시 언급하였다.

○ 이자염(李子髯) : 이학원(李學元), 자는 소심(素心)이며, 또 다른 자는 원선(元 善)·존재(存齋)이다. 호가 자염이다. 공안 사람이며, 원굉도의 처남이다. 원굉도와 는 젊어서 동학하여, 정분이 돈독하였다. 1600년(만력 28년)에 향시에 천거되어, 진 주(명나라 晉州) 지주(知州)를 제수받았다. 『공안현지(公安縣志)』 권6에 입전(立傳) 되어 있다.

> **지의**
> 志疑
> 전백성 씨의 『전교』는 '공산목능자(龔散木能者)'를 공중안(龔仲安) 한 사 람으로 보았으나, 실은 공산목과 공능자 두 사람이다. 공능자는 곧 공중안 으로, 공중민(龔仲敏)·공중경(龔仲慶)의 막내아우로서 원굉도 형제가 '팔구(八舅)' 라고 부른 사람이 맞다. 이에 비해 공산목은 원굉도보다 나이가 많으며, 과거에는 아무 관심을 두지 않은 인물로, 곧 공유용(龔惟用)이다. 공유용은 나이 서른에 제생 (諸生)을 그만두고 은둔한다.

병중에 지은 짧은 노래(病中短歌)

아아! 내 나이 열아홉
머리카락 다 자라지도 않았는데 이마 벌써 벗겨졌네[98].
병들어 오한에 떨며[99] 석 달간 괴롭게 신음했더니

얼굴은 그을고[100) 뼈만 남은 팔꿈치는 창 같이 굽었다.[101)

파리하게 말라서 아내[102)의 동정이나 받다니[103)

일곱 자[104) 몸이 하릴없이 귀신(역신)[105)의 소유가 되었구나.

상자 속 읽다만 책[106)은 이별한 고인들이요

책상 앞에 볼 품 없기는[107) 놀림 당한 늙은이 꼴.[108)

무정하니[109) 주머니 속 돈[110)일랑 묻지 말자구나

---

98) 전이후(顚已朽) : 정수리 부분의 머리칼이 벗겨진 것을 말한다.

99) 병한(病寒) : 병들어서 오한을 느낌.

100) 여연(如烟) : 흙빛처럼 된 것을 말함.

101) 극로주(戟露肘) : 팔이 창처럼 굽은 모습을 드러내었다는 뜻. 극주(戟肘)는 팔꿈치를 굽히는 것을 말한다. 『시경』 「소아(小雅)」 「사간(斯干)」에 보면, "마치 화살을 끼어 팔꿈치를 창처럼 굽힌 것과 같아라(如矢斯棘)"라는 구절이 있는데, 정현(鄭玄)의 전(箋)은, 棘은 戟과 같으며, 이 구절은 "사람이 활과 화살을 끼어서 그 팔을 창과 같이 굽히는 것과 같다(如人挾弓矢戟其肘)"라고 풀이하였다.

102) 처아(妻兒) : 처와 자식이란 뜻이 아니라, 兒는 접미사이다. 그 용례는 희곡에서 자주 나타난다.

103) 박득(博得) : 그것만이 자신의 것으로 되었다는 뜻.

104) 칠척(七尺) : 보통 사람의 신장을 일컫는 말. 한 자의 길이는 현재보다 짧았다.

105) 귀신(鬼神) : 여기서는 역병(疫病)의 신을 말한다.

106) 잔서(殘書) : 읽다 만 책. 육유(陸游)의 시(「病中作詩」)에 "잔서는 미처 다 읽지 못하고, 긴 밤에 그저 심심풀이로나 삼는다(殘書不成讀, 長夜只供閑)"라고 하였다.

107) 용종(龍鐘) : 늙어서 수족이 부자유스럽고 지척거림. 실의하고 영락한 모양. 혹은 볼품 없는 모습.

108) 두노수(斗老叟) : 대부분의 판본에 '關'으로 되어 있으나 만력 간본 『이운관전집(梨雲館全集)』에는 '斗'자로 되어 있다. 『전교』는 '關'으로 하였다. 하지만 『지의』는 '斗'가 옳으며, 그 뜻은 희곡 중에 늘 나오는 斗=逗로, 속여넘긴다는 뜻이라고 하였다. 또한 이 구는 당나라 강병(康騈)의 『극담록(劇談錄)』에 나오는 배도(裴度)의 고사를 전고로 사용하였다고 하였다. 즉 배도(裴度)가 아직 한미할 때 낙양에 객으로 살고 있었는데, 노새를 타고 장안으로 가려다가 천진교(天津橋)에 올랐을 때 어떤 두 노인이 다리 기둥 곁에 서서 이야기하는 것을 보았다. 당시 회서(淮西)가 입조하지 않은 지 오래된 때였다. 그 두 노인은 홀연 배도를 보더니 놀라 뒷걸음질 쳤다. 종복 하나가 책 주머니를 메고 뒤에 가는데 제법 거리가 떨어져 있었다. 그 종복이 노인의 말하는 것을 들으니, "마침 채주(蔡州)가 평정되지 않아 소란한데, 이 사람을 장군으로 삼아야겠다"라고 하였다. 종복이 와서는 그 말을 전하였다. 그러자 배도는 "내가 볼품 없음을 보고 나를 놀린 것이지(見我龍鐘, 相戲爾)"라고 하였다고 한다.

109) 무정(無情) : 박정(薄情)하다, 계면쩍다는 뜻.

110) 낭중전(囊中錢) : 술을 사는 돈. 하지장(賀知章)의 시(「題袁氏別業」)에 보면, "주인은

누룩[111] 있어 침상 밑 술병을 채울 수 있는 걸.
벌레의 팔과 쥐의 간은 누가 환생한 것인가?[112]
아아! 자상호(子桑戶)[113]여, 진실로 내 벗이로다.

吁嗟我生年十九, 頭髮未長顚已朽.
病寒三月苦沉吟, 面貌如烟戟露肘.
羸枯博得妻兒憐, 七尺浪爲鬼神有.
篋裏殘書別故人, 几上龍鍾闞老叟.
無情莫問囊中錢, 有秫還充床下酒.
蟲臂鼠肝彼何人, 嗟來子桑眞吾友.

전교(箋校) 1586년(만력 14년 병술), 19세 때 공안에서 지은 시.
○ 원굉도는 이때 결혼을 한 뒤였다. 원굉도의 아내 이씨(李氏)는 앞의 시에 나왔던 이학원(李學元) 자염(子髥)의 누나였다. 원굉도에게 「이안인을 제사지내는 글(祭李安人文)」이 있어, "23년 동안 몸체와 그림자가 분리되지 않듯이 하였다(二十三年, 形不離影)"라고 하였다. 이씨는 1597년(만력 25년) 가을에 죽는다. 원중도(袁中道)의 「중랑선생행장(中郎先生行狀)」에 기록이 나온다.
○ '几上龍鍾闞老叟'의 闞이 서종당본 · 십집본 · 이운관본에는 '鬪'로 되어 있다.

아는 사이 아니지만, 우연히 앉아 임천의 즐거움을 누리네. 술 살 일을 걱정하지 말자꾸나, 주머니 속에 본디 돈이 있거늘(主人不相識, 偶坐爲林泉. 莫謾愁沽酒, 囊中自有錢)"이라고 하였다.

111) 출(秫) : 여기서는 술을 만드는 원료인 누룩을 말한다.

112) 충비(蟲臂) · 서간(鼠肝) : 『장자』 「대종사(大宗師)」편에 나오는 고사에서 따온 말이다. 자래(自來)가 병이 나서 죽게 되었을 때, 친구 자리(子犁)가 문안하러 가서 말하였다. "위대하여라, 조화의 힘은! 그대를 이 세상에 낳고 이번에는 또 그대를 무엇으로 변화시키려 하는 것인가. 쥐의 간으로 만들려는 것인가, 그렇지 않으면 벌레의 팔로 만들려는 것인가?"라고 하였다. 아래 구절의 자상(子桑) 운운은 같은 「대종사」편의 다른 곳에서, 자상호(子桑戶)가 죽을 때 친구 맹자반(孟子反)과 자금장(子琴張)이 시체의 곁에서 합창하면서 불렀다는 노래를 인용하였다. 자상호는 아마도 자상과 같은 인물일 것이다. 맹자반과 자금장이 불렀다는 노래는 이러하다. "아아, 자상호여, 아아 자상호여! 그대는 이미 참[眞]으로 돌아가거늘, 나는 아직도 사람이라니, 아아!"라고 하였다.

113) 자상호(子桑戶) : 앞의 주 참조.

○蟲臂鼠肝彼何人 : 肝이 이운관본에는 扞으로 되어 있다.

전백성(錢伯城) 씨는 원중도(袁中道)의 「중랑선생행장(中郎先生行狀)」에 근거하여, "23년을 소급하여 계산하면 원굉도가 만력 12년에 17세로 결혼하였음을 알 수 있다. 자식을 낳은 것은 결혼한 다음 해였을 것이다. 단 이 아들은 곧 죽고 말았다. 지금 알려진 원굉도의 장남 팽년(彭年)은 만력 19년에 태어났다"라고 하였으나, 잘못이다. 원굉도가 결혼한 것은 1585년(만력 13년) 18세 때이며, 결혼 뒤 2년 만에 장녀 선나(禪那)가 태어났다. 그리고 원굉도가 1591년(만력 19년)에 낳은 장남은 개미(開美)이지 팽년이 아니다. 개미는 1598년(만력 26년) 봄에 8세로 요절한다. 원중도의 「조카 개미를 곡하다. 이때 나이 여덟 살인데 양주에서 죽었다(哭開美侄兒, 時年八歲, 卒于揚州)」라는 시가 있다. 팽년은 1594년(만력 22년)에 태어났는데, 차남이기 때문에 아명이 이중(二仲)이다. 1610년(만력 38년)에 원굉도가 사시(沙市)에서 죽었을 때 팽년은 고작 17세였다.

병석에서 일어나 혼자 앉아서(病起獨坐)

황량한 풀114)이 안개처럼 푸르게 깔렸으니
어느 가을인들 애틋하지 않으랴?
병자의 집에는 오는 손님 없기에
강아지도 편안히 잠들었구나.
책을 펼쳐 시 재료를 찾다가
옷을 걸쳤으나115) 술값 없기에
문 닫고 읽노라『장자』의
「추수(秋水)」편과「마제(馬蹄)」편을.116)

---

114) 황초(荒草) : 거칠게 흩어져 자라난 풀. 황량하게 자라난 풀밭. 풀덤불. 도연명(陶淵明)의 「만가(挽歌)」 시에 "황초는 너무도 망망하고, 백양도 역시 쓸쓸하여라(荒草何茫茫, 白楊亦蕭蕭)"라고 하였다.
115) 첨의(襜衣) : 옷을 걸침.

荒草綠如烟, 何秋不可憐.

病家無客至, 小犬亦高眠.

開帙尋詩料, 添衣缺酒錢.

閉門讀莊子, 秋水馬蹄篇.

[전
筆校교] 1586년(만력 14년 병술), 공안에 있을 때 지은 시.

병석에서 일어나 우연히 짓다 4수(病起偶題 四首)

첫째(其一)

손님을 대하면 더럭 겁이 나고

거울을 보면 내 자신이 불쌍하다.

햇볕 쬐며[117) 헝클어진 머리를 빗질하고[118]

글 상자 열어 조각 글[119]들을 정리한다.

명성은 유학자의 관 때문에 그르치고[120]

---

116) 추수마제편(秋水馬蹄篇): 『장자』의 편명인 「추수」와 「마제」를 말한다. 「추수」편은 『장자』의 제17편으로, 우화(寓話) 6편으로 이루어져 있다. 첫째 우화는 천진(天眞)으로 돌아갈 것을 논조로 하여, 각각 그 성분에 편안할 것을 말하였고, 마지막에는 만물일체관을 말하였다. 혹자는 곽상(郭象)이 최초의 우화를 기본으로 삼아 유사한 설을 담은 우화를 52편본에서 골라서 편집하였다고 주장한다. 「마제」편은 『장자』의 제9편으로, 백락(伯樂)이 말의 본성을 해치지 않음을 비유로 삼아 성인의 인의(仁義)가 인간 본성의 자족성을 해치지 않음을 논하였다. 전편이 하나의 논문으로 이루어져 있다.

117) 부훤(負暄): 일광욕(日光浴)을 함. 『열자(列子)』 「양주(楊朱)」에 보면, 옛날 송(宋)나라의 가난한 농부가 추운 날 일광을 등에 쬐면서, 이 세상에서 이만큼 따뜻한 것은 없으리라고 생각하여 그 쾌감을 군주에게 상신(上申)하였다는 고사가 있다. 두보(杜甫)의 시(「西閣曝日」)에 "매섭게 추워 한 겨울이 염증 나던 참, 따스한 햇볕 쬘 수 있기에 날아갈 듯한 누각이 좋아라(凍冽倦玄冬, 負暄嗜飛閣)"라고 하였다.

118) 소(疏): 빗질한다는 뜻의 소(梳)와 통한다.

119) 잔편(殘篇): 잔편단간(殘編斷簡). 조각글.

병은 탁주 덕에 나았군.
덧없는 인생은 물거품과 그림자[121]
무엇으로 젊은 날[122]을 즐기랴.

對客心如怯, 窺銅只自憐.
負暄疏敗髮, 發篋理殘篇.
名起儒冠誤, 病因濁酒痊.
浮生喩泡影, 何以樂靑年.

전교 1586년(만력 14년 병술), 공안에 있을 때 지은 시.

지의 『전교』는 패란거본에서 '名起儒冠誤'로 되어 있는 '起'를 서종당본·십집본·이운관본에 의거하여 豈로 고쳤다. 그러나 이것은 起가 옳다. 위·아래 구가 '豈~, 因~'으로 이어지는 것은 윗구가 반대의 어기, 아래의 구가 긍정의 어기로 서로 이어지기 마련인데, 이 시의 두 구는 그렇지 않다. 모두 긍정의 어기이어야 한다. 상하의 구가 반대의 어기와 긍정의 어기로 이루어진 예는 두보(杜甫)의 "이름이 어찌 문장 때문에 드러나랴, 관직은 늙고 병들었기에 쉬네(名豈文章著, 官因老兵休)"와, 원굉도의 「이굉보 선생의 책을 얻고서(得李宏甫先生書)」의 "자취는 어찌 분서 때문에 없어지랴, 병은 늙고 괴로워 침투하네(迹豈焚書白, 病因老苦侵)"라고 한 것들이 그것이다.

---

120) 명기유관오(名起儒冠誤) : 이름은 유학자의 신분이기 때문에 그릇되었다는 뜻. 두보(杜甫)의 시(「奉贈韋左丞丈二十二韻」)에 "비단옷 귀족들은 굶어죽지 않는 법이지만, 유학자의 관은 몸을 망가뜨리기 십상이라오(紈袴不餓死, 儒冠多誤身)"라고 하였다.
121) 부생유포영(浮生喩泡影) : 뜬 인생은 거품과 그림자처럼 덧없다고 비유한다는 뜻. 『금강경(金剛經)』에 보면, "일체의 유위의 법은 몽환과 포영과 같다(一切有爲法, 如夢幻泡影)"고 하였다.
122) 청년(靑年) : 청춘(靑春). 젊은 날이란 뜻과 봄이란 뜻을 동시에 지닌다.

둘째(其二)

홀로 앉아 있자니 참으로 답답하다
외로운 다듬이는 저녁에 소리 급한데.
천지가 나쁜 길로만 치우치니
세상에서는 거의 미친 이[123]로군.
시문[124]에는 천부의 재능 없다만[125]
서호(西湖)[126] 산들은 정취를 띠고 있구나.
한 언덕[127]에 숨은들 어찌 불가하랴?
이 몸밖의 만물은 덧없는 부평초인 것을.

獨坐眞成悶, 孤砧急暮聲.
乾坤偏惡道, 世路幾狂生.

---

123) 광생(狂生) : 미치광이. 여기서는 초연하여 뜻이 높은 사람이란 뜻을 함축한다. 광사
(狂士)와 같다. 『맹자』 「진심 하(盡心 下)」에, 만장이 묻기를 "공자께서 진(陳)에 계실
때 '어찌 돌아가지 않으랴, 우리 당의 인사는 광간(狂簡)하여 고원(高遠)한 뜻을 구하여
얻으려 하되 그 처음을 잊지 않는다'라고 하셨는데, 공자께서 진(陳) 땅에 계실 때 어째
서 노나라의 광사(狂士)를 그리워하였습니까?" 하였다. 그러자 맹자는, "공자께서는 중
도(中道)의 인물과 함께 하지 못한다면 그 다음으로는 반드시 광견(狂獧)의 인사를 구
하였다. 광(狂)의 인사는 진취(進取)하고, 견(獧)한 인사는 하지 않는 바가 있다. 공자께
서 어찌 중도의 인사를 원하지 않았으랴마는, 반드시 얻을 수는 없었으므로 그 다음을
생각하신 것이다"라고 하였다.
124) 소아(騷雅) : 본래는 『이소(離騷)』와 「소아(小雅)」·「대아(大雅)」를 합칭하는 말이지
만, 시문 일반을 가리킨다. 또한 시적 재능을 뜻한다.
125) 원무명(原無命) : 원래 명(命), 즉 천부적 재능이 없다.
126) 서호(西湖) : 절강성(浙江省) 항주시(杭州市)의 서쪽에 있는 호수. 옛날의 명성호(明聖
湖)로, 일명 전당호(錢塘湖). 또 상호(上湖), 서자호(西子湖)라고도 한다. 항주 성의 서쪽
에 있기 때문에 서호라고 한다. 송나라 소식(蘇軾)이 항주 지사(杭州知事)가 되어 봉니
(葑泥)를 호수 가운데 쌓아서 긴 둑을 만들었다. 그 가운데 육교(六橋)가 있다. 평호추
월(平湖秋月), 소제춘효(蘇堤春曉), 단교잔설(斷橋殘雪), 뇌봉낙조(雷峰落照), 남병만종
(南屛晩鐘), 국원풍하(麯院風荷), 화항관어(花港觀魚), 유랑문앵(柳浪聞鶯), 삼담인월
(三潭印月), 양봉삽운(兩峰揷雲)을 서호십경(西湖十景)이라고 한다.
127) 일구(一丘) : 일구일학(一丘一壑)의 준말. 은자가 거처하는 곳.

騷雅原無命, 湖山賸有情.
一丘何不可, 身外卽浮萍.

셋째(其三)

억지로 아침해와 친하려 해보지만
새벽바람 두려워 어쩔 수가 없네.
병마[128]가 뒤얽혀 서글퍼라
앉고 일어서려면 두 아이 부축을 받아야 하다니.
세상살이는 다른 이의 꿈속 일 같고
헛된 이름은 과녁을 못 맞혔네.[129]
세 갈래 길[130]에
가을 국화 다시 쓸쓸하리라.

---

128) 이수(二豎) : 병마(病魔), 질병(疾病). 춘추시대 진(晉)나라 경공(景公)의 꿈에 질병이
두 아이[二豎]로 되어서 고(膏)와 황(肓 : 명치끝)의 사이에 숨었다고 하는 고사에서 나
온 말. 『춘추좌씨전(春秋左氏傳)』 '성공(成公) 10년'의 기록에 나온다.

129) 부명아실궁(浮名我失弓) : 실궁이란 과녁을 맞추지 못하였다는 말로, 과거에서 실패
한 것을 말한다. 원굉도는 지난 해 가을에 향시에서 실패하고 금년 가을에는 병이 나서
고생을 하였다. 과거를 활과 연관시킨 것은 한나라 때의 '사책(射策)'이란 말로 과거 시
험을 비유하는 데서 연유한다. 전백성 씨의 『전교』는 『공자가어(孔子家語)』 「호생(好
生)」편에 나오는 '초왕(楚王)이 활 잃어버린 고사'와 연관시켰으나, 『지의(志疑)』가 지
적하였듯이 잘못이다. 초왕 고사는, 초나라 공왕(恭王)이 나가서 노닐다가 오호(烏嘷)의
활을 잃어버렸는데, 시종신들이 찾으러 가겠다고 하자, 왕이 말하길, "그만두어라. 초나
라 왕이 활을 잃고 초나라 사람이 얻었을 것이니, 무어 찾을 게 있느냐?"라고 하였다는
이야기이다. 『전교』는 원굉도가 초 땅 사람이라서 이 고사를 끌어다 스스로를 비유하
였다고 보았으나, 해석상 무리가 있다.

130) 삼경(三徑) : 은둔자가 사는 곳의 세 갈래 길. 은둔자가 사는 곳을 말한다. 도연명의 「
귀거래사(歸去來辭)」에 "삼경이 황폐해졌어도 소나무와 국화는 여전히 존재한다(三徑
就荒, 松菊猶存)"라고 있다. 이것은 또 한나라 장후(蔣詡, 자는 元卿)의 "집안 대나무
아래에 삼경을 열었다(舍中竹下開三徑)"(李善의 注가 인용한 『三輔決錄』에 나옴)라는
고사에 근거하여, 은자의 메토니미(metonymy, 환유)로 되었다.

強欲親曦日, 無那怯曉風.

纏綿悲二竪, 坐起仗雙童.

世路他如夢, 浮名我失弓.

一番三徑裏, 秋菊又成空.

넷째(其四)

청운의 꿈131)을 끊지 않았거늘

백발의 감회를 견디기 어려워라.

멋대로 날뛰자132) 산귀신이 시샘하고133)

신세 적막하매134) 술집 고용인135)도 경시하네.

색계(세상)136)에서 육신은 끝내 괴롭거늘

---

131) 청운몽(靑雲夢) : 청운지(靑雲志), 청운심(靑雲心). 공명(功名)을 세우고자 하는 마음. 왕발(王勃)의 「등왕각서(滕王閣序)」에 "궁할수록 더욱 굳세져서, 청운의 뜻이 추락하지 않았네(窮且益堅, 不墜靑雲之志)"라고 하였다.

132) 도량(跳梁) : 제 멋대로 춤추고 날뜀. 도량(跳踉)과 같음. 『장자』 「소요유(逍遙遊)」에 "이리저리 날뛰어, 높고 낮은 것을 피하지 않는다(東西跳梁, 不避高下)"라고 하였다.

133) 산귀투(山鬼妬) : 난폭하게 구는 산귀신으로부터 질투를 살 만큼 산귀신보다 더 심하게 방약무인(傍若無人)하였다는 뜻. 산귀신은 사람의 아픈 곳을 골려준다든가 저질의 장난을 한다든가 하여 사람을 괴롭히는 존재. 육조시대 소설에 자주 등장한다. 산소(山魈) 곧 산도깨비를 가리키는 듯하다. 비비(狒狒)의 류라고 하며, 산조(山魈)·산정(山精)이라고도 한다. 『남강기(南康記)』에 따르면, 사람 모양이되 새발톱이 나 있으며, 높은 나무에 둥지를 틀고 살아서, 나무를 베는 사람이 있으면 반드시 그를 해친다고 하였다. 목객(木客)이라고도 한다.

134) 낙막(落莫) : 쓸쓸하고 적막(寂寞)하다는 뜻. 혹은 남을 대하는 태도가 성근 것을 말하기도 한다. 후자의 예로는, 『자치통감(資治通鑑)』 「당기(唐紀)」 '문종(文宗) 태화(太和) 9년'의 기록에 보면, "왕애(王涯)가 재종제 왕목(王沐)을 대하기를 아주 낙막하게 하였다(涯待之殊落莫)"라고 하는 표현이 있고, '호삼성(胡三省)'의 주에 보면, 낙(落)은 냉락(冷落), 막(莫)은 박(薄)의 뜻이며, 낙막(落莫)은 당나라 사람들의 상어(常語)라고 하였다.

135) 주인(酒人) : 일반적으로는 술 좋아하는 사람이라는 뜻이다. 사마천의 『사기(史記)』 「형가전(荊軻傳)」에 "형가가 비록 술 좋아하는 사람들과 노닐지만 그 사람됨은 침잠하여 글 읽기를 좋아한다(荊軻雖遊於酒人乎, 然其爲人沈深好書)"라 하였다. 그러나 여기서는 주인보(酒人保), 즉 주점(酒店)의 고용인이란 뜻인 듯하다.

136) 색계(色界) : 불교 용어. 삼계의 하나인 협의의 색계가 아니라, 형체가 있어서 나고 죽

무생(無生)[137]의 이치를 여태 못 깨치다니.
물거품[138] 같은 이 몸이 얼마나 간다고
헛되이[139] 영예[140]를 구하나.

不斷靑雲夢, 難堪白髮情.
跳梁山鬼妬, 落莫酒人輕.
色界身終苦, 無生學未成.
浮漚能幾許, 枉自覓枯榮.

강가에서, 2수(江上二首)

첫째(其一)

복사꽃 흐르는 봄물[141]이 가득한 강가
홀로 미인 끼고 아름다운 누각[142]에 올랐더니,
누가 비파를 부여안고 강 어구에서
애절하게[143] 타는가, 〈소양주곡〉[144]을.

고 변화하는 물질의 세계 일반을 널리 가리킨다.

137) 무생(無生) : 불교 용어. 태어남이 없으므로 죽음도 없는 궁극의 이법을 말한다. 대승 불교(大乘佛敎)의 '공(空)'의 이치와 연결된다.

138) 부구(浮漚) : 수면에 뜨는 포말. 인간 존재의 무상함을 비유한다.

139) 왕자(枉自) : 헛되이.

140) 고영(枯榮) : 시드는 것과 번성하는 것. 영고성쇠(榮枯盛衰). 그러나 이 시구에서는 영화를 말한다. 대립병렬의 복합어에서 한쪽의 뜻만 취한 예이다.

141) 도화춘수(桃花春水) : 당나라 시인 장지화(張志和)의 「어부가(漁父歌)」에 "서새산에 백로 날 때, 복사꽃 물에 떠 흐르고 쏘가리 살쪘구나(西塞山邊白鷺飛, 桃花流水鱖魚肥)"라는 구절이 있다. 복사꽃이 강물에 떠 흐르고 쏘가리가 살찐 은둔지의 풍광을 노래한 것이다.

142) 비취루(翡翠樓) : 푸른 옥같이 아름다운 누각.

143) 성성(聲聲) : 많은 소리. 백거이(白居易)의 「비파행(琵琶行)」에 "줄을 탈 때마다 억제

桃花春水滿江頭, 獨擁佳人翡翠樓.
誰抱琵琶江口上, 聲聲彈出小梁州.

전교 1586년(만력 14년), 공안에 있을 때 지은 시.

지의 전백성 씨의『전교』는 '소양주(小梁州)'에 대해『악부시집(樂府詩集)』에 인용된『악부잡록(樂府雜錄)』의 기록을 인용하여, "양주곡(梁州曲)[今本『악부잡록』에는 '涼府에서 진헌하였다'고 되어 있다]은 본래 정궁조(正宮調)에 있는데, 대편(大遍)과 소편(小遍)이 있다. 정원(貞元) 초에 강곤륜(康崑崙)이 비파(琵琶) 옥신궁조(玉宸宮調)에 번곡하여 넣었다. 처음에 옥신전(玉宸殿)에서 곡을 연주하여 헌정하였으므로 이런 이름이 있게 되었다. 다른 여러 악곡과 합주하면 황종궁조(黃鍾宮調)이다"라고 하였다. 그리고 원진(元稹)과 백거이(白居易)가 서로 주고받은 시에 모두 '양주(梁州)'라는 명칭이 있는데, 옛 추억을 그리워하는 마음을 표시하였다고 하여, 맹계(孟棨)의『본사시(本事詩)』를 근거로 들었다. 그러나 원진과 백거이의 양주는 섬서(陝西) 남한(南漢)의 지역이고, 양주곡의 양주란 涼州로, 촉 땅의 남정(南鄭) 지역을 말한다. 홍매(洪邁)의『용재수필(容齋隨筆)』에 보면, 당나라 사람들은 涼州를 梁州로 오기하는 일이 많았다고 한다. 「소양주곡」은 원나라, 명나라 때의 남곡(南曲)과 북곡(北曲)에 모두 있는데, 그 내용은 문사가 풍경을 즐기고 청춘남녀가 구애하고 서로 그리워하는 내용이다. 단가(短歌)이다.

하듯 하여 소리마다 상념이 많으니, 흡사 평소 뜻을 얻지 못한 것을 호소하는 듯하다 (絃絃掩抑聲聲思, 似訴平生不得志)"라고 하였다.

144) 소양주(小梁州) : 사곡(詞曲)의 곡조 이름. 양주는 涼州로도 적는데, 옛날의 변경 지역이다. 당나라 사람은 변경에서의 생활을 소재로 하여 절구를 짓고 음악의 곡에 맞추어 가창하였는데, 그 곡조를 '소양주'라고 하였다. 명나라 호응린(胡應麟)의『소실산방필총(少室山房筆叢)』권22「소양주(小梁州)」를 참조. 그런데 원나라, 명나라 때에는 남곡(南曲)과 북곡(北曲)에 모두 이 노래가 들어 있는데, 그 내용은 문사가 풍경을 즐기고 청춘남녀가 구애하고 서로 그리워하는 내용이다. 여기서는 정가(情歌)를 말하는 듯하다.

둘째

이월 산꽃이 군성(郡城)145)까지 이어 피고
붉은 복사꽃146)과 수양버들이 유난히 또렷하군.147)
보게나, 높은 무덤에 핀 궁인초(宮人草)148)를
청춘의 회포를 별스레 자아내누나.

二月山花接郡城, 絳桃垂柳獨分明.
請看高塚宮人草, 別作青春一段情.

왕이명 선생을 놀리다(嘲王以明先生)

왕 선생이여,
서적을 학륭(郝隆)149)처럼 배에 채워두고서
무슨 이유로 또 청동의 아도[돈]150)를 쌓아두었나.
못 봤소, 왕이보(王夷甫)151)는 책상머리 돈152)에 욕심 두는 걸 더러워

---

145) 군성(郡城) : 군(郡)의 치소(治所)의 성곽.
146) 강도(絳桃) : 붉은 복사꽃.
147) 분명(分明) : 색깔이 밝아 또렷하다는 뜻.
148) 궁인초(宮人草) : 초나라 영왕(靈王)의 궁인이 궁중에 갇혀 죽었을 때 그 묘 위에 피어
    났다고 전하는 풀. 꽃 색깔은 홍취(紅翠) 빛이라고 한다. 남조 양나라 임방(任昉)의 『술
    이기(述異記)』에 나온다.
149) 학륭(郝隆) : 진(晉)나라 사람. 칠석날에 남들은 옷을 볕에 쬐지만 그는 뜰에 누워 배
    에 햇빛을 받았다. 남이 그 이유를 묻자 뱃속에 있는 책을 볕 쬔다고 하였다. 본래 『세
    설신어(世說新語)』 「배조(排調)」에 실려 전하는데, '학륭쇄서(郝隆曬書)'라는 성어로
    『몽구(蒙求)』에도 실려 있다.
150) 아도(阿堵) : 아도물(阿堵物). 돈을 말한다. 진(晉)나라 왕연(王衍)은 성품이 고아해서
    아내의 탐욕스러움을 늘 싫어하여 돈이라는 말을 입밖에 낸 적이 없었다. 아내가 하녀
    를 시켜 책상 옆에 돈을 놓아두었는데, 왕연이 새벽에 일어나 발견하고는 하녀를 시켜
    "저것을 가져가라"고 하였다. 아도(阿堵)는 본래 '저것'이라는 뜻이었는데, 이 고사 이
    후 돈을 지칭하게 되었다. 『세설신어(世說新語)』 「규잠(規箴)」에 나온다.

했고

잃어버린 초나라 활[153]은 아무도 찾으려 하지 않은 것을.

王夫子, 有書如郝隆, 何緣阿堵堆靑銅.
君不見牀頭有心瘋夷甫, 道上無人追楚弓.

1586년(만력 14년 병술), 공안에 있을 때 지은 시.
○ 왕이명(王以明) : 이름은 왕로(王輅)로, 자(字)가 이명(以明)이다. 공안 사람으로, 원굉도가 과거 공부할 때 스승이었다. 마흔 살에 감생(監生) 출신으로 봉상부 통판(鳳翔府通判)에 제수되었다. 반 년 만에 관직을 버리고 귀향하여, 공안 평락촌(平樂村) 소죽림(小竹林)에 은거하면서, 책을 저술하면서 스스로 즐겼다. 채복일(蔡復一)이 검(黔) 땅을 진무할 때 그를 찾아가 학문을 묻자, 왕로는 『사괘해(師卦解)』 1권을 저술하여 보답하였다. 그가 지은 것에 『죽림집(竹林集)』(혹은 『소죽림시문집』이라고 함)이 있다. 숭정(崇禎) 초에, 아들을 보내어 만언서(萬言書)를 올리자, 사종(思宗)이 가납(嘉納)하였다. 『형주부지(荊州府志)』, 『공안현지(公安縣志)』와 고세태(高世泰) 『삼초문헌(三楚文獻)』에 모두 입전(立傳)되어 있다. 또 『호북시징(湖北詩徵)』에 이르길, 왕로는 나이 스물에 무생(無生)의 이치를 깨닫고, 당시의 인사들인 이탁오(李卓吾)·도석궤(陶石簣)·원백수(元伯修)와 함께 삶과 죽음을 초월한 교제를 맺었다고 하였다. 원굉도는 『죽림집』에 서문을 지어, 그의 시에 대해 "능히 법 받지 않음을 법으로 삼고 예스럽지 않음을 예스러움으로 하였다(能以不法爲法, 不古爲古)"라고 하였다. 원굉도의 큰 형 원종도(袁宗道)의 『백소재유집(白蘇齋類

---

151) 왕이보(王夷甫) : 진나라 사람 왕연(王衍). 재주가 많아 자신을 자공(子貢)에 견주었다. 현언(玄言)에 밝아 노장(老莊)을 주석하여 '구중자황(口中雌黃)'이라는 별호가 있었다. 그런데 그는 재보(宰輔)의 지위에 있으면서 군주의 뜻에 영합하여 자전(自全)만을 도모하였다.

152) 상두(牀頭) : 책상 머리의 황금. 상두황금(牀頭黃金). 장적(張籍)의 「행로난(行路難)」에 "그대 보지 못하였나, 상머리에 황금 다 없어지자, 장사도 안색이 없어짐을(君不見牀頭黃金盡, 壯士無顏色)"이라고 하였다.

153) 초궁(楚弓) : 『공자가어(孔子家語)』 「호생(好生)」편에 나온 고사를 끌어왔다. 초 나라 공왕(恭王)이 나가서 노닐다가 오호(烏嘷)의 활을 잃어버렸는데, 시종신들이 찾으러 가겠다고 하자, 왕이 말하길, "그만두어라. 초 나라 왕이 활을 잃고 초 나라 사람이 얻었을 것이니, 무어 찾을 게 있느냐?"라고 하였다는 이야기이다.

集)』권5에 「왕이명이 과거에 합격하고서 소죽림으로 돌아가는 것을 전송한다(送王以明例貢歸小竹林)」 시가 있는데, 역시 그 시에서 일컫기를 "새로 지은 시가 너무 기괴하고 험벽해서 괴이하여라, 뼈가 삭을 정도로 괴롭게 읊는 것이 가을 매미와 같구나(怪得新詩奇僻甚, 苦吟骨削類枯蟬)"라고 하였다.

청루곡(靑樓曲)

빈 뜰에 지는 오동잎을 권태롭게 바라보며
가을달 가을바람에 눈물을 줄줄 흘리더니,
외론 밤 향안(香案)에서 님에게 부칠 글을 봉하지만
이별 뒤 한 해, 화장갑[154] 여는 것조차 게으르네.[155]
소상(瀟湘) 포구 난초[156]는 이별의 한을 품었고
한수(漢水) 가 버들은 수심 찬 안개를 띠었구나.
정원 꽃을 다 꺾도록 님을 보지 못하고
부질없이 거미만 노랑 비단옷[157]에 떨어지다니.

---

154) 난갑(鸞匣) : 난새 무늬가 새겨진 화장갑. 난(鸞)은 봉황(鳳凰)류의 신령한 새로, 특히 푸른색이 많은 봉황을 난새라 한다는 설이 있다. 『산해경(山海經)』에 보면, 여상(女牀)의 산에 꿩[翟]처럼 생긴 새가 있어 오색 무늬를 띠고 있는데, 그것을 난조(鸞鳥)라 한다고 하였다. 이 새가 나타나면 천하가 안녕하다고 하였다. 난새는 부부 금슬이 좋은 새인데, 짝을 잃은 난새가 삼 년을 울지 않다가, 거울 속에 비친 자기 모습을 보고 슬피 울면서 하늘로 뛰어 올라 죽었다는 '난경(鸞鏡)'의 고사가 『이원(異苑)』이라는 책에 전한다.

155) 완이장(緩離粧) : 낭군을 이별한 뒤로 단장을 게을리 한다는 뜻. 왕창령(王昌齡)의 「규원(閨怨)」 시에서 "규중의 젊은 부인은 수심을 몰라, 봄날 짙은 화장을 하고 취루에 오른다(閨中少婦不知愁, 春日凝妝上翠樓)"라고 한 구절의 시상을 뒤집어 사용하였다.

156) 난피별한소상포(蘭披別恨瀟湘浦) : 『초사』의 어구를 이용하였다.

157) 유황(流黃) : 고운 노란색의 견포(絹布). 유황(留黃)이라고도 적는다. 강엄(江淹)의 「별부(別賦)」에 "그윽한 내실의 금슬에 부끄럽고, 높은 누대에선 유황의 색이 어둡구나(慙幽閨之琴瑟, 晦高臺之流黃)"라고 하였다.

懶看梧葉下空堂, 秋月秋風淚幾行.
獨夜香皐緘遠字, 經年鸞匣緩離粧.
蘭披別恨瀟湘浦, 柳帶愁烟漢水傍.
折盡庭花人不見, 枉敎蟢子墮流黃.

1586년(만력 14년 병술), 공안에 있을 때 지은 시.
○ 청루곡(青樓曲): 당나라 시인 왕창령(王昌齡)과 우분(于濆)에게 모두 「청
루곡」이 있다. 규중(閨中)의 이별의 정을 노래하여 「신악부사(新樂府辭)」를 이루었
다. 『악부시집』에 나와 있다.

만이유 선생이 늙어 노쇠한 병이 있으시기에 느낀 바가 있어 이 시
를 짓는다. 선생은 동리의 노유로, 우리 집안의 부자·형제·조손이
모두 그를 따랐으니, 그 사람됨을 알 만하다. 때는 정해년 구월이다(萬
二酉老師有垂老之疾, 感而賦此. 萬, 里中老儒, 余家父子兄弟祖孫, 皆從之
遊, 其人可知. 時丁亥九月也)

첫째(其一)

머리 희도록 유학을 닦으며 가난을 마다 않아
베옷은 너덜너덜 풍진에 해졌구려.
백년을 고생스레[158] 궁한 길 걸으시더니
침상 하나 의지한 가난한 늙은 병자 되셨구나.
초나라 사람은 저 옛날 봉황이 쇠퇴했다 하였지[159]

---

158) 언건(偃蹇): 보통 뜻이 높고 성한 모양을 가리키는 말로 잘 쓰이지만, 여기서는 고생
스럽다는 뜻으로 사용되었다. 『정자통(正字通)』에 보면, "偃은 언건곤돈(偃蹇困頓)으
로, 뜻을 잃은 모양(失志貌)이다"라고 하였다.
159) 쇠봉조(衰鳳鳥): 봉황이 쇠퇴하였다고 말하다. 『논어』 「미자(微子)」편에 보면, 공자가
초나라에 갔을 때, 초광(楚狂) 접여(接輿)가 공자 있는 곳을 지나면서 공자를 풍자하여

한수 교외에서는 언제 기린이 잡히랴.160)
권하오니 이렇게 무생인(無生忍)161)을 공부하세요
그러면 금강신(金剛身)162)이 무너지지 않을 것이외다.

白首爲儒未厭貧, 布袍落落敝風塵.
百年偃蹇窮途事, 一榻艱難老病人.
楚客由來衰鳳鳥, 漢郊何日狩麒麟.
勸君恬學無生忍, 猶有金剛不壞身.

1587년(만력 15년 정해), 공안에 있을 때 지은 시.

○ 만이유(萬二酉) : 이름은 만영(萬瑩)으로, 자는 시철(時徹)이며, 호가 이유(二酉)이다. 공안 사람으로 원굉도 형제의 훈장이었다. 젊어서 문사(文詞)에 뛰어났으나, 한 번도 과거에 합격하지 못하였고, 고향으로 돌아가 훈장 노릇을 하였다. 책은 읽지 않은 것이 없었고, 역대 역사서는 처음부터 끝까지 모두 암송할 수 있었다. 책을 가르칠 때 오경(五經) 가운데 서너 장이 빠져 있었는데, 단번에 하나도 빠뜨리지 않고 붓으로 적어 넣었으며, 음석(音釋)의 부분도 하나도 틀리지 않았다. 곁으로 음양(陰陽)·감여(堪輿)·농포(農圃)·의술(醫術)·역수(易數)의 학에 통하였다. 시를 잘 지어 가구(佳句)를 남겼다. 사람됨이 순순(淳淳)하여, 일생 쓸데없는 말을 하지 않았다. 가계를 잘 꾸리지 못해서 적빈(赤貧)하였다. 그의 일생은 원중도의

"봉황이여 봉황이여, 너무도 덕이 쇠하였구나, 지난 일은 어쩔 수가 없다만, 앞날의 일은 그래도 좇아갈 수가 있도다. 어쩔 수 없도다 어쩔 수 없도다, 지금 정치하는 것은 목숨이 위태롭도다(鳳兮鳳兮, 何德之衰. 往者不可諫, 來者猶可追. 已而已而, 今之從政者殆已)"라고 노래를 불렀다고 한다.
160) 수기린(狩麒麟) : 세상의 도가 쇠하여 노나라 교외에서 죽은 기린이 잡혔다는 『춘추』의 기록을 이용한 표현이다.
161) 무생인(無生忍) : 무생법인(無生法忍)의 준말. 무생법(無生法)은 생멸을 여읜 진여(眞如)의 이체(理體)이다. 진지(眞智)는 이 이체에 안주(安住)하여 움직이지 아니하므로 무생법인(無生法忍)이라고 한다. 보살이 초지(初地), 혹은 칠, 팔, 구지에서 증득(證得)하는 깨달음이다.
162) 금강신(金剛身) : 금강 같이 견고한 몸. 부처를 말함. 『열반경(涅槃經)』 「금강신품(金剛身品)」에 "여래의 몸이란 것은 상주하는 몸이요, 무너뜨릴 수 없는 몸이요, 금강의 몸이다(如來身者, 是常住身, 不可壞身, 金剛之身)"라고 하였다.

『가설재문집』권8「만영전(萬瑩傳)」에 나타나 있다.

○ 제목의 '時丁亥九月也'는 패란거본에 없었다. 서종당본과 십집본에 의거하여 보완하였다.

둘째(其二)

푸른 도포[163] 차림으로 세상[164]을 흘겨보며

인생 백년을 쓸쓸히 옛 울타리 안에서 지내셨네.

우리 도는 춘추 의리에 생사를 두었거늘

세상 인정은 천지 고금에 의심스럽다.

다섯 아들은 하나같이 도연명 아들 같고[165]

어디 채희(채염)[166] 같은 딸이 더 있는가.

초 땅에는 예부터 적막[167]한 선비가 많았다만

---

163) 청포(靑袍) : 청금(靑衿). 유학자의 옷으로, 아직 벼슬에 오르지 못하고 유학을 하는
   신분을 말한다.
164) 세도기(世途欺) : 세상이 기만함. 자신의 뜻을 세상에서 펴지 못하여 불우함을 두고
   하는 말.
165) 여도령(如陶令) : 도연명의 다섯 아들은 모두 학문을 하지 않았다. 도잠의「책자(責子)」
   시에 보면, 첫 아들 서(舒)는 16세이지만 게으르고, 15세의 선(宣)은 학문에 뜻을 두지
   않고 있으며, 13세의 동갑내기 옹(雍)과 단(端)은 6과 7도 구별하지 못하며, 9세의 통(通)
   은 배나 밤만 먹으려고 한다고 하였다. 그래서 도잠은 "비록 다섯 아들 있지만, 모두 지
   필을 좋아하지 않네(雖有五男兒, 總不好紙筆)"라고 하였다.
166) 채희(蔡姬) : 후한 후기의 인물인 채옹(蔡邕)의 딸 채염(蔡琰, 162?~239?)을 말한다. 재
   원(才媛)이었지만 후한 말의 난리 통에 파란 많은 인생을 살았던 비운의 여성이다. 동
   탁(董卓)이 낙양을 불태우고 도읍을 장안으로 옮겼을 때 채염은 장안으로 이주하여야
   하였고, 거기에 침략해 들어온 이민족 군대에 납치되어 이국의 땅으로 끌려가 강압적
   으로 결혼을 한 뒤 자식까지 낳았다. 뒷날 조조(曹操)의 덕으로 그녀만 송환되어 올 수
   있었는데, 자식과 이별하고 중원으로 돌아와 재혼하였다고 한다. 그녀 인생을 노래한
   것이「비분시(悲憤詩)」2수(오언시와 소체)와「호가십팔박(胡歌十八拍)」이다.「호가십
   팔박」은 진작에 위작이라고 간주되었으나,「비분시」2수에 대해서는 오언시를 위작이
   라고 보는 설과 소체(騷體)를 위작이라고 보는 설, 둘 다 위작이라고 보는 설 등이 있어
   서 정설이 없다.
167) 적막(寂寞) : 신세가 쓸쓸한 것을 말한다. 포조(鮑照)의「영사시(詠史詩)」에 "군평은
   홀로 적막하여, 신세를 저버렸네(君平獨寂寞, 身世兩相棄)"라고 하였다.

선생 때문에 눈물 흘려 소매로 훔친다오

靑袍橫看世途欺, 百歲蕭條只故籬.
吾道春秋生死在, 世情天地古今疑.
五男差得如陶令, 一女何曾有蔡姬.
楚士從來多寂寞, 爲君揮袖淚成絲.

'靑袍橫看世途欺' : 看이 서종당본과 십집본에는 着으로 되어 있다.

주생을 애도한다(傷周生)

시냇가에서 봄 비단 빨던 일[168]이 어제 같거늘
주렴 안의 그대[169]는 이제 하늘가 멀리에 있구려.
도성 길[170]은 거듭 천보기(千寶騎)[171]를 맞았다만
청루에는 칠향거(七香車)[172]가 더 이상 없구나.

168) 완사(浣紗) : 봄 시내에 비단 빠는 일. 그런데 사패(詞牌)에 「완계사(浣溪紗)」가 있고,
절강성(浙江省) 소흥현(紹興縣) 남쪽 약야산(若耶山) 아래 약야계(若耶溪)를 완사계(浣
紗溪)라고 한다. 서시(西施)가 비단을 빨았다는 곳이 완사계, 즉 약야계이다. 명나라 때
양진어(梁辰魚)가 지은 희곡 「완사기(浣紗記)」는 오·월 공벌의 일을 소재로 삼아 범려
(范蠡)와 서시(西施)의 고사를 줄거리로 삼았다.
169) 주박(珠箔) : 본래는 '옥으로 만든 발'이지만, 여기서는 옥으로 만든 발 안에 있는 귀
공자를 뜻한다. 이백(李白)의 「상봉행(相逢行)」 시에, "수려한 얼굴은 어느 집 귀공자인
가, 운거의 주렴이 열려 살짝 보이누나(秀色誰家子, 雲車珠箔開)"라고 하였다.
170) 자맥(紫陌) : 본래는 붉은 흙의 둑길을 말하는데, 번화한 거리를 가리킨다. '맥(陌)'이
란 길거리의 양편에 있는 둑이다.
171) 천보기(千寶騎) : 천기(千騎)의 아칭(雅稱)인 듯하다. 천기는 당나라 태종 때 활 잘 쏘
는 사람을 뽑아 유행(遊幸)에 호종(扈從)케 하여 백기(百騎)라고 칭하였던 것을 측천무
후가 명칭을 고친 것이다. 뒤에 중종 때는 다시 만기(萬騎)라 고쳤다.
172) 칠향거(七香車) : 여러 가지 향풀로 장식한 수레. 양(梁)나라 간문제(簡文帝)의 「오서
곡(烏棲曲)」에 "푸른 소와 붉은 바퀴의 칠향거니, 가련하게도 오늘밤 청가에 묵는구나

부인은 남국으로 갔지만 상수(湘水)는 텅 비었고173)

딸은 동쪽 이웃에 시집갔으니 그 곧 송(宋)씨라네.174)

기억나누나, 서쪽 행랑의 향각 안

화병에 늘 꽃가지 하나 비스듬히 꽂혔던 것.

溪頭曾見浣春紗, 珠箔于今天一涯.

紫陌重邀千寶騎, 靑樓無復七香車.

夫人南國空湘水, 處子東隣是宋家.

記得西廊香閣裏, 瓶花長揷一枝斜.

전
筆校교 1588년(만력 16년 무자), 공안에 있을 때 지은 시.

○ 주생(周生)은 누구인지 알 수 없다.

○ 夫人南國空湘水 : 夫가 패란거본에 天으로 되어 있으나, 서종당본과 소수본에 의거하여 고친다.

(靑牛丹轂七香車, 可憐今夜宿倡家)”라고 하였다. 노조린(盧照鄰)의 「장안고의(長安古意)」에 “장안의 대로가 좁은 길로 이어지고, 푸른 소와 흰말이 끄는 칠향거가 오고가네(長安大路連狹斜, 靑牛白馬七香車)”라고 하였다. 또 『태평어람(太平御覽)』에 수록된 「위무가 양표에게 준 서신(魏武與楊彪書)」에 “이제 족하(足下)에게 사방을 훤히 볼 수 있는 휘장을 두른 칠향거 두 대를 보냅니다(今贈足下四望通幰七香車二乘)”라 하였다.

173) 공상수(空湘水) : 남국의 상수에는 남편이 이미 없다는 뜻이다. 상고시대의 성군이었던 요(堯) 임금은 민간에서 후계자로 발탁한 순(舜)에게 자기 딸들을 시집보냈는데, 뒷날 순임금은 남방 지역을 시찰하러 갔다가 여행길에서 운명하였다. 순임금의 아내는 죽은 지아비를 사모하여 남방으로 가서 죽었고, 죽은 뒤에 그 신령은 동정호에 흘러드는 큰 강물인 상수(湘水)의 여신이 되었다고 한다. 이것이 상군인데, 굴원(屈原)의 『초사(楚辭)』에도 이 신령의 이름이 나온다.

174) 처자동린시송가(處子東隣是宋家) : 송옥(宋玉)이 지은 「등도자호색부(登徒子好色賦)」의 고사를 빌어 왔다.

백하[175]로 유람 가는 추금오를 보내며. 이때 무창에 머무르고 있었다
(送鄒金吾遊白下. 時寓武昌)

장군이 오늘 수레에 올라 길 떠나서 그런지
단풍잎이 쓸쓸히 한수(漢水)[176]가에 지는구려.
내 이미 천리 밖[177]에서 정신이 쇠잔하거늘
고향 사람과도 이별함을 어이 감당하리오?
서풍 맞으며 말은 역정[178]의 버들 앞을 지나고
해질 녘 옷자락엔 객사의 먼지가 불어오리.[179]
노로정(勞勞亭)[180]에 올라 바라보지를 마오
가을 강을 보면 수건 젖도록 울기 쉬우니.

將軍此日驅征輪, 楓葉蕭蕭漢水濱.
我已銷魂千里外, 那堪重別故鄉人.
西風馬度離亭柳, 落日衣吹客舍塵.
莫向勞勞亭上望, 秋江容易得沾巾.

---

175) 백하(白下) : 남경(南京).
176) 한수(漢水) : 무창(武昌)에 있는 강. 한구·한양·무창의 세 도시를 끼고 흐른다.
177) 천리외(千里外) : 고향을 멀리 떠난 것을 말함. 천리심(千里心)은 고향을 멀리 떠난 마음이다.
178) 이정(離亭) : 이별하는 역정(驛亭). 정(亭)은 가도(街道)의 숙박소마다 있는 휴식소 대체로 30리(1리는 대략 0.5km)마다 하나씩 있었다.
179) 서풍마도리정류, 낙일의취객사진(西風馬度離亭柳, 落日衣吹客舍塵) : 왕유(王維)의 시(「送元二使安西」)에서 "위성의 아침 비는 가벼운 먼지를 적시고, 객사 앞 청청한 버들 빛이 새로워라(渭城朝雨浥輕塵, 客舍青青柳色新)"라고 하였던 시상을 뒤집어 사용하였다.
180) 노로정(勞勞亭) : 강녕현(江寧縣)에 있는 정자로, 즉 신정(新亭)이다. 일명 임창관(臨滄觀)이라 한다. 행인의 송별을 모두 이곳에서 하고 쉬었다. 이백(李白)의 「노로정(勞勞亭)」 시에, "천하에서 가장 마음을 상하는 곳은, 길손을 전송하는 노로정. 봄바람도 이별의 괴로움을 알아, 버드나무 가지를 푸르게 하지 않누나(天下傷心處, 勞勞送客亭. 春風知別苦, 不遣柳條青)"라고 하였다.

1588년(만력 16년 무자) 가을, 무창(武昌)에 있을 때 지은 시. 원굉도는 이 해에 무창에 이르러 향시에 응하였으나 합격하지 못하였다.

○ 추금오(鄒金吾) : 추지유(鄒之有)로, 공안 사람이다. 호는 회백(懷白)이며, 추문성(鄒文盛)의 5세손이다. 음보(蔭補)로 금의위(錦衣衛)의 직을 이었으며, 지휘첨사(指揮僉事)로 승진하였다. 숭정 연간 말기에 죽었다. 전장(典章)에 익고 시무(時務)에 밝았다. 『공안현지(公安縣志)』에 입전되어 있다. 금의위는 조회(朝會)나 순행(巡幸) 때 노부(鹵簿)와 의장(儀仗)을 가지고 시종하는데, 한나라 때 집금오(執金吾)에 해당한다. 추지유가 금의위 지휘첨사였으므로 그를 '금오'라고 칭하였다. 앞에 나온 시 「여름날 공산목・공능자・최회지・추백학・이자염과 함께 기녀를 데리고 화상교에 배를 띄우고 노닐다. 두 수(夏日同龔散木・能者・崔晦之・鄒伯學・李子髥攜妓泛舟和尙橋)」의 추백학은 추지유와 같은 항렬이었는지 모른다.

팽산인과 술을 마시며(飮彭山人)

성근 대[181] 쓸쓸한 곳, 한낮에도 사립문 닫아두고
술동이 앞에 맥없이 지내니[182] 세태가 야박해라.
삼상(三湘)[183]에 놀던 자취는 등나무 지팡이에 남았고
이악(二岳)[184]의 연하(煙霞)는 노인 옷자락에 스며 있네.
밤비 뒤의 뜰에선 오동나무가 빗방울을 떨구고

---

181) 소죽(疎竹) : 성글게 심어둔 대나무. 원결(元結)의 글(「痟瘖銘」)에 "기이한 나무가 지게문을 사이에 두고 자라고, 성근 대나무는 처마를 곁하고 있다(異木夾戶, 疎竹傍簷)"라고 하였다.

182) 요도(潦倒) : 절망의 결과 자포자기하는 태도를 말한다. 두보(杜甫)의 「등고(登高)」 시에 "간난에 서릿발 된 귀밑머리가 너무도 한스러라, 맥없이 그만 끊었다 탁주잔 드는 일도(艱難苦恨繁霜鬢, 潦倒新停濁酒盃)"라고 하였다.

183) 삼상(三湘) : 호남성(湖南省) 악양(岳陽) 부근의 상향(湘鄕)・상담(湘潭)・상음(湘陰)을 가리킨다. 『태평환우기(太平寰宇記)』에 나온다. 혹은 완상(浣湘)・소상(瀟湘)・증상(蒸湘)을 가리킨다고도 하고 이상(灕湘)・소상(瀟湘)・증상(蒸湘)을 가리킨다고도 한다. 『장사부지(長沙府志)』에 나온다.

184) 이악(二岳) : 태원(太原)의 서남쪽에 위치한 태악산(太岳山)과 다른 산을 범칭하는 말인 듯하다. 악양(岳陽)은 태악산 이남을 말한다.

가을 서재의 처마에는 국화꽃이 날아오르네.
태사¹⁸⁵⁾가 주남(周南)¹⁸⁶⁾에 머물다니¹⁸⁷⁾ 안타까워라
고향도 처량하구나 여태 돌아오지 않으셔서.

疎竹蕭蕭晝掩扉, 一樽潦倒世情微.
三湘蹤跡枯藤杖, 二岳烟霞老布衣.
夜雨階心桐子滴, 秋齋簷面菊花飛.
却憐太史周南滯, 鄕國凄涼久未歸.

전교 1588년(만력 16년 무자), 공안에 있을 때 지은 시.

○ 팽산인(彭山人) : 촉(蜀)의 장수(長壽) 사람으로, 이름은 분명하지 않다. 자가 장경(長卿)으로 형주(荊州)에 기숙하고 있었다. 원굉도 형제와 어울릴 때 나이 이미 70이 넘었다. 원중도의 『가설재문집』 권3에 「칠석에 팽장경·중랑과 함께 있으면서(七夕同彭長卿中郞)」라는 시가 있는데, 그 시에 "청담으로 어여쁜 밤을 한가롭게 보내고, 대나무 집 지게는 굽어 돌아 나간 다리로 비스듬히 통하였다. 흰 물 푸른 숲에 가을이 담탕하고, 서늘한 바람 좋은 달에 한밤이 상쾌하여라. 가난하기에 유객은 시절의 변화를 슬퍼하고, 늙어감에 시인은 적요함을 원망하네. 놀라 깬 새도 울지 않고 경루도 고요한 때, 은 갯가에 밀물 살짝 뒤집는 소리가 들리는 듯하여라(淸譚閑送可憐宵, 竹戶斜通婉轉橋. 白水靑林秋澹澹, 好風涼月夜蕭蕭. 貧來冶客傷時序, 老去詩人怨寂寥. 驚鳥不鳴更漏靜, 如聞銀浦弄輕潮)"라고 하였다. 계절

---

185) 태사(太史) : 사마담(司馬談)을 말한다. 전백성 씨의 『전교』 원굉도의 형 원종도를 가리키며, 이때 한림원 편수(翰林院編修)로 있었다고 하였으나, 원종도는 만력 16년 회시에서 1등을 하고 서길사(庶吉士)로 개선(改選)되고 만력 16년에 한림원편수에 제수되는 등 관로가 순탄하였으므로, 주남에 체류한다고 말할 수 없다.

186) 주남(周南) : 낙양(洛陽) 지역을 말함. 사마천(司馬遷)의 「태사공자서(太史公自序)」에 보면 "이 해에 천자가 처음으로 한나라 왕가의 봉선의 의식을 세웠는데, 태사공은 주남에 지체하여, 행사에 참여할 수 없었으므로 분통이 터져서 죽었다(是歲, 天子始建漢家之封, 而太史公留滯周南, 不得與從事, 故發憤且卒)"이라고 하였는데,『수경(水經)』「낙수주(洛水注)」에 보면 지중치(摯仲治)의 말을 인용하여 "옛날의 주남은 오늘날의 낙양이다"라고 하였다.

187) 태사주남체(太史周南滯) : 여기서는 팽상인을 태사 사마담의 고사에 비겨, 조정에 탁용되지 못하고 형남(荊南)에 떠돌고 있음을 가리킨 것이다.

은 같지 않지만 이 시의 시상과 통한다. 명나라 융경(隆慶)·만력(萬曆) 연간에는 산인(山人)이 아주 많아서, 시문을 가지고 공경(公卿)들 사이에 노닐면서 생계를 꾸려나갔다. 뜻을 얻은 자도 있고 불우한 자도 있었는데, 팽장경은 초라하고 곤궁한 상태였으니, 불우한 사람에 속한다. 뒤에 남경에서 죽었다.

○ 三湘蹤跡枯藤杖 : 枯가 패란거본에 沽로 되어 있으나, 서종당본·소수본·이운관본에 의거하여 고친다.

만이유 선생의 옛 서재에 들러(過二酉師舊齋)

선비는 늙으면 벼슬을 하지 않고
여자는 늙으면 중매가 없다네.
중매가 없어져야 참 본성을 알 수 있고
벼슬하지 않아야 숨은 재주가 드러나는 법.
도 닦은 지 칠십 년
식은 재처럼 적막하였어도
아름다운 산을 만날 때마다 시구를 다듬고
기장 술[188] 얻기만 하면 술잔을 입에 머금으셨지.
붓 꺾으매 기린 얻었음을 알았고[189]
사람이 죽고서야 온 나라가 슬퍼했네.
과두문자로 적힌 옛 서적만 남았고[190]

---

188) 서(黍) : 기장. 술을 만드는 재료로 쓰인다. 서미주(黍米酎)라는 술도 있다.
189) 필절지린획(筆絶知麟獲) : 공자가 『춘추』를 편찬하여, 노(魯)나라 애공(哀公) 14년 봄 "서쪽에서 사냥을 하여 기린을 잡았다(西狩獲麟)"라고 하는 부분에서 끝마쳤다. 그런데 『공양전(公羊傳)』에 보면, "서쪽에서 사냥을 하여 기린을 잡았다는 사실에 대하여 공자는 말하길, '우리 도가 다하였다(吾道窮矣)'라고 말하였다"고 하였고, 하휴(何休)의 주에는 "당시 기린을 잡았는데 죽은 것이었으니, 이것은 바로 공부자가 장차 죽으리라는 조짐을 하늘이 고한 것이다(時得麟而死, 此亦天告夫子將沒之證)"라고 하였다.
190) 과두여문자(科斗餘文字) : 한나라 때 공자의 옛 집을 헐었을 때 벽 속에서 과두문자로 쓰여진 고문의 서적이 나왔다고 한다. 과두는 과두전(科頭篆)이라고 하며, 옛 서체

뜯겨진 책들은191) 수세미 꼴192) 되었구나.
말갈기 같은 봉분만 석 자 높이193)
문옹(文翁)194)은 어디로 갔단 말인가?
빈 서재에 지팡이와 신발만 남다니
〈귀거래사〉속편을 읊으며195) 길이 탄식하노라.

士老不曾官, 女老不曾媒.
無媒知眞性, 不官見隱才.
守道七十載, 寂寞類寒灰.
逢山遍琢句, 得黍卽銜杯.
筆絶知麟獲, 人亡爲國哀.
科斗餘文字, 殘書化草萊.
馬鬣封三尺, 文翁安在哉.
空齋遺杖履, 長歎續歸來.

1589년(만력 17년 기축), 공안에 있을 때 지은 시.
○ 이유루(二酉樓) : 즉 만영(萬瑩)을 말한다. 앞에 나온 「만이유 선생이 늙

의 하나이다.

191) 잔서(殘書) : 보통은 다 읽고 남긴 책을 뜻하지만, 여기서는 뜯겨나간 잔결(殘缺)의 서적이란 뜻이다.

192) 초래(草萊) : 원래 잡초를 말함. 여기서는 꾸깃꾸깃하고 흐트러져서 수세미 꼴로 되었다는 뜻.

193) 마렵봉삼척(馬鬣封三尺) : 마렵은 분묘의 봉토(封土)를 말한다. 송나라 사마광(司馬光)의 시(「臧郎中挽歌」)에 "파리 머리 같이 작은 밭떼기 남기고, 긴 무덤길에 마렵(봉분)이 새롭구나(遺扎蠅頭畑, 長阡馬鬣新)"라고 하였다.

194) 문옹(文翁) : 한나라 때 여강(廬江) 서(舒) 땅 사람. 경제(景帝) 말기에 촉군(蜀郡) 군수에 임명되어 관학(官學)을 일으켜, 속현(屬縣)의 자제들을 불러 거두어, 촉 땅의 문학을 제로(齊魯) 지역에 견줄만하게 만들었다. 무제(武帝) 때 천하의 군국(郡國)에 학교를 세우고 교관을 두게 된 것은 문옹에게서 비롯되었다.

195) 속귀래(續歸來) : 도잠(陶潛)의 「귀거래사(歸去來辭)」를 이을 만한 '귀거래'의 노래를 읊는다는 뜻.

어 노쇠한 병이 있으시기에 느낀 바가 있어 이 시를 짓는다. 선생은 동리의 노유로, 우리 집안의 부자·형제·조손이 모두 그를 따랐으니, 그 사람됨을 알만하다. 때는 정해년 구월이다(萬二酉老師有垂老之疾, 感而賦此. 萬, 里中老儒, 余家父子兄弟祖孫, 皆從之遊, 其人可知. 時丁亥九月也)」시를 참조. 만영은 이때 이미 서거한 뒤였다. 원중도의 「만영전」은 만영의 만년 생활에 대하여 다음과 같이 기록하였다. "집이 적빈하여 아침에 저녁을 이을 것을 헤아리지 못할 정도였다. 부인은 봉두난발(蓬頭亂髮)에 때 낀 얼굴을 하고 있고, 자식들이 아주 많았는데, 모두 벌건 다리를 내놓고 다녔다. 몹시 추운 날에도 몸에는 고작 마포로 된 옷을, 마치 등나무 등걸을 걸치듯이 걸치고 있을 따름이었다. 그런데도 일생 남에게 낡은 신발이나 옷조차 구걸하지 않았다. 집은 비스듬히 기울고, 그 반은 하늘이 보일 지경이어서, 비가 오면 밤새 다른 곳으로 옮겨 다녀야 하였다. 담벼락도 없어서, 낮이면 방안에 누워 있는 모습을 산마루에서 오는 사람이 똑똑히 볼 수 있을 정도였다. 노년에는 더욱 가난해져서, 백방으로 애를 쓴 끝에야 겨우 관직 하나를 얻었다." 만영이 죽었을 때 나이는 일흔이었다.

○ 無媒知眞性 : 知가 패란거본에 無로 되어 있으나, 서종당본·십집본·이운관본에 의거하여 고친다.

작로리가(雀勞利歌)[196]

참새가 먹을 것 찾아 바쁘더니

---

196) 작로리가(雀勞利歌) : 금언시(禽言詩)의 일종이다. 북송 때 매요신(梅堯臣)의 사금언시(四禽言詩) 이후로 하나의 양식을 이루었다. 김시습도 내금강에서 마치 사람에게 경계심을 갖게 하려고 말을 건네는 듯 우는 새들에 호기심을 느껴 '위수추리', '역막파공', '불여귀', '비비' 등 네 마리 새의 지저귐을 말소리로 풀었다. '위수추리(爲誰趨利)'는 "누굴 위해 명리로 내달려 가느냐"고 꾸짖고, '역막파공(亦莫把空)'은 "역시 공(空)을 파악하지 못하고선"이라고 엄하게 야단치며, '불여귀(不如歸)'는 "돌아감만 못하리"라고 충고하고, '비비(悲悲)'는 "슬프고 슬프다"라고 한탄하는 듯하다. 세간 사람들은 누구를 위하여 명리를 쫓아 내달려 도회지의 먼지 이는 길에 분주하단 말인가? 풍진이 사람 얼굴에 들러붙어 영예와 모욕 때문에 하늘을 원망하기 일쑤라니. 눈에 가득한 것은 슬픈 일뿐이고, 기로에서 갈 길이 막혀 울지 않을 수 없다. 침이나 탁 내뱉고 떠나서 계화 숲 속에 누움만 못하리라(「위수추리」). 하지만 승려들은 치의(緇衣)를 걸치고 좌선

눈비 내리자

큰 참새는 슬퍼하고

작은 참새는 놀라네.

황곡(黃鵠)[197]은 단번에 천리를 날고

대붕(大鵬)[198]은 구만리 창천을 누비지.

자고새와 두견새는

소리마다 권면하는 듯.

두견새는 '돌아감만 못하다[不如歸]'[199]라 하고

자고새는 '갈 수 없다[行不得]' 하네.[200]

작고 크건 다른 새들은 모두 지각 있거늘

너는 어찌 내 곁에서 짹짹거리느냐?

앵무새가 비록 혀가 있어도

재주 감추어 침묵함만 못한 법.[201]

을 하지만 공(空)이 무엇인지를 체득하지 못한다. 인간 세상의 도리를 없이 여기고 세
상의 군주와 어버이를 저버리고 저렇게 좌선을 하지만, 삼생(三生)의 일은 해결을 하지
못하고 가슴만 답답하며 머리에는 일백 자 먼지만 쌓인 꼴이다. 차라리 속세간으로 돌
아가 궁민(窮民)이 됨만 못하지 않은가!(「역막파공」)

197) 황곡(黃鵠):『상자(商子)』「획책(畵策)」에 "황곡이 나는 것은, 단번에 천리이다(黃鵠
之飛, 一擧千里)"라고 하였다. 황곡은 고결한 인사를 가리킨다.『초사(楚辭)』「복거(卜
居)」에 "차라리 황곡과 날개를 나란히 할지언정, 어찌 닭이나 오리와 함께 먹을 것을
다투랴(寧與黃鵠比翼乎, 將與鷄鶩爭食乎)"라고 하였다.

198) 대붕(大鵬):『장자』「소요유(逍遙遊)」에 나오는 상상의 새. 북명(北冥)의 곤(鯤)이라는
대어가 화하여 이 새가 된다고 한다.

199) 불여귀(不如歸): 전설에 의하면 주나라 말년에 촉주(蜀主) 망제(望帝)가 신하에게 양
위한 뒤 은거하였는데, 그 뒤에 그의 혼백이 두견새가 되어 밤낮으로 '돌아감만 못하다
(不如歸)'라고 울었다고 한다. 두견새는 피가 나와야 울음을 그친다고 한다.

200) 고왈행부득(鴣曰行不得): 자고새는 중국 남방에 사는 새인데, 그 울음소리는 마치
"행부득야가가(行不得也哥哥)"라 하는 듯하다고 한다.『본초(本草)』'자고(鷓鴣)'조에
대한 '집해(集解)'의 주에 나온다.

201) 장교불여묵(藏巧不如黙): '장교'는 재주를 숨기는 일. 재주를 숨기려면 침묵함이 제
일이라는 뜻. 혹은 앵무새처럼 나불대는 것보다는 재주를 숨겨 침묵함만 못하다는 뜻
이다.『채근담(菜根譚)』에서는 '장교어졸(藏巧於拙)'이라 하였다. 재주를 숨겨서 졸렬
한 듯이 보이라는 뜻으로, 그것이 곧 세상을 살아가는[섭세(涉世)] 한 가지 방편이라고

雀勞利, 雨雪至.

大雀悲, 小雀悷.」

黃鵠擧千里, 大鵬摶九萬.

鷓鴣與杜宇, 聲聲來相勸.」

宇曰不如歸, 鴣曰行不得.

小大各有分, 何用嘈嘈在我側.

鸚鵡雖有舌, 藏巧不如默.」

1589년(만력 17년 기축)에 지은 시이다. 원굉도는 이 해에 북경에서 회시에 응하였다. 이 시는 어쩌면 북경에 있을 때 지은 것인지 모른다.

○ 작로리(雀勞利) : 악부 가운데 양(梁)나라의 고각횡취곡(鼓角橫吹曲)이다. 『악부시집』권25에, "눈발이 부슬부슬 내리는 때 작로리여, 긴 부리 참새는 배불리 먹지만 짧은 부리 참새는 굶주리네(雨雪霏霏雀勞利, 長嘴飽滿短嘴飢)"라는 가사가 하나 실려 있다.

○ 大鵬摶九萬 : 摶은 패란거본에 搏으로 되어 있으나, 서종당본에 따른다.

○ 鷓鴣與杜宇 : 鴣는 패란거본에 鶘으로 되어 있으나, 서종당본·십집본·소수본·이운관본에 의거하여 고친다.

연꽃 따는 노래(採蓮歌)[202]

연꽃을 따누나

하였다.

202) 채련가(採蓮歌) : 이백에게도 「채련곡(採蓮曲)」이 있다. "약야계 언저리에 연잎 따는 여인, 웃으며 연꽃 건너 사람과 말을 주고받누나. 해는 새 단장을 비추어 물밑에 환하고, 바람은 향기로운 소매를 건듯 걸려 공중으로 부풀린다. 기슭 위에는 어느 집 화류객인가, 삼삼오오 수양버들 사이로 어른대간간, 자줏빛 준마 히힝 거리며 낙화 속으로 가고, 그걸 보고 두근두근 애간장만 끊노라(若耶溪傍採蓮女, 笑隔荷花共人語. 日照新粧水底明, 風飄香袖空中擧. 岸上誰家遊冶郞, 三三五五映垂楊. 紫騮嘶入落花去, 見此踟躕空斷腸)."

활짝 핀 꽃이 얼마나 신선한지!
달빛 비치면 아름다운 처자가 되고
바람 따라 움직이면 춤추는 여인 모습.
진한 빨강과 맑은 흰빛이 가을 물과 어우러져
마고(麻姑)203)와 낙신(洛神)204)조차 질투할 지경.

연잎을 따누나
연잎이 향기로운 노에 이어져 있네.
한 조각 푸른 잎은 옛 옥반205) 같기에
진아(秦娥)206)와 연첩(燕妾)207)에게 주리.

연밥을 따누나
연방(蓮房)이 터져 향기롭고 아름다운데,
섬섬옥수로 젖혀 한 알 한 알 골라내네.208)
무슨 일로 한 해 내내 호수에 잠겨 있었나?

호수 물이 깊은 것은 그래도 괜찮다만

---

203) 마고(麻姑) : 선녀의 이름. 손톱이 몹시 길다고 한다.
204) 낙신(洛神) : 낙수(洛水)의 귀신. 복희(宓姬)씨의 딸 복비(宓妃)가 낙수에 빠져 죽은 넋이라 함.
205) 옥반(玉盤) : 옥으로 장식한 쟁반. 달을 비유하기도 한다.
206) 진아(秦娥) : 고대에 노래를 잘 불렀다는 여성. 육기(陸機)의 시(「擬今日良宴會詩」)에서 "제동은 양보음을 노래하고, 진아는 장녀탄을 노래한다(齊僮梁甫吟, 秦娥張女彈)"라고 하였는데,『문선(文選)』의 주에 보면, 제동과 진아는 모두 옛날 노래를 잘 부른 자였다고 하였다.
207) 연첩(燕妾) : 연 땅의 미인..연 땅의 옥같이 아름다운 여인을 연옥(燕玉)이라 부른다. 두보(杜甫)의 「독좌(獨坐)」 시에 "늙은 몸을 덥히려면 연옥이 필요하고, 허기를 채우려고 초 땅 마름을 생각하네(煖玉須燕玉, 充饑憶楚萍)"라고 하였다.
208) 섬수분래과과균(纖手分來顆顆匀) : 연방(蓮房)에서 연밥을 하나하나 따는 것을 가리킨다.

그 물이 탁하기에 너무도 무정해라.
묻나니, 남계의 이월 진흙은[209]
이 괴로운 마음을 아는가 모르는가.

採蓮花, 花開何鮮新.
映月爲處子, 隨風作舞人.
深紅淺白間秋水, 妬殺麻姑與洛神.」
採蓮葉, 蓮葉連香楫.
一片靑花古玉盤, 持贈秦娥與燕妾.」
採蓮子, 蓮房劈破香且美.
纖手分來顆顆勻, 何事經年沉湖水.」
湖水深猶可, 水濁情無那.
試問南溪二月泥, 妾心辛苦知不知.」

전校교 1589년(만력 17년 기축)에 지은 시. 어쩌면 북경에 있을 때 지은 것인지 모른다.
○ 채련곡 : 악부 「청상곡(淸商曲)」이다.

화조일[210]에 즉흥적으로 짓다(花朝卽事)

비 지나자 정원 꽃이 더욱 보기 좋고

---

209) 시문남계이월니(試問南溪二月泥) : 남계의 진흙에 묻는다는 발상은 두보(杜甫)의 시(「送韋郞司直歸成都」)에서 "이별 잔치에 꽃은 저물려 하고, 봄날 구레나룻은 모두 다 창백하네. 남계의 대나무에 묻나니, 뽑아난 가지 끝이 담장을 넘었겠지(別筵花欲暮, 春日鬢俱蒼. 爲問南溪竹, 抽梢合過牆)"라고 한 것을 취하여 온 것이다.

210) 화조(花朝) : 중국 풍속에 2월 12일을 백화의 생일이라고 하여, 이날을 '화조'라고 일컫는다.

술 두루미 열매 또한 절로 그윽하다.

모르겠군, 오늘 저녁 취하면

몇 년의 근심을 없앨지?

붉은 꽃 한 송이가 새 몽우리 맺었으나[211]

자리[212]에는 온통 흰머리들뿐.

진작 알았도다, 행락(行樂)[213]이 옳음을

늙어지면 또 어이 놀겠는가?[214]

---

211) 일타신홍갑(一朶新紅甲): 붉은 꽃 한 송이가 새로 몽우리졌다는 뜻으로, 기녀가 자리
에 함께 한 것을 가리키는 듯하다. 원래 갑(甲)은 초목이 처음 움터날 때 움[芽]에 붙어
있는 씨껍질, 즉 피각(皮殼)을 말한다. 『주역(周易)』「해괘(解卦)」에 보면, "뇌우가 일어
나면 백과와 초목이 모두 피각이 터진다(雷雨作, 而百果草木皆甲坼)"라고 하였다.

212) 사연(四筵): 한 잔치 자리의 사방 곳곳에 앉은 사람들. 잔치 자리에 합좌한 사람들.
앞 구의 '一朶'와 대(對)를 맞추기 위해 쓴 표현이다.

213) 행락(行樂): 유희하면서 즐거움을 취하는 일. 한나라 양운(楊惲)의 글(「報孫會宗書」)
에 "사람이 살아가는 동안에는 놀면서 즐거움을 취할 따름이다. 부귀하다 해도 얼마나
가겠는가(人生行樂耳. 須富貴何時)"라고 나온다. 한나라 선제(宣帝) 때 양운은 곽씨
(霍氏)의 모반을 고변(告變)하여 경(卿) 지위에 오르고 통평후(通平侯)에 봉해졌는데 남
의 음사(陰私)를 파헤치기 좋아하였다. 뒤에 참소를 입어 폐서인 되었다가 처형되었다.
친구 손회종(孫會宗)이 자중하라는 뜻의 서한을 보내자, "죄 많은 사람으로서 조용히
농사나 짓다 죽어야겠으나, 때로는 안주를 장만해두고 두주(斗酒)로 자신을 위로하며,
술이 거나해지면 질장구를 치며 '저 남산에 밭이 있나니, 묵어서 다스리지 못하도다.
한 이랑의 콩을 심었으나, 떨어져 콩깍지만 남았도다(田彼南山, 蕪穢不治, 種一頃豆,
落以爲萁)'라고 노래부른다"고 하였다. 양운은 『한서』에 입전되어 있다.

214) 구지행락시(久知行樂是), 노의부하구(老矣復何求): 인생의 덧없음을 탄식하고 행락
을 만끽하려는 뜻은 옛 시에 빈번하게 나타난다. 특히 위나라 문제(文帝), 즉 조비(曹
丕)의 「선재행(善哉行)」에 보면 "인생은 더부살이 같기에, 아무리 근심한들 무슨 소용
있는가. 지금 즐거움을 누리지 않는다면 세월은 내달려 가고 말리라(人生如寄, 多憂何
爲. 今我不樂, 歲月如馳)"라는 구절이 있다. 또한 무명씨의 「고시(古詩)」에, "사람이 사
는 해는 백년에 못 미치거늘, 늘 천년의 근심을 품고 있구나. 낮은 짧고 밤은 길어 괴로
우니, 어찌 촛불 붙잡고 나가 놀지 않으랴. 즐거움을 누리는 것은 시절에 맞추어야 하
리, 어찌 후일을 기다릴 수 있으랴. 어리석은 자는 비용을 아까워하여, 모두 티끌세상의
조롱거리 되나니, 신선 왕자교여, 그의 왕생불사의 기일과 같게 하기 어려워라(生年不
滿百, 常懷千歲憂. 晝短苦夜長, 何不秉燭遊. 爲樂當及時, 何能待來玆. 愚者愛惜費,
俱爲塵世嗤. 仙人王子喬, 難可以等期)"라고 하였다.

雨過庭花好, 開樽亦自幽.

不知今夕醉, 消得幾年愁.

一朶新紅甲, 四筵半白頭.

久知行樂是, 老矣復何求.

전교 1590년(만력 18년 경인) 2월, 공안에 있을 때 지은 시. 원굉도는 지난해에 북경에서 회시에 응시하였다. 이 시는 취수행락(醉愁行樂)을 주제로 하여, 낙제한 뒤의 심정을 반영한다.

강물이 넘치는 것을 보고(江漲)

염예215)에는 십일월216)에 흰눈 내리고

소상(瀟湘)에는 오월에도 물결이 치네.

급류는 땅을 뒤엎듯 휘돌아 흘러

멀리 구름을 치고 있다.

현위(縣尉)217)는 강에 나와 제사지내고

파인(巴人)218)은 물을 따라 가며 노래하네.

세상 평안하여 맹공(孟珙)219)이 없으니

---

215) 염예(灩澦) : 양자강의 상류, 사천성으로 들어가는 곳에는 구당(瞿塘)이라는 급류가 있고, 그 중에서도 커다란 암초가 염예퇴(灩澦堆)라 하는 곳이다. 이백 「장간행(長干行)」에, "구당의 염예퇴를, 오월에 맞닥뜨리지 마시라고(瞿塘灩澦堆, 五月不可觸)"라는 구절이 있다.

216) 이동(二冬) : 겨울을 삼등분하여 두 번째 겨울, 즉 중동(仲冬)을 가리키는 말이다. 음력 11월이다.

217) 현위(縣尉) : 한나라 때부터 각 현에 둔 관직. 현승(縣丞)의 아래에 속하는 하급관리. 하지만 명나라 때는 폐지하였고, 전사(典史)가 그 직을 맡았다. 그래서 전사를 현위라고 불렀다.

218) 파인(巴人) : 서촉 땅의 사람.

219) 맹공(孟珙) : 송나라 단평(端平) 연간에 형양 도독(荊陽都督)으로 있으면서, 공안(公安) 지방의 형세를 보건대 형강의 동류하는 물줄기와 맞닥뜨리고 있었으므로 여섯 개의 둑

어른들[220]의 한을 어찌할거나?

灔澦二冬雪, 瀟湘五月波.
疾流翻地轉, 遠勢觸雲過.
縣尉臨江祭, 巴人下水歌.
世平無孟珙, 父老恨如何.

1590년(만력 18년 경인) 공안에 있을 때 지은 시. 『고금도서집성(古今圖書集成)』의 「직방전(職方典)」 '형주부(荊州府)' 조항에 의하면, 공안(公安)의 빈강(濱江)은 홍수의 우려가 아주 커서, 전적으로 둑방에 의지하여 피해를 막았다고 한다. 공안의 둑은 위로는 강릉(江陵)과 닿아 있고, 아래로는 석수(石首) 양림구(楊林口)에 닿아 있는데, 모두 1만 2천여 장(丈)이나 되었다. 둑과 현성과의 거리가 가장 가까운 곳은 불과 350장(丈)이었으므로, 홍수의 피해를 맞닥뜨리게 되어 있었다. 둑은 매년 수축할 필요가 있었으나, 지방 관리들이 둑 쌓는 비용[堤款]을 갉아먹고 기생충 같은 자들[弊蠹]이 똬리를 틀고 있어, 결코 분쇄할 수가 없었다. 그러므로 원굉도는 이 시에서 "세상에는 맹공 같은 이가 없으니, 어르신들의 한을 어찌할거나"라고 탄식하였다.

즉사(卽事)[221]

세상 꼴이 이러하거늘
도덕을 염려하지 가난을 근심하지 않는다[222] 누가 말했나.

을 쌓아 보호하였다. 고을 사람들이 맹공을 만리장성처럼 의지하였다고 한다.
220) 부로(父老) : 한 고을의 어른들에 대한 경칭(敬稱).
221) 즉사(卽事) : 그 당장의 일을 읊는 시제(詩題). 사공서(司空曙)에게 「강촌즉사시(江村卽事詩)」가 있고, 두목(杜牧)에게 「즉사시(卽事詩)」가 있다. 대개 즉흥의 시이다.
222) 도불빈(道不貧) : 도덕을 제대로 닦지 못한 것을 염려하지 빈곤을 근심하지 않는다는 뜻. '우도불우빈(憂道不憂貧)'을 줄여서 한 말이다. 『논어』 「위령공(衛靈公)」편에 보면, "군자는 도를 제대로 닦지 못한 것을 염려하지 빈곤을 근심하지 않는다(君子憂道不憂

황금은 천한 사람을 귀하게 만들고

오사모(烏紗帽)는 그릇된 사람을 합리화하네.223)

공숙(公叔)224)의 절교는 심하였다만

동방삭(東方朔)225)의 세상 조롱은 참되고말고

뜬구름에서 세상 이치를 볼 수 있기에

방랑의 자취226)를 풍진세계에 섞어두노라.227)

俗態有如此, 誰云道不貧.

黃金貴賤士, 烏帽是非人.

公叔絶交甚, 東方慢世眞.

浮雲看物理, 浪迹混風塵.

전
筆校교 1590년(만력 18년 경인) 공안에 있을 때 지은 시.

○ 東方慢世眞 : '慢'이 이운관본에는 '漫'으로 되어 있다.

貧)"라고 하였다. 또한 도연명(陶淵明)의 시(「懷古田舍」)에도 "옛 스승께서 가르침을
남기셨으니, 도를 제대로 닦지 못한 것을 염려하지 빈곤을 근심하지 않는다고 하셨다
(先師有遺訓, 憂道不憂貧)"라고 하였다.

223) 오모시비인(烏帽是非人) : 원래 온당한 사람이 아닌데도 오사모를 쓰면 그 사람이 마
치 온당한 사람인 것처럼 합리화시켜 준다는 뜻. 오사모는 관리가 쓰는 모자를 말한다.

224) 공숙(公叔) : 후한 때 사람 주목(朱穆)의 자(字). 주목은 당시의 풍속이 야박한 것을 보
고 느낌이 있어 「숭원론(崇原論)」과 「절교론(絶交論)」을 지었다. 여기서는 「절교론」을
두고 한 말이다.

225) 동방(東方) : 동방삭(東方朔). 『한서』 「동방삭전」의 찬(贊)은 그를 골계(滑稽)의 웅(雄)
이라고 일컬었다. 그러나 세상을 조롱한 인물로 유명한 것은 실은 사마상여(司馬相如)
이다. 혜강(稽康)의 「사마상여찬(司馬相如贊)」에 "사마장경은 세상을 업수히 여기고 예
법을 어기며 제멋대로 굴어서, 속곳 차림으로 저자에 살면서도 부끄러움을 몰랐다(長
卿慢世, 越禮自放, 犢鼻居市, 不恥其狀)"라고 하였다.

226) 낭적(浪迹) : 아무런 전망도 없이 떠돌아다니는 것. 잠참(岑參)의 시(「送陶銑棄擧荊南
覲省」)에 "태평 시대에 옥구슬을 사랑하지 않아, 방랑의 자취가 동남방에 떠도네(明時
不愛璧, 浪迹東南遊)"라고 하였다.

227) 부운간물리, 낭적혼풍진(浮雲看物理, 浪迹混風塵) : 세상 이치는 뜬구름 같다는 것을
알기에, 풍진 세계를 두루 돌아다니며 그 속에 방랑의 자취를 남긴다는 뜻.

가을 부채(秋扇)[228]

희디흰 제나라 비단으로 만든
둥글둥글 빛나는 달 같은 부채.[229]
수줍음 머금기는[230] 왕씨 처녀 같고
버림받음은 한궁(漢宮)의 후비[231] 같아라.
낭군 품에 들 마음은 여전히 있어도[232]
선선해진 뒤라 이미 글렀으니,[233]
상자 속에 갈무리됨을 달게 여기리라
동장군 위세를 저촉하지 못하겠기에.

濯濯齊紈素, 團團明月輝.

---

228) 추선(秋扇) : 여름철에 사랑받던 부채가 가을바람 불면 버려지는 것에 비유하여 청춘
이 가면 여인이 버림받는 것을 비유하는 고시의 시상을 빌어 왔다. 반첩여(班婕妤)의
작이라고 전하는 「원가행(怨歌行)」이 그러한 고시의 대표작이다. '추선'을 '빈씨선(班
氏扇)'이라고도 한다. 강엄(江淹)도 「잡시(雜詩)」로 반첩여의 시에 의작(擬作)하였다.

229) 단단명월휘(團團明月輝) : 반첩여(班婕妤)의 작이라고 전하는 「원가행(怨歌行)」에
"갓 잘라낸 제나라 흰 비단은, 희고 맑은 것이 서리·눈과 같아라. 마름질하여 합환선
을 만드니, 둥글기가 밝은 달과 같네(新裂齊紈素, 皎潔如霜雪. 裁爲合歡扇, 團圓似明
月)"라 하였다.

230) 함수(含羞) : 수줍음을 머금음. 반첩여(班婕予)의 「도소부(擣素賦)」에 "나긋나긋한 태
도에 수줍음을 머금어, 요사스런 바람에 곱게 흔들리네(弱態含羞, 妖風靡麗)"라고 하
였다.

231) 한비(漢妃) : 한궁(漢宮)의 후비. 여기서는 「원가행(怨歌行)」의 작가라고 알려져 온 반
첩여(班婕妤)를 가리킨다. 반첩여는 한나라 성제(成帝) 때 총애를 받았지만, 뒤에 조비
연(趙飛燕)에게 총애를 빼앗기고 그녀를 원망하였다는 참언을 입어 태후(太后)의 장신
궁(長信宮)에 시중들게 되었다. 성제가 죽은 뒤에 반첩여는 성제의 능에서 시봉하였다.

232) 출입심유재(出入心猶在) : 군주의 소매와 품속에 드나들 마음은 여전히 있다는 뜻.
즉, 군주의 소매와 품속에 들어가고 싶은 마음이 있다는 뜻. 반첩여의 「원가행(怨歌行)」
에 "군주의 품과 소매 속을 드나들며, 살랑살랑 움직여 미풍을 발하였네(出入君懷袖,
動搖微風發)"라고 하였다.

233) 염량태이비(炎涼態已非) : 더운 계절이 지나고 서늘한 계절로 바뀌어 형세가 이미 그
르고 말았다는 뜻.

含羞王氏女, 失寵漢宮妃.
出入心猶在, 炎涼態已非.
自甘藏篋笥, 不敢觸寒威.

전校교
1590년(만력 18년 경인) 공안에 있을 때 지은 시.

어떤 사람에게 주는 시(寄贈)

남쪽 가지의 옛 둥지를 묻지 마오[234]
꽃이 피어 웃는 듯 우는 듯하니.
달밤의 도환(刀環)[235] 꿈이 애처롭지만
봄바람에 도리(桃李)[236] 아래 길이 생각난다오

---

234) 막향남지문구서(莫向南枝問舊棲): 남쪽의 옛 둥지를 묻지 말자. 남쪽의 옛 둥지는
고향집을 말한다. 무명씨의 「고시(古詩)」에 "오랑캐 말은 북풍에 의지하고 월나라 새는
남쪽 가지에 둥지 튼다(胡馬依北風, 越鳥巢南枝)"라고 하였다.
235) 도환(刀環): 고향으로 돌아감. 원래 도환은 칼의 머리에 붙이는 둥그런 장식인데, 環
은 還과 발음이 같기 때문에 고향으로 돌아간다는 뜻으로 사용된다. 한나라 장군 이릉
(李陵)이 흉노에게 사로잡혀 선우(單于)에게 우대되어 그 딸과 결혼하고 우교왕(右校
王)이 되어 있을 때, 새로 즉위한 한나라 소제(昭帝)는 이릉의 친구인 대장군 곽광(霍
光), 좌장군 상관걸(上官桀), 그리고 역시 이릉의 옛 친구인 농서군(隴西郡)의 임입정
(任立政)을 흉노에 파견하여 이릉을 불러오려고 하였다. 일행이 흉노 지역으로 가자,
선우는 주연을 베풀고 이릉은 그 곁에 있었다. 임입정은 개인적으로 이야기할 기회
를 얻지 못하자, 자기 칼의 환두(環頭)를 어루만진다든가 가만히 발을 잡는다든가 하여
귀환의 뜻을 은근히 묻고, 또 큰 소리로 한나라가 대사면을 행하였다는 사실도 말하였
다. 이릉은 호복(胡服) 차림에 몽치 상투를 틀고 있었는데, 자신의 머리칼을 매만지며
자신은 호복을 입고 있다는 사실을 말하였다. 뒤에 개인적으로 말할 기회가 있게 되자,
이릉은 "돌아가는 것은 쉽지만, 아마도 또 욕을 당하게 될 것이니, 어쩔 수가 없다"고
말하였다. 이릉은 흉노 지역에서 20년 간 살다가 원평(元平) 원년에 병으로 죽게 된다.
236) 도리혜(桃李蹊): 『사기』 「이장군열전(李將軍列傳)」의 '찬(贊)'에 "복숭아나무 오얏나
무 아름답다 이야기 안 해도 그 아래에는 절로 오솔길이 생긴다(桃李不言, 下自成蹊)"
라 한 말이 있다. 상대방을 이광(李廣)의 풍모에 견준 것이다.

나그네는 청옥안(靑玉案)²³⁷)을 주지 못해도
가인은 백동제(白銅鞮)²³⁸)를 노래하누나.
은근히 장대(章臺)²³⁹)의 풀이 걱정되는군
봄날 교외에서 얼마나 말발굽에 밟혔을지.

莫向南枝問舊棲, 花開如笑復如啼.
空憐夜月刀環夢, 猶記東風桃李蹊.
遊子贈無靑玉案, 佳人歌有白銅鞮.
殷勤爲念章臺草, 幾度春郊散馬蹄.

전
筆校
교

1590년(만력 18년 경인) 공안에 있을 때 지은 시.

---

237) 청옥안(靑玉案) : 푸른 빛깔의 아름다운 팔걸이. 군주가 팔을 거는 것이란 뜻에서 대
    신을 가리키기도 한다. 장형(張衡)의 「사수시(四愁詩)」에 "미인(군주)이 내게 수놓은 비
    단 필을 주었으니, 어떻게 청옥안으로 보답하랴(美人贈我錦繡段, 何以報之靑玉案)"라
    고 하였다. 『문선』의 「이선(李善)」 주는 "옥안은 군주가 기대는 것이므로, 대신을 비유
    하니, 역시 군주가 의지하기 때문이다"라고 하였다. 여기서는 자신이 가인에게 의지처
    가 되지 못한다는 뜻이다.
238) 백동제(白銅鞮) : 한나라 무제가 지은 가곡의 이름. 원래는 철기(鐵騎)라는 뜻으로 당
    시의 동요에 나오는 말인데, 무제가 그 참요가 자신의 즉위 사실과 부합되었으므로, 즉
    위 후 신성(新聲)을 짓고 스스로도 가사를 지었다고 한다.
239) 장대(章臺) : 한대 장안의 거리 이름. 기원전 1세기 무렵인 전한 때 장창(張敞)은 경조
    윤(京兆尹 : 곧 서울 시장)이라는 벼슬을 하고 있었으나 위풍이 없었다. 그는 퇴궐하면
    말을 장대의 거리로 질주케 하면서 부채로 말을 쳤다는 이야기가 『한서(漢書)』에 있다.
    여기서 장대와 말이 전고(典故)로 되었다. 당나라 사람들은 대부분 환락가를 비유하는
    데 사용한 듯하다. 그래서 장대와 버드나무를 연결하고 있는 것이 많다. 최국보(崔國輔,
    687?~755?)의 「장락소년행(長樂少年行)」에 "산호 채찍을 잊어버리고 나니, 흰말이 영
    말을 안 들어 나가려 하지 않네. 장대에서 버드나무 가지를 꺾었으니(채찍 대신 하려
    고), 봄날 길가의 정취 있는 풍경이로다(遺却珊瑚鞭, 白馬驕不行. 章臺折楊柳, 春日路
    傍情)"라고 하였다. 이백은 「소년자(少年子)」에서 "청춘의 소년들이, 장대 왼쪽에서 탄
    환을 끼고 새를 노리네(青春少年子, 挾彈章臺左)"라고 하였다.

내사(궁사)[240]를 모방하여 짓다. 여덟 수(擬作內詞 八首)

첫째(其一)

옥전(玉殿)[241]의 연주(蓮籌)[242]가 밤 깊었음을 알리자
소양전(昭陽殿)[243]으로 납신다고 내관이 전지(傳旨)하네.
아침이면 애써 서궁[244]으로 약속에 대러 가고
저녁엔 경연(經筵)에서 장구(章句)를 풀이해 올리게 하네.[245]

王殿蓮籌夜未央, 內人傳旨出昭陽.
朝來剛赴西宮約, 莫遣經筵進講章.

전
筆校교

1590년(만력 18년 경인) 공안에 있을 때 지은 시.
○ 내사(來詞) : 즉 궁사(宮詞)이다. 원굉도의 「내사 8수」는 풍자하는 바가
있는 듯하다. 1588년 겨울과 1589년 초에 원굉도는 북경으로 가서 응시하였는데, 조
정의 일에 대하여 느끼는 바가 없지 않았을 것이다. 첫 수에서 "아침이면 억지로 서
궁으로 약속에 대어가고, 저녁에는 경연에서 장구를 해석해 올리게 하네"라고 한
것이나, 넷째 수에서 "아침에 포궁(鋪宮) 사례를 받는데, 천자께서 손수건에 소부금

---

240) 궁사(宮詞) : 육조시대 말기에 유행하였고, 당나라 왕건(王建)도 즐겨 지은 신사(新詞)
　　로, 염정(艶情)을 표출하는 시풍이었다. 조선 전기의 성간(成侃)도 궁사(宮詞) 4수를 지
　　어 '당 악부체'를 구현하였다는 평가를 받았다.
241) 옥전(玉殿) : 옥으로 장식한 궁전이란 뜻으로 아름다운 전각을 가리킴. 어전(御殿)을
　　말한다.
242) 연주(蓮籌) : 고대의 시계인 연화루(蓮花漏) 위에 시각을 알려주도록 설치한 죽첨(竹
　　籤). 원나라 장헌(張憲)의 시(「夜坐吟」)에 "옥호에 물이 흔들려 누수 소리가 가삭가삭하
　　고, 추운 밤에 연주는 삼십각을 알려주네(玉壺水動漏聲乾, 夜冷蓮籌三十刻)"라고 하
　　였다.
243) 소양(昭陽) : 소양전(昭陽殿). 한나라 무제가 후궁을 위해 쌓은 여덟 전각 가운데 하나.
　　여기서는 명나라의 후궁전을 빗댄 것이다.
244) 서궁(西宮) : 비빈(妃嬪)의 거처. 춘추 시대에는 잉첩(媵妾)이 거처하는 궁을 뜻하였으
　　나, 여기서는 후비의 거처를 말한다.
245) 모견경연진강장(莫遣經筵進講章) : 莫은 暮의 고자(古字)이다. 『사기』 「오자서열전
　　(伍子胥列傳)」에서 '일모도원'을 '日莫途遠'으로 표기한 것이 그 예이다.

(少府金) 싸 주셨네"라고 한 것, 다섯째 수에 "검은 주머니[皂囊]의 언관(言官) 상주문이 많이 쌓였기에, 금당(金璫)에 분부하여 차례로 실시하시네"라고 한 것은 모두 시사에 관련된 주제를 담고 있는 듯하다. 『명실록(明實錄)』에 의거하면, 1589년(만력 17년) 7월에 이런 기록이 있다. "남경 형부주사(刑部主事)를 갓 제수받은 채헌신(蔡獻臣)이 상소를 올려, 성청(聖聽)을 열어두고 침흥(寢興)을 삼가며, 약을 덜 복용하고 성색(聲色)을 멀리 하며, 자미(滋味)를 줄이고 조회를 여는 때를 명시하며, 원로들을 가까이 하고 안에서 유혹하는 여인들을 물리치며, 후사(태자)를 세우라고 청하였다." 또, "이 해 12월에 대리시 좌평사(代理寺左評事) 낙우인(雒于仁)이 주색(酒色)과 재기(財氣)에 관한 4잠(箴)을 올렸다. 그 「색잠(色箴)」에는 '저 요망하고 고운 것을 어여삐 여겨, 음식을 먹을 때나 쉴 때나 곁에 두어, 총애를 내리고 모욕도 받아주면, 미색을 다투는 이들이 나라를 망칠 것입니다. 성탕(成湯)은 미색을 가까이 하지 않아서 장수를 누렸고, 한(漢)나라 성제(成帝)는 애첩을 혹애하여 재위 기간이 오래지 못하였습니다. 폐하께 약을 올리오니, 내시(內侍)와 폐첩(嬖妾)을 후하게 대하지 마소서'라고 하였다. 또 「계재잠(戒財箴)」에는 '저 금과 은을 다투어 아주 자그마한 것까지도 남기지 않아 내탕고에 재물이 남아돈다 하거늘, 사가에는 시루에 먼지가 케케묵었습니다. 무왕은 녹대(鹿臺)에서 재물을 나누어주어 팔백 제후가 귀부하였고, 수나라 양제는 이익을 박탈하여 천명이 어찌될지 믿기 어려웠습니다. 폐하께 약을 올리오니, 백성들의 재화와 뇌물을 침범하지 마소서'." 이 모든 것은 신종(神宗)이 탐학하고 못되게 굴어서 조정의 정치가 나날이 그르치는 것을 정면으로 비판한 내용이다.

둘째(其二)

의춘원(宜春苑)[246]에 해 기울기 시작하자
미소년 삼백 명이 화려한 곡을 연습하네.

---

246) 의춘원(宜春苑) : 강서성 의춘현(宜春縣)의 동남쪽에 있던 의춘대(宜春臺) 일대를 가리키는 듯하다. 의춘현의 선녀대(仙女臺)·봉황대(鳳凰臺)·호강대(湖岡臺)·화성대(化成臺)와 더불어 의춘오대(宜春五臺)라고 한다. 『독사방여기요(讀史方輿紀要)』 「강서(江西)」 「원주부(袁州府)」 '의춘현' 조항에 보인다. 그런데 기인(妓人)이 궁전에 불려 들어가는 곳을 의춘원(宜春院)이라고 한다고 『교방기(教坊記)』에 나와 있다. 여기서는 교방이란 뜻으로 사용한 것 같다.

가죽 슬갑247) 융의에 붉은 갈기 말을 타신 분
어느 관서 나리이신지.

宜春苑裏日初斜, 三百妖童校麗華.
靺鞈戎衣朱鬣馬, 不知若個是官家.

셋째(其三)

백자지(百子池)248)의 구자평(九子萍)249)을
미인과 함께 비춰 달빛250)이 푸르네.
궁궐 회나무 잎에는 봄기운이 물빛 같이 도는데
미인은『연화경(蓮花經)』251) 두 권을 독송하네.

百子池頭九子萍, 美人雙照月稜靑.
宮槐葉綠春如水, 誦得蓮花兩卷經.

---

247) 매겹(靺鞈) : 꼭두서니같이 붉은 색의 가죽 슬갑(膝甲).
248) 백자지(百子池) : 백자전(百子殿) 앞의 연못을 말하는 듯함. 백자전은 진(晉)나라 때
    궁궐의 이름.
249) 구자평(九子萍) : 부평초의 일종. 하룻밤에 아홉 개의 방을 낳으므로 구자평이라고 한
    다.『월령통고(月令通考)』에 나와 있다.
250) 월능청(月稜靑) : 달의 위광이 푸르다는 뜻. '稜'은 위광(威光)을 말함.
251) 연화경(蓮花經) :『묘법연화경(妙法蓮華經)』. 줄여서『법화경』이라고 말한다.『화엄
    경』·『금강경』과 함께 대승 삼부경(三部經) 중의 하나이다. 원래 서진 때 축법호의『정
    법화경(正法華經)』10권 27품(276년), 구마라지바의『묘법연화경(妙法蓮華經)』7권 28
    품(406년), 수나라 때 사나굴다(Jnanagupta)의『첨품묘법연화경』7권 27품(601년) 등 3종
    의 번역본이 있는데, 그 가운데 구마라지바의『묘법연화경』이 제일 유명하다. '묘법연
    화경'은 '삿다르마분다리카 스트라(Saddharma-puṇḍarīka-sūtra)'의 번역어로, '백련(白蓮)
    과 같은 올바른 가르침'이란 뜻이다. 28품으로 이루어져 있다. 여성의 성불을 선언한
    경으로, 중국과 우리나라에서 널리 읽혔으며, 우리나라에서는 조선 세조 때 언해본(諺
    解本)이 나왔다.

넷째(其四)

아감(阿監)[252]이 지휘하여[253] 악대를 보내오고
양차(羊車)[254] 가는 곳에 난새 무늬 이불 실었네.
아침에 포궁(鋪宮) 사례[255]를 받는데
천자께서 손수건에 소부금(少府金)[256] 싸 주셨네.

阿監當頭送好音, 羊車行處載鸞衾.
朝來領取鋪宮例, 御帕親封少府金.

다섯째(其五)

채색 의장 용무늬 깃발이 새벽에 펄럭이면
아침마다 동각(東閣)[257]에 재상[258]이 좌정하네.
검은 주머니[259]의 언관(言官) 상주문이 많이 쌓였기에

---

252) 아감(阿監) : 궁녀를 관장하는 상알두(上閼頭)를 말한다. 여관(女官)이다. 백거이(白居易)의 「장한가(長恨歌)」에 "이원의 제자들은 백발이 새로 낫고, 초방의 아감은 푸른 눈썹이 늙었구나(梨園弟子白髮新, 椒房阿監青娥老)"라고 하였다.

253) 당두(當頭) : 우두머리를 맡아, 지휘함. 『삼국지평화(三國志評話)』에 용례가 있다.

254) 양차(羊車) : 궁중에서 사용하는 수레. 아름답게 장식한 수레이다. 연차(輦車). 『석명(釋名)』 '석차(釋車)'에 따르면 '羊은 祥이며, 祥은 좋다는 뜻이니, 잘 꾸민 수레[善飾之車]이다'라고 하였다. 그런데 『진서(晉書)』 「여복지(輿服志)」에 따르면 양차는 일명 연차(輦車)라고 하였는데, 아마도 본래는 실제로 양이 끄는 수레였던 듯하다.

255) 포궁례(鋪宮例) : 포궁은 궁궐에서 군주가 침소에 들기 전에 집기를 진설하는 것을 말하는 듯하다. 민간의 신혼집에서는 포방(鋪房)이라 한다.

256) 소부금(少府金) : 소부는 진나라 관직의 구경(九卿) 가운데 하나로, 산해지택(山海地澤)의 세금을 거두어 황제의 지출에 제공하는 일을 맡았다. 황제의 사부(私府)라 할 수 있다.

257) 동각(東閣) : 황각(黃閣). 재상이 집무하는 곳을 말한다.

258) 선생(先生) : 본래 나이가 지긋하고 학문이 있는 사람을 말하는데, 여기서는 재상(宰相)을 가리킨다.

259) 조낭(皂囊) : 검은 주머니. 상서(上書)를 봉(封)하는 주머니. 『후한서』 「채옹전(蔡邕傳)」에 보면, "경술에 대하여 갖춰 대답하고 조낭으로 상주하였다(具對經術, 以皂囊封上)"

금당(金璫 : 환관)[260]에게 분부하여 차례로 실시하시네.

彩仗龍旌拂曙輕, 朝朝東閣坐先生.
皂囊久積言官奏, 分付金璫取次行.

여섯째(其六)

팔월의 가을 하늘 높은 때 살찐 토끼 쫓아서
곱슬머리 사냥개[261]가 날 듯이 뛰어가네.
우리 열어 놓아주시며 용안(龍顏)에 기쁜 빛 띠시더니
옥수(玉手)로 붙잡고 득의하여 돌아오시네.

八月秋高攬子肥, 卷毛宋鵲疾於飛.
開闌一放天顏喜, 玉手親攜自在歸.

일곱째(其七)

금실 옷[262] 사각대어[263] 봄 잠을 깨우고는
백발 중관(中官 : 內官)이 서적[264]을 올리자,

라고 하였다.
260) 금당(金璫) : 환관. 후한 때 환관은 관모에 금으로 된 장식을 달아 귀를 가렸다.
261) 송작(宋鵲) : 전국시대 송나라의 명견. 『예기』 「소의(少儀)」의 '정현(鄭玄)' 주에, 명견
    의 이름으로 한로(韓盧)와 송작(宋鵲)을 예로 들었다. 한유(韓愈)의 「모영전(毛穎傳)」에
    도 이름이 나온다.
262) 금의(金衣) : 금실로 짠 화려한 옷. 고관이 입는 옷. 여기서는 중관(中官), 즉 내관(內
    官)의 복색. 당나라 장계(張繼)의 「명덕궁(明德宮)」 시에 "푸른 기와 붉은 기둥 전각은
    백주에 한가한데, 부채 든 금의 차림에 새벽바람 차가워라(碧瓦朱楹白晝閑. 金衣寶扇
    曉風寒)"라고 하였다.
263) 활활(滑滑) : 미끄러지듯 내는 소리.
264) 간편(簡編) : 서적, 문건.

천자께서 선시첩265)을 임하여 쓰시니
미인(후궁)이 교서전266) 끝을 눌러가며 펼치네.

金衣滑滑攪春眠, 白髮中官進簡編.
天子自臨宣示帖, 美人親碾校書箋.

여덟째(其八)

모든 봄빛은 피어나는 때가 따로 있는 법
열 그루 앵도 중에 아홉이 꽃 피었구나.
탄환 같이 둥근 청매(靑梅)를 주워
꽃 보호 방울267) 아래 꾀꼬리를 맞추시네.

一般春色有枯榮, 十樹櫻桃九樹生.
拾得靑梅如彈子, 護花鈴下打流鶯.

여름날 배를 띄우고(夏日泛舟)

둥실둥실 해오라기268)는 가까이 오고
꿔억꿔억269) 황새 소리 희미하게 들리네.

---

265) 선시첩(宣示帖) : 역대 천자의 '선시(宣示)'의 글을 서첩(書帖)으로 만든 것인 듯함.
266) 교서전(校書箋) : 후한 이후 비서(秘書)를 교감(校勘)하는 관직으로 교서랑(校書郎)을 두었는데, 그들이 사용하는 고급지를 교서전이라고 한 듯하다.
267) 호화령(護花鈴) : 참새로부터 꽃을 보호하기 위해 매달아 놓은 방울. 『개원천보유사(開元天寶遺事)』에 보인다.
268) 교청(鵁鶄) : 해오라기.
269) 심심(深深) : 조용하면서 희미한 모습. 『장자』「대종사(大宗師)」에 보면 옛날의 진인(眞人)은 "그 숨결이 심심하다(其息深深)"라고 하였고, '곽상(郭象)'의 주에 "숨을 들이

인적 없는 못은 더위 기운을 들이지 않고

들판 대나무는 반나마 구름에 닿아있군.

귀공자는 수레 덮개를 걷어 올렸고

미인은 춤추는 치마를 볕에 말리는데,

수양버들은 연꽃 마름 사이에 흔들리고

햇빛은 차갑게 산란하는구나.270)

泛泛鳧鸚近, 深深雀鶴聞.

空潭不受暑, 野竹半揹雲.

公子收行蓋, 佳人晒舞裙.

垂楊亂荇藻, 日色冷紛紛.

1590년(만력 18년 경인) 여름, 공안에 있을 때 지은 시.

이굉보 선생의 책을 받고(得李宏甫先生書)

이렇게 빛나는 서신271)이

빈 골짝의 반가운 발소리272)와 무어 다르랴?

마시는 모양[內息之貌]"이라 하였다.

270) 분분(紛紛) : 어지러운 모습. 여기서는 햇빛이 어지럽게 산란하는 모습을 형용한 듯하다.

271) 요화색(瑤華色) : 옥처럼 아름다운 광택. 요화(瑤華)는 본래 아름다운 옥인데, 남의 문장이나 다른 사람의 편지를 가리키는 말로 사용된다. 편지의 경우는 요함(瑤函), 요찰(瑤札)이라고도 한다.

272) 공곡음(空谷音) : 사람 없는 깊은 계곡에 들려오는 반가운 발자국 소리.『장자』「서무귀(徐无鬼)」편에, "무릇 허공(虛空)으로 도망하는 자는 사람의 발자국 소리를 들으면 공연(跫然)하게 즐거워한다"라고 하였다. 황정견(黃庭堅)이 배중모(裴仲謀)에게 보낸 시에 "이별한 뒤 시를 부쳐 나를 위로하여주시니, 빈 골짝으로 도망하여 사람 소리를 들음과 같구려(別後寄詩能慰我, 似逃空谷聽人聲)"라고 하였다.

슬프구나, 축을 연주하며 흘리던 눈물이여[273]

사라졌도다, 타호(唾壺)의 마음은.[274]

선생의 자취가 어찌 『분서』에서만 분명하랴[275]

병은 '노고(老苦)' 때문에 깊어지셨네.[276]

아름다운 무늬 지녔거늘[277] 어찌 숨으시려하오

---

273) 격축루(擊筑淚) : 전국시대 연나라 고점리(高漸離)는 축의 명수였는데, 연나라로 망명해 온 자객 형가(荊軻)와 깊이 사귀었다. 그들은 축을 타며 노래하며 즐겁게 놀다가, 그 끝에 눈물을 흘렸다고 한다. 형가가 태자 단(丹)의 부탁을 받아들여 진(秦) 시황제를 암살하러 떠날 때는 역수(易水)에서 형가가 비장한 노래를 부르고 고점리가 축을 연주하였다. 형가가 실패하고 죽은 뒤, 망명하여 변장해서 남에게 고용되어 있었다. 어느 날 그 집의 손님이 축을 연주하는 것을 듣고 비평한 것이 귀에 들어가 주인의 명으로 축을 연주하였는데, 만좌의 사람들이 모두 감동하여 눈물을 흘렸다고 한다. 고점리는 진 시황의 곁에 모시고 있게 되었을 때 축에 납을 넣어 시황제를 내리치려고 하였으나 실패하고 죽임을 당했다.『사기』「자객열전(刺客列傳)」에 나온다. 이 구절은 이지(탁오)라는 인물을 진정으로 이해하는 지음(知音)이 세상에 없음을 탄식한 것이다.

274) 타호심(唾壺心) : 진(晉)나라 왕돈(王敦)은 정권을 손아귀에 넣으려는 야심을 품고 있었다. 술을 마시면 언제나 위(魏)나라 무제의 "늙은 천리마는 마구간에 엎어져 있어도, 뜻이 천리에 있고, 열사는 늘그막에 이르러도, 장대한 마음이 그치지 않는다(老驥伏櫪, 志在千里. 烈士暮年, 壯心不已)"라고 하는 시를, 타호(唾壺)를 두들기면서 박자를 맞추어 노래하였다.『진서』「왕돈전」에 나온다. 후세의 사람들은 남의 시문을 칭찬하는 것을 '타호를 친다(擊唾壺)'라고 하였다. 이 구절은 그렇게 선생의 저술을 찬탄하는 마음이 지금 세상의 사람들에게 없음을 한탄한 것이다.

275) 적기분서백(跡豈焚書白) : 『분서』는 이지가 1590년(만력 18년)에 마성에서 출간한 저술. 이 구절의 뜻은, 선생의 자취는『분서』에서만 분명히 드러나는 것이 아니라는 것이다. 아마도 이지가 서신에서 자신의 저술『분서』에 대하여 어떤 감개의 뜻을 표명한 데 대하여 원굉도가 이 구절로 그의 마음을 위로한 것으로 보인다. 뒤의 구절과 함께 보면, 『분서』의 뒤에 또 다른 대 저술을 내리라고 권면한 뜻으로도 읽힌다.

276) 노고(老苦) : 『분서』를 간행한 1590년에 이지는 이미 나이 64세였으며, 이 무렵에는 자주 늙어감의 애수를 토로하였다. 원중도의 「원굉랑선생행장」에 의하면, 이 무렵 호북의 마성에 살고 있었던 이지를 원굉도가 방문하여, 이지와 뜻이 크게 부합하였는데, 이지가 다음과 같은 시를 주었다고 한다. "그대의『금설(金屑 : 원굉도의 저술)』의 구를 암송하면서, 채찍을 잡아 또한 흠모하노라. 일찍이 그대 말을 따르지 못한 것은, 바로 '노고'가 없을 수 없어서라오" 이 마지막 구에 대하여 원중도는 설명하길, "대개 용호(龍湖 : 이지)는 노년에 친구가 없으므로 책을 지어 '노고'라고 하였기 때문에 이렇게 말한 것이다"라고 하였다. 또, 십 년 뒤 1600년(만력 28년)에 원종도가 병몰(病沒)하였기에 이지가 슬퍼한 시(「哭袁大春坊」)에서도, "'노고'가 나 같은 이도 없어라, 그대는 온전히 하여 돌아가고 또 자존하였구나(老苦無如我, 全歸亦自尊)"라고 하였다(『속분서』 권5).

강물도 없는데 마치 빠지려는 듯이.278)

似此瑤華色, 何殊空谷音.

悲哉擊筑淚, 已矣唾壺心.

跡豈焚書白, 病因老苦侵.

有文焉用隱, 無水若爲沉.

전교 1590년(만력 18년 경인), 공안에 있을 때 지은 시.

○ 이굉보(李宏甫) : 이지(李贄). 굉보는 이지의 호이다. 이지(1527~1602)의
초명은 재지(載贄), 호는 탁오(卓吾)였으며, 또 다른 호가 굉보(甫는 父로도 표기)였
다. 진강(晉江) 사람으로, 일찍이 요안 지부(姚安知府)를 지냈다. 54세에 관직을 버
리고 강학과 저술에 전념하였다. 도학을 배격하고 동심설(童心說)을 제창하였으며,
세속과 적이 되는 것을 꺼리지 않았다. 마침내 이단·요인(妖人)으로 지목되어 조옥
(詔獄)에 갇히자, 분개하여 자살하였다. 1589년(만력 17년)에 원굉도의 형 원종도가

---

277) 유문(有文) : 『춘추좌씨전』 희공(僖公) 24년에 보면, 진(晉)나라 제후 문공(文公 : 곧 重
耳)가 자신의 망명 시절에 따라다녔던 신하들을 상 주려고 할 때 개치추(介之推)는 자
기 공을 말하지 않았다. 그는 윗사람이 간악한 자들에게 상을 내리고 아랫사람은 죄악
을 충의라고 속여 말하는 현실을 개탄하여 벼슬길에서 떠나려고 하였다. 그 어머니가
개지추더러, 군주에게 네 공적을 알리는 것이 어떠냐고 하자, 개지추는 "말이란 것은
(즉 이의를 제기하는 것은) 몸(일신)을 장식하기 위한 것입니다. 몸이 숨으려고 하거늘
어찌 장식을 하겠습니까. 말을 한다면 도리어 세상에 나가려고 하는 것이 됩니다(言,
身之文也. 身將隱, 焉用文之. 是求顯也)"라고 하였다. 어머니도 개지추와 함께 은둔하
였다. 한편, 남산에 사는 표범은 안개비가 이레 동안 계속되면 가만히 산에 숨어 지낸
다. 그 털에 아름다운 무늬가 생기기를 기대하여 그런 것이라고 한다. 답자(答子)라는
사람이 3년 동안 도기를 만들어 명성은 나지 않고 세 배로 부유하게 되었다. 그 아내가
말하길, "남산에 검은 표범이 있는데, 안개비가 이레 동안 계속되어도 산을 내려와 먹
지 않는 것은 어째서인지 아십니까? 그 털을 윤택하게 하여 문장을 이루기 위해서이니,
그래서 숨어서 해를 멀리 하는 것입니다(南山有玄豹, 霧雨七日, 而不下食者何也? 欲
以澤其毛, 而成文章. 故藏而遠害)"라고 남편을 타일렀다. 『열녀전(列女傳)』 「현명
(賢明)」편 '도답자처전(陶答子妻傳)' 참조.
278) 무수약위침(無水若爲沉) : 이지(李贄)의 편지에 "나의 주장은 세상에 용납되지 않고,
게다가 이러한 노고의 몸으로는 더 이상 새로운 저술을 세상에 내놓을 기력이 없으므
로, 이대로 육침(陸沈)하여 생애를 마치련다"라고 한 말이 있었으므로 이렇게 다소 희
학적으로 말한 듯하다. 육침은 물밑에 잠기듯 은자가 세상을 버리고 사는 것을 말한다.

서울에 있으면서, 황명을 받들어 초부(楚府)를 책봉하고 휴가를 얻어 고향으로 돌아가게 되었다. 출발에 임하여 초횡(焦竑)이 그에게 이지를 만나보도록 부탁하면서 "정주(亭州, 麻城)에 탁오 선생이 계시니, 한 번 방문한다면 개발하여 주시는 바가 있을 걸세!"라고 하였다. 1590년(만력 18년) 봄에 이지는 공안과 작림(柞林)으로 가서 야묘(野廟)에 임시 체류하였는데, 원종도는 원굉도·중도와 함께 그를 방문하였다. 원중도는 「작림기담(柞林紀譚)」을 지어 형제 셋이 이지와 문답한 내용을 상세하게 기록하였다. 그 글에서 원중도는 이지를 작림수(柞林叟)라 칭하여 다음과 같이 적었다. "작림수는 어느 곳 사람인지 모른다. 천하를 두루 노닐어 영(郢)에 이르러 왔다. 늘 대바구니 하나를 들고 다니면서 저자에서 취해 돌아다니는데, 미치광이 같은 말을 많이 하였다. 경인년 봄에 촌락의 야묘에 머물렀다. 그때 백수(伯修)가 임시거처에 미리 알렸으므로, 마을로 들어가 함께 방문하였다. 대화를 나누어보고는 그 사람됨을 대단히 기이하다고 여기게 되었다. 다시 방문하였으나, 끝내 어디로 갔는지 알수가 없었다." 이것은 「이온능외기(李溫陵外紀)」의 기록이다. 이것이 바로 이지와 원씨 형제들이 교제를 맺게 된 최초의 일이었다. 원굉도의 이 시는 아마 1590년의 여름과 겨울 사이에, 이지가 마성으로 돌아가 자신의 『분서(焚書)』를 부쳐 오자, 그것을 얻어 본 뒤에 지은 것인 듯하다.

○『분서(焚書)』: 이지의 주요 저작 가운데 하나. 1590년(만력 18년)에 마성에서 판각하였다. 이 책의 내용과 명명에 대하여는 이지의 「자서」에 나와 있다. "하나는 『분서』이니, 지기가 서신으로 물어 온 것에 대하여 답한 것으로, 그 내용이 근세 학자의 고황에 든 병을 대단히 절실하게 지적하였으므로, 고질병에 걸린 자는 필시 나를 죽이려고 들 것이므로 태워버리려고 하였다. 즉 그 뜻은 마땅히 태워버려야 하지 남겨두어서는 안 된다는 말이다." 또 초횡(焦竑)은 그 서문에서, "이굉보는 이(夷)·유(游)에게 준 서찰을 모으고, 문답하고 논의했던 글들을 아울러서, '분서'라고 이름하였다. 스스로 말하길, 이 책은 태워야 한다고 하였다"라고 적었다.

○ 병인로고침(病因老苦侵): '老苦'는 쌍관(雙關)의 뜻이 있다. 이지는 노년에 친구가 없어서 스스로 '노고(老苦)'라고 호하였다. 또 『분서』「외」편의 이름이 '노고'이기도 하다. 이에 대해서는 『분서』「자서」에 다음과 같은 기록이 있다. "『분서』를 엮은 뒤에 별록이 있어, 이름을 '노고'라고 하였다. 이것도 『분서』와 같지만, 별도로 권목(卷目)을 세웠으니, 『분서』를 태우려는 자가 이것도 태울 것이다." 「노고」의 권은 지금 전하는 판각본에는 실려 있지 않다.

감흥(感興)

첫째(其一)

태양[세월]279)은 붙잡아 앉힐 수 없고
황금은 인위적으로 만들어낼 수 없기에,
오묘한 이치 탐구하길 평소부터 바라왔고280)
은둔의 경지에서 신선과 만나길 기약했네.281)
꽃들은 봄이 가면 다 지고282)
가을 풀은 때가 지나면 시드나니,
부귀는 바라는 바 아니기에
부구(浮丘 : 李贄)283)를 스승으로 삼는다오

白日不可挽, 黃金不可爲.
夙心探玄理, 幽與白雲期.

---

279) 백일(白日) : 태양. 왕지환(王之渙)의 시(「登鶴鵲樓」)에, "백일은 산에 기대어 저문다 (白日依山盡)"란 구가 있다. 그런데 백일은 흔히 흘러가는 세월, 시간을 대유하는 말로 쓰인다.

280) 숙심탐현리(夙心探玄理) : 유심(幽深)하고 현묘(玄妙)한 이치를 탐구하는 것이 자기의 평소 바람이란 뜻.

281) 유여백운기(幽與白雲期) : 은둔하여 그윽이 살아가는 경계에서 신선과 만나기를 기약한다는 뜻. 백운(白雲)은 백운향(白雲鄕)으로, 신선이 거처하는 곳을 말하며, 여기서는 신선을 가리킨다.

282) 헐(歇) : 시들어 떨어짐. 조사(凋謝). 당나라 왕유(王維)의 「산거추명(山居秋暝)」에 보면 "제 멋대로 봄꽃은 시드나니, 왕손이여 머무시기를(隨意春芳歇, 王孫自可留)"이라 하였다.

283) 부구(浮丘) : 이지(李贄)의 고향, 즉 이지를 가리킨다. 일설에, 황제(黃帝) 때 신선이라고 하는 부구공(浮丘公)을 가리킨다고 한다. 『문선(文選)』「고시십구수(古詩十九首)」에 "신선 왕자교와는 같이 하기 어려워라(仙人王子喬, 難可與等期)"라고 하였고, 그 주에 『유선열전(遊仙列傳)』을 인용하여, "왕자교란 자는 태자 진(晉)이다. 도인(道人) 부구공(浮丘公)이 그를 만나 숭고산(嵩高山)으로 올라갔다"고 하였다. 여기서는 앞의 설을 따랐다.

衆芳經春歇, 秋草過時萎.

富貴非所欲, 浮丘以爲師.

1590년(만력 18년 경인) 공안에 있을 때 지은 시. 이것은 원굉도가 이지를 알게 된 이후에 감동한 바가 있어서 쓴 것이다. 시에서 "부귀는 바라는 바가 아니기에, 부구(浮丘)를 스승으로 삼는다오"라고 한 것은 이지에 대한 흠모의 정을 표현한 말이다.

둘째(其二)

욕심 많은 이는 영리를 다투느라

머리 위의 서리(흰머리)를 돌아보지 못하나,

서생은 불후284)의 설을 이야기하여

미간이 서슬지게 빛나네.

살아선 항우(項羽)가 사슴 쫓듯 명리를 추구하지만285)

죽으면 장곡(臧穀)이 양을 잃듯 본성을 잃는 법.286)

---

284) 불후(不朽) : 영원토록 마멸(磨滅)하지 않음. 『좌전(左傳)』 '양공(襄公) 24년'에 "가장 높은 것으로는 입덕(立德)이 있고, 그 다음에는 입공(立功)이 있으며, 그 다음에는 입언(立言)이 있다. 아주 오래되더라도 버려지지 않음, 그것을 불후라고 한다(太上有立德, 其次有立功, 其次有立言. 雖久不廢, 此之謂不朽)"라고 하였다.

285) 생전진항록(生前秦項鹿) : 생전에는 명리(名利)를 쟁탈함을 말함. 본래 사슴[鹿]은 제위(帝位)를 비유한 말이다. 『사기』 「회음후열전(淮陰侯列傳)」에 보면, 괴통(蒯通)이 말하길, "진나라가 사슴을 잃어버리자, 온 천하 사람들이 모두 그것을 쫓고 있으니, 재주가 높고 발 빠른 자가 먼저 잡기 마련입니다(秦失其鹿, 天下共逐之, 于是高材疾足者先得焉)"라고 하였다. 『집해(集解)』의 주는, 장안(張晏)의 말을 인용하여, "사슴으로 제위(帝位)를 비유한 것이다"라고 하였다. 축록(逐鹿)은 '경쟁(競爭)'을 말한다. 금나라 조병문(趙秉文)의 글(「答麻知幾書」)에 "족하가 일단 급제를 한 뒤 제책(制策)의 시험을 보고 굉사(宏詞)의 시험을 보게 된다면, 이흠숙(李欽叔)과 나란히 선두를 다투어야 하는데, 누구의 손에서 사슴이 죽을지 모를 정도일 텐데, 어찌 성공하느냐 실패하느냐의 일을 논하겠습니까?(使足下一第後, 試制策, 試宏詞, 當與欽叔幷馳爭先, 未知鹿死誰手, 豈可成敗論事哉?)"라고 히였다.

286) 사후장곡양(死後臧穀羊) : 장곡(臧穀)은 두 사람의 종. 장(臧)은 노예, 곡(穀)은 어린 아이란 뜻이다. 『장자』 「병무(騈拇)」편에 보면, 장(臧)과 곡(穀) 두 사람이 양(羊)을 쳤는

그렇기에 소요하는 노인287)은
은둔의 뜻288) 품고 묵향(墨鄕 : 서적)289)에 탐닉하지.

貪夫競榮利, 不顧頭上霜.
書生談不朽, 眉宇爭昂昂.
生前秦項鹿, 死後臧穀羊.
所以逍遙叟, 棲志沉墨鄕.

셋째(其三)

길에서 한 노인을 만났더니
입만 열면 자색과 주색을 논하는데,290)
이마는 넓고 하관이 예리한 모습291)

데, 둘 다 양을 잃어버리고 말았다. 장은 두루마리[笑]를 끼고 열심히 읽다가 잃어버렸
고, 곡은 도박[博塞]에 열중하느라 양이 없어지는 것도 몰랐다고 하였다. 두 사람이 한
일은 다르지만 맡은 일을 게을리 하여 양을 잃어버린 사실은 같다. 이것은, 인간이란
백이(伯夷)같이 바른 사람이든 도척(盜跖)처럼 나쁜 사람이든 외물(外物)에 의하여 희
생되어 본성을 잃어버린다는 점에서는 같다는 것을 비유한 말이다. 여기서는 본성, 즉
생명을 잃어버린다는 뜻으로 사용하였다. 소식(蘇軾)의 시(「和劉道原詠史」)에 "중니는
세상을 근심했고 접여는 미친 이처럼 처신하여, 장과 곡처럼 서로 경우가 달랐지만 죽
어 없어진 것은 같구나(仲尼憂世接輿狂, 臧穀雖殊竟兩亡)"라고 하였다.

287) 소요수(逍遙叟) : 편안하고 한가하여 자득(自得)해서 세간 명리에 얽매이지 않은 사람
   을 말함.
288) 서지(棲志) : 서지(棲遲)하려는 뜻. 서지(棲遲)는 은둔을 말함.
289) 묵향(墨鄕) : 서적을 말함. 묵향은 곧 묵장(墨莊)으로, 장서실(藏書室)이다. 송나라 유
   식(劉式)이 천여 권의 책을 모아두고, 묵장(墨莊)이라 이름하였다.
290) 논자주(論紫朱) : 고관(高官)을 비평한다는 뜻이다. 백거이(白居易)의 「진중음(秦中吟)
   가무(歌舞)」에 보면, "눈 속에 퇴조하는 자들은, 모두 다 주자색 옷을 걸친 공후들(雪中
   退朝者, 朱紫盡公侯)"이라고 하였다. 혹은 주자난별(紫朱難別)의 뜻을 뒤집은 것이라
   고도 볼 수 있다. 정색(正色)인 붉은 색과 간색(間色)인 보라색을 구별하기 어렵다는 말
   로, 정(正)과 사(邪)를 구별하기 어렵다는 말이 『삼국지』 「촉지(蜀志)」 「동윤전(董允傳)」
   에 있다. 본래 『논어』 「양화(陽貨)」편의 "보라색이 붉은 색을 빼앗는 것을 미워한다(惡
   紫之奪朱也)"라는 구절에서 나온 말들이다.

노나라 유자(공자)와 다름이 없네.292)

노나라에 미언(微言)293)이 있었으나

유자들은 껍데기만 훔쳐왔을 뿐.

저마다 제 견해를 난공불락(難攻不落)이라 여기니294)

누가 물고기 눈과 구슬[보배]을 구별하랴?295)

道逢一古叟, 開脣論紫朱.

方上而銳下, 將無是魯儒.

魯國有微言, 儒者竊其膚.

家家饗五城, 誰辨魚目珠.

---

291) 방상이예하(方上而銳下) : 이마는 넓고 하관이 예리한 모습을 말한다. 방상(方上)은
방액두(方額頭)를 말하며, 예하(銳下)는 첨하파(尖下巴)라는 뜻이다.

292) 장무시노유(將無是魯儒) : 노유(魯儒)는 노나라 공자. 장무시(將無是)는 막불시(莫不
是)와 같다. 남조 송나라 때 유의경(劉義慶)이 지은 『세설신어(世說新語)』 「덕행(德行)」
에 보면, "태보가 정시 연간에 활동하면서 말 잘하는 무리에 들어 있지 않았으나, 더불
어 말을 하여 보면 이치가 청원하였고, 덕으로 그의 말을 덮는 것이 아니겠는가?(太
保居在正始中, 不在能言之流, 及與之言, 理中淸遠. 將無以德掩其言?)"라는 말이 있
는데, 그 가운데 '將無'의 용례가 보인다. '將無同'은 서로 같지 않음이 없다는 뜻이다.
이 구절의 뜻은 이지가 공자를 존봉(尊奉)하여 공자의 설과 다름이 없다는 것이다.

293) 미언(微言) : 정미(精微)한 말. 『문선(文選)』에 보면 한나라 유흠(劉歆)의 글(「移書讓太
常博士」)에, "부자께서 돌아가시자 미언이 끊어졌고, 공자의 제자 칠십 분이 죽자 의리
가 어그러졌다(及夫子沒而微言絕, 七十子卒而義乖)"라고 하였다.

294) 가가향오성(家家饗五城) : 유학의 학파마다 각자 자기가 유학의 해석에서 최고의 권
위를 누리고 있다고 여김. 饗은 享과 같음. 오성(五城)은 오언장성(五言長城). 『신당서』
「진계전(秦季傳)」에 보면, "진계가 유장경(劉長卿)과 친하여 서로 시를 주고받았다. 권
덕여(權德輿)가 말하길, '유장경은 스스로 오언장성이라 여기지만, 진계는 편사(偏師)
: 일부의 군대)를 가지고 공격하였는데, 나이가 들었지만 더욱 건장하였다'라고 하였다"
라는 말이 있다.

295) 수변어목주(誰辨魚目珠) : 어목주(魚目珠)는 물고기 눈과 구슬. 물고기 눈에서 취한다
는 어주(魚珠)가 있어, 물고기 눈과 어주를 변별하지 못하는 일이 있을 수 있기 때문에
이런 표현을 한 것이다.

넷째(其四)

세속 먼지는 가까이 해서는 안 되지만
멀리해도 또한 먼지가 끼네.
시끄러운 색계(色界)296) 속에서
구족(具足)297)하여 청정(淸淨)한 사람298)이여.
어떻게 몽환의 세계299)를 뛰어넘을까?
탐진(貪瞋)300)의 경계를 벗어날 길 없구나.
조구(糟丘)301)의 물 한 방울[술]이
또렷이 깨치는302) 지혜의 나루303)이리.

俗塵近不得, 遠之亦爲塵.
擾擾色界裏, 具足淸淨人.

---

296) 색계(色界) : 불교에서 말하는 삼계(三界) 가운데 하나. 색상(色相)만 있고 남녀의 정욕이 없기 때문에 이렇게 이름한다.

297) 구족(具足) : 모든 것이 갖추어져 원만하다는 뜻. 혹은 구족계(具足戒)를 받았다는 뜻. 구족계는 구계(具戒)라고도 하며, 비구가 250계를 받거나 비구니가 348계를 받는 것을 말함.

298) 청정인(淸淨人) : 불가는 악행의 과실과 번뇌의 구염(垢染)에서 벗어나 있는 것을 청정(淸淨)하다고 말한다. 청정인이라면 보통 부처의 존호(尊號)로 쓰이지만, 여기서는 수련하여 청정한 사람 일반을 가리킨다.

299) 몽환(夢幻) : 몽환과 같은 윤회 세계.

300) 탐진(貪瞋) : 탐진(貪瞋). 삼독(三毒) 가운데 하나로, 탐욕과 진에(瞋恚)를 말함. 탐욕과 분노와 적대심을 말한다. 즉 탐진과 진에와 우치(愚癡)를 3독이라 하며, 그것을 줄여서 탐진치(貪瞋癡)라고도 한다. 癡는 痴와 같다.

301) 조구(糟丘) : 언덕처럼 쌓아둔 술지게미. 『한시외전(韓詩外傳)』에 보면, 걸(桀)은 주지(酒池)를 만들어 배를 띄울 정도였고, 조구(糟丘)는 십 리에 뻗어 있었다고 한다. '조구'는 조제(糟隄)라고도 한다. 여기서는 이백(李白) 「양양가(襄陽歌)」의 "백년 삼만 육천 일, 하루마다 모름지기 삼백 잔을 기울이리. …… 이 강이 만일 변하여 봄 술로 된다면, 술지게미로 다시 조구대를 쌓으리(百年三萬六千日, 一日須傾三百回. …… 此江若變作春酒, 壘麴便築糟丘臺)"라고 한 표현을 빌어 왔다.

302) 요연(了然) : 분명히 깨침.

303) 지혜진(智慧津) : 지혜의 나루. 여래(如來)의 지혜가 깊고 넓은 것을 지혜해(智慧海)라고 하는데서 따온 말인 듯하다. 지혜(智慧)는 불교의 반야(般若)를 말한다.

何方超夢幻, 無法過貪嗔.

曹丘一滴水, 了然智慧津.

전
校교 조구일적수(曹丘一滴水) : '曹'는 서종당본에는 '漕'로 되어 있다. 아마도
'糟'이어야 할 것 같다.

○ 요연지혜진(了然智慧津) : 津은 패란거본에 잘못하여 洋으로 되어 있었으나, 서
종당본·십집본·이운관본에 의거하여 고친다.

우연히 짓다(偶成)

어느 누가 천지 사이에 홀로 오고 홀로 가랴[304]
기쁨 따라 물결치고 슬픔 따라 휩쓸리는데.
세태를 입에 올리면 그냥 속되고 마는 법
내 미친 말[305]을 어떤 이가 의심하지 않으리오
팽택령(彭澤令 : 도연명)이 관직 버림[306]은 술 때문이 아니었네
칠원리(漆園吏 : 장자)[307]가 진흙에 꼬리 끈 것[308]이 재주 없어서이랴?

304) 독왕래(獨往來) : 독왕독래(獨往獨來). 외물에 부림을 당하지 않고 자유자재(自由自
在)로 흘러가는 것. 『장자』 「재유(在宥)」에 "육합에 드나들고 구주에 노닐어, 홀로 가고
홀로 오니, 이것을 독유(獨有)라 한다(出入六合, 遊乎九州, 獨往獨來, 是謂獨有)"라고
하였다.
305) 광어(狂語) : 광언(狂言). 도리에 맞지 않는 말. 혹은 상식을 벗어나 남을 놀라게 하는
말. 자기 설이 정도(正道)에 맞지 않음을 말한 것이다.
306) 거관(去官) : 관직에서 떠남. 관직을 버림. 팽택령으로 있던 도연명이 오두미(五斗米)
의 봉급 때문에 허리를 굽히고 살 수는 없다고 하여 귀거래(歸去來)한 일을 말함.
307) 칠원(漆園) : 장주(莊周)가 하급 관리로 있던 곳. 장주(莊周)를 가리키는 말로 사용된다.
308) 예미(曳尾) : 벼슬하여 속박을 받기보다는 가난하고 천하더라도 향리에서 안전을 꾀
하는 것이 낫다고 하는 비유. 『장자』 「추수(秋水)」에 보면, 장자가 벼슬살이의 요청을
거절하고, 초나라의 삼천 년 묵은 신구(神龜)의 예를 들어, 통에 넣어져 묘당(廟堂)에
보관되어 있는데 죽어서 뼈를 남겨 귀하게 되기보다는 살아서 진흙 속에 꼬리를 끄는
것이 이 거북이에게 더 낫다고 하였다.

인생 백년이 손가락 퉁기는 순간처럼309) 홀연 지나가누나
어제 갓 핀 정원 꽃이 벌써 흐드러지듯이.

誰是乾坤獨往來, 浪隨歡喜浪悲哀.
世情到口居然俗, 狂語何人了不猜.
彭澤去官非爲酒, 漆園曳尾豈無才.
百年倏忽如彈指, 昨日庭花爛熳開.

1590년(만력 18년 경인) 공안에 있을 때 지은 시. 시에서 말한 '팽택령은 관
직을 떠나고' '칠원리는 꼬리를 끌었네'라고 한 것은 아마도 모두 이지와
관련이 있는 듯하다.
○昨日庭花爛熳開 : 日이 이운관본에는 見으로 되어 있다.

즉사(卽事)

봄 강가의 이곳은 옛날 무희들의 누각.310)
해당화 아래 소양주곡311)이 울려나네.
버드나무는 솜을 날려도 실가지는 늘어뜨렸고
연꽃은 무심하게 되어312) 비로소 쉬는구나.
유랑객은 등불 사르고 석복(射覆)313)을 안배하고

---

309) 여탄지(如彈指) : 손가락으로 퉁길 정도로 짧은 시간만큼. 탄지(彈指)는 식지(食指)의
    손톱을 엄지손가락의 배에 대고 퉁기는 것으로, 불교에서는 짧은 시간을 말할 때 탄지
    (彈指) 혹은 탄지경(彈指頃)이라고 말한다.
310) 개시춘강구무루(個是春江舊舞樓) : 봄 강가의 이곳은 옛날에는 무희들이 춤추던 누각
    이란 뜻. 개시(箇是)는 현대어의 저시(這是)와 같다. 당나라 한산(寒山)의 시에 "배불리
    먹어 배가 뚱뚱하니, 이것이 바로 미련한 자로다(飽食腹膨脝, 箇是癡頑物)"라고 하였다.
311) 소양주(小梁州) : 앞의 「강상(江上)」 시에 나왔다.
312) 연도무심(蓮到無心) : 연밥이 다 없어진 것을 말함. 무심(無心)은 또한 작위(作爲)의
    의식이 없어진 자연스러운 상태를 말한다.

미인은 자리 너머로 장구(藏鉤)[314]를 하네.
봄바람은 어쩌자고 도리(桃李) 꽃을 재촉하여
서쪽 교외와 남쪽 길에 떨어지게 하는가.

個是春江舊舞樓, 海棠花下小梁州.
柳因有絮絲還在, 蓮到無心苦始休.
浪子燒燈齊射覆, 美人越席與藏鉤.
東風何意催桃李, 多少西郊南陌頭.

전교 1590년(만력 18년 경인) 공안에 있을 때 지은 시.

신묘년 원단(辛卯元日)

온 성안의 상서로운 기운이 하늘까지 물씬하고
바다의 해는 둥근 그림쇠 같이 파도 위에 솟아났네.
천하[315]는 홍치(弘治)의 치세를 초과하여 거듭 새롭고[316]
성대는 목종(穆宗)의 융경(隆慶) 치세보다 세 곱절.[317]

---

313) 석복(射覆) : 덮어 가린 물건을 알아맞히는 놀이.
314) 장구(藏鉤) : 유희의 일종. 하남성의 의양(義陽)에서, 납일(臘日) 음제(飮祭)를 지낸 뒤, 노인이나 어린아이가 주로 놀았다. 장구(藏彄)로도 적는다. 두 집단으로 나뉘어 구(鉤, 갈고랑이 모양의 금속)를 숨기고 그것이 어디에 있는지 상대 집단에게 알아맞히게 하였다. 『한무고사(漢武故事)』에 처음 보인다.
315) 솔토(率土) : 온 천하.
316) 솔토재신홍치삭(率土再新弘治朔) : 명나라 효종(孝宗) 주우탱(朱祐樘)의 연호가 홍치이다. 18년 간이었다. 만력의 기간이 이미 홍치 18년을 넘어섰다고 말한 것이다.
317) 백년삼배목종조(百年三倍穆宗朝) : 명나라 목종(穆宗) 주재후(朱載垕)의 연호는 융경(隆慶)으로, 모두 6년 간이었다. 만력의 기간이 만18년이므로, 융경의 세 배라는 것이다. 모두 만력의 성대를 칭송한 것이다.

버들은 신록을 머금고 바람 따라 춤추고
매화는 은은히 향기 풍기며 눈 속에서 휘날린다.
우습구나, 나는 어리석어 동중서(董仲舒)[318] 아니기에
나뭇가지 울지 않는 태평시절을 칭송하지 못하다니.[319]

滿城佳氣鬱玄霄, 海日如規上海潮.
率土再新弘治朔, 百年三倍穆宗朝.
柳含初綠風前舞, 梅帶殘香雪裏飄.
笑我疎愚非董子, 太平猶頌不鳴條.

전校교 1591년(만력 19년 신묘) 공안에 있을 때 지은 시. 원굉도는 이 해 24세였다.

종군행(從軍行)

일백 냥 들여서 보도(寶刀)를 장식하고
일천 냥으로 준마를 사서는
한해(瀚海)[320]까지 채찍 휘두르며 달려가

---

318) 동중서(董仲舒) : 전한 무제 때 학자. 처음에는 강도(江都)의 정승이 되었으나, 공손홍
(公孫弘)의 미움을 받아 교서랑(膠西王)의 정승으로 옮기고, 후에 벼슬을 그만두고 저
술에 힘쓰다가 생을 마쳤다. 유교를 한나라의 국교로 정하게 하였으며, 『춘추번로(春秋
繁露)』를 지었다.

319) 명조(鳴條) : 바람에 우는 가지. 육기(陸機)의 「맹호행(猛虎行)」에 "높은 구름은 기슭
에 임해 놀랍고, 가지는 바람 따라 울어대네(崇雲臨岸駭, 鳴條隨風吟)"이라 하였다. 동
중서(董仲舒)의 「우박대(雨雹對)」에 보면, "태평의 시대에는 바람이 나무에 불어 가지
를 울게 하지 않고, 싹을 틔우고 열어줄 따름이다(太平之世, 則風不鳴條, 開甲散萌而
已)"라고 하였다. 원굉도는 자신이 태평세월을 올바로 칭송하지 못하고 있다고 말한 것
이다. 은나라 탕왕(湯王)이 무도한 하나라 걸왕(桀王)을 쫓아낸 곳이 명조(鳴條)였으나,
여기서는 지명이 아니다.

음산(陰山)321) 아래 말을 매네.

낙타의 울음소리 구름 속 천둥 같이 크고

누런 양322)들은 들에 진 치듯 가득한데,323)

아교로 굳힌 노아(弩牙)324)는 시위 걸기 힘들고

서리 두터워 뿔 나팔은 소리를 못 내네.

얼굴이 꽃 같이 예쁜 처녀는

칼을 잡아 허공에 겨누며 희롱하는구나.

양의 흰 젖325)이 포도 알처럼 방울방울 떨어져

일만 되326)가 일시에 쏟아지네.

百金裝寶刀, 千金買駿馬.

投鞭瀚海陲, 繫馬陰山下.

駱駝吼如雲, 黃羊陣滿野.

膠勁弩牙酸, 霜重角聲啞.

虜女貌如花, 提刀向空耍.

白乳滴葡萄, 千鍾一時瀉.

---

320) 한해(瀚海) : 고비 사막.

321) 음산(陰山) : 수원성(綏遠省) 사막에 열 지은 산들.

322) 황양(黃羊) : 몽고 지방에 나는 야생의 양. 배가 누런 양. 『본초(本草)』에 보면, 번양(羳羊) 혹은 견이양(繭耳羊)이라는 것은 양지(羊脂)가 누런빛을 띠므로 황양이라고 부른다고 하는 설과, 어린것을 황(黃)이라고 하는데, 이 양은 살이 찌고 작기 때문에 황양이라고 부른다는 설을 실어 두었다. 견이양이란, 귀가 매우 작기 때문에 부르는 이름이다.

323) 황양진만야(黃羊陣滿野) : 이 구절은 악부 「칙륵가(勅勒歌)」의 시상을 연상시킨다. 곡률금(斛律金)의 「칙륵가」에 "칙륵의 강, 음산 아래, 하늘은 우리 궁려와 비슷하여, 사방 벌판을 에워싸 뒤덮었다. 하늘은 푸르디푸르고, 들판은 아득히 망망한데, 바람 불어 풀 누우니 소와 양이 드러난다(勅勒川, 陰山下. 天似穹廬, 籠蓋四野. 天蒼蒼, 野茫茫, 風吹草低見牛羊)"라고 하였다.

324) 노아(弩牙) : 쇠뇌의 줄을 걸치는 곳. 노기(弩機)라고도 한다.

325) 백유(白乳) : 차(茶)의 일종에 백유가 있지만, 여기서는 양의 흰 젖을 가리킨다.

326) 종(鍾) : 용량의 단위. 6곡(斛) 4두(斗)를 가리킨다는 설, 8곡(斛)을 가리킨다는 설, 10곡을 가리킨다는 설 등이 있다. 여기서는 많은 양을 가리킨다.

전
筆校교
1591년(만력 19년 신묘) 공안에 있을 때 지은 시.

○ 종군행(從軍行) : 악부 상화가(相和歌) 평조곡(平調曲)이다. 『악부시집』 권32에 다음과 같이 서술되어 있다. "『고금악록』에 보면 '종군행에 대하여 왕승건(王僧虔)은 말하길, 순(荀)의 기록에 좌연년(左延年)의 「고재(苦哉)」 1편이 실려 있으나 지금은 전하지 않는다고 되어 있다고 하였다'고 하였다. 『악부해제(樂府解題)』에는 '종군행은 군인들이 고생하고 신산을 겪는 내용이다'라고 하였다. 『광제(廣題)』에는 '좌연년의 가사에, 고달프구나 변방 사람이여, 한 해에 세 번 종군하다니, 세 아들은 돈황에 가 있고, 두 아들은 농서에 가 있어, 다섯 아들은 멀리 싸우러 나갔고, 다섯 며느리는 아이를 배고 있네(苦哉邊地人, 一歲三從軍. 三子到燉煌, 二子詣隴西. 五子遠鬪去, 五婦皆懷身)라고 되어 있다'고 하였다. 진(陳)나라 복지도(伏知道)에게도 「종군오경전(從軍五更轉)」이 있다."

길가 버드나무(道傍柳)

우거진 잎에는 새벽 까마귀 숨어 있고[327]
푸른 가지는 말 타고 길 떠나는 이를 만류하네.
큰길 옆 한 그루 버드나무는
오가는 이들의 눈물을 한껏 보았으리.
바람은 옥 아미 같은 버들잎[328]을 흔들어 뒤집고
안개는 눈썹 같은 긴 가지를 취한 듯 하늘대게 하네.[329]
본디 이별할 마음 없지만
길을 가는 이는 절로 마음이 서글퍼질 수밖에.[330]

---

327) 농엽장효아(濃葉藏曉鴉) : 원래의 「양반아(陽叛兒)」라는 노래에 "잠깐 백문 앞을 나서니, 양류는 까마귀가 숨을 만큼 자랐네(暫出白門前, 楊柳可藏烏)"라고 하였던 것을 이용하였다.
328) 옥아(玉蛾) : 미녀의 아미(蛾眉). 버들잎을 비유한다.
329) 연타장미취(烟嚲長眉醉) : 연타(烟嚲)는 연무(烟霧) 같은 유사(柳絲)가 아래로 축 늘어져 있는 모습을 말한다. 당나라 잠삼(岑參)의 시에 "늘어진 버들가지와 아리따운 앵무새가 다시 번성하였네(柳嚲鶯嬌華復殷)"라고 하였다.

濃葉藏曉鴉, 靑條挽遊騎.

一株大道傍, 閱盡行人淚.

風攪玉蛾翻, 烟罤長眉醉.

本無別離心, 行人自憔悴.

전
箋校교 1591년(만력 19년 신묘) 공안에 있을 때 지은 시.

왕호경[331]에게 느낀 바가 있어(感王鬍庚)

펄럭이는 옷차림에 말 탄 모습이 흥취 높아서

한껏 취해 양창(陽昌)[332]의 옛 주로(酒壚)를 끼고 있더니,

오만한 기골 때문에 끝내 남에게 백안시(白眼視)[333]되고

곤궁하여 돈 몇 푼[334]도 주머니에서 찾을 길 없구나.

책상 밑에는 금박[335] 벗겨진 도기 때문에 풀이 죽고[336]

---

330) 행인자초췌(行人自憔悴) : 양류(楊柳)가 행인의 슬픔을 자아낸다는 것은 한시의 오래
된 시상 가운데 하나이다. 이를테면 유정지(劉廷芝)의 「공자행(公子行)」에 "가련쿠나
양류는 상심의 나무, 가련토다 도리는 단장의 꽃(可憐楊柳傷心樹, 可憐桃李斷腸花)"
이라 하였다.

331) 왕호경(王鬍庚) : 원굉도의 이종사촌 형제 왕회(王回). 작호(綽號)가 '경아(庚兒)'이다.

332) 양창(陽昌) : 사마상여(司馬相如)가 탁문군(卓文君)을 데리고 성도로 돌아왔으나 살림
이 궁하여, 입고 있던 숙상구(鷫鸘裘, 곧 鸘)를 가지고 가서 술로 바꾸어 먹은 일이 있
는 성도(成都)의 술집 주인이다. 『서경잡기(西京雜記)』 권2에 나온다.

333) 백안(白眼) : 죽림칠현의 한 사람 완적(阮籍)이 청안(靑眼)으로 보거나 백안(白眼)으로
볼 수 있어서, 예속(禮俗)의 사람을 보면 백안으로 대하고, 마음에 드는 혜강(嵇康)에
대해서는 청안(靑眼)으로 대하였다는 데서 온 말. 백안시한다는 것은 사람을 무시하고
깔본다는 뜻이다.

334) 청부(靑蚨) : 돈.

335) 금평(金平) : 당나라 때 발달하였던 칠기 제조법. 금은박을 입힌 뒤 칠을 하여 표면을
평평하고 매끄럽게 하는 방법. 오대 때부터 쇠퇴하였다.

336) 상두기저금평탈(牀頭氣沮金平脫) : 또한 이 구절은 상두황금(牀頭黃金)이 없기 때문

소매 속에는 옥 타호(唾壺) 넣고 다녀 얼굴이 붉어진다.337)
어찌하면 다시 용준(龍準)338) 노인을 만나
그대 위해 술잔 멈추고339) 유관(儒冠)에 오줌 누게 하라?340)

翩翩衣馬興何殊, 醉擁陽昌舊酒壚.
傲骨終然遭白眼, 窮途無計覓靑蚨.
牀頭氣沮金平脫, 袖裏顔摧玉唾壺.
安得再逢龍準叟, 爲君輒洗溺諸儒.

전
筆校교 1591년(만력 19년 신묘) 공안에 있을 때 지은 시.

지
志疑의 전백성 씨의 『전교』는 '왕호경'에 대하여 원중도 『가설재문집(珂雪齋文集)』 권12 「서왕이보사(書王伊輔事)」의 글을 근거로, "왕이보의 자는 임중(任仲)이고, 기주(蘄州) 사람이다. 젊어서 준걸하여 내전(內典)과 외전(外典)에 두루 통하였다. 호방하고 재물을 가볍게 여겼다. 얼굴에 기골이 나타나 있으며, 수염이 길었고, 병법을 논하기 좋아하였다. 뒤에 형(荊)·영(郢) 사이에 떠돌다가 죽었다. 이 시에 서술한 왕호경의 의기와 상통하므로 아마도 같은 인물인 듯하다. '염경'은 왕이보의 호였을 것이니, 수염이 많았던 모습을 형용한 듯하다"라고 하였다. 그러나 이것은 잘못이다. 왕호경은 원굉도의 이종사촌 형제 왕회(王回)로, 왕호의 작호(綽號)가 '경아(庚兒)'이다. 원중도 『가설재문집』 권20 「전신설(傳神說)」에 왕회의 일화가 나온다. 왕회는 술을 좋아하고 기생을 좋아하고 도박을 좋아하여 가산을 다 털어 향리

에 풀이 죽는다는 말이다. 상두황금은 앞에 나왔다.

337) 수리안최옥타호(袖裏顔摧玉唾壺) : 이 구절은 타호심(唾壺心)은 없고 가래나 뱉는 쇠약한 몸이 되었음을 한탄하는 뜻을 지닌다. 타호심은 앞에 나왔다.

338) 용준(龍準) : 우뚝한 코 융준(隆準)이라고도 함. 한나라 고조 유방(劉邦)의 관상.

339) 철세(輟洗) : 세잔(洗盞)을 멈추다. 세잔은 술을 마시는 것을 말한다. 소식(蘇軾)의 「전적벽부(前赤壁賦)」에 "세잔갱작(洗盞更酌)"이란 말이 있다.

340) 뇨제유(溺諸儒) : 『사기』 「역생육가열전(酈生陸賈列傳)」에 보면, 패공(沛公), 즉 유방(劉邦)이 유학자를 좋아하지 않아서, 유학자들이 유관을 쓰고 오는 것을 보면 그 유관을 벗겨서 거기에 오줌을 누었다는 말이 있다.

의 혐오를 받았지만, 원굉도 형제는 그 사람의 천진함과 진지(眞摯)함을 사랑하였다.

자종행. 원수부를 이별하며(自從行 別袁水部)[341]

용문(龍門)[342]의 천리마라고 일컬어진 뒤부터
천하의 풍류는 원씨(袁氏)에게 속해 있는데
이 선랑(仙郞)[343] 덕에 가문이 다시 이름을 떨쳐
흰 칠의 관청[344]에서 의연히 모자의 먼지를 털었지.[345]
내가 사시(沙市)[346] 곁 여관[347]에서 보았더니
사시에는 복사꽃이 봄 물결에 어른거리며,
장화대(章華臺)[348]를 둘러 가는 길에는 산 난초가 웃고
무협(巫峽)[349]에서 천문산[350] 향해 긴 강물이 뻗어 있더라.

---

341) 이 시의 제목 '자종행'은 첫구의 '自從'이란 말을 취한 것이다. '행(行)'은 가행(歌行)
이다.
342) 용문(龍門) : 지금의 섬서성(陝西省) 한성현(韓城縣) 하양(夏陽) 용문(龍門).
343) 선랑(仙郞) : 신선. 혹은 상서성(尙書省) 각 부의 낭중(郞中)의 원외(員外) 벼슬을 가리
킨다. 원규(袁奎)는 수부(水部) 벼슬인데, 수부도 낭중의 원외에 해당하는지 알 수 없다.
344) 분서(粉署) : 호분(胡粉)으로 희게 칠한 관청. 『한관의(漢官儀)』에 따르면 성중(省中)
의 관아는 모두 호분으로 벽을 바른다고 하였다.
345) 탄관(彈冠) : 관의 먼지를 털다. 어전에 나갈 준비를 함. 『한서』 「왕길전(王吉傳)」에
보면, 왕길과 우공(禹貢)이 친하였는데 왕길(자는 子陽)이 출세하자, 우공이 관의 먼지
를 털었다는 고사가 있다. 『후한서』 「이고전(李固傳)」에 보면 "관의 먼지를 털고 옷의
먼지를 털어 등용되게 될 것을 즐거워한다(彈冠振衣, 樂欲爲用)"라는 구절이 있다.
346) 사시(沙市) : 호북성 강릉현(江陵縣) 동남 대강(大江)의 좌측 기슭을 말함.
347) 행관(行館) : 뒷날 청나라 때는 매년 순방(巡防) 관원이 잠시 거처하도록 충당하였던
곳을 가리킨다. 여기서는 아마도 숙사를 가리키는 듯하다.
348) 장화(章華) : 장화대(章華臺). 춘추시대 초(楚)나라 영왕(靈王)이 건립하였다는 누대로,
지금의 호북성(胡北省) 감리현(監利縣) 서북쪽에 있다. 안휘성(安徽省) 박현(亳縣)의 동
남쪽에도 장화대가 있다. 앞의 것을 가리키는 듯하다. 청(淸)나라 유정섭(兪正燮)의 『계
사유고(癸巳遺稿)』 「장화대고(章華臺考)」가 있다.
349) 무협(巫峽) : 장강(長江) 삼협(三峽)의 하나. 호북성 파동현(巴東縣) 서쪽으로, 사천성
(四川省) 무산현(巫山縣)과 경계를 이루고 있어, 이 무산(巫山)에서 이름을 얻었다.

주인(수령)351)이 한 해 뒤 홀연 고향으로 향하매352)

부로(父老)들은 한 잔씩 술을 올리고,

길손은 다투어 양공비(羊公碑)353)를 흔들어보며

상인 아내들은 정표 삼을 버들가지를 잡아당기네.

용주(龍洲)354) 강의 한 조각 바위는

그대를 만류하려고 읍(揖)하는 듯하여라.

갑장(甲帳)355)을 펼칠 때 구름 흐르지 않고

금범(錦帆)356) 지나는 곳에 향기 업습하리니,

도도히 배 하나로 강포(江浦)357)를 내려가

곧바로 심양(潯陽)358) 아홉 구비 꺾이는 곳에 이르면,

안개 사라지고 상아(湘娥)359)의 푸른 단장 모습이 드러나고

---

350) 천문(天門) : 천문산(天門山). 안휘성(安徽省) 당도현(當塗縣) 서남쪽 20리에 있으며, 두 산이 양자강을 끼고 대치(對峙)하고 있는데, 동쪽을 박망산(博望山)이라 하고 서쪽을 양산(梁山)이라고 한다.

351) 주인(主人) : 일정 지역을 다스리는 관장(官長)을 가리키는 말.

352) 회수(回首) : 본래는 고개를 돌려 고향을 바라본다는 뜻인데, 귀향(歸鄕)의 뜻으로 사용하였음.

353) 양공비(羊公碑) : 타루비(墮淚碑). 즉 송덕비(頌德碑). 진(晉)나라 때 이름난 정치가 양호(羊祜)의 덕을 칭송하여 백성들이 세운 비. 호북성 양양(襄陽)의 현산(峴山)에 있는 석비(石碑). 백성들이 양호의 덕을 기려 그 비를 보면 모두 눈물을 흘렸으므로, 두예(杜預)가 그 석비를 타루비(墮淚碑)라고 이름 하였다. 양호는 진(晉)의 태산(泰山) 남성(南城) 사람으로, 자는 숙자(叔子)이다. 비서감(秘書監)으로 있다가 무제(武帝) 즉위 뒤 여러 관직을 거쳐 상서우복야(尙書右僕射)로 승진하고, 형주제군사(荊州諸軍事)를 도독(都督)하였다. 뒤에 입조하여 오나라를 치는 계책을 진헌하였다. 죽은 뒤 태부(太傅)에 추증되었다. 『진서(晉書)』에 입전(立傳)되어 있다.

354) 용주(龍洲) : 강릉현(江陵縣) 아래에 있는 모래톱. 『수경(水經)』「강수주(江水注)」에 보인다.

355) 갑장(甲帳) : 배에 친 장막.

356) 금범(錦帆) : 비단 돛. 화려한 배를 가리킴.

357) 강포(江浦) : 강소성(江蘇省) 육합현(六合縣)의 서남에 있는 지역.

358) 심양(潯陽) : 강소성 구강현(九江縣) 부근의 대강(大江)의 별명. 백거이(白居易)가 「비파행(琵琶行)」을 지은 곳이다.

359) 상아(湘娥) : 상령(상수의 신), 곧 순임금의 두 비(妃)인 아황(娥皇)과 여영(女英)의 넋. 상부인(湘夫人)이라 한다. 『초사(楚辭)』「구가(九歌)」「상부인(湘夫人)」에 "백빈 풀을

가을 비 멈춘 뒤 소고(小孤)360)의 구름 쪽머리 없은 자태가 나타나리.

삼상(三湘)361)과 구강(九江)362)에는 슬픈 옛 이야기 서려 있고

장사(長沙)363)는 일찍이 동리자(東籬子 : 도연명)364)를 이별한 곳.

나는 외람되이 그대와 같은 족보에 들었으니

하염없는 이별의 정을 누구에게 토로하랴.

그대는 못 보았나, 4대 다섯 분의 높은 명성을.

청안(靑眼)으로 그대를 보니, 그대는 노력하소

自從龍門稱千里, 天下風流屬袁氏.

以玆仙郞復擅名, 依然彈冠粉署裏.」

我見行館沙市傍, 市上桃花照春浪.

章華繞路幽蘭笑, 巫峽趨門玉練長.」

主人經年忽回首, 父老相贈一巵酒.

遊人爭勒羊公碑, 商婦共挽遺愛柳.」

밟으며 멀리 바라보아, 아름다운 상부인을 약속하여 저녁나절에 만날 깔개를 폈도다(登
白蘋騁望, 與佳期兮夕張)"라고 하였다.

360) 소고(小孤) : 강서성 팽택현(彭澤縣) 북쪽, 안휘성(安徽省) 숙송현(宿松縣) 동쪽, 장강
(長江) 속에 솟아 있는 산. 팽택호의 대고(大孤)와 구별하여 소고라고 부른다.

361) 삼상(三湘) : 호남성(湖南省) 악양(岳陽) 부근의 상향(湘鄕)·상담(湘潭)·상음(湘陰)을
가리킨다. 혹은 완상(浣湘)·소상(瀟湘)·증상(蒸湘)을 가리킨다고도 하고 이상(灕湘)·
소상(瀟湘)·증상(蒸湘)을 가리킨다고도 한다. 순(舜) 임금이 남방 순찰 중에 죽은 뒤,
두 부인인 아황(蛾皇)과 여영(汝英)이 소상강 가에서 울어, 그 피눈물이 대나무에 반점
을 찍었고, 두 부인은 결국 소상강의 강신이 되었다는 고사가 서려 있는 곳이다.

362) 구강(九江) : 강소성 구강현(九江縣)의 강. 정확한 지점에 대하여는 여러 가지 이설이
있다. 여기서는 동정호(洞庭湖)로 흘러 들어가는 강을 말한다. 굴원(屈原)이 방축(放逐)
되어 떠돌다가 결국 멱라수에 몸을 던져 죽었다는 고사가 서려 있다.

363) 장사(長沙) : 지금 호남성(湖南省) 동반부의 지역. 옛 군치(郡治)는 호남성 장사현이었
다. 한나라 문제(文帝) 때 가의(賈誼)가 폄적(貶謫)되어 장사왕(長沙王)의 태부(太傅)가
된 일이 있다. 여기서는 도연명(陶淵明)이 팽택령(彭澤令)으로 있다가 고향 시상리(柴
桑里)로 돌아간 일을 말한다.

364) 동리(東籬) : 동리자(東籬子), 즉 도연명(陶淵明). 도연명이 「잡시(雜詩)」에서, 동쪽 울
타리 아래 국화를 딴다고 노래한 데서 비롯된 말. 여기서는 도연명과 같이 은둔의 뜻을
지니고 세속에서 초연한 원수부, 즉 원균을 가리키는 말이다.

龍洲江上一片石, 髣髴留君向君揖.
甲帳開時雲不流, 錦帆過處香猶襲.」
傲然一舸下江浦, 直到潯陽九折處.
湘娥綠粉掃晴烟, 小孤雲鬢逗秋雨.」
三湘九江昔所悲, 長沙曾此別東籬.
我今與子忝同譜, 別意悠悠誰與吐.」
君不見四世五公聲名極,
靑眼望君君努力.」

전교 筆校 1591년(만력 19년 신묘) 강릉(江陵)에 있을 때 지은 시.

○이 시는 형주각사(荊州権使) 원규(袁奎)가 관직을 옮겨 다른 곳으로 가는 것을 전송하면서 지은 것이다. 명나라 때에는 선덕(宣德) 4년에 어사부(御史府)·호부(戶部)·금의위·병마사(兵馬司)에 위탁하여 관리를 한 명씩 성문에 두어 주선(舟船)의 납초(納鈔) 거두는 것을 감독하게 하였는데, 이름을 '초관(鈔關)'이라 하였다. 역시 세금을 거두는 것을 겸하는 자도 있었는데, 각각 어사(御史)·호부주사(戶部主事)를 파견하여 거두게 하였다. 성화(成化) 7년에 무호(蕪湖)·형주(荊州)·항주(杭州) 세 곳에 공부관(工部官)을 두어, 선료(船料)·화세(貨稅)의 징수를 감독하게 하였는데, 그것을 '추분(抽分)'이라 일컬었다. 그것을 공부도수사(工部都水司)에 소속시켜 주관하게 하였는데, 도수사의 직무는 그 이전 시기의 수부(水部)에 해당한다. 그러므로 관습적으로 그 관원을 '수부(水部)'라고 불렀다. 원규(袁奎)는 풍성(豐城) 사람이며, 1580년(만력 8년) 진사가 되어, 만력 연간에 형주 관문의 추분(抽分)에 임명되었다. 『호북통지(湖北通志)』「직관표(職官表)」7에 나와 있다.

여름날 용군초·군선 및 우리 형님 백수와 함께 교외에서 모이다(夏日同龍君超·君善·家伯修郊外小集)

홍진을 피한 사람들이

비 개인 교외에 모여 술잔 들려고,

구름을 뚫고 가서 아름다운 누각을 찾고

말을 세우고는 금대(金臺)365) 있는 곳을 묻네.

오래된 나무는 무심히 자랐고

잡꽃들은 들쭉날쭉 피었구나.

동남방에 좋은 벗들 많지만

두 분 함께 오니 더욱 기뻐라.

避卻紅塵子, 晴郊共擧杯.

踏雲穿寶閣, 立馬問金臺.

古木無心長, 雜花不定開.

東南饒勝友, 喜與二郎來.

전 筆校교 용군초(龍君超) : 용양(龍襄)으로, 자가 군초(君超)이다. 무릉(武陵) 사람이며, 1582년(만력 10년)의 거인(擧人)이다. 저서에『단원집(檀園集)』이 있다. 『무릉현지(武陵縣志)』권21에 전(傳)이 있다.

○ 군선(君善) : 용응(龍膺)으로, 자가 군선(君善)이다. 또 다른 자는 군어(君御), 혹은 주릉(朱陵)이다. 용양(龍襄)의 아우이다. 1580년(만력 8년)의 진사로, 휘주추관(徽州推官)을 제수 받았다. 예부주사(禮部主事)로 옮겨, 시정(時政)에 대한 견해를 피력하고 궁녀 선발을 간하는 내용의 수만언을 상소하였는데, 말이 자못 신랄하였으므로, 양회 염운판관(兩淮鹽運判官)으로 유배되었다. 공창통판(鞏昌通判)으로 옮겼고, 동지(同知)의 직을 거쳤다. 뒤에 남태상경(南太常卿)에 임명되고, 부도어사(副都御史)에 이르렀다. 사람됨이 방달(放達)하였으며, 재명(才名)이 높았다. 휘주에서 관리 생활을 할 때에 왕도곤(汪道昆)의 홍중사(洪中社)에 들어가, 왕세정(王世貞)과 교유하였다. 원굉도 형제를 알게 된 이후로는 시풍이 일변하여, 단련이 엄정하고 재기가 횡일하였다. 형 용양은 아우 용응이 지은 시부를 선정하여『구지집선(九芝集選)』이라 이름 하였다. 또 용응에게는『태현동고(太玄洞稿)』·『약은집(淪濦集)』등이 있

---

365) 금대(金臺) : 즉 황금대(黃金臺).

다. 『호남통지』 권171 「인물지(人物志)」에 전(傳)이 있다.

○ 가백수(家伯修) : 형님 원종도(袁宗道)를 말한다. 자가 백수(伯修)로, 원굉도·중도의 형이다. 1586년(만력 14년) 회시 진사에서 1등을 하였고 전시(殿試)에서 이갑제일(二甲第一)이었다. 1589년(만력 17년)에 한림원 편수(翰林院編修)로 승진하여, 봉사(奉使)로서 초왕(楚王)의 세자와 군왕(郡王)을 책봉하였으며, 무창(武昌)에 이르러, 관례에 따라 휴가를 청하여 공안으로 돌아가 성친(省親)하였다.

『전교』는 이 시에 대해 "만력 19년 신묘(1591) 공안에 있을 때 지었다"고 하였으나 오류이다. 원굉도가 북경으로 향한 것은 만력 19년의 가을이 아니라 만력 19년의 2·3월이며, 그가 북경에 도착하였을 때는 외조모가 세상을 뜬 것을 몰랐다. 더구나 이 해에는 형 원종도와 남북으로 갈라져 있었기 때문에 함께 모일 수가 없었다. 따라서 이 시는 정황으로 볼 때 만력 20년 4월에 북경 교외에서 1차 집회를 할 때 지은 것이다. 당시 용응(龍膺)은 국자감박사로 있었고 원종도는 한림원편수로 있었다. 원굉도와 용군초는 회시에 참가하기 위해 북경에 와 있었으므로 네 사람이 함께 북경에서 모일 수 있었다.

밤에 술자리를 가지며 팽 선생과 이별하다(夜坐別彭子)

적막한 가운데 경루(更漏)가 또 더하니[366]
나그네 심정이 애처롭구려.
속마음 기울여 최근 일을 이야기하고
손가락 꼽아서 여정을 헤아리네.
서늘한 기운은 자리맡에 밀려들고
고향 생각은 술기운 타고 생겨난다.
한 해가 다하도록 일 때문에 분주했지만
명리는 하나도 이룬 것이 없다오

---

366) 엄경루(嚴更漏) : 경루가 또 더하였다는 말. 일경(一更)이 또 지남.

寂歷嚴更漏, 淒其旅客情.

傾腸談近事, 屈指數遊程.

寒氣衝筵入, 鄕心冒酒生.

經年事奔走, 名利一無成.

전교 1591년(만력 19년 신묘) 공안에 있을 때 지은 시.
○ 팽자(彭子) : 팽장경(彭長卿). 위의 「팽산인과 술을 마시며(飮彭山人)」라는 시를 참조.

지의 『전교』는 원중도 『가설재시집』 권3에 「팽장경이 북쪽으로 유람 가는 것을 전송하며(送彭長卿北遊)」라는 시의 "어딘들 유람객이 없으랴만, 그대 이번 길은 너무도 가련하오 노인의 나이 일흔에, 북지 삼천리 길. 밤비는 사해에 떨어지고, 서풍은 위천에 이네. 여생을 잘 보내지 못하나니, 어찌 높이 베고 자는 것 사랑하지 않아서이랴(何處無遊子, 君行太可憐. 老人年七十, 北地路三千. 夜雨投沙海, 西風立渭川. 餘生難自遣, 豈不愛高眠?)"라고 한 내용이 원굉도의 이 시와 같은 시기에 지은 것이라고 보았으나, 잘못이다. 원중도의 그 시는 1606년(만력 34년)에 팽장경을 재차 이별할 때 지은 시이다.

시사의 여러분에게(社中)

지난 날 성남에서 문사를 맺은 뒤로

아득하게 십 년이 지났구려.367)

교유는 슬픔과 기쁨이 지극하였고

시문은 탐구하고 다듬어368) 이루었소

오래된 집에 짙은 그늘 드리우고

---

367) 창망(蒼茫) : 본래는 푸릇푸릇하게 넓은 모양. 여기서는 시간이 오래되어 아득하다는 뜻. 망망(茫茫).

368) 췌마(揣摩) : 연마하다.

텅 빈 계단에는 겨울새 날아가누나.
죽도록 오로지 붓 대롱을 잡을 뿐이니
힘들고 괴로운 서생의 신세.

宿昔城南約, 蒼茫十載情.
交游悲喜盡, 文字揣摩成.
古屋繁陰入, 空階凍鳥行.
終年惟拗管, 辛苦是書生.

[전校교] 1591년(만력 19년 신묘) 공안에 있을 때 지은 시.

○ 원굉도의 아우 원중도가 쓴 「원중랑선생행장(袁中郞先生行狀)」에, "원굉도는 나이 열 대여섯일 때 성남에서 문인들의 결사를 결성하여, 스스로 결사의 맹주가 되었다. 결사의 벗으로 나이 서른 이하인 사람들은 모두 그를 스승으로 모셔, 그 약속을 지켜 결코 어기지 않았다"라는 기록이 있다. 이러한 문인 결사는 시문(時文)을 연마하고 팔고문(八股文)을 익혀서 고시(考試)에 응시하는 준비를 하였던 것이므로 일반적인 시주회(詩酒會)와는 달랐다. 원굉도는 성남 결사가 성립한 지 이미 10년이나 되었으므로, 이 시에서 "십 년의 정분이 창망하다"라고 하였다.

이자엽에게 주다(贈李子髥)

한 동이 술로 마주 대하매 마음이 망망하오
수염과 눈썹이 이렇게 자랐다니.
글씨를 쓸 땐 왕희지(王羲之) 법첩[369]을 임서(臨書)하고

---

369) 왕씨첩(王氏帖) : 왕희지(王羲之, 307~365)의 법첩. 왕희지는 진(晉)나라 임기(臨沂) 사람, 자(字)는 일소(逸少). 우군장군(右軍將軍)이라는 벼슬을 하여 왕우군(王右軍)이라고도 한다. 뒤에 남천(南遷)하여 회계(會稽) 사람이 되었다. 중국 고금의 첫째가는 서성(書聖)으로 불린다. 일곱째 아들 왕헌지(王獻之)와 함께 이왕(二王) 또는 희헌(羲獻)이라고 한다. 해서(楷書)·행서(行書)·초서(草書)의 각 서체(書體)를 완성하였다. 서풍(書風)은

경문에 전주(箋註)해서는 송유(宋儒)의 장구(章句)를 논박하였죠
초가[370]에서 고명한 분[371]을 뵈어 말씀과 웃음에 접하매
아이나 종놈도 세속의 티가 전혀 없구나.
해진 비단옷이지만 남관(南冠)[372]이 도리어 산뜻하거늘[373]
대장부로 어찌 다시 사장(詞場)[374]에서 곤란을 겪으리오

一樽相看意蒼茫, 布置鬚眉到爾長.
作字喜臨王氏帖, 箋經常駁宋儒章.
衡茅坐接高人笑, 僮僕都無俗子腸.
敝綈南冠還楚楚, 男兒那復困詞場.

전교 1591년(만력 19년 신묘) 공안에 있을 때 지은 시.

○ 이자염(李子髯) : 이름은 학원(學元). 제1권의 「여름날 공산목·공능자·최회지·추백학·이자염과 함께 기녀를 데리고 화상교에 배를 띄우고 노닐다, 두 수(夏日同龔散木·能者·崔晦之·鄒伯學·李子髯攜妓泛舟和尙橋, 二首)」에 나온다. 이학원은 성남 결사의 벗으로, 이 시는 아래의 「자염에게 부치다(寄子髯)」와 함께 이학원이 이 해에 향시에 급제하기를 미리 기원한 것이다. 하지만 원중도『가설재문집(珂雪齋文集)』권1 「난생을 전송하는 글(送蘭生序)」에 의하면, 이학원은 오랫동안 과거에 합격하지 못하다가 1599년(만력 28년)에야 비로소 향시에 합격하였다. 그러므로 원중도의 글에서 이학원이 과거에 응시하여 '고통을 맛보았다(苦矣)'고 하였다.

전아(典雅)하고 힘차며, 귀족적인 기품이 높다. 『진서(晉書)』에 입전(立傳)되어 있다.
370) 형모(衡茅) : 가롯대로 문을 하고 띠풀로 얽은 집. 은둔자의 집을 말한다. 형필(衡蓽)이라 한다.
371) 고인(高人) : 고명(高明)한 사람.
372) 남관(南冠) : 남방 초인(楚人)의 관.
373) 초초(楚楚) : 산뜻하다.
374) 사장(詞場) : 보통 문단(文壇)을 말하지만, 여기서는 과장(科場)을 가리키는 듯하다.

전경상박송유장(箋經常駁宋儒章) : 경문의 전주(箋註)를 중시하는 한학(漢學)을 하였고, 송대 유학자들의 장구(章句)를 배척하였다는 뜻이다. 중국 한대(漢代)에 번성했던 학문을 '한학(漢學)'이라고 한다. 넓게는 한대의 학술 전체를 가리키며, 작게는 훈고학(訓詁學)을 가리킨다. 한 무제(武帝) 대 유교가 관학(官學)으로 자리 잡아 오경박사(五經博士) 제도가 시행됨으로써 경전에 대한 연구가 성행할 수 있는 제도적 밑받침이 마련되었다. 박사제도에 의해 경학 연구는 전문적인 경향을 취하여, 각 학자들 사이에서는 하나의 경전을 전문으로 하여 훈고를 구술하는 풍토가 지켜졌으며, 사설(師說)을 사법(師法)·가법(家法)이라고 하여 그것을 개역(改易)하는 것이 엄격히 금지되었다. 전한 말에 이르러 고문학자들은 금문경전이 진(秦) 이후 구전(口傳)에 의한 것이기 때문에 잔결(殘缺)이 심하고 불완전하다가 비판함과 동시에 금문학(今文學)에서 중시한 위서(緯書) 및 음양재이설(陰陽災異說)을 정면으로 부정하고 훈고명물(訓詁名物)의 연구방법을 통한 객관적 학문태도를 견지했다. 이 고문학(古文學)은 후한의 허신(許愼)·마융(馬融)·정현(鄭玄)에 의해 계승·발전되었다. 특히 허신은 『설문해자(說文解字)』를 완성하여 훈고학의 진전에 크게 기여했으며, 정현은 금고문학을 절충하여 훈고의 방법에 의한 경서해석학을 집대성하였다. 이에 의해 한학은 가장 난숙한 형태를 띠게 되었다. 그 후 당대(唐代)까지 한대에 수립된 훈고학풍의 경학이 계속되었으므로 통칭하여 한·당 훈고학이라고 한다. 송대(宋代)에는 이러한 한학의 폐습에 반대하여 새로운 학술·사상이 일어났다. 신유학(新儒學)·도학(道學)이라고도 하며, 그 시대에 발전한 형이상학을 가리킨다. 한학과 구별하여 송학이라고 간단히 부르기도 한다. 또 11세기 북송(北宋)의 대표적인 학자 주돈이(周敦頤)·정호(程顥)·정이(程頤)·장재(張載), 12세기 남송(南宋)의 주희(朱熹) 등의 성(姓)을 따서 주정장주학(周程張朱學), 또는 그 출생지의 이름을 따서 염락관민학(濂洛關閩學)이라고도 하는데, 단적으로 말해서 주희의 주자학(朱子學)으로 대표된다. 신유학은 경전의 본의(本義)로 복귀할 것을 지향하면서 차츰 성명(性命)의 학문을 결실시켜 나갔다. 이 일에 종사한 것은 사대부 계급 중에서도 하층부에 속한 학자로 『송사』 「도학전(道學傳)」에 이름이 나오는 사람들이었다. 즉 '이학(理學)'을 창시한 정호·정이 형제, 이학을 집대성한 주희와 함께, 맹자를 이어 주관적 의지를 강조하는 '심학'을 창시한 육구연(陸九淵, 象山) 등이 모두 송학에 속한다. 주희는 『사서장구집주(四書章句集注)』를 이루었다.

이자염에게 부치다(寄子髯)

총각 때부터 『시』·『서』375)를 연마하였고
우정은 폐와 간에서 뚝뚝 떨어진다.
십 년이나 웅담(熊膽)376)을 만들어 왔으니
어찌 천여 환(丸)에만 그치겠는가?
글씨는 하늘에서 내리는 서리377)를 낀 듯하고
천 경(頃) 넓은 물에 물결이 튀듯 하네.
흰머리는 무덤 마냥 민머리 되었는데
청운(靑雲)378)의 길은 어렵기만하다.
망을 던지면 산호도 쉽게 채취할 수 있고
옥구슬 던져두면 명월주라도 찾기 어려우리.379)
한가한 정은 새와 물고기에게 부치고
작은 집 지어 추위 더위 피하네.
비가 오면 늘 다른 곳으로 옮겨가고
창 앞에는 난 기르는 법을 배웠도다.

---

375) 시서(詩書) : 『시경』과 『서경』. 보통 육경(六經) 전체를 가리킨다.
376) 웅담(熊膽) : 곰의 쓸개. 약재로 이용된다. 이것을 복용하면 열을 삭이고 마음을 맑게
  하며 간을 평온하게 만들며 눈의 흐릿한 것을 없애주며, 회요충(蚘蟯蟲)을 죽인다고 한
  다. 당나라 때 유중영(柳仲郢)은 자(字)가 유몽(諭蒙)인데, 어머니는 한즉고(韓卽皐)의
  딸이었다. 그 어머니가 자식을 잘 가르쳤으므로 유중영은 학문을 좋아하였는데, 어머니
  는 늘 웅담을 약제에 섞어 환약을 만들어 밤에 씹어 먹도록 하여 근실하게 학문을 하
  도록 도왔다고 한다. 『당서(唐書)』 「유중영전(柳仲郢傳)」에 나온다. 여기서는 학문을
  상징한다.
377) 비상(飛霜) : 하늘에서 내리는 서리.
378) 청운(靑雲) : 높은 관직을 비유함. 뒤에는 과거 급제를 평보청운(平步靑雲)이라 하였
  다. 『사기』 「범수전(范睢傳)」에 보면, 수고(須賈)가 돈수(頓首)하며 사죄(死罪)를 말하
  며, "저는 그대가 능히 청운 위에 오르리라고는 전혀 생각하지 못하였습니다(賈不意君
  能自致于靑雲之上)"라고 하였다.
379) 거망산호이, 투주명월난(擧網珊瑚易, 投珠明月難) : 방법에 따라서 성패(成敗)가 달라
  짐을 비유한 말이다.

흥 나면 유공권(柳公權)의 글자380)를 본떠 쓰고
수심 들면 초인의 관(冠)381)을 찢는다.
발 접질린 천리마382)를 가련히 여기고
하늘에 솟는 봉황과 난새를 부러워하네.
솟구치는 바람383)의 힘을 빌려다가
그대의 날개384)에 보내주었으면.

結髮治詩書, 交情瀝肺肝.
十年事熊膽, 何止千餘丸.
文字挾飛霜, 千頃躍波瀾.
白毫禿似塚, 青雲路轉艱.
擧網珊瑚易, 投珠明月難.
閑情寄魚鳥, 小築避暄寒.
過雨常移行, 當窓學種蘭.
興來摹柳字, 愁至裂囚冠.
蹶足憐騏驥, 冲天羨鳳鸞.

---

380) 유자(柳字) : 유공권(柳公權)의 글자체. 유공권은 당나라 때 사람으로, 유공작(柳公綽)
    의 아우인데, 자(字)는 성현(誠懸)이며, 원화(元和) 연간의 진사였다. 경술에 통하였고,
    글씨도 잘 썼다. 목종(穆宗) 때 시서학사(侍書學士)로부터 사봉원외랑(司封員外郎)으로
    옮겼는데, 목종이 용필(用筆)의 법을 묻자 마음이 바르면 글씨가 바르게 된다고 답하였
    다. 문종(文宗) 때 중서사인(中書舍人)의 벼슬에 올랐다. 뒷날 하동군공(河東郡公)에 봉
    해졌다. 함통(咸通) 연간 초기에 태자태보(太子太保)로 승진하였다. 『구당서』와 『신당
    서』에 입전되어 있다.
381) 수관(囚冠) : 굴원과 같은 초나라 사람이 쓴 관. 즉 초관. 굴원은 억울하게 죄수가 된
    사람이란 뜻에서 수인(纍人)이라 하는 데, 여기서 따온 말인 듯하다. 혹은 봉두난발한
    머리에 쓴 모자. 수(囚)는 수수구면(囚首垢面), 수수상면(囚首喪面)의 수(囚)와 같아서,
    죄수처럼 제대로 빗질하지 않은 머리를 가리킨다.
382) 기기(騏驥) : 털총이. 푸르고 검은 무늬가 장기판처럼 줄이 진 말. 천리마.
383) 부요(扶搖) : 회오리바람. 표풍(颮風). 『장자』「소요유(逍遙遊)」에서 대붕(大鵬)이 날개
    밑에 받아서 구만리장천(九萬里長天)에 뜰 수 있게 만드는 바람.
384) 우한(羽翰) : 날개. 하손(河遜)의 시(「贈韋記室黯別」)에 "날개를 돋아내어, 잠깐 사이
    천리 하늘을 치고 날 길이 없네(無因生羽翰, 千里暫排空)"라고 하였다.

願借扶搖力, 爲君送羽翰.

🔲 1591년(만력 19년 신묘) 공안에 있을 때 지은 시.
○ 자염(子髯) : 이학원(李學元). 앞의 「이자염에게 주다(贈李子髯)」 시를 참
조. 앞의 시는 이학원이 과거에 응시하러갈 때 준 글이고, 이 시는 이학원과 헤어진
뒤 그리움의 뜻을 부친 시이다. 이학원은 이 해에 낙제하였고, 9년이 더 지난 1600년
(만력 28년 경자)에 이르러서야 향시에 합격하여 관례에 따라 관직을 받았다. 원중도
『가설재문집』 권1 「난생을 전송하는 글(送蘭生序)」을 참조.
○ 白毫禿似塚 : 毫는 패란거본에 髮로 되어 있으나 서종당본·소수본에 의거하여
고친다.

모태초를 방문하였다가 두 조카를 보다(過毛太初 見二甥)

아침에 위숙보(衛叔寶)385)를 만났더니
명랑하게 빛이 사람을 비추네.
묶은 머리386)는 검푸른 비단실 같고
정결387)한 용모에는 정채388)가 서려 있네.
대구(對句)389)는 겨우 다섯 글자에 불과한데
돌연 사람을 놀라게 하는 말이 그 속에 있구나.
"산가지 놓으면서390) 『좌전』391)을 읽고

385) 위숙보(衛叔寶) : 진(晉)나라 위개(衛玠)의 자가 숙보이다. 다섯 살 무렵부터 수려한
   인품을 갖추었으므로, 아저씨였던 왕제(王濟)가 감탄하여 "위개와 함께 놀고 있으면,
   곁에 명주(明珠)가 반짝반짝 빛나는 것 같아, 그 빛이 낭랑하게 사람에게 쪼인다"라고
   하였다. 『진서』 권36 「위개전」에 나온다.
386) 계발(髻髮) : 아이들의 총각 머리.
387) 초초(楚楚) : 정결하다, 선명하다, 산뜻하다 등의 뜻.
388) 정신(精神) : 발랄하고 정채가 있는 모습을 말한다. 현대어에서 '有精神'이라 하는 표
   현과 같다.
389) 작대(作對) : 대구를 지음. 아이가 시문을 짓는 공부를 시작하여 먼저 연습하는 것.
390) 하주(下籌) : 산목(算木)을 책상 위에 늘어놓아 계산하는 일. 『삼국지』 「오지(吳志)」 「

술을 따르며 당시를 암송하네."392)

이 아저씨393)는 잘하는 것 없다만

순수한 마음은 그대들 스승이 좀 될 만하지.394)

관리 생활은 절대로 불가능하고

시문을 이야기하자니 아는 것이 없구나.

네 부친은 정말 검소하고 소박한 분

산에 살면서 사슴과 벗을 하시지.

나를 치공(郗公)처럼 '만령(晩令)'이라 부른다면395)

너희 부친은 '육장(育長)'처럼 '정치(情癡)'라 할 수 있으리.396)

아버지 비슷해서야 영리한 자 못 되니

아버지를 닮지 말아야397) 훌륭한 아이리라.

고담전(顧譚傳)」에 나온다.

391) 좌사(左史) : 『춘추좌씨전』을 말한다.

392) 하주독좌사, 작주송당시(下籌讀左史, 酌酒誦唐詩) : 아마도 조카의 시구를 옮겨 적은 것 같다.

393) 아구(阿舅) : 조카들에 대하여 자기를 자칭한 것.

394) 아구무장처, 소심차족사(阿舅無長處, 素心差足師) : 이 구절은 진(晉)의 「간문제(簡文帝)」가 어리석을 정도로 소박하고 순수한 왕술(王述)을 칭찬하여 "왕술은 재주가 특별히 뛰어난 것이 없지만, 다만 진솔함을 가지고 남을 대적한다"라고 한 말을 이용한 것이다. 『진서』 「왕술전」 참조.

395) 치공성만령(郗公誠晩令) : 치공(郗公)은 진(晉)의 치초(郗超)를 말함. 그러나 이것은 원굉도의 착각으로, 이 고사의 주인공은 실은 위에 나온 왕술(王述)이다. 왕술은 명문 출신이면서도 젊어서부터 고요하고 신중하게 지내면서 영달을 구하지 않았으므로 서른 살이 되도록 남에게 알려지지 않았다. 중년을 지난 뒤에 고작 완릉(宛陵)의 현령이 되었으므로 '만령(晩令)'이라 불리었다. 『세설신어(世說新語)』 「간오(簡傲)」편에 보인다. 이 구절은 원굉도 자신을 가리킨 것이다.

396) 육장공정치(育長恐情癡) : 육장은 진(晉)의 임첨(任瞻)의 자(字). 임첨은 어느 날 저택 앞을 지나가는 장례 행렬을 보고 그 관 뒤를 따라 걸어가면서 눈물을 펑펑 쏟았다. 이 이야기를 듣고 승상 왕도(王導)가 말하길, "이것은 유정(有情)의 치(癡)라 하는 것이다"라고 하였다. 『세설신어』 「비루(紕漏)」편에 나온다. 원굉도는 이 구절을 '정치가 있다'로 해석한 듯하다. 이 구절은 모태초에 대해 희학적으로 말한 구절이다.

397) 불초(不肖) : 아비만 못하다는 뜻으로 못난 자식을 가리키는 말이지만, 여기서는 아비를 닮지 말고 도리어 현명하게 자라달라는 뜻으로 쓴 듯하다.

朝見衛叔寶, 朗朗來照人.

髫髮若靑絲, 楚楚足精神.」

作對才五字, 遽有驚人辭.

下籌讀左史, 酌酒誦唐詩.」

阿舅無長處, 素心差足師.

居官萬不可, 談藝一無知.」

爾父敦儉朴, 山居伴鹿麋.

郗公誠晚令, 育長恐情癡.

似之非賢者, 不肖乃佳兒.」

1591년(만력 19년 신묘) 공안에 있을 때 지은 시.
○ 모태초(毛太初) : 원굉도의 자부(姉夫)이다. 원굉도의 누이는 어려서 외가인 공(龔)가에서 양육되었다가, 자라서 같은 마을의 모(毛)가로 시집갔다. 원중도는 「큰 누이의 오십세 생신을 축하하는 글(壽大姊五十序)」에서 이렇게 말하였다. "나는 같은 어머니 아래 형제가 넷인데, 그 하나가 누이였다. 누이의 오라버니가 백수(伯修)이고 아우가 중랑과 나이다. …… 자부 모태초는 어려서 부모를 잃고 유업을 포기하고, 농사짓고 뽕 치면서 생계를 이었다."

전백성 씨는 '소심차족사(素心差足師)'의 '소심'을 이학원의 자(字)로 보았으나 잘못이다. 이건장(李建章) 씨는 '소심'이 도연명의 「이거(移居)」 시에 나오는 "들자니 마음이 질박한 사람은 즐거이 서너 날을 함께 지낼 만하다네(聞多素心人, 樂與數晨夕)"에서 온 것이라고 하였다. 본 번역본은 왕술(王述)의 고사를 전고로 보았다. 해당 구의 주를 참조

술회(述懷)

어려서 『시경』·『서경』 읽어

뜻을 얻어 홀로 나아갔지.398)
손에 구멍 없는 쇠망치399) 들고
산호 그물400)을 부수어 버리리라 결심하여,
향기로운 코끼리401)가 모든 물 흐름을 끊듯
힘찬 송골매가 가을 풀숲에서 일어나듯 하였지.
편벽된 마음이라 인의(仁義)를 두려워했고402)
행동거지는 그림자403)에게 부끄러웠으니,
업화(業火)를 멸하려면404) 먼 길을 가야 할 터
돌아가는 수레를 어디에 멈추고 쉬랴?405)

少小讀詩書, 得意常孤往.

---

398) 고왕(孤往) : 홀로 나아가다. 자기만의 조예가 있었다는 뜻이다.
399) 무공추(無孔鎚) : 무공철추(無孔鐵鎚), 무공철퇴(無孔鐵鎚). 구멍이 없는 쇠망치. 자루가
    없는 망치는 손 델 데가 없으므로 언어(言語)나 사량(思量)으로는 미칠 수 없는 향상사(向
    上事)의 단적(端的)을 비유한다. 정식(情識)을 떠나 언어에 구애되지 않는 설법을 비유함.
400) 산호망(珊瑚網) : 제법(諸法)으로 뒤얽혀 있는 세상을 비유하는 말인 듯하다.
401) 향상(香象) : 푸른빛에 향기를 띤 코끼리. 구마라지바의 『유마경(維摩經)』에서 향상보
    살(香象菩薩)에 주석하여, "푸른 향상이다. 몸에서 향기로운 바람이 나오며 보살신의
    향기로운 바람과도 같다"고 하였다. 『화엄경(華嚴經)』 「보살주처품(菩薩住處品)」에 보
    면, 북방 향취산(香聚山)에 있는 보살을 향상이라 하며 삼천보살 권속을 위하여 항상
    설법한다고 하였다.
402) 음벽외인의(淫僻畏仁義) : 음벽하여 인의를 두려워했다는 뜻. 『장자』 「병무(駢拇)」편
    에 "오장(인간 내면의 진정)에 육손이처럼 무용한 것을 더 붙여 가지고 있는 자는 인의의
    행실에 대하여 과도하게 되돌아보고 (인간 생득의 활동을) 손상시키고 있다(多方駢枝於
    五臟之情, 淫僻於仁義之行)"라는 표현이 있다. 이 시구는 그 뜻을 뒤집어 쓴 것이다.
403) 망량(罔兩) : 그림자. 혹은 도깨비. 망량(魍魎). 물 속에 있다는 요괴(妖怪)로, 망상(罔
    象)이라고도 한다. 『국어(國語)』 「노어 하(魯語 下)」에 "물의 괴룡(怪龍)을 망상이라고
    한다"고 하였다. 망(罔)은 망(魍)으로도 적는다. 상(象)은 상(像)으로도 적는다. 망상은
    망량(魍魎) 또는 망량(罔兩)과 같다.
404) 멸화(滅火) : 불을 끔. 여기서의 불은 업화(業火)를 말함. 즉 업화를 끄고 열반(涅槃)에
    드는 일. 해탈(解脫).
405) 세귀앙(稅歸鞅) : 돌아가는 거마(車馬)를 멈추고 쉬다. 사조(謝朓)의 시(「京路夜發」)에
    "가자니 먼 길에 지쳤으나, 돌아가는 거마를 쉴 길이 없네(行矣倦長路, 無由稅歸鞅)"
    라고 하였다.

手提無孔鎚, 撃破珊瑚網.

香象絶衆流, 俊鵰起秋莽.

淫僻畏仁義, 行止羞罔兩.

滅火事長塗, 何處稅歸鞅.

1591년(만력 19년 신묘) 공안에 있을 때 지은 시. 이 시는 소년 때 독서하여
심득해서 이미 구속을 받지 않는 포부가 있었음을 스스로 술회하였다. 원
굉도는 청년 시절에 거업(擧業)에 종사하는 이외에, 이미 "고문사를 크게 노래하여,
문집이 있었다(爲聲歌古文辭, 有集成帙)." 원중도가 지은 「행장」을 참조

작은 서재에서(小齋)

정 북받치기에 관상(觀想)을 못하고[406]

근심이 찾아드니 보배를 어이 얻으랴?[407]

좀 벌레는 책의 풀을 가루로 만들고

제비는 날아 처마 차양을 스치네.

지난 일은 긴 휘파람[408]에 실어 날려버리고

---

406) 관무시(觀無始) : 관상(觀想)이 시작되지 않는다. 관상은 상념을 없애는 것, 곧 명상(冥想)을 말한다. 관선(觀禪), 관심좌선(觀心坐禪)이라고도 한다.

407) 보내하(寶奈何) : 보물을 어찌 하랴, 보물을 어이 얻으랴. 보물은 불교에서 말하는 마니(摩尼)의 번역어. 여의주(如意珠)라고 함. 용왕의 뇌 속에서 나온 것으로, 사람이 이 구슬을 가지면 독이 해칠 수 없고, 불에 들어가도 타지 않는 공덕이 있다고 한다. 혹은 제석천왕이 가진 금강저(金剛杵)가 아수라(阿修羅)와 싸울 때 부서져서 남섬부주(南瞻浮洲)에 떨어진 것이 변하여 이 구슬이 되었다고 한다. 마니주(摩尼珠)는 반야지혜(般若智慧)를 말함. 여기서는 불법을 깨치는 지혜라는 뜻으로 말하였다.

408) 장소(長嘯) : 휘파람은 입을 오므려 소리를 내는 발성법으로, 『시경』에서부터 나타난다. 특히 위진시대에 이르면, 당시의 철인들이 자연과 일체화된 거슬림 없는 자유로운 정신의 모습을 표현하는 특별한 의미를 띠게 되었다. 완적(阮籍)의 「대인선생전(大人先生傳)」에 보면, "적(籍)이 일찍이 소문산(蘇門山)에서 손등(孫登)을 만나, 함께 서신도기(棲身導氣)의 술을 토론하려고 하였으나 손등은 모두 응하지 않았다. 그래서 적(籍)은

새 벗과 함께 큰 소리로 노래 부르리.[409]

봉황[410]은 비록 굶어 죽더라도

참새와 다투지 않는 법.

情至觀無始, 愁來竟奈何.

蠹行黏敗粉, 燕起觸簷羅.

往事惟長嘯, 新知一放歌.

鵷雛雖餓死, 不與雀爭多.

전校교 1591년(만력 19년 신묘) 공안에 있을 때 지은 시.

중양절[411]을 맞아(迎九)

계절의 추이[412]를 어이 물으랴

흐르는 세월[413]에 절로 슬퍼라.

길게 휘파람을 불고 물러났다. 산중턱에 이르렀을 때 난봉(鸞鳳)이 우는 듯한 소리가 바위 골짝에 울려나는 것을 들었다. 그것은 바로 손등의 휘파람 소리였다. 마침내 돌아와서 「대인선생전」을 지었다"라고 하였다. 단, 『삼국지』권21 「왕찬전(王粲傳)」의 주석에 배송지(裴松之)가 인용한 『위씨춘추』에서는, 완적이 휘파람을 불자 소문산의 은자 소문생도 그것에 답하였다고 되어 있다. 손등은 언어에 의한 의론이 불가능하다고 여겨 휘파람으로 일체의 질문에 답하였던 것이다.

409) 일방가(一放歌) : 함께 목 놓아 큰 소리로 노래를 부름. 고가(高歌). 악부(樂府) 슬조(瑟調)에 「방가행(放歌行)」곡도 있다. '一'은 '一起', 즉 '함께'의 뜻.

410) 원추(鵷雛) : 봉황의 일종. 『장자』「추수(秋水)」에 보면, 남방에 있는 원추는 남해에서 출발하여 북해로 날아가는데, 오동의 나무가 아니면 쉬지 않고 멀구슬나무[練=楝] 열매(혹은 竹實)가 아니면 먹지 않는다고 한다. 원추가 지나갈 때, 썩은 쥐를 가지고 있던 소리개[鴟]가 보고서는 "혁(嚇)"하고 성을 내어 소리쳤다고 하는 우화가 있다.

411) 구(九) : 중구절(重九節). 즉 음력 구월 구일.

412) 절물(節物) : 각 계절마다의 물품과 경색. 계절 변화에 따른 사물의 추이.

413) 유광(流光) : 옮겨가는 광음(光陰). 흘러가는 세월.

세상사는 머리 긁적이다[414] 흘러가고

가을빛은 문을 닫아도 오네.

재자(才子)[415]들이 새 시사(詩社)를 열었군

참군(參軍)[416] 벼슬했던 분의 옛 누대에서.

국화가 이제 꽃망울을 머금었으니

너를 기다렸다가 함께 술잔 머금으리.[417]

節物何堪問, 流光轉自哀.

世情搔首過, 秋色閉門來.

才子新開社, 參軍舊有臺.

菊花才作蕊, 遲爾共銜杯.

전
箋校교　　1591년(만력 19년 신묘) 공안에 있을 때 지은 시.

게를 생각하며(憶蟹)

악주(鄂州)[418]에 머물 때

자줏빛 게[419]가 가장 어여뻤지.

---

414) 소수(搔首) : 수심에 젖어 머리를 긁적임. 소두(搔頭). 백거이(白居易)의 시(「九日登巴臺」)에 "술잔 앞에 하고 한바탕 머리를 긁적이니, 좌객도 모두 머뭇거리네(臨觴一搔頭, 座客亦徘徊)"라고 하였다.

415) 재자(才子) : 재능이 있는 사람. 재물(才物).

416) 참군(參軍) : 명나라 때 중서성(中書省)에 두었던 속관(屬官). 경력(經歷).

417) 함배(銜杯) : 술잔을 머금다. 술을 마시다.

418) 악주(鄂州) : 무창(武昌)을 가리킨다.

419) 자해(紫蟹) : 자줏빛 게. 나은(羅隱)의 시(「東歸」)에 "소반 가득 자주 게 담고 천 잔의 술을 두고 보니, 기로에 임하여 더욱 눈물이 수건에 가득하구나(盈槃紫蟹千厄酒, 添得臨岐淚滿巾)"라고 하였다.

붉은 저택[420] 권세 있는 이들은 먼저 사려 다투고

청루(靑樓: 기생집)에서는 값을 따지지 않았다.

전에는 오동 열매[421] 아래 술자리에 있더니

이제는 국화 앞 술자리에 놓여 있네.

하지만 지척[422]에 있는 맑은 물에서는

신선한 너를 볼 길이 없구나.

鄂州爲客處, 紫蟹最堪憐.

朱邸爭先買, 靑樓不計錢.

昔年桐乳下, 今日菊花前.

只尺晴川水, 無由見爾鮮.

전교

1591년(만력 19년 신묘) 공안에 있을 때 지은 시. 원굉도는 1585년(만력 13년) 가을에 향시에 응시하기 위해 일찍이 무창에 이르러 잠시 거주하였다. 이 시는 추억을 하여 지은 것이다.

이자염(학원)[423]을 꿈꾸다(夢子髥)

아득아득한[424] 산길에

검푸른 바위벽은 어찌 그리 돌고 도는지.

남아는 친구[425]를 진정 생각하는 법이라

---

420) 주저(朱邸): 초왕(楚王) 왕부(王府)를 가리킨다.
421) 동유(桐乳): 오동 열매. 젖과 비슷하기 때문에 동유라고 한다.
422) 지척(只尺): 가까운 거리. 지척(咫尺)과 같음.
423) 자염(子髥): 이학원(李學元)의 호. 만력 19년 가을에 향시에 응시하러 무창으로 갔다. 이 권의 「이자염에게 주다(贈李子髥)」와 「자염에게 부치다(寄子髥)」를 참조.
424) 묘묘(渺渺): 본래는 수면이 한없이 넓은 모양. 여기서는 아득한 모양.
425) 동포(同袍): 친구. 친구 사이에는 서로 도포를 빌려주어 궁핍을 구제하기 때문에 이

이별에 임하여 간장이 끊어지듯 했었지.

친구가 내 꿈에 들어오기에

뒤척였으나 어쩔 길 없었으니,

말을 하고자 해도 하지 못하고

고개 숙인 채 긴 한숨만 내쉬었을 뿐.

눈 밟으며 솔숲 사이 길로 들어와

붉은 난간에 의지하여 빙그레 웃는데,

사방 어디에도 시중드는 아이 없고

구름 낀 하늘만 끝없이 어둑하더니,

손 저으며 나를 떠나가는데

산발한 머리에 관조차 쓰지 않았더군.

문을 나서매 두세 마리 개가 막아서선

돌아가는 그대를 향해 짖어 대었고

지난 날 그대를 전송할 때

그대는 온 몸이 시리다고 말하더니,

오늘밤 이런 꿈을 꾸었으니

불길한 일이 있지나 않을까?

깨어나 세 번 탄식하고

고개 드니 눈물이 마구 흐르네.426)

渺渺山行路, 靑石何盤盤.

男兒念同袍, 訣絶傷肺肝.

렇게 말함. 동포동택(同袍同澤).『시경』「진풍(秦風)」「무의(無衣)」에, "어이 옷이 없다
하랴, 그대와 도포를 같이 하네(豈曰無衣, 與子同袍)"라고 하였고, 또 "어이 옷이 없다
하랴, 그대와 은택을 같이 하네(豈曰無衣, 與子同澤)"라고 하였다.

426) 누난간(淚闌干) : 눈물이 이리저리 흘러 어지럽다는 뜻. 난간(闌干)은 종횡(縱橫)하여
어지러운 모습. 좌사(左思)의 「오도부(吳都賦)」에 "금이 성하게 넘쳐나고, 옥이 어지러
이 많다(金鎰磊砢, 珠琲闌干)"라고 하였다.

同袍入我夢, 展轉忽無端.

欲言不能陳, 俛首但長歎.

踏雪穿松徑, 長笑倚朱欄.

四顧無僮僕, 雲氣黑漫漫.

揮手辭我去, 突髮無巾冠.

出門三兩犬, 當道吠君還.

前日送君行, 君言擧體酸.

今宵夢若此, 將無小未安.

覺來三歎息, 擧首淚闌干.

전
校교 1591년(만력 19년 신묘) 공안에 있을 때 지은 시.

○ 청석하반반(靑石何盤盤) : 何는 패란거본에 荷로 되어 있는데, 서종당
본·십집본에 의거하여 고친다.

이 의사에게 주다(贈李醫者)

푸른 가을 귤은 줄지어 늘어섰고

흰 한방서(漢方書)는 서가에 가득하다.

그대는 한백휴(韓伯休 : 韓康)⁴²⁷⁾가 아니거늘

어찌하여 가격을 깎아주지 않는가?⁴²⁸⁾

---

427) 한백휴(韓伯休) : 한강(韓康). 후한 때 패릉(覇陵) 사람. 일명 염휴(恬休), 자가 백휴이
다. 약을 장안에서 30년 간 팔았는데, 이름을 피하고, 가격을 달리 말하지 않았다. 당시
어린 소녀에게까지 이름이 널리 알려지자, 탄식하고는 패릉 산 속으로 피신하여 들어
갔다. 연이어 징소되었으나, 나오지 않았다. 뒤에 환공(桓公)이 안거(安車)로 초빙하였
으나, 스스로 시거(柴車), 즉 땔나무 싣는 수레에 타고 도성으로 나오다가 어디론가 사
라졌다. 『후한서』에 입전되어 있다. 한강이 약을 팔면서 가격을 달리 하지 않았다는 데
서 한강매약(韓康賣藥)이란 성어가 생겨났다.

428) 이가(二價) : 가격이 같지 않다. 가격을 깎아주다. 한(漢)나라 왕충(王充)의 「논형(論
衡)」 「시응(是應)」에 "물건을 살 때 어찌 (물건의) 나쁜 부분을 찾지 않겠으며, 재물을

지난 해 짧은 갈옷 차림으로 고향을 떠나

이곳에 온 지 반년만에 명성이 일어났지.

산적한 인삼·버섯[429]이 손놀림 따라 없어지고

문 앞에 고관들[430]은 물처럼 몰려왔네.

장안의 한의들은 삼실보다 더 많아[431]

오사모[432]를 쓴 모양이 모두다 까마귀 같다만,

어느 누가 풍성(豐城)[433]의 이공자(이 의사)마냥

담소하며 오후(五侯)[434]에게 읍례하는 사람 있는가?

아침에 약을 팔아

저녁까지 몸 바쳐 일하니

큰마누라는 기뻐하고

작은 마누라는 성을 내네.[435]

엉덩이 붙이고 앉아 있을 짬도 없이[436]

선생을 불러대기에.

秋橘綠成行, 方書白滿架.

君非韓伯休, 胡乃不二價?」

去年短褐辭鄕里, 遊來半載聲名起.

팔 때 어찌 좋은 부분을 찾지 않겠는가? 좋은 부분과 나쁜 부분을 찾는 마음이 있으니,
반드시 두 가지 가격이 있을 것이다(買物安肯不求賤, 賣貨安肯不求貴? 有求貴賤之
心, 必有二價之語)"라 하였다.

429) 삼령(參苓) : 인삼(人蔘)과 복령(茯苓).

430) 관대(冠帶) : 고관의 옷차림. 즉 고관.

431) 난어마(亂於麻) : 삼실보다 더 뒤얽혀 있다. 뒤섞여서 많은 모양을 난마(亂麻)라고 한다.

432) 오사모(烏紗帽) : 까만 깁으로 만든 모자.

433) 풍성(豐城) : 강서성(江西省) 남창현(南昌縣)의 남쪽. 풍수(豐水)의 서쪽에 옛 성이 있다.

434) 오후가(五侯家) : 다섯 등급의 제후. 고관 집을 말함.

435) 대부희, 소부진(大婦喜, 小婦嗔) : 큰마누라는 돈이 생기니까 기뻐하지만, 작은마누라
는 이 의사가 일을 많이 해야 하니까 화를 낸다는 뜻.

436) 석미온(席未溫) : 묵자의 굴뚝은 검어질 때가 없고, 공자의 자리는 따뜻해 질 겨를이
없이, 분주하게 사방으로 돌아다니며 인민을 구원하고자 하였다는 뜻을 끌어온 것이다.

參苓如山信手空, 門前冠帶若流水.」

長安醫士亂於麻, 箇箇烏紗似老鴉.

誰似豐城李公子, 談笑直揖五侯家.」

朝賣藥, 晚致身.

大婦喜, 小婦嗔.

席未溫, 呼先生.」

전
筆校
교
1591년(만력 19년 신묘) 공안에 있을 때 지은 시.

○ 이의(李醫) : 이름은 모른다. 시에 의거하면 강서(江西) 풍성(豐城) 사람
이다.

시골 마을에 묵으며(宿村中)

고목은 깊은 골짜기에 모여 섰고
대숲은 작은 사당을 덮었네.
남여[죽여]437) 보고 시골 개 짖고
비단 옷에 시골 사람들 의아해하누나.
벼가 익으매 집집마다 술을 빚고
산이 향기로워 곳곳마다 시가 되네.
늙은 농부가 그나마 사리를 알아
정성스레 위의(威儀)를 갖추는군.

古木攢幽壑, 叢篁蔽小祠.

籃輿村犬吠, 羅服野人疑.

稻熟家家釀, 山香處處詩.

---

437) 남여(籃輿) : 앞뒤로 두 사람이 메고 가는 가마. 대로 만든다.

田翁強解事, 款款具威儀.

전
筆校교
1591년(만력 19년 신묘) 공안에 있을 때 지은 시.
○ 籃輿村犬吠 : 籃은 서종당본에 藍으로 되어 있다.

시사의 벗들에게 보이다(示社友)

이르는 곳마다 삼소(三笑)[438]의 고사를 이루니

거연히 죽림칠현[439]과 비슷하군.

시사(詩社)는 정시(正始)[440]의 유풍을 열었기에

시의 운수가 중흥의 해를 맞았도다.

한 시대는 동궤(同軌)[441]라고 일컬어지니

영원히 전할 글을 쓰려고 흔연히 채찍을 잡았도다.[442]

예로부터 수많은 서적이 있었으나[443]

---

438) 삼소(三笑) : 진(晉)나라 때 승려 혜원(慧遠)과 도연명, 육수정이 여산에서 도를 논하다
가, 혜원이 자기도 모르는 사이에 평소 건너지 않던 호계(虎溪)를 건너고는 서로 웃었
다는 고사. 「삼소도(三笑圖)」라는 그림도 전하였다. 단 「삼소도」에 얽힌 일화는 호사가
들이 잘못 전한 것으로 신빙성이 없다고 보는 설도 있다.

439) 죽림칠현(竹林七賢) : 위(魏)나라 말기에 어지러운 현실세상을 등지고 산수를 찾아다
니며 청유(淸遊)를 즐겼던 일곱 명의 문인.

440) 정시(正始) : 삼국시대 위(魏)나라 때 소릉여공(邵陵厲公)의 연호. 이때 사대부들이 다
투어 청담(淸談)을 숭상하였는데, 세상에서 그것을 정시풍(正始風)이라고 불렀다. 당시
혜강(嵇康)·완적(阮籍)의 시체(詩體)를 정시체(正始體)라고 하는데, 시풍이 표일(飄
逸)·청원(淸遠)을 본지로 하였으며, 사구(辭句)는 전대보다 화려하고 풍부하였지만 종
래와는 달리 모방이나 천박(淺薄)의 풍조가 없었다. 정시음(正始音)이라고도 한다.

441) 동궤(同軌) : 수레바퀴 사이의 너비가 같음. 천하일통(天下一統)의 뜻.

442) 집편(執鞭) : 채찍을 잡음. 조식(曹植)의 글「求通親親表」)에 "채찍을 잡고 붓을 관모
와 귓바퀴 사이에 끼웠다(執鞭珥筆)"라는 표현이 있다.

443) 장이유(藏二酉) : 이유는 대유산(大酉山)과 소유산(小酉山). 지금의 호남성(湖南省) 완
릉현(沅陵縣) 서북쪽에 있는 두 산으로, 그 두 산에는 모두 동굴이 있는데, 소유산의 동
굴에는 1천 권의 책이 있었고, 진(秦)나라 사람이 그곳에서 공부를 했다고 한다. 『태평
어람(太平御覽)』 권49에 인용된 '형수기(荊州記)'에 나와 있다. 뒷날, 풍부한 장서를

모두 다 전할 필요는 없다네.

所至成三笑, 居然似七賢.

社開正始後, 詩數中興年.

一代稱同軌, 千秋欣執鞭.

古來藏二酉, 不必大都傳.

1591년(만력 19년 신묘) 공안에 있을 때 지은 시.
○ 사우(社友) : 원굉도가 결성한 성남(城南) 문사(文社)의 사우이다. 원중도
『가설재문집』 권1 「난생을 전송하는 글(送蘭生序)」의 기록에 의거하면, 원중도와
이학원 등이 있었다.

『전교』는 원중도의 「난생을 전송하는 글(送蘭生序)」에 나오는 '용자(龍子)'
를 용응(龍膺)이라고 보아, 시사에 용응 형제가 참여하였다고 보았으나, 용
자는 별도의 인물로 수재도 되지 못하고 공안현에 우거하던 다른 사람인 듯하다. 단
용응 형제가 원굉도의 시사에 참여하지 않았다는 증거는 없다.

강가에서 이별하며(江上送別)

먼 길 가는 기러기[444]는 쏴아[445] 비 맞으며 날고

그대 외로운 배는 석양[446]을 멈출[447] 길 없는데,

서풍이 난두(蘭杜)[448]에 불어 강물을 향내나게 하고

가리켜 이유(二酉)라 한다.
444) 정홍(征鴻) : 하늘을 가로질러 가는 기러기. 멀리 나그네 길에 오른 사람을 비유하는 말.
445) 삽삽(颯颯) : 바람이 쌀쌀하게 불거나 비가 쏟아지는 소리를 형용하는 말.
446) 사휘(斜暉) : 빗기는 저녁 햇살. 그것을 멈추고 싶다는 것은 이별을 애석하게 여기는
    마음을 표현한 것이다.
447) 주(駐) : 머물러 있게 함. 석양이 지지 않도록 머물러 있게 하고 싶다는 뜻.
448) 난두(蘭杜) : 난화(蘭花)와 두형(杜蘅). 가을 풀의 일종으로 향기가 높다. 물가나 산지

낙조는 구름 노을 물들이고 나그네 옷을 적셨도다.[449]
들판 주막에는 보는 사람 없이 꽃만 절로 피고
가을 강을 배로 떠가매 꿈이 먼저 고향으로 가네.
최근 증별 노래가 모두 같은 곡조[450]라 서글프군
그대의 〈영곡〉 절창[451]에 화답할 사람 드물기에.

颯颯征鴻帶雨飛, 孤帆無計駐斜暉.
西風蘭杜香流水, 落日雲霞浣客衣.
野店無人花自發, 秋江有路夢先歸.
年來贈別傷同調, 郢曲如君和者稀.

지의 전백성 씨의 『전교』는 이 시를 "만력 19년 신묘(1591) 가을, 공안에 있을 때 지은 시"로 보고, "시의 뜻을 살펴건대, 송별한 사람은 원종도이다. 원종도는 지난 해(만력 17년 기축)에 초부(楚府)를 책봉한 뒤 고향으로 돌아갔다가, 이때에 서울로 되돌아갔다"라고 하였다. 그러나 원종도의 「외대모조태부인행장(外大母趙太夫人行狀)」과 「제외대모조부인문(祭外大母趙夫人文)」에 의거하면, 원종도가 공안을 떠난 것은 2·3월 간이며, 4월에는 북경에 이르렀다. 이 시는 가을날의 송별이므로 원종도를 전송한 것이라고 볼 수 없다. 더구나 당시 공안에서 북경으로 가는 것은 육로를 이용했으므로, 이 시의 정황과 맞지 않는다. 이 시에 나오는 정경과 쇠락한 인물 형상은 팽장경(彭長卿)과 부합한다.

에 난다.
449) 완(浣) : 보통은 씻을 세(洗)의 뜻이지만, 여기서는 물들일 염(染)의 뜻이다.
450) 동조(同調) : 성조(聲調)가 같음. 지취(志趣)와 견해(見解)가 서로 같음을 말함.
451) 영곡(郢曲) : 절창. 영(郢)은 춘추시대 초나라 도읍. 어떤 객이 영 땅에서 처음에는 하리파인(下里巴人)을 부르자 따라 부르는 이가 수천 명이었지만, 양춘백설(陽春白雪)을 부르자 화창하는 자가 수십 인에 불과하였다고 한다. 송옥(宋玉)이 「대초왕문(對楚王問)」에서 비유적으로 든 이야기이다. 앞에 나왔다.

가을날 추백학[452]과 함께 최회지[453]의 시골 별장을 찾다(秋日同鄒伯學
過崔晦之村莊)

성안 친구와 함께
말머리 나란히 하여 손잡고 찾아가니,[454]
수수께끼 맞춘 사람은[455] 뛸 듯이 기뻐하다가
이름을 묻자 의심하고 경계하는 눈치.
이웃은 아무 이유 없이 술을 가져오고
서리맞은 꽃[456]은 한시적으로 피었구나.
언덕[457]은 무성한 초목[458]으로 덮였고
문호는 잡초로 가려져 있네.[459]

攜得城中友, 聯鑣把臂來.
探鬮人踴躍, 問姓俗疑猜.
鄰酒無因至, 霜花有限開.
一丘荒楚裏, 門戶蔽蒿萊.

---

452) 추백학(鄒伯學) : 공안 사람이다. 원굉도 형제와 친하게 지내었으므로, 원 씨 삼형제
    의 시문에 자주 등장한다. 다만 이름·호와 일생사적은 자세하지 않다.
453) 최회지(崔晦之) : 공안 사람이다. 원굉도 형제와 친하게 지내었으므로, 원 씨 삼형제
    의 시문에 자주 등장한다. 다만 이름·호와 일생사적은 자세하지 않다.
454) 연표파비래(聯鑣把臂來) : 말 머리를 나란히 하고 손을 잡고 간다는 뜻.
455) 탐구(探鬮) : 물건을 안 보이게 해 두고 알아맞히는 유희. 장구(藏鬮). 앞에 나왔다.
456) 상화(霜花) : 서리 맞은 꽃. 서리철인 가을에 피는 꽃을 말한다.
457) 일구(一丘) : 일구일학(一丘一壑)의 준말로, 은둔자의 거처를 말함.
458) 황초(荒楚) : 초목이 총생한 것을 말함. 장협(張協)의 「잡시(雜詩)」에 "계곡에는 아무
    사람의 자취도 없고, 초목만 울창하게 덮여 있구나(磎壑無人跡, 荒楚鬱蕭森)"라고 하
    였다.
459) 폐호래(蔽蒿萊) : 잡초로 덮여 있음. 가난한 은둔자의 집을 형용하는 말이다. 『한시외
    전(漢詩外傳)』에 보면, 원헌(原憲)이 노나라에 거처할 때 방안에 아무 것도 없고, 잡풀
    로 이영을 이었다고 하였다.

1591년(만력 19년 신묘) 공안에 있을 때 지은 시.

외삼촌 공유장[460] 시어의 생탄일[461]에(龔惟長侍御舅初度)

푸른 봄날에는 꽃과 새가 함께 노래하고

두 해를 산에 살아 벽라 덩굴 길게 자랐네.[462]

마흔 살[463]에 고인은 전혀 미혹하지 않았다만[464]

쉰 살에야 옛 잘못 깨우친 거백옥[465]은 대체 무언가.[466]

백년의 세월을 자녀 혼처를 찾느라 분주하였고[467]

만 리 구름 밖으로 날아가려 해도[468] 올가미가 처져 있네.

풍진 속에 그럭저럭 얼마나 더 살지는 모르지만[469]

---

460) 공유장(龔惟長) : 공중경(龔仲慶)으로, 자(字)가 유장이다. 이 권의 「초여름에 유학(惟學)·유장(惟長) 두 분 외삼촌과 함께 이성(二聖) 선림에 노닐면서 불경을 뒤적이다가 짓는다(初夏同惟學 惟長舅尊游二聖禪林檢藏有述) 네 수」를 참조. 공중경은 일찍이 어사(御史)의 직을 지냈으므로 시어(侍御)라고 칭하였다.

461) 초도(初度) : 생탄일. 굴원(屈原)의 『초사(楚辭)』에 나온다.

462) 벽라(薜蘿) : 덩굴. 『초사』 이래로, 은자의 세계의 점경(點景)으로 노래되었다.

463) 강사(强仕) : 『예기』에 "사십에 강사한다"고 하였다. 진(晉)의 왕술(王述)은 나이 마흔에 벼슬을 살았다.

464) 강사고인원불첨(彊仕古人元不忝) : 옛 성인은 사십의 나이에 본시 미혹하지 않았으므로 아무 욕을 당하지 않았다는 뜻이다. 『논어』 「위정(爲政)」에서 공자는 "서른에 서고, 마흔에 미혹되지 않게 되었고, 쉰에 천명을 알았다(三十而立, 四十而不惑, 五十而知天命)"라고 하였다.

465) 거백옥(蘧伯玉) : 춘추시대 위(衛)나라 대부로, 공자의 제자이었는데, 나이 오십이 되어 49세까지의 자기의 잘못을 알았다고 한다.

466) 정여하(定如何) : 대체 어찌하였나. 거백옥이 쉰 살에 지난 49년의 잘못을 깨우친 뒤 대체 어찌 하였나, 벼슬을 그만두었단 말인가 하는 정도의 뉘앙스를 지닌다.

467) 백년일월도혼가(百年日月徒婚嫁) : 후한의 상장(向長), 자는 子平)은 자녀의 혼사를 다 마친 뒤 집을 버리고 천하의 명산에 노닐어, 그대로 어디로 갔는지 알 수 없게 되었다고 한다.

468) 만리운소(萬里雲霄) : 관계(官界)를 날아오른다는 뜻을 함축하였다.

469) 임염풍진(荏苒風塵) : 풍진 같은 세상에 그렁저렁 날을 보내어 살아가는 것.

인생 칠십을 사는 이는 결코 많지 않으리.

靑春花鳥共爲歌, 兩歲山居長薜蘿.
彊仕古人元不忝, 知非蘧伯定如何.
百年日月徒婚嫁, 萬里雲霄有網羅.
荏苒風塵能得幾, 人生七十總無多.

전백성 씨의 『전교』는 이 시를 "만력 19년 신묘(1591) 공안에 있을 때 지은 시"라고 보았으나, 이 시의 정경은 봄날을 노래하고 있거늘, 원굉도의 「병부거가사원외랑 공공안인진씨 합장묘석명(兵部車駕司員外郎龔公安人陳氏合葬墓石銘)」에 따르면 공유장은 1588년(만력 16년 무자)에서 1591년(만력 19년 신묘) 여름까지 북경에서 병부거가사 원외랑으로 있었다. 또 원종도의 「외대모조태부인행장(外大母趙太夫人行狀)」에 따르면 공유장은 1591년(만력 19년) 5월에 모친상을 당하여 북경에서 도보로 분귀(奔歸)하였으므로, 1591년 봄에 공안에서 생일을 맞을 수 없었다. 공유장은 3년상을 마친 뒤 1593년 하반기에 북경으로 돌아가 복직하였는데, 이 시는 그 다음해 1594년(만력 22년) 늦봄에 지은 것이라고 보아야 한다. 또 시의 내용에서 원굉도가 인생의 소극적 측면을 그려낸 것도 그가 상복을 막 벗은 뒤이기 때문이라고 생각된다.

공산목[470]에게 준 시. 아우 소수[471]의 운에 화답하다(贈散木, 和小修韻)

첫째(其一)

그대 만난 오늘, 봄도 다 저물었는데

---

470) 산목(散木): 공유용(龔惟用). 외삼촌 집안의 사람. 원굉도보다 약간 나이가 많으며, 과거에는 아무 관심을 두지 않은 인물이다. 나이 서른에 제생(諸生)을 그만두고 귀은(歸隱)한다.

471) 소수(小修): 원중도 자가 소수이다. 호는 범부(泛鳧)이다. 만력 44년에 처음으로 진사에 합격하였다. 문학적 명성이 일찍감치 드러나, 형 원종도 · 원굉도와 함께 '삼원(三

날 대하여 그대는 내일을 기약키 어렵다고 높이 노래하네.

한 글자씩 게을리 적어 앵무부(鸚鵡賦)[472]를 완성하고

십년을 헛되이 목후관(沐猴冠)[473]을 썼었구나.

근심 들면 말술로 짐짓 즐거움을 이룬다만

곤궁한 처지를 생각하면 눈물이 마르지 않네.

적막한 쌍전(雙田)이 연파 고장[474]에 있는데

누가 말했나, 거기 엄자릉(嚴子陵)[475]의 낚싯대 있다고

逢君今日又春殘, 對我高歌來日難.

一字懶操鸚鵡賦, 十年空戴沐猴冠.

袁'이라 일컬어졌다. 이때 아직 제생(諸生)이었다.

472) 앵무부(鸚鵡賦) : 후한 말의 예형(禰衡)이 지은 글. 예형은 처음에 조조(曹操)의 미움을 받아 유표(劉表)에게 보내졌다가, 유표를 모욕하였다는 이유로 강하(江夏) 태수 황조(黃祖)에게 보내졌는데, 황조의 맏아들인 경릉(竟陵) 태수 사(射)에게 사랑을 받아, 그의 요구에 응하여 이 글을 지었다고 한다. 『문선(文選)』 권13에 실려 있다. 예형은 황조의 연회 때 불손한 말을 하였다는 이유로 26세의 나이에 살해된다. 이 글은 사(射)의 연회 때 누가 앵무새를 헌상하자, 사가 예형에게 그것을 두고 부를 지으라고 청하였으므로, 예형이 자신을 앵무새에 가탁하여 노래한 것이다. 그 글에 "평소 생활하던 것을 돌이켜보니, 훈과 지처럼 사이가 좋았거늘, 어째서 지금은 따로 헤어져, 호와 월에 살게 되었는가(感平生之游處, 若塤箎之相須, 何今日之兩絶, 若胡越之異區)"라는 구절이 있으므로, 원굉도가 언급한 것이다.

473) 목후관(沐猴冠) : 원숭이가 사람의 관을 쓴 것을 말함. 조폭(躁暴)한 성격의 사람이 겉모습만 번드르르 차린 것을 말함. 본래는 『사기』「항우본기(項羽本紀)」에서, 진나라 왕궁이 모두 불타버린 것을 보고 항우가 관중에 머물지 않고 금의환향(錦衣還鄕)할 뜻을 내비치자 어떤 사람이 "초땅 사람이 원숭이인 주제에 의관을 차려 입었다는 말이 있더니 그 말이 과연 옳구나(人言楚人沐猴而冠耳, 果然)" 하였다는 데서 나온 말이다. 항우는 그 말을 한 사람을 죽였다. 목후관이란 성격이 조급하여 한 군데 오래 머물러 있지 못한다는 뜻도 겸한다. 원굉도는 초 땅 사람으로 고향으로 돌아갈 마음이 가득하였으므로 이렇게 말한 것이다.

474) 연수(煙水) : 연하(煙霞)와 물. 혹은 연파(煙波). 맹호연(孟浩然)의 시(「送袁十嶺南尋弟」)에 "창오산에 백운이 아득하고, 연파는 동정호에 깊구나(蒼梧白雲遠, 煙水洞庭深)"라고 하였다.

475) 엄자릉(嚴子陵) : 엄광(嚴光). 광무제의 친구로, 광무제가 즉위하자 숨었다. 뒤에 징소되어 시랑로 있으나, 다시 부춘산(富春山)에 숨었다.

愁來斗酒且爲樂, 淚到窮途未可乾.
寂寞雙田煙水裹, 何人道有子陵竿.

1591년(만력 19년 신묘) 공안에 있을 때 지은 시.
○ 산목(散木): 공유용(龔惟用)의 호이다. 외삼촌 집안의 사람이다. 이 권의
「초여름에 유학(惟學)·유장(惟長) 두 분 외삼촌과 함께 이성(二聖) 선림에 노닐면
서 불경을 뒤적이다가 짓는다(初夏同惟學 惟長舅尊游二聖禪林檢藏有述) 네 수」
를 참조. 소수(小修), 즉 원중도의 원시는 『가설재시집』 권1에 실려 있다. 즉 「공산
목 외구가 제생을 이별하고 은둔하러 가시기에 드리다(龔散木舅謝諸生歸隱贈)」라
는 시에 "황계가 꼬끼오 운 뒤 아무 즐거움 없어 참담하고, 만사가 사람을 괴롭히매
점점 어려움을 깨닫는다. 그대는 자중자애하여 『고사전』을 보시오 이제 나는 썩은
유관에 오줌을 누리다. 아침에 서산의 천 이랑 구름 아래 밭을 갈고, 밤에는 남호의
달 뜬 여울에서 낚시하려네. 몸은 한가한 백구 같고 마음은 물과 같으니, 화택을 벗
어나기만 하면 가볍고 평안하리(黃鷄唱罷慘無歡, 萬事勞人轉覺難. 君自愛看高士
傳, 予今欲溺腐儒冠. 朝耕西嶺雲千畝, 夜釣南湖月一灘. 身似閑鷗心似水, 纔離
火宅便輕安)"라고 하였다.

둘째(其二)

곤궁한[476] 썩은 선비,[477] 구레나룻이 성근데
서른 나이에 한가하긴 보통 사람으로선 어려운 법.
손님에게는 속성과 자를 말하지 않고
사람을 피해 정말로 옛 의관을 걸치고 있네.

---

476) 언건(偃蹇): 곤궁한 모습. 『정자통(正字通)』에 보면, "언(偃)은 언건(偃蹇)하고 곤돈(困
頓)하여 실지(失志)한 모습"이라고 하였다.
477) 부유(腐儒): 쓸모없는 선비. 『관자(管子)』「비상(非相)」에 보면, "『주역』에 괄낭(括囊)
하여 아무런 자긍도 영예도 없다고 한 것은 부유(腐儒)를 두고 하는 말이다"라고 하였
다. 또 『한서』「영포전(英布傳)」에 보면, 한고조가 술자리를 베풀고 여러 사람을 마주
하고는 수하(隨何)를 깎아내려, "부유가 천하를 경영하려 들다니, 어찌 부유를 쓰랴(腐
儒爲天下, 安用腐儒哉)"라고 하였다고 한다.

보도(寶刀)를 방에 두었으니 마음은 여전히 의협을 숭상하고
늙은 말은 다니던 길을 그리워하여 눈물이 마르지 않네.
도를 배우거든 점영초(占影草)478)가 되지 말고
응당 간두(竿頭)의 끝에서 더 나아가야 하리.479)

腐儒偃蹇鬢毛殘, 三十身閑衆所難.
向客不題俗姓字, 避人眞着古衣冠.
寶刀入屋心猶俠, 老馬憐途淚未乾.
學道莫須占影草, 只應行出盡頭竿.

전校교 소수본에는 둘째 수가 없다.
○ 腐儒偃蹇鬢毛殘 : 鬢은 패란거본에 잘못하여 髦로 되어 있었다.

속세를 피하여(避俗)

일단 세속 사람을 보면
사흘이면 얼굴에 먼지가 일기에,
훈수(薰修)480)하는 객은
오래도록 사람을 두려워하듯 하는 법.
비단 사서 고사(高士)를 수놓아 두고481)
소나무 심어 이웃을 삼았네.

---

478) 점영초(占影草) : 점영(占影)은 영점(影占)으로, 은둔을 의미한다. 점영초는 결국 은둔
  을 일삼는 풀, 곧 원지(遠志)를 말한다.
479) 지응행출진두간(只應行出盡頭竿) : 백척간두진일보(百尺竿頭進一步)의 의미이다.
480) 훈수(薰修) : 불교의 수업을 말한다. 훈(薰)은 훈습(薰習)의 뜻. 향이 옷에 젖어들게 하
  듯이 덕을 몸에 젖어들게 하여 수행하는 것을 말함.
481) 매사수고사(買絲繡高士) : 비단을 사서 고사(高士)의 그림을 수놓아 두고 감계(鑑戒)
  의 사료로 삼는 것을 말한다.

창명(滄溟)482)의 물이 없다면
어떻게 큰 물고기483)가 횡행하랴?

一朝見俗子, 三日面生塵.
所以薰修客, 長年如畏人.
買絲繡高士, 栽松作比隣.
不有滄溟水, 焉得橫海鱗?

전
校교   1591년(만력 19년 신묘) 공안에 있을 때 지은 시.

아미산의 승려 청원을 전송하다. 이때 청원은 단향불을 지니고 있었
는데, 조각이 아주 정교하였다(送峨嵋僧清源, 時源請有檀香佛, 刻鏤甚精)

선사는 아미산484)에서 오셨다니
오고가는 데 몇 밤이나 걸리오?
그 산은 듣자니 세상에서 제일 높아
거의 천축(天竺)에 가깝다죠?
선사의 발자취가 온 천하에 가득하니
바로 신족통(神足通)485)이 아닌지.
몸 움츠리고 범궁(梵宮 : 절간)에 들어가

---

482) 창명(滄溟) : 검푸른 큰 바다. 창해(滄海)와 같다.
483) 해린(海鱗) : 용으로 화한다는 큰 물고기. 장형(張衡)의 「서경부(西京賦)」에 "해린이
변하여 용이 된다(海鱗變而成龍)"라고 하였다. 혹은 여기서는 『장자』 「소요유」에 나오
는, 북명(北冥)의 대어(大魚)를 의식하여 쓴 표현인지 모른다.
484) 아미(峨嵋) : 촉(蜀), 즉 사천성(四川省)에 있는 고산.
485) 신족(神足) : 신족통(神足通). 불교에서 말하는 육통(六通)의 하나로, 유섭왕래(遊涉往
來)가 자재(自在)한 통력(通力). 신경지증통(神境智證通) · 신경통(神境通)이라고도 한다.

이 전단불(栴檀佛)⁴⁸⁶)을 새겼으리.

師從峨嵋來, 往返經幾宿?
玆山聞最高, 幾許到天竺.
師行遍天下, 無乃是神足.
竦身入梵宮, 鏤此栴檀佛.

> 1591년(만력 19년 신묘) 공안에 있을 때 지은 시.
> ○ 이 시는 원종도『백소재유집(白蘇齋類集)』권2에도 실려 있다. 원굉도의 문집을 인쇄하기 이전에,『백소재유집』이 아마 잘못 수록한 것 같다.

민⁴⁸⁷) 땅 사람 왕생을 이별하다(別閩人王生)

푸른 풀 우거진 홍정(紅亭)⁴⁸⁸)에 만 리 먼지 날리니
그대를 전송하며 눈물로 수건을 적시지 않을 수 있으랴.
소낙비 지난 외론 봉우리에 매화꽃 푸르고
가을 만난 야점(野店 : 객점)에는 타래붓꽃 갓 피어났네.
강 학과 산 원숭이는 길손을 자주 조문하고
풍강 난초와 상강 지초는 도무지 마음을 켕기게 하네.⁴⁸⁹)
무이산⁴⁹⁰) 산상에는 신선 자취 남아 있거늘

---

486) 전단불(栴檀佛) : 전단(인도산 향나무의 일종)으로 새긴 불상.
487) 민(閩) : 현재의 복건성(福建省) 지방.
488) 홍정(紅亭) : 붉게 장식한 요정(料亭)으로, 고유명사로 사용한 듯함. 한유(韓愈)의 「합강정(合江亭)」시에 "홍정이 상강 맡에 위치하매, 증기 일어나는 강물이 그 왼쪽에 모여든다(紅亭枕湘江, 蒸水會其坐)"라고 하였다.
489) 관인(關人) : 마음을 켕기게 함.
490) 무이(武夷) : 주희(朱熹)의 「무이도가(武夷櫂歌)」제1곡에 나타나 있는 산 이름. 무이군(武夷君)을 비롯한 여러 신선늘이 넌회를 베룰었다는 선실이 있다.

언제 진인(眞人 : 도인)을 찾아 이웃에 집 짓고 살랴?

靑草紅亭萬里塵, 送君那得不沾巾.
孤峯過雨梅花碧, 野店逢秋荔子新.
江鶴嶺猿頻弔客, 澧蘭湘芷總關人.
武夷山上仙蹤在, 何日尋眞共卜隣?

전校교 1591년(만력 19년 신묘) 공안에 있을 때 지은 시.
○ 민인(閩人) 왕생(王生) : 이름을 알 수 없다.

무념 승려와 이별하다(別無念)

첫째(其一)

한수(漢水)[491] 어구로 어이 그리 쉽게 왔나
상강(湘江)으로 떠나기도 어렵지 않으리.
북풍이 물 흐름 따라 불면
삼일이면 제안(齊安)[492]에 이르려니.

漢口來何易, 湘江去不難.
北風吹順水, 三日到齊安.

---

491) 한수(漢水) : 한양(漢陽)에서 장강(長江)으로 흘러들어 가는 강. 섬서성(陝西省) 영강
현(寧羌縣) 북쪽의 반총산(蟠冢山)에서 발원하는데, 처음 부분은 양수(漾水)라 하고, 면
현(沔縣)을 거치면서 면수(沔水)가 되고, 포수(襃水)를 받아들여 비로소 한수(漢水)가
된다.
492) 제안(齊安) : 황주(黃州)의 옛 이름.

[전
箋校] 1591년(만력 19년 신묘) 공안에 있을 때 지은 시.
○ 무념(無念) : 이름은 심유(深有)이다. 마성(麻城) 용호(龍湖) 지불원(芝佛院)의 주지이다. 무념은 이지(李贄)의 학문에 심복하여, 제자의 예를 취하였다. 이지에게 지불원의 공자상에 관한 산문이 있다.
○ 서종당본에는 제목 아래에 '八首' 두 자가 있다.

[부
附論論] 이지(李贄)의 「지불원 공자상에 쓰다(題孔子像于芝佛院)」는 다음과 같다. "사람들이 모두 공자를 대성인이라 하니, 나도 역시 대성인이라고 한다. 모두 노·불을 이단이라고 하므로 나도 역시 이단이라고 한다. 사람마다 정말로 대성인과 이단을 아는 것이 아니고, 부로와 스승의 가르침을 들은 것이 익숙해서다. 부로와 스승도 정말로 대성인과 이단을 아는 것이 아니라, 선배 유학자의 가르침을 들은 것이 익숙해서다. 선배 유학자도 정말로 대성인과 이단을 아는 것이 아니라, 공자가 이런 말을 하였기 때문이다. 그 말에 '성(聖)의 경지에 나는 이를 수 없다'고 하였으니 이것은 겸손한 태도였다. 그 말에 '이단을 공치(攻治)하라'라고 한 것은 필시 노·불을 위한 것이다. 선배 유학자는 멋대로 추측하여 말하고, 부로와 선생이 답습하여 암송하니, 어린 사람들은 멍청하게 듣는다. 온 사람들 입이 똑같이 말하니, 깨뜨릴 수가 없고, 천년이 일률적이니, 스스로 알지를 못한다. '그저 그 말을 암송한다'고 하지 않고 '이미 그 사람을 알았다'고 한다. '억지로 모르는 것을 안다고 여긴다'고 하지 않고, '아는 것을 안다고 한다'고 한다. 오늘날에는 비록 눈이 있어도 무슨 소용이겠는가! 나는 어떤 사람이기에 감히 눈이 있다고 하는가? 역시 대중을 따를 따름이다. 대중을 따라 성인으로 여기니, 역시 대중을 따라 섬긴다. 이래서 나도 대중을 따라 지불원에서 공자를 섬긴다(人皆以孔子爲大聖, 吾亦以爲大聖. 皆以老佛爲異端, 吾亦以爲異端. 人人非眞知大聖與異端也, 以所聞于父師之敎者熟也. 父師非眞知大聖與異端也, 以所聞于儒先之敎者熟也. 儒先亦非眞知大聖與異端也, 以孔子有是言也. 其曰, '聖則吾不能', 是居謙也. 其曰, '攻乎異端', 是必爲老與佛也. 儒先臆度而言之, 父師沿襲而誦之, 小子朦聾而聽之. 萬口一詞, 不可破也. 千年一律, 不自知也. 不曰'徒誦其言' 而曰'已知其人.' 不曰'强不知以爲知' 而曰'知之爲知之'. 至今日, 雖有目, 無所用矣! 余何人也, 敢謂有目? 亦從衆耳. 旣從衆而聖之, 亦從衆而事之, 是故吾從衆事孔子于芝佛之院)."

둘째(其二)

그대를 죽림사(竹林祠)[493]에서 전송하는데
대나무 숲은 어이 그리 무성한지.
이별의 간장이 아픈 것이 아니라
지음(知音)의 마음을 아파한다오

送君竹林祠, 竹子何森森.
不痛別離腸, 但傷知音心.

셋째(其三)

고생이시군 이상인(李上人 : 李贄)[494]
백발로 지기를 찾으시느라.
이상인은 그대 만나러 용호(龍湖)에 가셨거늘
무념 선사는 어찌해서 여기에 머무르는지.

辛苦李上人, 白髮尋知己.
爲爾住龍湖, 爾胡滯于此.

전 校교 위이주용호(爲爾住龍湖) : 이지는 1581년(만력 9년)에 관직을 그만 둔 뒤,
경정리(耿定理)에 의지하여 황안(黃安)에 거주하였다. 1584년(만력 12년)에
경정리가 죽자, 마침내 황안을 떠나서 마성(麻城) 용호로 가서, 무념(無念)을 의지하
여 거처하였다. 이지 『속분서(續焚書)』 권2 「석자수지서(釋子須知序)」와 원중도
『가설재문집』 권11 「대호상소(代湖上疏)」를 참조

---

493) 죽림사(竹林祠) : 미상.
494) 이상인(李上人) : 이지(李贄)를 가리킨다.

넷째(其四)

서호에서 그대를 간절히 기다렸건만
강 머리서 그대를 전송하니 괴롭구려.
강 머리와 호수 머리
노정은 일천 오백 리.

湖上望君切, 江上送君苦.
江上與湖上, 計程一千五.

다섯째(其五)

뭍으로는 화용도(華容道)⁴⁹⁵⁾로 접어들고
물길로는 경구역(京口驛)⁴⁹⁶⁾을 이용하네.
정말 드릴 황금이 없으니
서글퍼한들 무슨 보탬이 될지.

陸程華容道, 水程京口驛.
良無黃金贈, 感慨復何益.

여섯째(其六)

나는 그댈 진정 나의 스승이라 하고
그대는 날 진정 그대의 벗이라 하네.

---

495) 화용도(華容道) : 호북성(湖北省) 감리현(監利縣) 서북쪽의 길. 화용은 한나라 때 감리
현 서북쪽에 두었던 현의 이름. 형주부(荊州府)에 속하였다. 삼국시대 관우(關羽)와 조
조(曹操)가 접전한 곳이다.
496) 경구역(京口驛) : 지금의 강소성(江蘇省) 단도현(丹徒縣)에 있던 역.

모르겠네, 구야(歐冶)497)의 화로로
이런 완둔(頑鈍)한 쇠를 주물할 수 있겠소?

謂爾眞吾師, 謂吾眞爾友.
不知歐冶爐, 肯鑄頑鐵否?

일곱째(其七)

해내(천하)에 교유한 사람 많지만
참 도리를 논할 이가 누구이던가.
내가 그 사람 성명을 알려면
동서남북으로 찾아다녀야 하리.

海內交遊多, 何人可與語.
我欲知姓名, 東西南北去.

여덟째(其八)

영락한 소계자(蘇季子-)498)는

---

497) 구야(歐冶) : 춘추시대 이름 높은 대장장이. 월나라 왕과 초나라 왕을 위해 검을 만들
어 주었다. 현재 복건성(福建省) 복주시(福州市) 안의 북부에 옛 유적이 있다고 한다.
『오월춘추(吳越春秋)』에 보면, 간장(干將)이 구야와 함께 같은 스승 밑에서 칼 만드는
법을 익혀서 칼을 잘 만들었다고 하였다. 여기서는 도력이 높은 상대방을 비유한 말이다.
498) 소계자(蘇季子) : 소진(蘇秦). 여섯 나라와 합종(合從)의 맹약을 맺고 조(趙)로 돌아가
조숙후(趙肅侯)로부터 무안후(武安侯)에 봉해졌다. 이는 15년이나 계속되었다. 그 뒤
진(秦)나라는 제(齊)와 위(魏)를 속여 함께 조(趙)나라를 쳐서 합종의 약정을 깨뜨리려고
하였다. 제(齊)와 위(魏)가 조나라를 치자 조왕은 소진을 꾸짖었으므로 소진은 조나라를
떠나 연나라로 갔다. 이에 합종의 약정은 와해되었다. 처음에 소진이 진(秦)나라에 가서
유세하여, 열 번이나 글을 올렸지만 받아들여지지 않았으므로, 흑초(黑貂)의 옷이 다
떨어지고 황금 1백 근이 다 없어졌으며 자용(資用)이 완전히 끊어져 할 수 없이 진나라

관직을 못 얻자 처와 형수가 비난하였지.

만약 그대가 애련해 하지 않는다면

이상인(이지)의 표령(飄零)499)한 처지를 누가 알아주랴.500)

落魄蘇季子, 無官妻嫂欺.

爾若不見憐, 飄零安可知.

상각화상의 시권에 쓰다(題常覺和尙卷)

손에는 두개골로 깎은 수주(數珠 : 念珠)를 들고

허리에는 무쇠로 만든 계척(戒尺)501)을 매달았네.

남염부제502)를 두루 돌아다닌 것은

를 떠나 고향으로 돌아갔는데, "아내는 베틀에서 내려오지 않고, 형수는 밥을 지어주지
않았으며, 부모는 함께 말을 하려고 하지 않았다(妻不下紝, 嫂不爲炊, 父母不與言)"고
한다(『戰國策』「秦策」, 「蘇秦以連橫說秦」). 처음에는 이렇게 곤제(昆弟)와 아내와 형
수가 무시하였다가, 뒤에 소진이 성공하자 "감히 눈길을 흘릴 뿐 쳐다보지 못하였고(側
目不敢仰視), 엎드려서 곁에 모시면서 먹을 것을 집어먹었다(俯伏侍取食)"고 하였다.
『사기』「소진전(蘇秦傳)」에 나온다.

499) 표령(飄零) : 유락(流落). 낙백(落魄).

500) 이약불견련, 표령안가지(爾若不見憐, 飄零安可知) : 당신이 만약 이지(李贄)를 불쌍히
여겨 돌보지 않는다면, 이지가 의지할 곳을 잃고 떠돌다가 장차 어찌 될 줄 알겠느냐는
뜻. 이지(李贄)는 벼슬을 그만 둔 뒤, 황안(黃安)의 경정리(耿定理)에게 의지하였으나,
경정리가 죽은 뒤 경정리의 형 경정향(耿定向)이 이지가 너무 초탈해서 자신의 자질들
이 본받을까 염려하여 자주 심한 질책을 하였으며, 그래서 이지는 마침내 마성(麻城)의
용담으로 가서 무념에게 의지하여 생활하였다고 한다. 원중도(袁中道)의 『가설재집(珂
雪齋集)』「이온릉전(李溫陵傳)」에 자세하다.

501) 계척(戒尺) : 승려가 제자를 편달할 때 사용하는 죽판(竹板).

502) 남염부제(南閻浮提) : 여기서는 남쪽 지방을 가리키는 듯하다. 본래 염부제(閻浮提)는
염부주(炎浮洲)와 같은 말이다. 남염부주(南炎浮洲)는 범어 Jambudvipa의 역어(譯語)로,
염부주(炎浮洲)·염주(炎洲)·염부주(閻浮洲), 琰浮洲)·염부제(閻浮提)·염부제비파(閻
浮提鞞波)라고도 하고, 섬부주(贍浮洲, 刻浮洲)라고도 칭한다. 제(提)는 제비파(提鞞波)
를 줄여 말한 것으로, 민역하여 주(洲)란 뜻이 된다. 수미산(須彌山) 주변의 네 대륙의

요컨대 영웅과 교유하려 해서라네.

手題頂骨數珠, 腰懸生鐵戒尺.
走遍南閻浮提, 要與英雄結識.

전
筆校교 1591년(만력 19년 신묘) 공안에 있을 때 지은 시.
○ 상각화상은 바로 무념(無念), 즉 심유(深有)의 제자이다. 무념의 제자는
모두 '常'자를 배항으로 하여, 상문(常聞)·상지(常志)·상순(常順) 등이 있다.

겨울 국화(冬菊)

꽃 치고 시들지 않는 것 없거늘
울타리 국화503)는 만추에 되려 활짝 피었네.
잎을 보호하려고 대나무를 엮어 받쳐주고
꽃향기 좋아하여 잡초를 제거하였더니,
사람을 놀래려고 추운 계절에 꽃 터뜨려
술을 가지고 친구들이 찾아오누나.
문득 동쪽 울타리 아래 국화 따던 노인504)이 생각나

하나로 수미산의 남쪽 바다 가운데 있다는 삼각형의 땅인데, 한 가운데 무성한 염부
수(閻浮樹)의 숲이 있으므로 염부주라고 칭한다. 또 남방에 속하므로 남염부주라고 한
다. 가로와 너비가 각각 7천 유순(由旬)이라고 한다.
503) 이국(籬菊): 도연명의 동리국(東籬菊)을 의식한 표현이다.
504) 동리수(東籬叟): 도연명을 말함. 도잠(陶潛)의 「음주(飮酒)」 20수 가운데 제5시에 "초
가집 얽어 사람 사는 데 있어도, 수레 말의 시끄러운 소리가 없구나. 그대에게 묻노니,
어떻게 그러한 거요 마음이 멀면 땅도 저절로 외지다네. 동쪽 울타리 아래에서 국화를
따다가, 한가하게 남산을 바라보니, 산 기운은 저물녘에 아름답고, 날 새는 서로 함께
돌아오누나. 이 가운데 참뜻이 있으니, 그 뜻을 밝히려다가 이미 말을 잊었어라.(結廬在
人境, 而無車馬喧. 問君何能爾, 心遠地自偏. 采菊東籬下, 悠然見南山. 山氣日夕佳,
飛鳥相與還. 此中有眞意, 欲辨已忘言)"라고 하였다.

미친 듯 노래 부르며505) 술잔을 드노라.

衆芳無不改, 籬菊晚猶開.
護葉多編竹, 憐香自剪萊.
驚心寒節破, 載酒故人來.
忽憶東籬叟, 狂歌試擧杯.

1591년(만력 19년 신묘) 공안에 있을 때 지은 시.

강의 뱃길을 가다(江行)

노을 무늬는 맑은 빛이 가시고506)
깨끗한 물결에 석양이 어여쁘다.
굶주린 매는 차가운 숲으로 달려가고
백사장의 너새는 사람을 치며 날아오르네.
훈장은 아이를 맞이하러 나오고
시골 아이는 개를 지고 돌아간다.
청년의 나이에다 술기운마저 넉넉하니
매서운 추위가 무어 겁나랴?

霞彩收晴色, 澄波媚夕暉.
饑鷹奔樹冷, 沙鴇觸人飛.
塾叟迎兒出, 鄕童負犬歸.

---

505) 광가(狂歌) : 미친 듯 노래를 부름, 실상 방가(放歌)와 같다.
506) 수성색(收晴色) : 맑은 빛을 거둠, 맑은 빛이 가셔짐을 말힘.

少年饒酒力, 何事怯寒威?

전校교 1591년(만력 19년 신묘) 겨울, 원굉도는 공안에서부터 북경으로 가서 회시에 응시하였다. 이 시는 양자강을 따라 가는 도중에 지은 것이다.

누대에 올라(登臺)

황금대507)에 오른 오늘
맥없이508) 다른 즐거움509)을 버리고 말았다.
고목은 어느 해부터 있었는가
숲의 꽃은 찬 공기에 다 졌는데.
노을 물들어 비늘처럼 빼곡하고
저물어 산 기운은 물을 뚝뚝 떨굴 듯.
창강(滄江)510)이 차츰 어두워간다만
흥 식지 않았기에 미친 노래 부르노라.

登臺·當此日, 潦倒盡餘驩.
古木何年有, 林花盡日寒.
霞來鱗作市, 山晚氣成瀾.

---

507) 등대(登臺) : 누대는 황금대(黃金臺)를 말한다. 연(燕)나라 소왕(昭王)이 쌓은 것으로, 천금을 위에 쌓아 두고 천하의 인사를 맞이하였으므로, 뒷날 황금이란 이름을 붙였다. 일명 초현대(招賢臺)이다. 역주(易州) 동남쪽 18리에 있다.

508) 요도(潦倒) : 두보의 「등고(登高)」에 "만리 밖 슬픈 가을에 오래도록 길손 되어, 인생 백년 병도 많아 홀로 누대에 오른다. 간난에 서릿발 된 귀밑머리가 너무도 한스러워라, 맥없이 끊고 말았다 탁주배 드는 일도(萬里悲秋長作客, 百年多病獨登臺. 艱難苦恨繁霜鬢, 潦倒新停濁酒盃)"라고 하였다.

509) 여환(餘驩) : 다른 즐거움. 여기서는 술 마시는 즐거움.

510) 창강(滄江) : 깨끗하고 푸른 강물. 굴원(屈原)의 「어부가(漁父歌)」에 나오는 창랑(滄浪)을 의식한 표현인 듯하다.

去去滄江暝, 狂歌興未闌.

전筆校교 1591년(만력 19년 신묘), 북경으로 가는 도중에 지은 시.

밤중에 추금오[511] 집에서 술을 마시다(夜飮鄒金吾家)

야심한 시각 벽유당(碧油幢)[512]에서 노래 소리 일어나누나
교방의 부마다[513] 앞 다투어 연주하니 어이 선뜻 항복하랴.
구자(龜玆)[514] 여러 악부를 다 관람하고서
새 악보를 번안하여 남강(南腔)[515]에 올리노라.

夜深歌起碧油幢, 部部爭先那肯降.
閱盡龜玆諸樂府, 却翻新譜按南腔.

전筆校교 1591년(만력 19년 신묘) 겨울, 북경에 있을 때 지은 시. 원중도『가설재문집』권9 「원씨삼생전(袁氏三生傳)」에, "만력 신묘년, 백수(伯修)가 경사에서 관리 생활을 하였고, 중랑(中郎)은 공거(公車 : 과거) 보러 갔다"는 기록이 있고, 권10 「증등이질광기(曾登二姪壙記)」에는 "신묘년 겨울, 중랑이 함께 갈 계획이었

---

511) 추금오(鄒金吾) : 추지유(鄒之有)이다. 금의위 지휘첨사였다. 이 권의 앞에 나온 「백하로 유람 가는 추금오를 보내며. 이때 무창에 우거하고 있었다(送鄒金吾遊白下 時寓武昌)」를 참조.
512) 벽유당(碧油幢) : 푸른색의 유막(油幕). 유막은 기름을 칠한 장막. 군막(軍幕)에 사용한다.
513) 부부(部部) : 부(部)는 교방(敎坊)의 각 부를 말한다.
514) 구자(龜玆) : 신강성(新疆省) 고차(庫車)와 사아(沙雅) 두 현의 사이에 있던 나라. 한나라 때 서역 36국 가운데 하나. 『당서』에는 '丘玆'로 표기되어 있고, 『서역기(西域記)』에는 '屈支'로 표기되어 있다.
515) 남강(南腔) : 남방 중국의 기곡. 북방의 북조(北調)와 병칭된다.

다"라고 하였다. 원굉도는 이해 겨울에 공안에서부터 북경으로 가서 다음 해의 회시에 참가할 준비를 하였다.

지쳤의 『전교』는 "이 권의 위에 나온 「여름날 용군초, 군선, 형님 백수와 함께 교외에서 모이다(夏日同龍君超·君善·家伯修郊外小集)」를 보면, 원종도는 칙명을 받들어 초(楚)로 갔다가 휴가를 청하여 귀성하고, 이 해 여름에는 여전히 공안에 있었으니, 휴가를 마치고 북경으로 간 것은 늦가을의 일이었음을 알 수 있다. 따라서 원굉도는 겨울에 북경으로 갔음을 알 수 있다"라고 하였으나, 『전교』가 그 시를 인용한 것은 오류이다. 원굉도가 북경으로 향한 것은 1591년(만력 19년)의 가을이 아니라 그 해 2·3월이며, 그가 북경에 도착하였을 때는 외조모가 세상을 뜬 것을 몰랐다. 더구나 이 해에는 형 원중도와 남북으로 갈라져 있었기 때문에 함께 모일 수가 없었다. 따라서 그 시는 정황으로 볼 때 1592년(만력 20년) 4월에 북경 교외에서 1차 집회를 할 때 지은 것이다.

궁감[516]이 말 달리는 것을 보고(見宮監走馬)

바람 높은 목초 밭에 풀어먹이던 일만 필 말이
동화문(東華門)[517] 안에서 꽃무늬와 어우러져 히힝대누나.
새벽에 탄자(彈子)[518] 끼고 서원(西園)[519]으로 갔다가
한낮에 벽옥 같은 말굽을 번득이며 돌아오는군.

苜蓿風高萬馬齊, 東華門裏映花嘶.
平明挾彈西園去, 白日晴翻碧玉蹄.

---

516) 궁감(宮監) : 궁중의 일을 맡아보는 관리. 궁내관(宮內官).
517) 동화문(東華門) : 궁성의 동문. 궁정의 서문은 서화문이라고 한다.
518) 탄자(彈子) : 새를 맞추는데 쓰는 탄환(彈丸).
519) 서원(西園) : 북경 옛 황성 서화문(西華門) 서쪽에 있던 원림. 西苑으로도 적는다.

1591년(만력 19년 신묘) 겨울, 북경에 있을 때 지은 시.

제석을 여드레 앞 둔 날(除夕前八日)

매년 연광(年光 : 세월)이 신속하여 원망스러운데
동풍은 또 철 맞추어 불어오누나.
집 문을 들어오니 꽃은 절로 아름답고
계곡으로 나서매 새들이 먼저 알고 지저귀네.
관직을 떠나 혜강(嵇康)520)의 게으름을 배우고
정에 혹하여 육장(育長)521)의 같이 어리석어라.
저물 녘 경치를 근심하지 말고
은둔의 뜻을 남쪽 가지522)에 두자.

每恨年光駛, 東風又一時.
入門花自媚, 出谷鳥先知.
宦去嵇康懶, 情來育長癡.

---

520) 혜강(嵇康) : 삼국시대 위(魏)나라 초군(譙郡)사람이다. 자(字)는 숙야(叔夜). 어려서 어버이를 잃고 위나라 종실의 사위가 되어 위에서 중산대부(中散大夫)라는 벼슬을 하였다. 재주가 빼어나고 박학다식했고 노장(老莊)을 숭상하였다. 시문을 공교롭게 잘하고 가야금을 잘 연주하고 음악의 이치를 정교하게 잘 알았다. 완적(阮籍)·산도(山濤)·상수(向秀)·완함(阮咸)·왕융(王戎)·유령(劉伶)과 교유하여 죽림에 노닐었기에 '죽림칠현(竹林七賢)'이라고 하였다.

521) 육장(育長) : 육장은 진(晉)의 임첨(任瞻)의 자. 임첨은 어느 날 저택 앞을 지나가는 장례 행렬을 보고 그 관 뒤를 따라 걸어가면서 눈물을 펑펑 쏟았다. 이 이야기를 듣고 승상 왕도(王導)가 말하길, "이것은 유정(有情)의 치(癡)라 하는 것이다"라고 하였다. 『세설신어』「비루(紕漏)」편에 나온다.

522) 남지(南枝) : 고시(古詩)의 "월 땅 새는 남쪽 가지에 깃들인다(越鳥棲南枝)"에서 따온 말이나. 남쪽 고향을 그리워하는 마음을 표현한 것이다.

無爲愁暮景, 幽意在南枝.

1591년(만력 19년 신묘) 겨울, 북경에 있을 때 지은 시.

이 시집에서 원굉도는 이지(李贄)와의 만남을 매우 중시하였다. 그런데 이지의 사적은 정사인 『명사(明史)』에 독립적으로 기록되어 있지 않고 「경정향전(耿定向傳)」에 부기(附記)된 형식으로 실려 있을 뿐이다. 그러나 이 역시 부정확한 내용이 많으며 그에 대한 일차 자료로는 원중도(袁中道)가 지은 「이온릉전(李溫陵傳)」과 스스로의 회고담인 「탁오론약(卓吾論略)」을 꼽을 수 있다.[523]

이지(李贄)의 생애는 크게 세 시기로 나눌 수 있다. 첫째 단계는 성장기인 26세 때까지이고, 둘째 단계는 벼슬길에 있었던 시기로 많은 사람들, 특히 태주학파(泰州學派)와 불교 학자들과 교류하며 사상을 성숙시켰던 학문적 준비기인 54세까지이고, 셋째 시기는 벼슬에서 물러나 세속의 인연을 끊고 본격적인 저술에 몰두하다가 76세로 자살할 때까지의 구도기(求道期)이다.

이지는 명나라 가정(嘉靖) 6년(1527) 복건성(福建省) 천주부(泉州府) 진강현(晉江縣)에서 출생했다. 천주는 중국의 동남연안의 항구로서, 당·송 이후로 외교와 무역이 번창하던 곳인데 명나라 초기에 내려진 해금정책(海禁政策) 때문에 당시에는 침체하였다. 그러나 그곳은 외국 상인들의 주거지로, 마니교·브라만교·천주교·이슬람교 등이 유입되는 창구의 역할을 하였으며, 그것은 이지의 집안에 깊은 영향을 주었다. 원래 성씨는 임씨(林氏)이고 처음 이름은 재지(載贄)였으나, 거인시(擧人試)에 합격한 다음에 이씨로 바꾸고 이름도 목종(穆宗)의 휘(諱, 朱載垕)를 피하여 재(載)자를 빼버렸다. 먼저 시조인 임려(林閭)의 맏아들인 임노(林駑)가 임씨를 이어받고 둘째인 임단(林端)이 이씨로 바꾸었다고 하는데, 이는 회교(回敎)를 신봉하느냐가 분파의 이유였다고 한다. 그런데 다른 자료에 따르면 시조의 둘째 아들 쪽의 3세인 임광제(林廣齊)가 처음으로 이 씨로 바꾸었다고도 한다. 그는 강직하고 기개가 있는 도교 신자였다.

---

523) 이지의 생애에 대한 현대의 전문적인 연구저작은 다음과 같다. 容肇祖, 『李卓吾評傳』; 鈴木虎雄, 「李卓吾年譜」(『支那學』第7卷, 第2·3號); 溝口雄三, 『李卓吾—正道を步む異端』; 孫豫徹, 「李卓吾成學過程之研究」; 林海權, 『李贄年譜考略』; 鄢烈山·朱健國, 『李贄傳—中國第一思想犯』.

이지의 자(字)는 굉보(宏甫)이고, 호는 탁오(卓吾) 또는 독오(篤吾)라고 한다. 그밖에
도 온릉(溫陵)·백천(百泉)·탁오노자(卓吾老子)·이노자(李老子)·사재(思齋)·용
호수(龍湖叟)·독옹(禿翁)·작림수(柞林叟) 등으로도 불렸고 그의 저서 속에서는
이씨(李氏)·이노자(李老子)·이장자(李長子)로도 불렸다. 그의 아버지 임백재(林白
齋, ?~1560)는 향리에서 글을 가르쳤으며, 그의 어머니 서씨(徐氏)는 그의 출생 직
후 사망하여 그는 계모 동씨(董氏)의 손에서 자란 것 같다. 그는 7세부터 아버지로
부터 경서(經書)·시가(詩歌)·예의(禮儀) 등 정통 유교의 교육을 받았는데, 12살
때 경서의 내용을 토론한 노농노포론(老農老圃論)을 지어 이미 공자를 비웃었다고
한다. 어려서부터 고집이 세고 잘 고칠 줄을 몰라서 배움을 믿지 않았고 도리도 쉽
게 믿지 않았으며 도교나 불교도 믿지 않았다. 그래서 도인(道人)을 보면 미워하였
고 중을 보면 증오하였으며 도학선생(道學先生)이란 자들을 보면 더욱 싫어하였다
고 한다(『王陽明先生道學鈔附陽明先生年譜後語』). 26세였던 1552년에 복건성(福
建省)의 향시(鄕試)에서 거인(擧人)이 되었으나 진사(進士)를 위한 시험은 단념하였
다. 다만 그는 맏아들의 의무를 다하기 위해 호구지책으로 벼슬길을 선택하고 강남
(江南)에서 낮은 자리라도 갖기를 희망했다. 30살 되던 해인 가정(嘉靖) 35년(1556)
에야 멀리 하남성(河南省) 공성(共城)의 교유(敎諭)가 된 뒤 남경국자감박사(南京國
子監博士), 남경형부원외랑(南京刑部員外郎) 등을 비롯해 변방의 외직과 말직을
거치다가 54세 때에 운남성(雲南省) 요안지부(姚安知府)를 끝으로 24년여에 걸친
벼슬길에서 물러나게 된다. 34세 때 남경의 국자감박사로 승진됐으나 부친상을 당
하여 귀향했다가 장례를 마치고, 다시 북경에서 새로운 임지를 기다리는 동안 갖은
고생을 하다가 다시 북경국자감 박사가 되었다. 그는 새로운 직책을 맡자마자 조부
상(祖父喪)을 당하여 다시 귀향하여 상기를 마치는 동안 가족은 이전의 임지였던
공성(共城)에 머물게 했다. 때마침 흉년으로 그의 가족 가운데 둘째와 셋째 딸이 굶
어 죽는 슬픔을 겪었다. 가족과 함께 다시 북경에 온 그는 예부사무(禮部司務)라는
박봉(薄俸)의 직책을 맡았으나 이미 벼슬길에 뜻을 두지 않았다. 다만 이때 정치가
장거정(張居正)과 만날 수 있었다. 당시 장거정은 예부우시랑(禮部右侍郎)이었고,
나중에 예부상서(禮部尙書)에 올라 이지의 상급자가 되었다. 이지는 일생 동안 장
거정을 존경하여 그의 개혁 정치를 긍정하였다. 또한 이 시기에 이지는 양명학에 심
취하게 되었다.

1570년(44세)에 그는 다시 남경의 형부원외랑(刑部員外郎)이 되어 괴로운 관직 생
활을 하였다. 그런데 그는 초횡(焦竑)·왕기(工畿)·나여방(羅汝芳)·왕벽(王壁)·

안균(顔鈞)·경정리(耿定理) 등 태주학파(泰州學派)에 속하는 사람들과 교유하게 되었다. 이지는 나여방과 알게 되면서 태주학파와 관련을 맺게 되었는데 태주학파의 창립자인 왕간(王艮)의 아들 왕벽(王璧)이 남경에 와 있었으므로 그를 스승으로 받아들였다. 그리하여 모든 사람은 '천성(天性)의 체(體)'를 갖고 태어나므로 음식(飮食)의 욕망과 남녀(男女)의 욕망을 만족시켜 주어야 한다는 왕간(王艮)의 가르침에 깊은 영향을 받았다. 이지는 51살에 운남(雲南) 요안현(姚安縣)의 지부(知府)로 부임하여, 성공적으로 다스렸다. 그런데 그는 이때 본격적으로 불경을 읽으면서 생사(生死)와 성정(性情)의 근본 문제에 매달렸다.

3년의 임기가 끝나자 그는 승진시키려는 상사의 권유를 뿌리치고 부인 황씨(黃氏)와 함께 황안(黃安)의 경정리(耿定理) 집에 돌아와 딸과 사위 장순부(莊純夫)와 함께 머무르며 경씨들과 함께 학문에 온힘을 쏟게 되었다. 이때에 논적 경정향(耿定向)을 알게 되었다. 이 시기에는 본격적인 독서와 저술의 활동이 시작되는 시기였다. 그는 황안(黃安)의 천와서원(天窩書院)에서 기거하면서 『분서(焚書)』와 『장서(藏書)』의 초고를 일부 저술하였다. 또한 『노자』를 깊이 연구하여 소철(蘇轍)의 『노자해(老子解)』를 각인(刻印)하고 『해로(解老)』 2권을 저술하였다.

1584년(만력 12년) 7월 23일, 지기였던 경정리가 병사하자, 이지는 매우 비통해 하였다. 그런데 이때부터 경정향(耿定向)과의 논쟁은 더욱 격해져서, 경정향은 이지를 '이단(異端)'으로 지목하여 공격하기 시작하였다. 황안의 경정향 집을 떠난 이지는 가족을 고향에 돌려보내고 혼자 호북성(湖北省) 마성현(麻城縣)에서 30리 떨어진 용담(龍潭)에 이르렀다. 그는 여기서 그의 친구 주유당(周柳塘)이 세운 절인 지불원(芝佛院)에 머무르면서 승려 무념(無念)과 주우산(周友山)·구탄지(丘坦之)·양정견(楊定見) 등과 더불어 독서에 몰두하였다. 62살 때인 1588년 여름에는 갑자기 머리를 깎고 수염만을 남겼다. 그 사이 부인 황씨는 고향에서 사망했고 아들 귀아(貴兒)는 호수에 익사하였다. 황씨는 회교도였으며 이지에게는 지기(知己)의 한 사람이었다. 마성(麻城)의 용호(龍湖)에 온 뒤 17년 간의 사이에 대표작인 『초담집(初潭集)』이 여기서 출판되고, 비난과 칭송의 선풍을 일으켰던 『분서』도 이때에 출간되었다. 『장서(藏書)』의 구상도 이때 이루어진 듯하다. 64살 때인 1590년 『분서』를 마성에서 출간하면서 박해가 시작되었다. 다시 73살 때 『장서』 68권이 남경에서 출판되자, 당시의 집권자들은 박해를 더욱 심하게 하였다. 우선 그가 오랫동안 머물렀던 지불원을 파괴하였다. 이지는 화를 피해 북통주(北通州)로 갔으나 예과급사중(禮科給事中) 장문달(張問達)의 탄핵(彈劾)을 입고 체포되었다. 그에 대한 탄핵 내용은

『신종만력실록(神宗萬曆實錄)』권369, 「만력 30년 윤2월 을묘·예과급사중장문달소(禮科給事中張問達疏)」에 자세하다.

"이지(李贄)라는 자는 장년까지 벼슬자리에 있었는데, 만년에 머리를 깎고 중이 되었습니다. 게다가 요즈음에는 『장서(藏書)』·『분서(焚書)』·『탁오대덕(卓吾大德)』 따위의 책을 찍어내어, 나라 안에 널리 유포시켜, 크게 인심을 헷갈리고 어지럽게 만들었습니다. 그는 여불위(呂不韋)와 이원(李圓)을 지모(智謀) 있는 사람이라고 하고, 이사(李斯)를 재주 있는 사람이라고 하며, 탁문군(卓文君)은 좋은 짝을 잘 선택한 사람이라 하고, 사마광(司馬光)이 한나라 때 상홍양(桑弘羊)이 무제(武帝)를 속인 일을 논한 글을 비웃었습니다. 또한 진시황(秦始皇)을 천고 이래로 한 번 나올까말까 하는 뛰어난 제왕으로 추켜 올리는가 하면, 공자의 시비(是非)를 가리는 기준을 믿을 바가 못 된다 하였습니다. 이렇듯 제멋대로 거짓말을 해대고 어그러지는 짓을 이루 다 헤아릴 수가 없을 정도이니, 모두가 사리에서 벗어난 바르지 못한 것이어서 이를 무찌르지 않아서는 안 될 일들입니다. 더욱이 걱정스러운 것은 마성(麻城)에 살 때의 방자한 짓거리가 일일이 기록할 수 없을 정도인데 불량배와 암자에서 노닐며 벌건 대낮에 기녀를 옆에 끼고 함께 목욕을 하는가 하면, 선비 집안의 부녀자들을 꾀어내 암자에서 강론을 하기도 하고, 심지어는 이불과 베개를 들고 암자나 도관에서 잠을 자는 등 한결같이 미치광이 같습니다. 또 「관음문(觀音問)」이라는 글을 지었는데 여기서 관음이란 모두 선비 집안의 부녀자들을 가리킵니다. 뒤에 태어난 어린 사람들이 그의 미치광이 같은 방자한 말과 짓거리에 솔깃하여 앞 다투어 그 물들고 있는 형편입니다. 드러내놓고 남의 재물을 빼앗고, 강제로 남의 집 부녀자를 끌어안는 행동은 짐승보다 못한 짓입니다. 그리하여 근래에는 띠를 두르고 예복을 갖춰 입은 사대부 가운데에도 주문을 외우고 염불을 중얼거리며, 승려를 받들어 합장하고 절하며, 손에 염주를 들고 헤아리며 계율처럼 여기고, 거실에다 불상을 걸어놓고 불교에 귀의한 양 생각하면서, 공자의 가법을 모르고 선의 가르침에 중에게만 마음을 빼앗긴 사람들이 더러 나오고 있는 실정입니다. 최근 들리는 바에 따르면, 이지는 또 다시 통주(通州)로 옮겼다고 합니다. 통주는 수도에서 겨우 40리 밖에 안 떨어진 곳이니, 일단 이런 자가 수도 문안에 발을 들여놓으면 무리를 잔뜩 꾀어 현혹시켜서, 수도마저 마성 꼴이 나고 말 겁니다. 원하옵건대 예부에 칙령을 내려, 이지를 원적지로 압송하여 죄를 물으라는 통첩을 통주의 지방관에게 내리게 하고, 이지가 간행한 모든 서적과 아직 펴내지 않은 원고까지 샅샅이 찾아내어 모조리 태우는 처분을 내리라는 통첩을 남북 직할지역과 각 성(省)의 포정사(布政使)에게 내리시어, 뒷날에 재앙과 변란이 미치지 않게 하고 세도(世道)가 편안하게 하십시오"

이에 대해서 신종(神宗)은 "이지는 감히 도의를 어지럽힐 것을 주창하여 세상을 현혹하고 백성을 속이고 있다"는 판결을 내렸다. 그는 체포된 다음에 대금오(大金吾, 獄吏)가 "왜 그렇게 옳지 않은 책을 썼는가?"라고 심문하니 "이 죄인의 저서가 매우 많으나, 그것들은 모두 성인의 가르침에 갖추어져 있는 것으로서 (성인의 가르침에) 이익은 있어도 손해는 (전혀) 없다"고 대답하였다. 결국 옥중에서 건강이 나쁘면서도 여전히 독서와 시 짓기를 이어가다가 스스로 자신의 목을 찔러 이틀 만에 숨을 거두었다. 나이 76살이었다. 마경륜(馬經綸)이 그의 시신을 통주(通州, 지금의 北京市 通縣)에 장사 지내고 그의 묘비도 세웠다. [유동환 정리]

제2권
袁中郎集

폐협집(敝篋集) 권2

25세 되던 1592년(만력 20년 임진)부터 27세 되던 1594년(만력 22년 갑오)까지 지은 시들을 수록하였다.

주상보가 징해[1] 전사로 좌천되어 가는 것을 전송하면서(送周尙寶左遷澄海典史)

대신 지었다(代作)

---

1) 징해(澄海) : 원문에 해징(海澄)으로 되어 있으나 『지의(志疑)』의 고증에 따라 징해로 고친다. 징해는 현의 이름으로, 명나라 때는 조주부(潮州府)에 속하였다. 전백성 씨의

첫째(其一)

오랑캐[2]가 끝내 무례하여[3]
그 여파가 곁으로 남에게 미치네.
맑은 시절[4]에 도깨비[5] 마냥 교만해서
평지에 기린(麒麟)을 발로 차다니.
도성을 떠나시매 차라리 비방을 사절하시고
황량한 곳에 몸을 던지게 되어 다행이시군요
변방의 계책[6]을 결국 그대에게 물으시리니
다시는 신세 몰락을 한탄하지 마시길.

羯虜終無賴, 餘波橫及人.
清時驕魍魎, 平地蹴麒麟.
去國寧辭謗, 投荒幸有身.
邊籌終及爾, 勿復歎沉淪.

전교　1592년(만력 20년 임진), 5월경에 북경에 있을 때 지은 시. 이 해 회시(會試)에 합격하였다. 3월에 전시(殿試)에서 3갑 92명으로 합격하였는데, 방수(榜

『전교』는 복건(福建) 장주부(漳州府)에 속하는 해징(海澄)이라고 하였으나, 잘못이다.
담천(談遷)의 『국각(國榷)』 권76에 보면, "상보사소경(尙寶司少卿) 주홍약(周弘禴)을 징
해(澄海)의 전사(典史)로 내려보내니, 변방의 장수로 발승은(哱承恩)과 토문수(土文秀)
를 천거한 때문이다"라고 하였다. 또 주홍약은 자신의 문집을 『징해집(澄海集)』이라고
하기도 하였다.
2) 갈로(羯虜) : 오랑캐로서 명나라에 투항하였던 발배(哱拜)의 아들 발승은(哱承恩)이 난
을 일으킨 것을 말한다. 전교(箋校)를 참조
3) 갈로종무뢰(羯虜終無賴) : 발승은(哱承恩)의 반란을 가리킨다. 발승은의 부친 발배(哱
拜)는 원래 이른바 '황모로(黃毛虜)'에 속하였으나, 그 추장에게 죄를 입어, 명나라 정
부에 투항하였다.
4) 청시(淸時) : 맑은 시절. 정치가 잘 이루어지고 외우내환이 없는 시절을 말함.
5) 망량(魍魎) : 도깨비. 앞서의 시에서 원굉도는 망량(罔兩)으로 표기하였다.
6) 변주(邊籌) : 변방을 외적으로부터 방어하는 계책.

首)는 옹정춘(翁正春)이었다. 이 시의 제목 아래에는 원주(原注)가 있어, "대작(代作)"이라고 하였다. 어쩌면 형 원종도를 대신하여 지은 것인지 모른다.

○ 주상보(周尙寶): 주홍약(周弘禴)으로, 자는 원계(元季)이다. 마성(麻城) 사람이다. 1574년(만력 2년)의 진사이다. 1591년(만력 19년)에 상보사소경(尙寶司少卿)에 임명되었다. 조하(洮河)에 난리가 나자, 명나라 중앙정부는 주홍약을 영하(寧夏)로 보내어, 변방을 순찰하게 하였다. 주홍약은 영하 지휘사로 발승은(哱承恩)과 수비 토문수(土文秀)가 장수의 재질이 있다고 천거하였다. 1592년(만력 20년) 2월에, 순무 당경(党馨)과 병비부사(兵備副使) 석계방(石繼芳)이 원래 황제의 윤허로 지급하기로 되어 있는 3년 간의 겨울옷·포·화은을 고작 1년분만 지급하자, 병사 유동양(劉東暘)·허조(許朝) 등이 불만을 품고 거리에서 비난을 하였고, 발승은이 마침내 격노하여 반란을 일으켜, 당경과 석계방 등을 살해하였다. 4월에 주홍약이 그 일에 연좌되어, 징해(澄海) 전사(典史)로 강등되었다. 이 사실은『명사(明史)』권234「주홍약전」과『국각(國榷)』권76.『명통감(明通鑑)』권69에 실려 있다. 발승은의 반란은 과실이 명나라 정부 관리에게 있다.『국각』의 작자 담천(談遷)은 이 사건을 기록한 뒤에 다음과 같은 논을 붙였다. "내 친구 요사린(姚士粦)이 심(沈) 중승(中丞)을 삭방으로 따라간 적이 있는데, 심 중승이 말하길 '천총 유동양은 포, 화은의 반한(反汗: 군주의 명령을 고치는 일) 때문에 순무 관청 앞의 녹각목(鹿角木)을 뽑아서 성을 내었으므로 수졸이 포박하였으나, 포악한 무리들이 달려들어 싸워서 횡행하여 제압할 수가 없었다. 일이 창졸간에 벌어졌으니, 실은 발호(跋扈)의 죄안이 아니다. 저공(狙公)이 토란을 원숭이들에게 주면서 조삼모사(朝三暮四)한 고사가 있거늘, 당 중승이 어찌 이것을 몰랐단 말인가? 끝내 배덕(背德)하여 칠 척의 몸을 건아(健兒)의 구식(口食)으로 내주고 말았으니, 너무도 수치스런 일이다'라고 하였다." 원굉도의 이 시는 주홍약의 폄출에 대하여 깊이 동정하였다.

둘째(其二)

어찌 알았으랴, 청문(靑門)7)의 버들 아래서

---

7) 청문(靑門): 원래 한나라 장안성 동남문을 말함. 한나라 소평(邵平)이 청문 밖에 살면서 외를 심었다는 청문과(靑門瓜)의 고사가 있는 것을 이용하여 도성을 떠나 은둔하는 사람을 이별하는 문을 말하고자 한 것이다.

영락하여 떠나는 그대를 전송하게 될 줄을.

조정의 계획은 어느 때 정해지고

변방의 일은 누굴 의지해 성공할지.

역린(逆鱗)에 거슬려8) 명성이 높다만

무근(無根)의 말9) 때문에 은총이 가벼워라.

그대 마음이 홀로 괴로움을 내가 알기에

죽음 무릅쓴 그대 행동이10) 마음에 켕긴다오

幾度靑門柳, 榮枯送爾行.

廟謀何日定, 邊事仗誰成.

名以批鱗重, 恩因市虎輕.

知君心獨苦, 萬死亦關情.

셋째(其三)

십 년 명성이 자자하더니

하루아침에 장안을 떠나는구려.

부(賦)를 지어 초강(楚江)에 던지려 하다가11)

문(文)을 지어 한유(韓愈)를 조문하려12) 하네.

---

8) 별린(批鱗) : 역린(逆鱗)에 거슬림. 『사기』「자객열전(刺客列傳)」 '형가(荊軻)'조에 나
온다. 批는 '별'로 읽는다.

9) 시호(市虎) : 무근(無根)의 말. 저자 거리에 호랑이가 나타났다는 거짓말을 처음에는
아무도 믿지 않지만, 세 사람만 같은 말을 하면 모두가 그 말을 참말로 믿는다는 성어
로 '시호성어삼인(市虎成於三人)'이 있다. 『전국책(戰國策)』「위책(魏策)」에 나온다.

10) 만사(萬死) : 죽음을 무릅씀. 사마천(司馬遷)의 「보임소경서(報任少卿書)」에 "신하는
죽음을 무릅쓰고 행동하는 법이지, 일신의 생명을 보전할 계획을 돌아보지 않는 법이
다(人臣出萬死. 不顧一生之計)"라고 하였다.

11) 투초(投楚) : 초(楚)는 초강(楚江). 한나라 때 가의(賈誼)가 장사왕(長沙王) 태부(太傅)
로 좌천되어 가다가 「조굴원부(弔屈原賦)」를 지은 일이 있으므로, 처음에 주상보가 장
사(長沙)로 유배 가는 것으로 설정되었던 일을 빗내어서 한 말임.

구름 걷히면 용수산(龍首山)13)이 드러나고

비 지나간 뒤 악계(鱷溪)14)가 차가우리.

가는 곳마다 청산이 좋거늘

행로 어렵다고15) 근심할 게 무언가.

十年聲籍甚, 一日去長安.

作賦元投楚, 爲文欲弔韓.

雲開龍首出, 雨過鱷溪寒.

到處靑山好, 何憂行路難.

장안의 가을 달밤(長安秋月夜)

장안16) 성안에 가을 달 밝고

육가(六街) 구맥(九陌)17)에 작은 먼지조차 없는데,

누대에 들어가자 척리(戚里)18)가 시끄럽고

---

12) 조한(弔韓) : 한(韓)은 중당 때의 문인 한유(韓愈)를 말한다. 한유가 광동성(廣東省) 조
주(潮州)로 좌천되었던 일이 있으므로, 주상보가 남쪽으로 유배 가는 것을 빗대어 이렇
게 말한 것이다. 주홍약이 좌천되어 가는 해징이 조주에 있기 때문에 이 말을 하였다.

13) 용수(龍首) : 복건성(福建省) 복녕주(福寧州) 하포현(霞浦縣) 북쪽의 산. 일명 오엽연
화산(五葉蓮花山).

14) 악계(鱷溪) : 광동성(廣東省) 조안현(潮安縣) 동북쪽의 지명. 혹은 그곳의 강물. 한유
(韓愈)가 이곳 조주(潮州)에 좌천되어 왔을 때 「악어문(鱷魚文)」을 지어 악어의 피해를
없앴다는 데서 이름이 유래한다.

15) 행로난(行路難) : 행로가 어려움. 단, 행로의 어려움을 가지고 세상살이의 어려움을 비
유해 온 것을 이어받아, 중의(重意)로 사용한 듯하다.

16) 장안(長安) : 북경의 대칭(代稱)이다.

17) 육가(六街) 구맥(九陌) : 도성의 큰 길. 『자치통감(資治通鑑)』의 기록에 따르면 당나라
때 장안성 안에 좌우로 6개의 큰 길이 있었다고 한다. 그러나 『삼보황도(三輔黃圖)』에
서는 장안성 안에 9맥이 있었다고 하였다. 9맥은 9조(條)의 뜻.

18) 척리(戚里) : 당나라 때 천자의 외척이 살던 장안성의 지역. 한나라 때에는 후비의 집
이 있던 곳이라고 한다.

다음으로 지관(池館)[19]을 거쳐 유람객을 따라갔네.

유람객은 돌아들어 끝이 없고

천문만호(千門萬戶)가 가을 물 같아라.[20]

곳곳마마 옥수(玉樹)[21] 곁에 생황과 노래 소리 울려나고

집집마다 맑은 호수 속에서 퉁소며 피리 소리 들려온다.

한나라 천자가 평양공주 댁에 행차하매[22]

금아(金蛾)[23]와 보거(寶炬)[24]가 줄이었고,

퉁소 불고 북을 쳐서 천녀(天女)[25]를 머물게 하고는

옥 자르고 금을 태워 봉황을 삶는 듯한다.

재자(才子)[26]는 후정(後庭)에서 다투어 곡보에 맞춰 노래하고[27]

염노(念奴)[28]는 별관(別館)에서 낭관들을 시중드네.

용 동관 시계[29]는 삐걱대고[30] 까마귀 벌써 울어대지만

---

19) 지관(池館) : 연못 부근에 있는 집.

20) 추여수(秋如水) : 가을 들어 맑은 물과 같이 깨끗하다는 뜻.

21) 옥수(玉樹) : 아름다운 나무. 홰나무[槐]를 가리키기도 한다.

22) 한가천자행평양(漢家天子幸平陽) : 평양(平陽)은 한나라 무제의 누나 평양공주(平陽公主)를 말함. 본래 양신장공주(陽信長公主)라고 불렸으나 평양후(平陽侯) 수(壽)에게 시집가서 평양공주라 불렸다. 뒷날 위청(衛靑)에게 재가하였다. 여기서는 한나라 무제가 평양공주의 가녀(歌女) 위자부(衛子夫)를 총애한 일을 가리킨다. 위자부는 위청(衛靑)의 누이로 태자 거(据)를 낳아 후비에 세워졌다. 『사기』「외척세가(外戚世家)」에 기록이 있다.

23) 금아(金蛾) : 황금빛 자수로 수놓은 나비.

24) 보거(寶炬) : 화려하게 장식한 횃불이나 등불.

25) 천녀(天女) : 천계에 사는 여인. 반드시 불교의 욕계육천(欲界六天)에 사는 여성을 뜻하는 것은 아니다.

26) 재자(才子) : 궁중 악사. 영인(伶人).

27) 도곡(度曲) : 곡부(曲譜)에 따라 가창(歌唱)함.

28) 염노(念奴) : 당나라 천보(天寶) 연간의 창기(唱妓). 원진(元稹)의 「연창궁사(連昌宮詞)」에 보면, "고역사는 거듭 소리쳐 염노를 찾지만, 염노는 몰래 낭관들 숙사에 모셨네(力士連呼覓念奴, 念奴潛伴諸郎宿)"이라 하였다.

29) 동룡(銅龍) : 동으로 만든 물시계로, 물이 나오는 입을 용의 머리 모양으로 한 것임. 『초학기(初學記)』'누각(漏刻)'조에 보인다.

30) 알알(軋軋) : 삐걱거리는 소리. 본래 수레바퀴 같은 것이 삐걱대는 소리를 형용하지만, 여기서는 물시계에서 나는 소리를 형용하였나.

금옥(金屋)³¹⁾은 침침하고 가을밤 누수(漏水)가 길어라.³²⁾

가을밤 누수(漏水) 길어질수록 노래도 절정에 이르니

난간에 기대 들으며 느끼지 않을 수 있으랴.

원컨대 길이 군왕의 총애를 받기를.

원컨대 길이 옥련(玉輦)을 따를 수 있기를.

또 원컨대 군왕 마음이 달처럼 희기를.

하지만 어찌 알았으랴 첩의 얼굴이 꽃보다 쉬이 늙을 줄을.

옥 주발의 물은 쏟아지면 다시 주워 담기 어렵고

동풍은 뿌리 끊긴 풀³³⁾을 붙여 주질 않누나.

가련하다 오늘 밤 장신전(長信殿)³⁴⁾에

신산(辛酸) 머금고 눈물 삼키며 단선(團扇)³⁵⁾ 신세를 슬퍼하다니.

상여(相如)를 샀던 아교(阿嬌)³⁶⁾를 배울 수도 없고³⁷⁾

---

31) 금옥(金屋) : 화려한 집. 한 무제가 아교(阿嬌)를 얻어 너무 사랑하여 금옥을 지어 살
　　게 하였다고 함. 여기서는 후궁의 거처를 말함.

32) 추루장(秋漏長) : 가을밤의 시각을 알리는 누수가 길다. 가을밤이 길다는 뜻.

33) 단근초(斷根草) : 이백(李白)의 「첩박명(妾薄命)」에 보면, "지난날의 부용화가, 오늘은
　　단근초가 되었구나. 미색으로 남을 섬기는 것이, 얼마나 오래갈 수 있으랴(昔日芙蓉
　　花, 今成斷根草. 以色事他人, 能得幾時好)"라고 하였다.

34) 장신전(長信殿) : 한나라 때 궁녀 반첩여(班婕妤) 고사를 이용하였다. 반첩여는 성제
　　(成帝) 때의 궁녀로, 임금의 총애를 받아 첩여가 되었다가 후에 조비연(趙飛燕)이 총애
　　를 받게 되자 참소당하여 장신궁(長信宮)으로 물러가 태후를 모시게 되었다. 장신궁에
　　있는 동안 시부(詩賦)를 지어 애절한 심사를 풀었는데 그 중 「원가행(怨歌行)」이 가장
　　유명하다.

35) 단선(團扇) : 궁선(宮扇), 합환선(合歡扇).『문선』에 수록된 반첩여(班婕妤)의 「단가행
　　(短歌行)」에 "제나라 흰 비단으로 갓 마름해내니, 서리와 눈 같이 희구나. 그것으로 합
　　환선을 만들매, 명월처럼 둥글둥글하네. 군주의 소매와 품속에 드나들며, 살랑살랑 미
　　풍을 일으켰네. 늘 두렵기는 가을철이 이르러 와서, 서늘한 바람이 염천의 열기를 빼앗
　　아갈까 하였네. 상자 속에 버려져서, 은정이 중도에 끊어지다니(新制齊紈素, 皎潔如霜
　　雪, 裁爲合歡扇, 團團似明月. 出入君懷袖, 動搖微風發. 常恐秋節至, 凉飆奪炎熱. 棄
　　捐篋笥中, 恩情中道絶)"라고 하였다. 부채는 가을이 되면 쓸모가 없게 되므로, 부인이
　　나이가 들어 미색이 감쇠하여 버림받는 것에 비유한다.

36) 아교(阿嬌) : 한나라 무제(武帝)가 비 진후(陳后). 본래 진오(陳午)의 딸로 무제가 어려
　　서 그녀에게 반하여, 아교를 얻으면 금옥을 지어 살게 해 주겠다고 약속하였다. 아교는
　　무제가 즉위한 뒤 곧바로 황후가 되었으나, 총애를 믿고 교만하고 자식이 없으면서 투

적봉(赤鳳)38)과 통한 비연(飛燕)39)에 비하기도 어렵구나.40)

금압(金鴨)41) 향로에 불 꺼지면 내 스스로 사르고

눈물이 붉은 비단옷을 더럽혀도 군왕을 보지 못하다니.

둥근 달을 보면 열 번에 아홉 번은 찡그리고

손에 깁 부채42) 들고 달빛 따라 배회하네.

촉금(蜀錦)43)같은 쟁반 꽃은 상심의 빛깔이요44)

기를 하여 폐위되어 장문궁(長門宮)에 거처하다가 죽었다. 『한무고사(漢武故事)』에 나온다.

37) 미매상여학아교(未買相如學阿嬌) : 아교는 총애를 잃은 뒤에 장문궁(長門宮)에 거처하면서, 사마상여(司馬相如)가 부(賦)를 잘 짓는다는 말을 듣고, 황금 백근으로 사마상여의 「장문부(長門賦)」를 사서, 한무제에게 헌상하였다. 전설에 한무제가 장문부를 읽고 크게 감동하여 아교, 즉 진황후를 다시 총애하였다는 말이 있다.

38) 적봉(赤鳳) : 한나라 성제(成帝) 때 고혹(蠱惑)을 일삼았던 조비연(趙飛燕)과 그 누이 소의(昭儀)와 모두 간통하였다고 하는 관노 연적봉(燕赤鳳)을 말함. 그들의 일을 가곡으로 꾸민 '봉황래(鳳凰來)'라는 곡이 있었다. 연적봉의 일은 『비연외전(飛燕外傳)』에 전한다.

39) 비연(飛燕) : 한나라 성제(成帝) 때의 첩여(婕予)였던 조비연(趙飛燕). 본래 성양후(成陽侯) 조림(趙臨)의 딸로, 가무(歌舞)를 익혀 몸이 아주 가벼웠으므로 비연(飛燕)이라 일컬어졌다. 성제의 총애를 입어 궁궐에 들어가 첩여가 되었다. 성제의 본부인 허후(許后)가 폐위되자 황후가 되었고, 동생 소의(昭儀)와 함께 고혹(蠱惑)을 일삼았다. 성제가 후사 없이 갑자기 죽고 애제(哀帝)도 죽은 뒤 서인(庶人)으로 강등되자, 자살하였다. 『한서』 권97 하(下)에 행적이 실려 있다.

40) 난장적봉비비연(難將赤鳳比飛燕) : 옛 곡명에 「적봉래(赤鳳來)」라는 것이 있다. 한나라 성제(成帝)의 황후 조비연(趙飛燕)과 여동생 합덕(合德)이 궁노 봉래와 사통하였는데, 마침 시월 15일에 「적봉래」곡을 부르자, 조비연이 합덕에게 "적봉이 누구 때문에 오는 것이지?"라고 물었더니, 합덕이 "적봉이 언니 때문에 오는 것이지요"라고 답하였다고 한다.

41) 금압(金鴨) : 금속을 이용하여 오리 모양으로 만든 향로. 당나라 대숙륜(戴叔倫)의 「춘원(春怨)」에 "금압의 향이 잦아지고 혼도 끊어지려 하누나, 배꽃에 봄 비 부는 날, 문을 꼭꼭 걸어 잠그고(金鴨香消欲斷魂. 梨花春雨掩重門)"라고 하였다.

42) 경환(輕紈) : 가벼운 흰 비단으로 만든 부채. 환선(紈扇).

43) 촉금(蜀錦) : 촉의 금강(錦江)에서 실을 빨아 짠 비단. 비단 짜는 방법의 연원이 촉 땅에서 근원하였기 때문에 이로 인해 비단을 일반적으로 촉금이라 부르게 되었다. 원(元)나라 비저(費著)의 『촉금보(蜀錦譜)』에 나온다.

44) 반화촉금상심색(盤花蜀錦傷心色) : 소반에 핀 꽃은 촉금과 같아 상심의 빛깔을 띠었다는 뜻. 촉금은 촉 땅, 즉 현재의 사천성(四川省) 가운데 성도(成都)에서 나는 고운 비단을 말한다.

〈자야오가(子夜吳歌)〉45)는 애끓는 소리.

붉은 규방46)과 만리장성47)으로 멀어짐은 삼추의 한이요

갈석(碣石)48)과 소상(瀟湘)으로 헤어짐은 만 리 이별의 정.

달은 해마다 이별한 사람을 향해 둥글고

세세토록 수심 많은 곳에 생겨나누나.49)

해마다 가을은 절로 좋다만

눈썹 화장 그려 보여 줄 정인(情人) 없어 가련하여라.50)

월화(月華: 달빛)와 다툴만한 얼굴이 아니기에

가을 풀처럼 버려지리라고 스스로 알고 있네.

계백(桂魄: 달)51)은 늘 둥글지는 못하기에52) 한스럽고

45) 자야오가(子夜吳歌) : 악부(樂府) 「청상곡사(淸商曲辭)」. 자야가(子夜歌)라고도 함. 자야(子夜)는 동진(東晉) 때 노래를 잘 부른 여성으로, 당시 유행하던 속요의 곡조를 이용하여 정인(情人)에게 5언 4구의 단장(短章)을 주었고, 후대의 문인들이 그것을 모방하여 악부곡을 지었다고 하는 설이 있다. 대개 남녀가 해후하는 환락이나 부부가 이별하는 근심을 토로한 내용이다. 『악부시집(樂府詩集)』 '청상곡사(淸商曲辭)'조에 실려 있다.

46) 홍규(紅閨) : 붉은 색으로 장식한 젊은 여인의 방. 당나라 왕인(王諲)의 「후정원(後庭怨)」에 보면, "그대는 보지 못했나, 홍규의 소녀가 단정하게 앉아 있을 때, 요염한 복사꽃이요 신선의 자태인 것을(君不見紅閨少女端正時, 夭夭桃李仙容姿)"이라고 하였다.

47) 자새(紫塞) : 만리장성(萬里長城)의 별명. 흙색이 자색이기 때문이라고도 하고, 안문초(雁門草)의 색이 자색이기 때문이라고도 한다. 남조 송나라 포조(鮑照)의 「무성부(蕪城賦)」에 "남으로 창오산의 창해로 내달리고, 북으로 자새의 안문으로 달린다(南馳蒼梧漲海, 北走紫塞雁門)"라고 하였다.

48) 갈석(碣石) : 정확한 지역은 비정하기 어렵다. 대개 연나라 소왕(昭王)이 추연(鄒衍)을 위해 집을 지어 주었던 유주(幽州) 계현(薊縣) 부근을 가리킨다고 본다. 하북성(河北省) 창려현(昌黎縣)의 서북쪽으로 비정한다. 당나라 장약허(張若虛)의 「춘강화월가(春江花月歌)」에 "갈석과 소상 사이는 무한이 먼 길(碣石瀟湘無限路)"이라고 하였다.

49) 연연선향이인만, 세세환의수처생(年年先向離人滿, 歲歲還依愁處生) : 유희이(劉希夷) 「대백두음(代白頭吟)」의 "연년세세 꽃은 같아도, 세세연년 사람은 같지 않구나(年年歲歲花相似, 歲歲年年人不同)"의 구절을 연상시킨다.

50) 독련교대무인소(獨憐嬌黛無人掃) : 아름다운 눈썹에 화장을 해서 보여줄 정인(情人)이 없어 가련하다는 뜻. 옛날에는 남자가 여인에게 눈썹을 그려주었다는 설도 있다. 대(黛)는 고대에 여자가 눈썹을 칠할 때 사용한 청색의 안료이다.

51) 계백(桂魄) : 달. 당나라 왕유(王維)의 「추야곡(秋夜曲)」에 "계백이 처음 생겨날 때 이슬이 희미하고, 가벼운 비단 옷이 너무 얇거늘 미처 갈아입지 못하였네(桂魄初生秋露微, 輕羅已薄未更衣)"라고 하였다.

항아(嫦娥)[53])도 불사약 없으면 응당 먼저 늙으리.

"원컨대 가을 빛[54])을 가져다가 비춰 장막 지키려오

원컨대 낙조 그림자[55])를 따라가 님에게 옷을 보내 드리려오

그대와 꽃받침 붙었기에[56]) 꽃망울 함께 터뜨려야 하건만

그대와 쌍 이루는 봉황이거늘 쌍으로 날지 못하다니.

강남(江南)으로 간 탕자(蕩子)[57])는 소식이 없고

용성(龍城)[58])에 수자리 살러간 그 이는 어느 때나 돌아오나.

호풍(북풍)[59]) 불고 북두 자루 돌아가니 기러기 울음이 근심스러운데

달빛이 규방 주렴과 창으로 스며들기에 베 짜기를 게을리 하네.

게다가 주로(酒墟) 앞에는 아미를 찡그리는 여인이 있어[60])

---

52) 불장원(不長圓) : 늘 둥근 채로 있지 못한다는 뜻이다. 송나라 사마광(司馬光)의『온공 속시화(溫公續詩話)』에 보면, 이장길(李長吉), 즉 이하(李賀)의 노래에 "하늘이 만약 정 이 있다면 하늘도 역시 늙으리(天若有情天亦老)"라고 하였는데, 만경(曼卿), 즉 석연년 (石延年)이 대를 지어 "달이 만일 한이 없다면 달이 늘 둥글리라(月如無恨月長圓)"라 고 하였다고 한다.

53) 항아(嫦娥) : 유궁(有窮)국의 제후 예(羿)의 아내. 항아(嫦娥)가 남편 예의 불사약을 훔 쳐 달나라로 도망갔다는 고사가 있다.

54) 추광(秋光) : 가을의 햇빛 혹은 가을의 등잔 빛, 촛불 빛. 두목(杜牧)의 「추석(秋夕)」 시에 "홍촉의 추광은 그림 병풍 앞에 싸늘하고, 비단옷 걸친 여인의 작은 부채는 반딧 불이를 때린다(紅燭秋光冷畫屛, 輕羅小扇撲流螢)"라고 하였다.

55) 유경(流景) : 낙조의 경색. 혹은 낙조의 그림자. 장형(張衡)의 「서경부(西京賦)」에 "낙 조의 경색이 안으로 비추고, 해와 달의 반짝임을 끌어들인다(流景內照, 引曜日月)"라 고 하였다.

56) 병체(竝蒂) : 꽃받침[蒂]을 나란히 함. 꽃이 가지 끝에 무리지어 피는 것을 말함.

57) 탕자(蕩子) : 먼 길 가서 돌아오지 않는 사람. 두보(杜甫)의 시(「冬晚送長孫漸舍人」) 에 보면 "먼 길 떠난 이는 고향으로 돌아오지 않네(蕩子不還鄕)"라는 구절이 있다.

58) 용성(龍城) : 흉노(匈奴)의 지역. 넓게 삭북(朔北)의 지역을 가리킴. 왕창령(王昌齡)의 「출새(出塞)」 시에 "용성에 비장군(李廣)만 있다면, 호마가 음산을 넘어오지 못하게 할 텐데(但使龍城飛將在, 不敎胡馬度陰山)"라는 시구가 있다. 흉노는 매년 5월에 용성에 서 각부 추장의 모임을 가져, 그 조상・천지・귀신을 제사지낸다고 한다. 용성을 다른 말로 용정(龍庭)이라고 한다. 한나라 무제 원광(元光) 6년에 위청(衛靑)이 용성에 이르 러 오랑캐의 머리 7백 급(級)을 베었다는 기록이 있다.

59) 호풍(胡風) : 북풍.

60) 역유당로음아(亦有當墟飮靑娥) : 당로(當墟)는 매주(賣酒)의 뜻. 노(墟)는 술 단지를 놓아두는 토돈(土墩). 음청아(飮靑娥)는 술 파는 여인이 아미(蛾眉)를 찡그린다는 뜻.

미색으로 꾀어[61] 손님을 머물게 하여 교태 더욱 심하다 하네.

쌍 제비는 새끼 데리고 사당을 떠나간다만[62]

외론 원앙은 짝 없으니 가을을 어이 하랴.

이미 비단에 수놓아 보낸 회문시(迴文詩)[63]를 보았고

청아(靑娥)는 아름다운 용모를 말한다. 백거이(白居易)의 「장한가(長恨歌)」에 "이원(梨園)의 제자들은 백발이 새로 나고, 초방(椒房)의 아감(阿監)들은 아름다운 얼굴이 늙어가네(梨園弟子白髮新, 椒房阿監靑娥老)"라고 하였다.

61) 수색(授色) : 미색으로 꾐. 색수혼여(色授魂與). 눈동자를 주어 마음을 움직이게 하는 것을 말함. 『사기』「사마상여전(司馬相如傳)」의 「상림부(上林賦)」에 보면, "긴 눈썹을 아리땁게 움직이고, 미미한 웃음 실은 눈동자를 곱게 놀려, 미색을 흘리고 혼을 움직이게 하니, 곁에서 마음이 유쾌하여라(長眉連娟, 微睇綿藐, 色授魂與, 心愉于側)"라고 하였다.

62) 사사거(辭社去) : 사(社)는 토지신을 제사지내는 사당. 한나라 이후로, 일반적으로 입춘 뒤 다섯 번째 무일(戊日)을 춘사(春社)라고 하며, 입추 뒤 다섯 번째 무일을 추사(秋社)라고 하는데, 바로 춘분과 추분의 전후에 해당하며, 이때가 사신(社神)을 제사지내는 날이다. 제비는 춘사에 날아왔다가 추사에 날아간다. 이 구절은 바로 추사 때 제비가 날아가는 것을 말한 것이다.

63) 회문(迴文) : 회문시(回文詩). 동진(東晉)의 소혜(蘇蕙 : 자 若蘭)가 금슬이 좋지 못했던 남편 두도(竇滔 : 자 連波)가 안남대장군으로 떠나자 그에게 선기도(璇璣圖)를 비단에 짜 넣어[織錦] 보내어 그의 마음을 돌리게 해서 부부가 재결합하였다는 고사가 있다. 소혜의 직금록 고사는 측천무후가 썼다고 전하는 「선기도서(璇璣圖序)」(織錦迴文記)에 자세하다. 측천무후의 「직금회문기(織錦廻文記)」는 상세창(桑世昌)의 『회문유취(回文類聚)』(『四庫全書珍本』 七集)에 「선기도서(璇璣圖序)」란 제목으로 수록되어 있으나, 『진서(晉書)』「열녀전(列女傳)」의 관련 기록과 다르기 때문에 후인의 가탁으로 생각되는 글이다. 소혜 직금도 고사는 중국에서 여러 가지 소설, 희곡으로 변형되었다. 지금은 전하지 않지만 원잡극에도 『직금회문(織錦廻文)』이 있었다고 하며, 청나라 때 홍승(洪昇, 1655~1704)은 전기(傳奇 : 희곡) 『회문금(回文錦)』을 지었다. 우리나라에서는 『소시직금회문녹』이란 국문 소설(서울대 규장각 소장)이 전한다. 이 소설은 두도가 삭방절도사로 나가자 소혜가 천자에게 회문시(回文詩, 蘇若蘭織成金字順天子反覆書)를 올려 천자의 귀환 명령을 받아내어 부부단합을 이룬다는 내용이다. 이것은 홍승의 『회문금』보다 앞선 다른 작품의 번안물인 듯하다. 또한 서울대도서관에는 달리 『소약난직금도』도 소장되어 있는데, 이것은 두 회문시의 제목만 싣고 결미도 완전하지 않아 앞서 든 사본보다는 후기의 것으로 추정된다. 한편 여성의 직금시는 청대 이여진(李汝珍)의 『경화연(鏡花緣)』 41회에도 응용되었다. 즉 『경화연』은 기사와 함께 오색의 선기도를 실었다. 단 그 선기도는 『회문유취』나 『선기도시독법(璇璣圖詩讀法)』 소재의 선기도와 다르다. 또한 명나라 탕현조(湯顯祖)의 전기(傳奇) 『한단기(邯鄲記)』에는 천자에게 회문시를 바치는 이야기가 나온다. 즉 『한단기』에서는 최씨(崔氏)가 회문궁사(回文宮詞) 두 수를 천자에게 올려 남편 노생을 사면되게 하는 이야기가 있다.

다시 물결에 떠어 보낸 척소(尺素)[64]를 읽었을 텐데.

인간 세상에만 낙포(洛浦)[65]의 한(恨) 있다고 말하지 말라

천상에도 은하(銀河)[66]의 격리가 있다더라.

흰 모자 차림에[67] 수심 일어 눈물로 수건을 연신 적시다가

울음 그친 뒤 푸른 적삼[68] 차림으로 거문고 끼고 노래한다.

노래 끝나자

달은 서쪽으로 기울었네.

한 해 다시 중추의 달을 보니

다시 또 새로워라.

한무제와 진시황도 아무 재미없었기에[69]

도리어 방사(方士)[70] 찾아 신선술을 배웠다네.[71]

長安城中秋月明, 六街九陌無纖塵.

先入樓臺喧戚里, 次經池館趁遊人.」

---

64) 척소(尺素) : 흰 비단에 쓴 편지. 고시(古詩) 「음마장성굴행(飮馬長城窟行)」에 보면 "객이 먼 곳에서 와서, 내게 두 마리 잉어를 주는데, 아이 불러 삶으라 하였더니 잉어 속에 척소의 편지가 있네(客從遠方來, 遺我雙鯉魚, 呼童烹鯉魚, 中有尺素書)"라고 하였다.

65) 낙포(洛浦) : 낙수. 복비(宓妃)가 빠져 죽어 낙신(洛神)이 되었다는 전설이 있으므로, 그 이후 남녀 이별 장소의 대명사가 되었다.

66) 은하(銀河) : 견우(牽牛)와 직녀(織女)가 은하로 격리되어 있다가 매년 칠월칠석날에 한 번 만난다는 고사를 말한 것이다.

67) 백갑(白帢) : 벼슬하지 않는 이가 쓰는 흰 모자.

68) 청삼(靑衫) : 신분이 낮은 사람이나 서생(書生)이 입는 푸른 적삼. 여기서는 아직 벼슬하지 않았기 때문에 입고 있었던 복식을 가리킴.

69) 소부득(消不得) : 재미롭지 못하다[受用不得]는 뜻. 백거이(白居易)의 「곡종제(哭從弟)」 시에 "한 조각 푸른 적삼은 재미롭지 못하누나, 허리에 황금 장식과 자주 끈을 띤 이는 누구란 말인가(一片綠衫消不得, 腰金拖紫是何人)"라는 구절이 있다.

70) 방사(方士) : 신선술을 익히는 도사. 연단(煉丹)을 하여 장생불사를 추구한다.

71) 각심방사학선인(却尋方士學仙人) : 진시황은 방사 서불(徐市)에게 동남동녀(童男童女) 수천 명을 데리고 동해로 들어가 신선을 찾아 장생술을 알아오라고 시켰다. 한무제는 방사 이소군(李少君)의 설을 믿고 방사를 동해로 파견하여 신선 안기생(安期生)을 찾아 불사의 비법을 알아오려고 시켰다.

遊人宛轉無窮已, 千門萬戶秋如水.
處處笙歌玉樹傍, 家家簫管澄湖裏.」
漢家天子幸平陽, 金蛾寶炬列成行.
吹簫蹋鼓留天女, 斫玉燒金煮鳳凰」
才子後庭競度曲, 念奴別館伴諸郎.
銅龍軋軋烏啼早, 金屋沈沈秋漏長.」
秋漏漸深歌漸闌, 感此如何不倚欄.
願得長侍君王寵, 願得長隨玉輦看.」
又願君心如月皎, 那知妾貌比花老.
玉盌難收覆地流, 東風不着斷根草.」
可憐今夜長信殿, 含酸飲泣悲團扇.
未買相如學阿嬌, 難將赤鳳比飛燕.
香銷金鴨妾自燒, 淚破紅綃君不見.」
十迴看月九迴饗, 手把輕紈繞月行.
盤花蜀錦傷心色, 子夜吳歌斷腸聲.
紅閨紫塞三秋恨, 碣石瀟湘萬里情.
年年先向離人滿, 歲歲還依愁處生.」
年年歲歲秋自好, 獨憐嬌黛無人掃.
未有容顏鬪月華, 自分棄擲同秋草.
桂魄有恨不長圓, 嫦娥無藥應先老.」
願得秋光守翠幃, 願隨流景送君衣.
與君並蒂原並吐, 與君雙鳳不雙飛.
江南蕩子無消息, 龍城征戍幾時歸.
胡風勺斗愁聞雁, 閏月簾櫳懶上機.」
亦有當墟歛靑娥, 授色留賓態轉多.
雙燕有雛辭社去, 孤鴛無偶奈秋何.
已見迴文傳錦字, 更聞尺素託流波.

不道人間恨洛浦, 定知天上隔銀河.

愁來白帕連巾濕, 泣罷青衫挾瑟歌.」

歌已闋, 月西傾.

一年看, 一度新.

漢武秦皇消不得, 却尋方士學仙人.」

校 1592년(만력 20년 임진), 북경에 있을 때 지은 시.
○ 이것은 의악부(擬樂府) 작품이다. '자류마(紫騮馬)'는 악부 횡취곡(橫吹曲)이다. 『악부시집』 권24에는 『고금악록(古今樂錄)』을 인용하여, 자류마의 옛 가사는 "열다섯에 군대를 따라 나갔다가, 여든에야 비로소 돌아올 수 있었네. 길에서 고향 사람을 만나, 집안에 누가 있나 묻는다(十五從軍征, 八十始得歸. 道逢鄕里人, 家中有阿誰)"라고 하였다. 또 양곡(梁曲)을 인용하여, "가지 하나로는 나무를 이루지 못하고, 나무 하나로는 숲을 이루지 못하네. 낭자의 비단 속곳을 생각하여, 길이 마음에서 잊지를 못하누나(獨柯不成樹, 獨樹不成林. 念娘錦襦襠, 恒長不忘心)"라고 하였다. 종군하여 오랫동안 수자리를 살아 고향으로 돌아가고파서 지은 것이다."
○ 斫玉燒金煮鳳凰 : 斫은 소수본에 硏으로 되어 있다.
○ 含酸飮泣悲團扇 : 含은 패란거본에 舍로 되어 있으나 잘못이다.

우연히 짓다(偶成)

먼지 세상에서는 쉴 날이라곤 없어
외론 객관에 묵자니 마음이 착잡하다.
황금만 있으면 지기(知己)도 만들어내고
푸른 인끈72)은 벗들을 줄서게 만들지.73)

---

72) 청편(靑編) : 본래 '청편'은 서적, 역사책의 뜻으로 많이 쓰이지만 여기서는 청수(靑綬)의 뜻으로 썼다. '청수'는 관리가 도장을 묶어 허리에 차는 푸른 끈. 관인(官印) 자체를 가리키기도 한다.
73) 황금수지기, 청편열우생(黃金鑄知己, 靑編列友生) : 사람이 영달하면 많은 친구가 생

부처를 섬겨도 마음 정하기 어렵고
신선을 배워도 도를 이루지 못하네.
가고 가서 쌍전(雙田) 아래 밭을
형제가 나란히 쟁기 메고 밭 갈아 봄세.74)

塵世無暇日, 孤館有餘情.
黃金鑄知己, 靑編列友生.
事佛心難定, 學仙道不成.
去去雙田下, 兄弟事耦耕.

전 1592년(만력 20년 임진), 북경에 있을 때 지은 시.
校교

기지만 몰락하면 친구들도 떠나고 만다는 뜻. 『사기』 「맹상군열전(孟嘗君列傳)」에 나
오는 풍환(馮驩)의 말을 연상시킨다. 제나라의 재상에 복직한 맹상군은 원래 자신을 따
르던 식객들이 다시 돌아오는 것을 보고, 한숨을 쉬면서 "저 무리들은 내가 지위를 잃
자 나를 버리고 가서 돌아보려 하지 않더니, 무슨 낯짝으로 나를 만나려고 한단 말인
가. 침을 뱉어서 모욕을 주고 싶다"라고 하였다. 이 말을 들은 풍환은 맹상군의 생각이
잘못임을, 다음과 같이 바로잡았다. "생명이 있는 것에 반드시 죽음이 있는 것은 만물
의 필연적 법칙입니다. 부귀한 몸이 되면 선비들이 많이 모이고 빈천한 몸이 되면 벗이
적게 되는 것은 필연적인 도리입니다. 당신은 아침에 저자로 향하는 사람들을 보신 일
이 있겠지요. 새벽녘에는 앞을 다투어 저자의 문을 헤집고 들어가지만, 저물고 난 뒤에
는 저 사람들은 저자 따위는 전혀 돌아보려고도 하지 않게 됩니다. 그것은 아침이 좋고
저물 녘이 싫어서가 아닙니다. 저물녘의 저자에는 기대할 만한 물품이 없기 때문입니
다. 이제 당신이 재상의 지위를 잃자, 식객들이 모두 다 떠나 버렸습니다만, 그들을 원
망하게 되어 식객을 처우하는 길을 막아버려서는 안됩니다." 이 말을 들고 맹상군은 풍
환에게 경의를 표하였다.
74) 우경(耦耕) : 둘이서 쟁기를 메고 나란히 밭을 갊. 농사일을 널리 지칭하는 말.

절양류(折楊柳)

이월과 삼월은 염양(艶陽)75)의 시절
버드나무 가지가 들쭉날쭉 자랐구나.
쌍쌍이 나는 제비를 볼 때마다
그대 이별하던 때가 생각나네요.
그대 이별하던 때
그대에게 산호 베개 드리던 일 생각나네요
그대는 멋진 곳으로 가셨으니
누가 그대 위해 천침(薦枕)76)하나요?
월녀는 본성이 비단 같이 화려하고
오 땅 기녀는 정분이 종이 같이 희겠죠
부군은 낭자(浪子)77)의 마음이라
바람 불면 물처럼 동으로 또 서로 흐르리.
지난 달 부친의 편지엔
낭군께서 회북(淮北)78)에 계시다던데,
오늘 낭군의 서신을 보니
강남(江南)에 객이 되셨군요.
장강의 물은 절로 맑게 흘러가
낭군만 비추고 저는 비추지 않네요

---

75) 염양(艶陽) : 보통 만춘(晩春)을 말함.
76) 천군침(薦君寢) : 그대 침소에서 천침(薦枕)한다는 뜻. 천침은 천침석(薦枕席) 혹은 불
    침석(拂寢席)이라고도 하며, 여지가 윗사람을 모시고 잠자리를 같이 하는 것을 말함.
    시침(侍寢)이라고도 한다.
77) 낭자(浪子) : 유탕(遊蕩)을 즐기는 사람.
78) 회북(淮北) : 회수(淮水)의 북쪽. 회수는 하남성 동백산(桐柏山)에서 발원하여 안휘성
    (安徽省)·강소성(江蘇省)을 거쳐 황하로 흘러 들어가는 강.

艶陽二三月, 楊柳枝參差.

每逢雙燕子, 憶得別君時.」

憶得別君時, 遺君珊瑚枕.

君行佳麗地, 何人薦君寢?」

越女性如綿, 吳妓情似紙.

夫君浪子心, 吹作東西水.」

前月父書來, 道君遊淮北.

今月見君字, 知作江南客.

江水自淸流, 照君不照妾.」

전교 1592년(만력 20년 임진), 공안에 있을 때 지은 시.
○ 절양류(折楊柳)는 악부 횡취곡(橫吹曲)이다. 『악부시집』 권22에 보면 다음과 같이 서술되어 있다. "『당서(唐書)』 「악지(樂志)」에 따르면 양나라 악부에 「호취가(胡吹歌)」가 있는데, '말을 타되 채찍을 들지 않고, 도리어 양류의 가지를 꺾어 쓰고는, 말에서 내려 횡적을 부나니, 나그네 심사를 수심에 젖게 한다(上馬不捉鞭, 反拗楊柳枝. 下馬吹橫笛, 愁殺行客兒)'라는 가사이다. 이 가사는 원래 북국에서 나왔으니, 즉 고각횡취곡(鼓角橫吹曲) '절양류지(折楊柳枝)'가 이것이다. 또 『송서(宋書)』 「오행지(五行志)」에는, '진나라 태강(太康) 말에 경락(京洛)이 지은 절양류 노래에는 병란으로 고통을 겪는다는 내용이 들어 있다'고 하였다. 고찰하건대 「고악부(古樂府)」에 또 '소절양류(小折楊柳)'가 있고, 「상화대록(相和大曲)」에 '절양류행(折楊柳行)'이 있다. 청상사곡(淸商四曲)에 「월절절양류가(月節折楊柳歌)」 13곡이 있지만, 그것들은 이것과 다르다."

자류마(紫騮馬)

자류마여
걸음을 내디디며 히힝 울어대네.

등 맞대고 목 기대는79) 걸음 빠른 말80)이길 원하지

추풍(追風) 절영(絶景)81) 같은 흰 발굽의 천리마82) 되길 원치 않네.

"흰 발굽 천리마는 변방 길에서 죽어 없어져

서리맞은 늙은 꽃83)이 하룻밤 삭풍에 떨어지듯 한다오

구름 자욱한 천산(天山)84)을 뛰어 넘는다85) 하여도

화음(華陰)86)의 한 치 풀을 먹음만 하겠소"

"자류마여

내 노래를 들어 보라.

장대한 마음이 소진(消盡)되지 않았으니

너의 네 발굽을 어이하면 좋으랴!"

紫騮馬, 行且嘶.

願爲分背交頸之逸足, 不願爲追風絶景之霜蹄.」

霜蹄減沒邊城道, 朔風一夜霜花老.」

縱使踏破天山雲, 誰似華陰一寸草.

---

79) 분배(分背) 교경(交頸) : 『장자』「마제(馬蹄)」편에, "말은 기쁘면 서로 목을 맞대어 부
비고, 노하면 등 돌리고 서로 걷어찬다"고 하였다.

80) 일족(逸足) : 발 빠른 말. 준마(駿馬).

81) 추풍(追風) 절영(絶景) : 신속히 달리는 말의 비유. 진시황에게 명마 일곱이 있었는데,
그 가운데 추풍(追風) 섭영(躡景)이 있다. 절영이 곧 섭영이다. 갈홍(葛洪)의 『포박자(抱
朴子)』에도 '추풍(追風) 섭영(躡景)'이 말의 빙족(騁足)을 설명하는 묘사로 나와 있다.

82) 상제(霜蹄) : 준마(駿馬). 서리 같이 흰 발굽의 말이란 뜻. 두보(杜甫)의 시(「韋諷錄事
宅觀曹將軍畫馬圖引」)에 보면 "상제는 개오동나무 숲 사이에서 발을 구르고, 마관은
말을 먹이느라 삼엄하게 열 지어 있네(霜蹄蹴踏長楸間, 馬官廝養森成列)"라고 하였다.

83) 상화(霜花) : 서리 맞은 꽃.

84) 천산(天山) : 신강성(新疆省)에 있는 산. 천산산맥 전체를 가리키기도 함. 흉노의 말로
는 기련(祁連)이라고 하는데, '기련'도 '하늘'이란 뜻임.

85) 답파(踏破) : 밟아 뛰어넘는다는 뜻. 破는 조사. 여기서는 천산을 뛰어넘어 흉노의 정
벌에서 공을 세운다는 뜻.

86) 화음(華陰) : 섬서성(陝西省) 동관현(潼關縣)에 있는 화산(華山)의 북쪽. 목초지로 유
명하다. 화산은 현재 합서성 양명시(陽明市) 남쪽에 있는데, 북으로는 위하(渭河) 평원
에 인해 있고, 긴링(秦嶺)의 동쪽 끝사닥에 속한다. 태화산(太華山)이라고도 불린다.

紫騮馬, 聽我歌.

壯心耗不盡, 奈爾四蹄何!」

전
筆校교
1592년(만력 20년 임진), 북경에 있을 때 지은 시.

○ 의악부(擬樂府) 작품이다. 자류마(紫騮馬)는 악부 횡취곡(橫吹曲)이다.
『악부시집』 권24에 설명이 있다. "『고금악록(古今樂錄)』에 이러하다. 자류마 옛 가
사에, '열다섯에 군대를 따라 나갔다가, 여든에야 비로소 돌아올 수 있었네. 길에서
고향 사람을 만나, 집안에 누가 있나 묻는다(十五從軍征, 八十始得歸. 道逢鄉里人,
家中有阿誰?)'라고 하였다. 또 양곡(梁曲)에는 '가지 하나로는 나무를 이루지 못하
고, 나무 하나로는 숲을 이루지 못하네. 낭자의 비단 속곳을 생각하여, 길이 마음에
서 잊지를 못하누나(獨柯不成樹, 獨樹不成林. 念娘錦襦褌, 恒長不忘心)'라고 하
였다. 대개 종군하여 오랫동안 수자리를 살아 고향으로 돌아가고파서 지은 것이다."

황도원에게 주다(贈黃道元)

해내(천하)에 그대 같이 기이한 인사가 드물기에
두 눈으로 일찍 못 알아본 것이 한스러워라.
하고많은[87) 속사(俗士)들은 가벼운 가죽옷에 살찐 말을 탔지만[88)
아아, 그대는 짧은 갈옷 걸치고 장안 거리를 다니누나.
풍골(風骨) 있는 남아가 시기를 타지 못하고
곳곳마다 천복비(薦福碑)[89) 처지를 당하다니.

---

87) 분분(紛紛) : 하고많은 모양. 두보(杜甫)의 「빈교행(貧交行)」에 "손을 뒤집어 구름을
   만들고 또 손을 엎어서 비를 만드니, 하고많은 경박한 자들을 따져서 무엇하랴(翻手作
   雲覆手雨, 紛紛輕薄何須數)"라고 하였다.
88) 경비(輕肥) : 가벼운 가죽옷에 살찐 말. 경구비마(輕裘肥馬). 두보(杜甫)의 시(「秋興」)
   에 "동학 소년들은 대부분 미천하지 않아서, 오릉 나들이의 옷이 가볍고 말은 풍만하다
   (同學少年多不賤, 五陵衣馬自輕肥)"라고 하였다.
89) 천복비(薦福碑) : 여기서는 궁한 처지라는 뜻. 본래는 당나라 이북해(李北海)가 짓고
   구양순(歐陽詢)이 쓴 비. 현재의 강서성(江西省) 파양현(鄱陽縣)인 요주(饒州)에 세운

부디 그대는 풍성(豐城)에 검90)을 비장하여 두구려

언젠가 장화(張華)91)가 알아줄지 모른다오92)

海內奇士如君少, 雙眼識君恨不早.

紛紛俗士盡輕肥, 嗟君短褐長安道.

男兒有骨不乘時, 處處相逢薦福碑.

請君試祕豐城劍, 他年倘有張華知.

전校 1592년(만력 20년 임진), 북경에 있을 때 지은 시.

○ 황도원(黃道元)은 황국신(黃國信)으로, 자가 도원이다. 영가(永嘉) 사람

비이다. 북송 때 범중엄(范仲淹)이 요주의 수령으로 있을 때 어떤 서생이 찾아와, 평생
에 자기처럼 춥고 배고픈 자가 없을 것이라고 하소연하였다. 당시 구양순의 서체인 구
양솔경자(歐陽率更字)를 숭상하던 때라서 천복사 비의 묵본(墨本, 즉 탑본)이 천금에
해당하였다. 범중엄은 그 서생을 불쌍하게 여겨 일천 장을 탑본하여 경사에 팔려고 하
였는데, 하룻밤에 번개가 쳐서 그 비를 부수어 버렸다. 당시 사람들이 말하길, "비를 탑
본하러 천복사에 왔다만, 학을 타고 양주로 올라간 사람이 없네(有客打碑來薦福, 無人
騎鶴上揚州)"라 하였다. 소식(蘇軾)도 「궁조대(窮措大)」 시를 지어 "하룻밤 우레가 천
복비에 울렸네(一夕雷轟薦福碑)"라고 하였다. 『묵객휘서(墨客揮犀)』와 『요산당외기(堯
山堂外紀)』라는 책에 나온다.

90) 풍성검(豐城劍) : 예장(豫章)의 풍성(豐城) 땅에 묻혀 있던 용천(龍泉)과 태아(太阿)의
두 검. 『진서(晉書)』 「장화전(張華傳)」에 보면, 오나라가 아직 멸망하기 전에 두우(斗牛)
사이에 자색 기운이 늘 있었는데, 장화가 참위설에 밝은 예장 사람 뇌환(雷煥)에게 물
었더니 뇌환은 그것이 보검의 정기라고 말하였다. 장화는 뇌환을 풍성령에 임명하였는
데, 뇌환은 풍성현 옥옥(獄屋)의 기반을 4장(丈) 깊이쯤 파서 두 검이 들어 있는 석함을
얻었다.

91) 장화(張華) : 용천 · 태아의 두 보검을 찾아낸 진나라 인물. 박학하여 참위(讖緯)와 방
기(方技)에도 밝았으며, 왕좌(王佐)의 재질이 있어서 당시 사람들이 자산(子産)에 견주
었다. 진(晉)나라 무제 때 중서령(中書令)이 되어 오나라를 치는 데 공을 세워, 탁지상
서(度支尙書)가 되고 광무후(廣武侯)에 봉해졌다. 혜제 때 태자소부(太子少傅) · 우광록
대부(右光祿大夫)에 이르렀으나 조왕(趙王) 윤(倫)에게 살해되었다. 죽는 날 저축한 재
산이 없었고 오직 문사(文史)의 상자만 있었다고 한다. 『박물지(博物志)』를 저술하였다.
『진서(晉書)』에 입전(立傳)되어 있다.

92) 청군시비풍성검, 타년당유장화지(請君試祕豐城劍, 他年倘有張華知) : 그대의 출중한
재능을 잠시 감추어 두었다가, 어느 날 장화(張華)처럼 지위가 높고 견식이 있는 사람
이 발견하게 되길 기대한다는 뜻.

이다. 저서에 『졸지집(拙遲集)』과 『합부재집(合缶齋集)』이 있다. 『영가현지(永嘉縣志)』권29 「예문지(藝文志)」에 저록(著錄)되어 있다. 원굉도의 동년 사조제(謝肇淛)의 기록에 의하면, 황국신은 '팔분서(八分書)에 뛰어났다'고 한다. 『오잡조(五雜組)』권7에 보인다.

장충허가 월[93] 땅으로 사신 가는 것을 전송하며(送莊沖虛使粵)

청교(靑郊)[94]에 수양버들 푸르게 늘어졌는데
한 조각 선범(仙帆)[95]이 달빛 띠고 날듯이 떠나가네.
남만(南蠻)[96]의 곡을 들으며 간밤의 술을 깨고
장독(瘴毒)[97] 안개는 가는 곳마다 나그네 옷을 적시리.
여빈(荔濱)[98]의 풀은 멀리 왕손(王孫)[99]을 전송하고
매령(梅嶺)[100] 꽃은 뜻밖에 한사(漢使 : 조정 사신)를 만나리.
나는 헛된 명성 때문에 여기서 어정거리다가
강남이나 강북에서 그대 돌아오는 것을 보리라.

---

93) 월(粵) : 광동(廣東)과 광서(廣西) 지방을 양월(兩粵)이라 함.
94) 청교(靑郊) : 봄날 푸른빛이 도는 교외.
95) 선범(仙帆) : 봉사나 사신이 되어 타국 혹은 외지에 나갈 때 타는 배를 가리킴. 장건(張騫)의 고사에서 나왔다.
96) 남만(南蠻) : 본래는 남방의 이민족. 여기서는 남방 지역을 가리키는 뜻으로 사용하였다.
97) 장독(瘴毒) : 남방에서 일으키는 풍토병. 장려(瘴癘). 남방의 뜨겁고 습한 곳에서 발생하는 병이다.
98) 여빈(荔濱) : 광동성(廣東省) 광주시(廣州市)의 서관(西關)에 해당하는 여지만(荔枝灣). 혹은 광서성(廣西省) 평낙현(平樂縣) 서남쪽에 있는 여포(荔浦)를 가리키는지 모른다. 여포는 여강(荔江)의 북안(北岸)에 해당한다.
99) 왕손(王孫) : 귀공자. 『초사(楚辭)』 가운데 「회남소산왕(淮南小山王)」의 '초은사(招隱士)'에 "왕손은 고향 떠나 노닐어 돌아오지 않고, 봄풀만 무성하게 자랐구나[王孫遊兮不歸, 春草生兮萋萋]"라고 하였다.
100) 매령(梅嶺) : 흔히 강서성(江西省)의 대유령(大庚嶺)을 가리키지만, 여기서는 복건성(福建省) 숭안현(崇安縣) 동남쪽에 있는 산을 말하는 듯하다.

青郊垂柳緣依依, 一片仙帆帶月飛.

蠻曲聽來醒暮酒, 瘴烟行處濕征衣.

荔濱草送王孫遠, 梅嶺花逢漢使稀.

總爲浮名淹此地, 江南江北看君歸.

1592년(만력 20년 임진), 북경에 있을 때 지은 시.

○ 장충허(莊沖虛): 장천합(莊天合)으로, 자는 덕전(德全)이며, 호가 충허이다. 장사(長沙) 사람이다. 1589년(만력 17년)의 진사로, 서길사(庶吉士)로 개수 받고, 편수(編修)를 제수 받았다. 동궁의 보좌관이 되어 광종(光宗)의 총애를 입었다. 거듭 승진하여 소첨사(少詹事)에 이르렀다. 『호남통지(湖南通志)』 권166에 전이 있다. 천합의 호가 충허라는 사실은 『용당소품(湧幢小品)』 권10 「기묘관선(己卯館選)」 조항을 통해서 알 수가 있다. 장천합은 이때 한림원 편수로 있으면서 원종도와 동료 사이였다. 천자의 명을 받들어 월(粵)로 사신 나간 것은 책봉(冊封)이나 경조(慶弔)의 일 때문이었던 듯하다.

남월로 사신 가는 사람을 전송하며(送南粵使)

버드나무 푸른 가지는 실같이 늘어져 석양에 싸이고

열 지은 오추마101)는 신속하게102) 근기(近畿)를 벗어난다.

산 속 관부103)에서 맞는 관리는 새소리를 듣고

장독(瘴毒) 고장104)으로 가는 사람은 모직 옷105)을 입었네.

광랑(桄榔)106)의 조밀한 잎은 그 아래 앉기 좋고

---

101) 반추(班騅): 무리지은 오추마. 오추마는 검푸른 털에 흰 털이 섞인 말.
102) 곽곽(霍霍): 빠른 모양.
103) 산부(山府): 산중의 관부(官府), 산 속의 역소(役所).
104) 장향(瘴鄉): 뜨겁고 습한 땅에서 일으키는 풍토병인 장독(瘴毒), 즉 장려(瘴癘)가 다 발하는 땅.
105) 전의(氈衣): 모직으로 짠 옷.
106) 광랑(桄榔): 종려(棕櫚)의 일종.

앵무새 고운 새끼들은 아직 날지를 못하리.

백월(百粵)107) 산천을 두루 다 시로 읊고서

소형화(素馨花)108) 시들면 육랑(陸郎)109)이 돌아오리.

靑楊如縷胃斜暉, 霍霍班雛出帝畿.

山府官迎聽鳥語, 瘴鄕人去着氈衣.

桃榔葉密偏宜坐, 鸚鵡雛嬌不耐飛.

百粵山川題欲徧, 素香花老陸郞歸.

전
筆校교 1592년(만력 20년 임진), 북경에 있을 때 지은 시. 앞의 시와 마찬가지로 장
천합(莊天合)이 월 땅으로 사신 나가는 것을 전송하여 지은 것이다. '남월
사'는 장천합을 가리킨다.

○ 山府官迎聽鳥語 : 山이 서종당본·십집본·소수본·이운관본에 巒으로 되어 있다.

○ 素香花老陸郎歸 : 香은 서종당본·십집본·소수본·이운관본에 馨으로 되어 있다.

---

107) 백월(百粵) : 강절(江浙)·민월(閩粵) 등의 지역. 월(越)나라 족속이 거주하던 지역으로
알려져 있음. 많은 종족으로 나뉘어져 있었으므로 '백'이란 표현을 씀.

108) 소형화(素馨花) : 상록 관목(灌木)의 이름. 소향(素香)이라 한 것은 잘못이다. 꽃은 자
스민[茉莉]과 비슷하며, 4판(瓣)이고, 뾰족하고 가늘다. 광주(廣州) 성 서쪽에서 난다.
꽃은 황색과 백색의 두 종류가 있는데, 흰 꽃이 향기가 더 강하다. 야실명화(耶悉茗花)
라고도 하며, 『유양잡조(酉陽雜俎)』에서는 야실밀화(野悉蜜花)라고 하였다. 노란 꽃은
황형(黃馨)이라고 하며, 금작화(金雀花)라고도 한다. 옛날 남한(南漢) 때 유창(劉鋹) 왕
의 시녀 소형(素馨)의 무덤에 이 꽃이 피어났다고 하여 이런 이름이 붙었다. 그 무덤은
광서성 남해현(南海縣) 동쪽에 있다. 그곳에는 남한(南漢)의 궁녀가 많이 묻혔으므로
소형과(素馨科)라고 하며, 내인사(內人斜)·화전(花田)이라고도 한다.

109) 육랑(陸郎) : 한(漢)나라 때 육가(陸賈)를 가리킨다. 육가는 남월(南越)의 왕을 설득하
러 갔는데, 금포장(錦布帳)을 설치하고 갔었다고 한다.

초약후 노사가 양 땅으로 사신 갔다가 그 길로 초 땅으로 가서 이굉보[110] 선생을 만나러 간다기에 전송하며(送焦弱侯老師使梁 因之楚訪李宏甫先生)

이른 아침 단서(丹書)[111]가 봉황루(鳳凰樓)[112]에서 발부되었네
도성 거리에 버드나무 녹음이 짙은 때.
먼 길 가는 말은 저녁달이 뜬 양원(梁苑)[113]에서 울고
외로운 돛배는 비 개고 가을빛 짙은 동정(洞庭)[114]을 향하네.
연꽃 편 백사(白社)[115]에는 도령(陶令 : 도연명)[116] 같은 은사가 오고
오이 익은 청문(青門)[117]에선 옛 제후 같은 이[118]를 알현하리.
내 자신이 우습구나 두 분의 제자가 되고서도[119]
호해(湖海)[120]에서 신선 배(사신 배)[121]를 바라보고만 있다니.

---

110) 이굉보(李宏甫) : 이지(李贄). 굉보는 이지의 호.
111) 단서(丹書) : 황제가 공신에게 발급하는 철권(鐵券). 여기서는 책봉서.
112) 봉황루(鳳凰樓) : 궁궐을 뜻함. 봉루(鳳樓), 봉궐(鳳闕)이라고도 한다. 금원(禁苑) 중에 봉황지(鳳凰池)가 있으므로 이르는 말인 듯하다.
113) 양원(梁苑) : 개봉(開封)을 말함. 한나라 때 양효왕(梁孝王)이 궁실과 동산을 짓고 빈객을 불러 들였던 곳. 토원(兔苑)이라고 함. 苑은 園으로도 표기함.
114) 동정(洞庭) : 동정호(洞庭湖). 초 땅을 대신 가리킴.
115) 백사(白社) : 백련화사(白蓮華社), 연사(蓮社)라고도 함. 진(晉)나라 때 승려 혜원(慧遠)이 여산(廬山)의 동림사(東林寺)에 있으면서 혜영(慧永)·혜지(慧持)·도생(道生) 등의 명승과 유유민(劉遺民)·종병(宗炳)·뇌차종(雷次宗) 등 명유를 아울러 123인이 결사를 하였다. 그들은 함께 정토의 법을 닦기로 맹세하였는데, 절에 백련을 많이 심었으므로 연사(蓮社)라고 하였다. 이 구절에서는 당시 이지(李贄)가 거처하던 마성(麻城) 용호(龍湖)의 지불원(芝佛院)을 가리키는 듯하다.
116) 도령(陶令) : 잔(晉)의 도잠(陶潛), 즉 도연명을 말함. 팽택령(彭澤令)을 지냈으므로 이렇게 부름.
117) 청문(青門) : 원래 한나라 장안성 동남문인 패성문(覇城門)을 말한다. 진(秦)나라 동릉후(東陵侯) 소평(邵平)이, 진나라가 망한 뒤 청문 밖에 살면서 외를 심었다는 청문과(青門瓜)의 고사가 있다.
118) 고후(故侯) : 진(秦)나라 동릉후(東陵侯) 소평(召平)을 말하는데, 여기서는 그로써 이지(李贄)를 가리킨다.
119) 양가위제자(兩家爲弟子) : 이지(李贄)와 초횡 두 사람의 제자가 되었다는 뜻이다. 원굉도는 이 시에서 내하여 스스로 제자의 열에 위치하였다.

丹書早發鳳凰樓, 楊柳靑陰滿陌頭.

征馬晚嘶梁苑月, 孤帆晴指洞庭秋.

蓮開白社來陶令, 瓜熟靑門謁故侯.

自笑兩家爲弟子, 空于湖海望仙舟.

1592년(만력 20년 임진), 북경에 있을 때 지은 시.

○ 초약후(焦弱侯): 초횡(焦竑)으로, 자가 약후이다. 또 다른 자는 종오(從吾)이다. 강녕(江寧) 사람이다. 제생(諸生)일 때 명성이 높았다. 1589년(만력 17년) 전시(殿試)에서 일등을 하고, 한림 수찬(翰林修撰)의 벼슬을 하였고, 황자강관(皇子講官)이 되었다. 초횡은 『양정도설(養正圖說)』을 지어서 헌정하려고 하였으나 동관(同官)이 시기하고 내각도 그의 경솔할 정도로 솔직히 직언하는 것을 싫어하였다. 1597년(만력 25년)에 순천(順天) 향시를 주관하였으나 탄핵을 받고, 복녕주 동지(福寧州同知)로 유배되었다가 대계(大計) 때 관질(官秩)이 깎이고 마침내 파직되었다. 초횡은 경사(經史)에서 패관잡설에 이르기까지 통달하지 않은 것이 없었으며, 고문을 잘 하였다. 저서에 『담원집(澹園集)』이 있다. 양명학파 나여방(羅汝芳)을 종주로 삼아, 성리(性理)를 즐겨 논하고 선학(禪學)을 좋아하였으며, 이지(李贄)와 지기가 되어 서로 존중하였다. 『명사』 권288에 전(傳)이 있다. 원굉도는 초횡을 스승으로 섬겼으므로 '노사(老師)'라고 칭하였다. 초횡이 이 해에 초(楚)로 가서 이지(李贄)를 방문하였다는 사실은 다른 기록에 보이지 않고 오직 이 시에서만 확인할 수 있다.

○ 사량(使梁): 명나라 제도에, 친왕(親王)·친왕비(親王妃)의 책립(冊立)이나 세자·군왕(郡王)·세자비·군왕비의 책립은 모두 매년 3월에 제청(題請)하고 4월 초순에 조정에서 사신을 보내어 책봉하게 되어 있다. 친왕·친왕비의 책봉은 훈척대신(勳戚

---

120) 호해(湖海): 바다같이 넓은 호수. 혹은 속세간을 말함. 강호(江湖). 대숙륜(戴叔倫)의 시(「哭朱放」)에 "몇 년이나 호해에서 남은 꽃을 따왔던가, 그렇거늘 하루 밤 서리에 난초가 꺾일 줄 누가 알았으랴幾年湖海挹餘芳, 豈料蘭摧一夜霜"라고 하였다.

121) 선주(仙舟): 사신이 되어 가는 사람을 태운 배. 선사(仙槎). 장건(張騫)의 고사에서 비롯된 말이다. 장건은 전한 시대의 외교가로, 한중(漢中) 성고(成固) 사람이다. 근본은 상인으로 건원(建元) 연간에 낭(郞)이 되고, 흉노(匈奴)와 화친해서, 동서로 장사하여 국가를 부강하게 하였으며, 박망후(博望侯)에 봉해졌다. 『전등신화』 「감호야범기(鑑湖夜泛記)」에 보면, 장건은 본래 하늘나라의 직리(直吏)로, 뗏목을 타고 옥황(玉皇) 앞에 갔다 왔다는 고사가 있다.

大臣)을 정사(正使)로 삼고, 한림(翰林)·방국(坊局)·육과(六科)·상보(尙寶)·경사(卿士) 5품 이상 관리를 부사로 삼았다. 세자·군왕·세자비·군왕비의 책봉에는 한림·방국·육과·상보·경사 5품 이상 관리를 정사로 삼고, 부시속관(部寺屬官)·중서(中書)·행인(行人) 등의 관리로 부사를 삼았다. 『명회전(明會典)』권55에 보인다. 『명사』「제왕세가(諸王世家)」에 의하면, 주왕(周王) 번부(藩府)는 개봉(開封)에 있었다고 하는데, 1589년(만력 17년)에 공효(恭㶇)를 세자로 봉하여 그가 주왕을 계승하였다고 하며, 1592년(만력 20년)에는 친왕으로 책봉하는 사신이 나갔다고 한다. 초횡은 그 사절의 부사였을 것이다.

이 연형[122]을 이별하며(別李年兄)

무슨 일로 해 지나도록 부모 곁[123]을 멀리 떠나 있나
주마(走馬)[124]하고 탄관(彈冠)[125]하려던 뜻이 모두 잘못이로다.

---

122) 연형(年兄) : 동시에 과거에 합격한 사람들끼리 서로 부르는 호칭. 특히 그 가운데 연장자를 부를 때 이 말을 사용한다. 연가(年家), 연가자(年家子)라고도 한다. 『전교』는 이 연형의 이름을 알 수 없다고 하였으나, 『지의』는 시의 내용으로 보아 이 연형이 광동 사람임을 밝히고, 도광(道光) 2년 『광동통지(廣東通志)』권69 「선거표(選擧表)」를 검색하여, 1598년(만력 26년) 옹정춘(翁正春) 방(榜)에 광동인으로 진사가 된 사람은 여섯 명인데, 그 가운데 이씨는 이연대(李年大) 한 사람이라고 밝혔다. 이연대는 자가 사여(四餘)로, 낙창(樂昌) 사람이며, 1582년(만력 10년 임오)의 향천(鄕薦)으로, 1592년(만력 20년)에 진사가 되었다. 유주(柳州)에 절추(節推)로 나갔다가, 뒤에 진강(鎭江)에 보임되었으며, 공부주사(工部主事)로 들어갔고, 이부계훈낭중(吏部稽勳郎中)으로 승진하였다.

123) 정위(庭闈) : 부모가 사시는 곳. 부모를 가리킴. 두보(杜甫)의 시(「送韓十四江東覲省」)에 "아는 이미 아우와 누이를 찾을 집이 없는데, 그대는 지금 어디에서 부모를 방문하는가(我已無家尋弟妹, 君今何處訪庭闈)"라고 하였다.

124) 주마(走馬) : 간화주마(看花走馬), 주마간화(走馬看花). 말을 달리면서 꽃을 봄. 본래는 사물의 겉면만 훑어보고 그 깊은 속을 살펴보지 않음을 비유하는 말이지만, 등과(登科)하여 벼슬한다는 뜻으로도 쓰인다. 맹교(孟郊)의 「등과후시(登科後詩)」에 "봄바람에 득의하여 말발굽을 빨리 하여, 하루에 장안의 꽃들을 두루 보노라(春風得意馬蹄疾, 一日看遍長安花)"라는 구절이 있다.

125) 탄관(彈冠) : 친구의 천거로 벼슬길에 나가게 되어 관모의 먼지를 턺. 한나라 때 왕길(王吉)이 출세하자 친구인 우공(禹貢)이 관의 먼지를 털었다는 고사에서 나왔다. 『한서

백발로 천리 이별하려니 감내하기 어렵다만

청산에 몸 하나로 돌아감을 어찌 부러워하지 않으랴?126)

나부산(羅浮山)127)에선 까치 내려와 신선 배128)를 영접하고

금석산(錦石山)129)의 성근 꽃은 비단 옷에 어우러지리.

나도 집 생각이 나서 떠나려 해도 그러지 못하니

그대 혼백을 동무하여 옛 동산 문에 이르리라.

經年何事遠庭闈, 走馬彈冠意總非.

白髮自難千里別, 靑山豈爲一身歸.

羅浮雀下迎仙舫, 錦石花疎間綵衣.

我亦思家去未得, 因君魂傍故園扉.

(梁書)』「심약전(沈約傳)」에 수록된 「교거부(郊居賦)」에 보면, "혹은 녹봉을 사양하고 돌아가 농사짓고, 혹은 관의 먼지를 털고 나와 벼슬하네(或辭祿而反耕, 或彈冠而來仕)"라고 하였다.

126) 청산개위일신귀(靑山豈爲一身歸) : 청산으로 몸 하나가 돌아감을 어찌 부러워하지 않으려는 뜻.

127) 나부(羅浮) : 광동성 증성현(增城縣)의 동쪽, 박라현(博羅縣)의 경계에 걸쳐 있는 산. 광동성의 나부산은 동진 때 갈홍(葛洪)이 선술(仙術)을 얻었다고 전하는 곳으로, 남한(南漢)의 유창(劉鋹)은 천화궁(天華宮)을 그 산 속에 세웠다고 한다. 송나라 여정(余靖)의 『무계집(武溪集)』 권2 「오색작(五色雀)」 「시서(詩序)」에 의하면, 광동의 나부산에는 오색 까치가 있어서, 귀인이 와서 노닐면 까치들이 무리를 지어 하루 전에 비상하므로, 절의 승려가 그것을 조짐으로 삼는다고 한다.

128) 선방(仙舫) : 사신이 타는 배를 말함. 선사(仙槎).

129) 금석(錦石) : 전백성 씨의 『전교』는 공안강(公安江)의 한 가운데 있는 소주(小洲)라고 하고, 원종도 『백소재류집(白蘇齋類集)』 권14에 「금석탄기(錦石灘記)」가 있다고 하였으나 『지의(志疑)』가 논하였듯이, 광동성(廣東省)의 산 이름이다. 『방여승람(方輿勝覽)』에 의하면 한(漢)나라 육가(陸賈)가 남월(南越)에 유세할 때 금포장(錦布帳)을 설치하고 갔으므로 혹칭 금과석(錦裹石)이라 한다고 한다. 또 다른 설에는 육가(陸賈)가 산신령에게 비단으로 보답하겠다고 약속하고, 남월왕을 유세하여 신하를 칭하게 한 뒤에 약속대로 꽃 대신 금석(錦石)을 산에 심었다고 한다. 뒤에 사람들이 사당을 세워 제사를 지냈다고 한다. 금석탄(錦石灘)이다.

1592년(만력 20년 임진), 북경에 있을 때 지은 시이다.

○ 羅浮崔下迎仙舫 : 崔은 패란거본에 雀인데, 서종당본·십집본·이운관 본에 의거하여 고친다.

고향에 돌아와(歸來)

고향에 돌아와 형제가 문을 마주하고 살며
석포하(石浦河)[130] 가에 작은 집을 지으니,
유마(維摩)[131]의 방장(方丈)에 비길 만하고,
양자(揚子 : 揚雄)처럼 책상 하나에 서적[132]도 괜찮군.
채마밭에는 곳곳마다 움과 싹[133]이 자라고
꽃비가 많이 내리지 않아도 도랑에는 꽃잎이 점점이네.
농부 옷차림에 맨머리[134]로 늘 한데 모이나니
완가(阮家)[135]의 예법이 원래 소탈하기에.

---

130) 석포하(石浦河) : 공안(公安) 성안의 작은 강.
131) 유마(維摩) : 유마라힐(維摩羅詰), 비마라힐(毘摩羅詰)이라 하며, 줄여서 유마, 혹은 유마힐이라고 한다. 부처가 재세할 때 비야리성(毘耶離城)의 거사(居士)로, 묘희국(妙喜 國)에서부터 이곳에 화생(化生)하여 속가(俗家)에 몸을 맡기고 석가의 교화를 도왔다는 법신(法身)의 대사(大士)이다. 부처가 비야리성 암마라원(菴摩羅園)에 있을 때 성중의 오백장자의 아들들이 설법을 청하였으나, 유마힐은 병을 이유로 오지 않았다. 부처가 여러 비구(比丘)와 보살(菩薩)을 시켜 그 병상에 문병을 하였는데, 유마힐은 오히려 그 들에게 설법을 행하였다. 『유마경(維摩經)』 3권 14품이 있다. 흔히 재가 신도를 말한다.
132) 일상서(一牀書) : 책상 하나 정도의 적은 서적. 여기서는 양웅이 저술한 『법현(法玄)』 과 같은 책을 말하는 듯하다.
133) 묘갑(苗甲) : 움과 싹. 甲은 초목이 처음 움터날 때 움[芽]에 붙어있는 씨껍질, 즉 피 각(皮殼)을 말한다. 『주역(周易)』 「해괘(解卦)」에, "뇌우가 일어나면 백과와 초목이 모 두 피각이 터진다(雷雨作, 而百果草木皆甲坼)"라고 하였다.
134) 과두(科頭) : 맨 머리. 관모나 두건을 쓰지 않은 머리.
135) 완가(阮家) : 완함(阮咸)과 완적(阮籍)의 집안. 완함과 완적은 죽림칠현에 속하였다. 그 두 사람은 도로 남쪽에 가난하게 살았고 다른 완 씨들은 도로 북쪽에 부유하게 살았으 므로, 완가남북(阮家南北)이라는 말이 있다. 7월 7일에 북완은 성대하게 의복을 갖추어 있고 비단옷을 걸쳤으나, 완함은 뜰에다 장대를 세우고 대포(大布)로 만든 독비(犢鼻 :

歸來兄弟對門居, 石浦河邊小結廬.
可比維摩方丈地, 不妨揚子一牀書.
蔬園有處皆添甲, 花雨無多亦溜渠.
野服科頭常聚首. 阮家禮法向來疎.

1592년(만력 20년 임진), 공안에 있을 때 지은 시.

○ 원굉도는 급제한 뒤에 2개월이 채 못 되어 형 원종도와 함께 휴가를 청하여 귀성하였다. 시에서 말하는 석포하는 공안의 성안에 있다. 원중도『유거시록(遊居柿錄)』권8에 다음 말이 있다. "석포하는 성을 뚫고 한 줄기 큰물을 이루어 위로 양자강에 통하고 아래로 호항(蒿港)에 통하며, 동쪽으로 하서·하남의 지류로 나간다. 오래 뒤에는 강줄기가 말라 가까스로 강의 형체기만 남아 있을 따름이고, 물이 불어났을 때 겨우 동서의 강으로 통하였다. 만력 임인·기묘 연간에는 강 가운데 가까스로 배가 다녔다. 병술·정해에는 그나마 배가 떠다니고 강기슭에는 수양버들이 하늘거렸다. 정해년부터는 강물이 둑을 무너뜨려 성안이 차츰 파괴되었으나, 그래도 거처할 수는 있었다. 그래서 중랑(원굉도)이 강 동쪽에 거처하고 나의 외왕부 공춘소(龔春所) 공과 여러 외삼촌들이 모두 강의 동서에 거주하여, 아침저녁으로 모여서는 선(禪)을 이야기하고 시를 지으면서 즐겼다."

손조유를 곡하다. 두 수(哭兆孺 二首)

첫째(其一)

높은 성의 피리 소리는 가을밤에 가늘게 울려나고
눈에 가득 서풍은 흰 장막[136]을 말아 올린다.
사해에 마음 두어 지팡이 앞세워 나다닌다만

고쟁이를 걸어 두었다. 사람들이 괴이하게 여겨 물으니, 완함은 "아직 속기를 벗어나지 못하여 잠시 이렇게 할 따름이다(未能免俗, 聊復爾耳)"라고 대답하였다고 한다.
136) 소위(素幃) : 빈소에 치는 흰 장막.

삼상(三湘)[137]에서는 하의(荷衣)[138] 입은 이를 찾을 길 없구나.

외론 칼집에 칼이 비매 용의 흐느낌 소리 들리고[139]

추운 겨울 산에 길손이 조문하매 학이 사라지누나.

오늘로 그대 시문[140]이 지어지지 않게 됨을 통곡하나니

동남방 천석(泉石)[141]에 광채가 사라지겠구려.

高城秋笛夜微微, 滿目西風捲素幃.

四海有心隨短杖, 三湘無處覓荷衣.

劍空孤匣聽龍泣, 客弔寒山有鶴歸.

今日哭君騷雅盡, 東南泉石少光輝.

전
校교 1592년(만력 20년 임진), 공안에 있을 때 지은 시.

○ 조유(兆孺) : 손사억(孫斯億)으로, 자가 조유이다. 화용(華容) 사람이다.
명나라 가정(嘉靖) 연간의 시인인 동정산인(洞庭山人) 손의(孫宜)의 아들이다.『운
몽시(雲夢詩)』2권, 시집 20권의 저술이 있다. 황우직(黃虞稷)의『천경당서목(千頃
堂書目)』권23에 나온다.

---

137) 삼상(三湘) : 호남성(湖南省) 악양(岳陽) 부근의 상향(湘鄕)・상담(湘潭)・상음(湘陰)을
　　　가리킨다. 혹은 완상(浣湘)・소상(瀟湘)・증상(蒸湘)을 가리킨다고도 하고 이상(灕湘)・
　　　소상(瀟湘)・증상(蒸湘)을 가리킨다고도 한다. 앞에 나왔다.
138) 하의(荷衣) : 연 잎으로 엮은 옷. 은둔자의 옷. 또는 세속을 초월하여 사는 훌륭한 사
　　　람의 옷을 비유한다고도 한다.『초사』「구가(九歌)」에 보면 "(司命이) 하의에 향풀 띠를
　　　차고, 훌쩍 왔다가는 홀연 사라지네(荷衣兮蕙帶, 儵而來兮忽而逝)"라고 하였다.
139) 검공고갑청룡읍(劍空孤匣聽龍泣) : 전욱(顓頊)의 보검 전영(電影)은 갑 속에 있으면서
　　　용호(龍虎)와 같은 울음소리를 내었다고 한다. 여기서는 검의 정령인 용만 흐느껴 운다
　　　는 뜻으로 사용한 듯하다.
140) 소아(騷雅) : 본래는『이소(離騷)』와「소아」・「대아」를 가리켜, 시 일반을 뜻한다. 여
　　　기서는 시문 일반으로 보았다.
141) 천석(泉石) : 산수자연.

둘째(其二)

무덤[142]을 이별한 뒤 발걸음이 떨어지지 않누나

택국(澤國)[143]에 부질없이 구원(九畹)의 난(蘭)[144]만 남다니.

백골 되었어도 천년 뒤에 지기(知己)가 있으리라

현언(玄言)[145]은 호해(이 세상)에서 남과 조화하기 어려웠다만.

용의 손자[146] 죽은 뒤로 가을 강이 적막하고

귀화(鬼火)[147]마저 싸늘하여 밤 골짝이 쓸쓸해라.

군산(君山)[148]의 젓대 소리에 달빛이 비통하구나

신선과 함께 난간에 기대어 들을 수 있을지?

黃墟別去路漫漫, 澤國空餘九畹蘭.

白骨千年知己在, 玄言湖海和人難.

秋江寂寞龍孫死, 夜壑蕭條鬼火寒.

痛殺君山笛裏月, 可同仙子一憑欄?

---

142) 황로(黃墟) : 지하, 황천(黃泉). 『회남자(淮南子)』 「남명훈(覽冥訓)」에 나타나 있다. 여기서는 무덤을 가리킨다고 보았다.

143) 택국(澤國) : 상택(湘澤)을 말한다. 광서성(廣西省) 흥안현(興安縣)에서 발원하여 호남성(湖南省) 동정호(洞庭湖)로 흘러가는 강. 굴원(屈原)이 지은 「어부사(漁父辭)」에 보면, "굴원이 방축되어 강담(江潭)을 떠돌고 못 가에서 서성이며 시를 읊었는데 안색이 초췌하고 형용이 메말랐다(屈原旣放, 游於江潭, 行吟澤畔, 顔色憔悴, 形容枯槁)"고 하는 묘사가 있다. 굴원의 『초사』에는 상택을 배경으로 한 시구가 많다.

144) 구원난(九畹蘭) : 구원의 난. 원은 밭 면적 단위로, 12무(畝) 혹은 30무. 그 너비는 미상이지만, 이 표현은 굴원(屈原)의 『이소(離騷)』에서 "나는 이미 이 구원의 난을 키우고, 백무(百畝)의 혜초를 심노라(余旣滋九畹之蘭兮, 又樹蕙之百畝)"라고 한 데서 따왔다.

145) 현언(玄言) : 심오한 말. 노장(老莊)의 설.

146) 용손(龍孫) : 남의 손자를 가리키는 말.

147) 귀화(鬼火) : 어두운 밤 음습한 곳에 일어나는 불빛.

148) 군산(君山) : 동정호(洞庭湖) 안에 있는 산. 상군(湘君)이 노닌 곳이라고 하여 그런 이름이 붙었다고 한다. 이백(李白)의 시(「陪侍郎叔遊洞庭醉後三首·其三」)에 "우뚝한 군산을 깎아버려, 상수 흐름을 평평하게 하리(剗却君山好, 平鋪湘水流)"라고 하였다.

미친 노래(狂歌)

육경(六經)[149]은 정말 풀강아지[150]와 같고

삼황(三皇)[151]은 종이(서적) 위에서 다툴 뿐.

유룡(노자)[152] 이후 사람들은

점점 잔재주[153] 드러내어

숨을 내불어 구름·아지랑이 같이 꾸미고[154]

홍자색으로 만상(萬狀)을 해쳐 기이하게 만드네.[155]

---

149) 육경(六經) : 유교의 고전. 육예(六藝). 시(詩)·서(書)·역(易)·예(禮)·춘추(春秋)·악(樂)의 여섯 서적을 말하는데, 악경(樂經)은 처음부터 없었거나 현전하지 않는다.

150) 추구(芻狗) : 옛날 중국에서 제사 지낼 때 사용하던 풀강아지. 제사가 끝나면 태워버렸으므로, 소용이 있을 때는 귀중하게 여기지만 다 쓰고 나면 버리는 것을 비유하는 말로 사용한다. 『장자(莊子)』 「천운(天運)」에 "무릇 추구는 아직 진설하지 않았을 때에는 대광주리에 넣어 화려하게 수놓은 천으로 싸 두었다가, 시축(尸祝)이 재계(齋戒)한 뒤에 내와서 신에게 바치지만, 이미 진설한 뒤에는 길가는 이가 그 머리와 등짝을 밟고 지나가고 풀 베는 이는 그것을 가져다가 부뚜막에 불을 지피고 말 따름이다(夫芻狗之未陳也, 盛以篋衍, 巾以文繡, 尸祝齊戒以將之. 及其已陳也, 行者踐其首脊, 蘇者取而爨之而已)"라고 하였다. 이것은 육경(六經)이 사실상 추구와 마찬가지로 별 쓸모가 없다는 뜻이다.

151) 삼황(三皇) : 중국 고대의 천자. 일반적으로 복희(伏羲)·신농(神農)·황제(黃帝)를 말한다.

152) 유룡(猶龍) : 용과 비슷한 인물. 노자. 공자가 노자를 평하여 한 말. 용은 실체를 엿보기 어려우므로, 노자의 지혜나 학문이 심오하고 해박하여 그 마음속을 헤아리기 어려운 것에 비유한 것임. 『사기』 「노자열전(老子列傳)」에 보면 공자가 노자를 만나보고 떠나면서, 제자들에게 노자를 평하여 '유룡(용과 비슷하다)'이라고 하였다고 되어 있다.

153) 기량(技倆) : 재주. 여기서는 권력과 이익을 쟁탈하는 수단, 권모술수. 『구당서』 「사공도전(司空圖傳)」에 보면 "기량이 비록 많지만 성령은 악하도다(技倆雖多性靈惡)"라고 하였다.

154) 허기약운연(噓氣若雲烟) : 숨을 내뿜어 마치 구름이나 아지랑이같이 만듦. 구름이나 아지랑이는 변화무쌍하여 실질이 없음을 비유하는 말.

155) 홍자수만상(紅紫殊萬狀) : 홍자색이 만상(萬狀)의 본래 색을 해친다는 뜻. 홍자(紅紫)는 간색(間色)이므로 부정한 색깔로 여겨졌다. 『논어』 「향당(鄕黨)」에 보면, "홍자색으로는 속옷을 만들 수 없다(紅紫不以爲褻服)"고 하였는데, 주희(朱熹)의 『집주(集注)』에 보면, "홍자색은 간색이라서 부정하다"라고 하였다. 역시 『논어』 「양화(陽貨)」에 보면 "공자께서 말씀하시길, 자줏빛이 붉은 색을 빼앗는 것을 싫어한다고 하셨다(子曰, 惡紫之奪朱)"라고 하였다. 또한 조기(趙岐)의 「맹자제사(孟子題詞)」에도 "홍자색이 주색을

초바구미156)는 뚜껑을 벗겨주지 않으면157)

옹기 속의 하늘(술지게미)을 드넓다 여기리라.

지난날엔 공자의 위세를 빌어

스스로 철보장(鐵步障)158)이라 여겼다만

지인(至人)159)의 말을 한 번 듣곤

기운이 저상(沮喪)하여 머리 떨구는 꼴이란.

六籍信芻狗, 三皇爭紙上.

猶龍以後人, 漸漸陳伎倆.

噓氣若雲烟, 紅紫殊萬狀.

醯雞未發覆, 甕裏天浩蕩.

宿昔假孔勢, 自云鐵步障.

一聞至人言, 垂頭色沮喪.

어지럽힌다(紅紫亂朱)"라고 하였다.

156) 혜계(醯雞) : 술, 간장, 된장 등에 꼬이는 기생충. 흔히 초파리라고 번역하지만 초파리와는 달리 술 단지 속에 기생하는 초파리의 애벌레를 말한다. 초파리 애벌레가 술 단지 속에서 술지게미를 하늘로 여기고 살 듯, 견식이 좁은 것을 비유하는 말.『장자』「전자방(田子方)」에 "공자는 도와의 관계에서 마치 술지게미와 같다(丘之於道也, 其猶醯雞與)"라고 하였다. 황정견(黃庭堅)의 「연아(演雅)」 시에 "늙은 조개에게는 태 속의 진주가 적고, 혜계는 단지 속에서 하늘이 얼마나 크랴(老蚌胎中珠是賊, 醯雞甕裏天幾大)"라고 하였다.

157) 발복(發覆) : 겉 뚜껑을 벗겨냄. 외피가 걷혀져 진상이 밝혀짐.『장자』「전자방(田子方)」에서, "부자께서 저의 겉 뚜껑을 벗겨내어 주시지 않았더라면 나는 하늘의 온전한 모습을 몰랐을 것입니다(微夫子之發吾覆也, 吾不知天之大全也)"라고 하였다.

158) 철보장(鐵步障) : 쇠로 만든 것처럼 튼튼한 보장(步障). 보장은 병막(屏幕).『진서(晉書)』「왕응지처사씨전(王凝之妻謝氏傳)」에 보면, 왕응지(王凝之)의 아우 왕헌지(王獻之)가 일찍이 빈객과 논변을 하다가 논리가 궁하게 되었다. 그러자 왕응지의 처 사도온(謝道韞)이 여종을 보내어 왕헌지에게, "도련님을 위해서 궁색한 것을 풀어드리겠습니다"라고 하였다. 그리고는 푸른 비단을 바른 병장(屏障)을 둘러쳐서 그 뒤에 숨고는, 왕헌지의 앞서 논변을 신술(申述)하여, 객을 이겼다고 한다. 이 말은, 공자의 학문을 빌어다가 위협적인 지위를 차지하고는, 남이 이길 수 없는 견고한 병장(屏障)이라고 여긴다는 뜻이다.

159) 지인(至人) : 도덕이 지극히 높은 사람. 여기서는 이지(李贄)를 가리킨다.

전교 1592년(만력 20년 임진), 공안에 있을 때 지은 시.
○ 垂頭色沮喪 : 喪은 패란거본에 爽으로 되어 있으나, 서종당본·십집본·소수본·이운관본에 의거하여 고친다.

일에 느껴(感事)

상산(湘山)[160]의 맑은 빛이 멀리 희미한데
진종일 강 머리에서 홀로 마시다 취하여 돌아가노라.[161]
두 변방[162]에서 전하는 승리의 노포[163]는 보지 못했고
천자께선 여전히 자신전(紫宸殿)에 납시지[164] 않으신다 하네.
변경 방비책[165]에는 중책도 하책도 있을 수 없거늘
조정 의론[166]은 여태껏 시비가 분분하기만 하니,
해 저무는 모래밭에 가을 풀만 어지럽고
흰 새 한 쌍이 사람을 피하여 날아가누나.

湘山晴色遠微微, 盡日江頭獨醉歸.

不見兩關傳露布, 尙聞三殿未垂衣.

邊籌自古無中下, 朝論于今有是非.

---

160) 상산(湘山) : 동정호(洞庭湖) 동쪽, 호수 속에 솟아 있는 수려한 산. 군산(君山)이라고 한다.
161) 진일강두독취귀(盡日江頭獨醉歸) : 두보(杜甫)의 「곡강(曲江)」 시에 "매일 강 머리에서 취하여 돌아간다[每日江頭盡醉歸]"라고 한 것을 끌어왔다.
162) 양관(兩關) : 두 변방. 영하(寧夏)에서의 반란과 일본의 조선 침략을 가리키는 듯하다.
163) 노포(露布) : 승전의 보고.
164) 수의(垂衣) : 옷자락을 드리움. 대궐에 임하여 정무를 봄을 말함. 옛날의 요임금과 순임금은 옷자락을 땅에 드리우고 있을 뿐인데도 천하가 잘 다스려졌다는 고사로부터, 천자가 정무를 행하는 것을 말하다. 만력 황제는 실제로 정치에 열심이지 않았으므로 조정에 나오지 않는 일이 많았다.
165) 변주(邊籌) : 변경에 대한 전략과 책략.
166) 조론(朝論) : 조정의 의론.

日暮平沙秋草亂, 一雙白鳥避人飛.

전
校 1592년(만력 20년 임진), 공안에 있을 때 지은 시. 원굉도는 진사가 된 후 두 달이 채 못 되어 휴가를 청해 고향으로 돌아갔다. 명나라 정계에서는, 진사가 되었어도 아직 임용이 안 된 자들이 휴가를 받아 귀성하고 성묘한다는 구실로 잠시 고향으로 돌아가는 것이 관례였다. 이 시에서 '양관의 노포'라든가 '변주의 중하'라든가 한 것은 이해 2월에 영하(寧夏)의 발승은(哱承恩) 등이 난을 일으켜 순무 우첨도어사 당경(党馨)과 독저도 병비부사(督儲道兵備副使) 석계방(石繼芳)을 살해하고, 상보소경(尙寶少卿) 주홍약(周弘禴)이 변무(邊務)를 논하다가 죄를 얻은 일 따위를 가리킨다. 원굉도는 조정의 조치에 대하여 불만을 표시한 것이다.

○ 尙聞三殿未垂衣 : 三은 패란거본에 一로 되어 있지만 서종당본·십집본에 의거하여 고친다.

당객을 이별하면서 장난스레 적어 주다. 객은 풍성 사람이다(戲別唐客, 客豊城人)

첫째(其一)

해마다 길손 되어 소상(瀟湘)에 이르러선
초택(楚澤)[167]의 운연(雲烟)[168]을 담아 시낭(詩囊)[169]이 가득한데,
면화가 흰 눈 같이 피어날 때 고향에 돌아가는구려.
고향에 돌아가니,

---

167) 초택(楚澤) : 초나라의 소택(沼澤). 초나라 땅에는 동정호(洞庭湖)나 운몽택(雲蒙澤)과 같은 호수가 많다.
168) 운연(雲烟) : 구름과 아지랑이. 즉 풍광(風光).
169) 낭(囊) : 해낭(奚囊). 이상은(李商隱)이 지은 「이장길소전(李長吉小傳)」에서 나온 말. 시(詩) 주머니. 당나라의 이하(李賀)가 명승을 구경하며 얻은 시를, 뒤따라 다니는 해노(奚奴)가 지고 다니는 주머니에 넣었다고 한다. 전하여 시초(詩草)를 넣어두는 주머니를 가리킨다.

응당 알겠네, 청작(靑雀)[170]이 강물에 임하던 날
갈거미가 내인(內人)[171] 옷에 떨어지리라고.[172]

年年爲客到瀟湘, 楚澤烟雲拾滿囊.
綿花如雪歸故鄉.
歸故鄉, 應知靑雀臨流日, 內人蟢子墜衣裳.

전校 1592년(만력 20년 임진), 공안에 있을 때 지은 시.

○ 당객(唐客) : 의술을 하였던 인물인데, 이름은 알 수 없다. 강서(江西) 사람이다. 집이 가난하였는데, 원굉도·중도 형제와 교유하였다. 깡마른 체질에 눈이 둥글고 입이 뾰족하였으며, 다소 원숭이와 비슷한 모습이었다. 골계(滑稽)를 잘하여, 남의 환심을 잘 샀다. 원굉도가 그를 데리고 도성으로 들어갔고, 원중도는 그를 데리고 운중(雲中)으로 갔다. 『가설재문집(珂雪齋文集)』 권12 「서당의책(書唐醫冊)」이 그 일화를 자세하게 기록해 두었다. 원굉도의 『백소재유집(白蘇齋類集)』 권9 「당의서(唐醫序)」는 글이 비교적 짧으므로 여기에 번역하여 둔다. "당생은 초 땅에 들어가, 곧 나의 동리 거대호(車臺湖)에 거주하였다. 호수는 산수가 아주 맑고 수려하였다. 당생은 띠풀을 얽어서 집을 만들고, 그 속에 거처하며 여러 방서(方書)를 읽었으므로, 의술이 아주 정밀하였다. 나의 족친 수백 가가 촌 안에 모여 살았는데, 당생이 남쪽 완(阮)으로 가려 하면, 북쪽 완(阮)이 서로 약속하고는 그 문에 이르러 가서 그를 다른 데로 못 가게 할 정도였다. 당생의 사람됨은 키가 작고 야멸치며, 수염은 창처럼 쭈뼛쭈뼛하였는데, 평소 골계를 잘하되 이치에 통달하지 않음이 없었다. 공(空)에 대하여 담론하면 당생은 공(空)을 이야기하였고, 현(玄)을 담론하면 당생은 현(玄)을 이야기하였으며, 미염(米鹽)에 대하여 담론하면, 당생은 미염(米鹽)에 대하여 이야기하였다. 사람들마다 당생이 자기를 속인다고 여겼다. 우리 족친의 여러 백숙형제(伯叔兄弟)들 가운데는 부자가 많아서, 술에 취하여 미친 듯이 노래하는 것

---

170) 청작(靑雀) : 배를 말한다. 강동(江東) 귀인들은 배 앞머리에 청작의 상을 만들어 붙였으므로, 배를 청작방(靑雀舫)이라고 한다.
171) 내인(內人) : 가기(歌妓)를 뜻하기도 하지만 아내를 뜻하기도 한다. 후자의 뜻인 듯하다.
172) 희자(蟢子) : 갈거미. 북제 사람 유주(劉晝)의 『유자(劉子)』에 보면, 당시 야인(野人 : 농부)늘은 낮에 살거미늘 보면 기쁜 일이 생길 조심이라고 씨졌다고 한다.

을 좋아하고 오백(五白)을 외쳐대고 육적(六赤)을 던지면서 즐겁게 웃어대고 하였는데, 당생이 없으면 즐겁지가 않았다. 내가 도성에서 돌아오자, 여러 백숙형제들이 모여서 즐겼는데, 그럴 때면 반드시 당생을 맞아 왔고, 모이기만 하면 서글퍼져서 헤어져 떠날 수가 없었다. 여러 백숙형제들이 모두, 당생이 남의 생명을 구한 일이 매우 기이하다고 이야기하였으므로, 나는 그 말을 듣고 놀라고 좋아하였다. 하지만 당생은 최근에 사방을 멀리 유람할 뜻이 있어서, 오악(五嶽)을 두루 돌아보고 명년에 다시 나를 따라 도성으로 가고 싶어 하니, 정말 너무도 좋은 일이다. 사방 여러 곳에서 당생의 생계를 도와 그를 살려줄 사람들이 이루다 헤아릴 수 없이 많겠지만, (만일 그가 사방으로 유람을 간다면) 다만 여러 백숙형제들로 하여금 한 해 동안 기쁘지 않게 만들 것이다. 당생이 거사(居士)의 말을 구하기에, 거사가 마침내 붓 가는 대로 써서 준다." 원종도의 글은 원굉도의 이 시와 같은 시기에 지은 것이다.

○ 年年爲客到瀟湘 : 到는 서종당본·십집본·이운관본에 向으로 되어 있다.

둘째(其二)

해마다 장대(章臺)[173]에 객이 되어

기름 바른 얼굴[174]은 주옥같고 텁석부리는 붉은 빛이 가득하더니,

짧은 갈옷에 행전(行纏)[175] 차림으로 귀거래하는구나.

귀거래하여

참깨[176]와 기장 씨를 뿌리려고,

의연히 바람에 돛을 달아 초(楚) 땅으로 향하네.

年年爲客向章臺, 面脂如珠紅滿鬚.

短褐行纏歸去來.

---

173) 장대(章臺) : 본래 한나라 때 장안의 거리 이름인데, 여기서는 초나라의 수도 영(郢)의 환락가를 가리킨다. 기방이 많은 곳을 말한다.
174) 면지(面脂) : 얼굴에 바르는 기름. 한위(漢魏) 때부터 얼굴 장식으로 사용해 왔다고 한다.
175) 행전(行纏) : 바지·고의를 입을 때 정강이에 꿰어 무릎 아래에 매는 헝겊.
176) 유마(油麻) : 호마(胡麻). 참깨와 검은깨.

歸去來, 種得油痲如黍子, 依舊風帆向楚開.

중구일에 강가에서 몇몇이 모임을 하며(九日江上小集)

온 숲에 경색이 바뀌고
강물 소리가 사면에 성한데,
관모 벗고 멋진 절기를 수작하고
술을 청하여 찬 기운의 도래를 축하한다.
아이는 바둑판을 가져오고
요리사는 회(鱠) 소반을 바치누나.
가을 교외의 풍광이 온통 취기 속에 있는 듯하여
산뜻한 경색을[177] 난간에 기대어 바라본다.

物色千林換, 江聲四面瀾.
脫冠酬勝節, 呼酒賀新寒.
童子攜方罫, 疱人進鱠盤.
秋郊如醉裏. 瀟灑一憑欄.

전
校교　　1592년(만력 20년 임진) 9월 9일의 중양절에 공안에서 지은 시.

---

177) 소쇄(瀟灑) : 맑고 산뜻함. 여기서는 가을의 경색을 말한다. 두보(杜甫)의 「옥화궁(玉
　　華宮)」 시에 "대지의 온갖 구멍에서 나는 소리는 피리 소리며 생황 소리 같고, 가을의
　　경색은 정말로 맑고 산뜻하다(萬籟眞笙竽, 秋色止瀟灑)"라고 하였다.

공산목[178] · 공능자[179] · 추백학[180]과 함께 교외에 나가다(郊行同龔散木 · 能者 · 鄒伯學)

키 큰 버드나무는 산 속의 절을 가리고
잡꽃들은 물가를 아로새겨 놓았네.
육, 칠 리 이어지는 푸르고 맑은 시내에
흰 모자 쓴 두세 사람.
음식 솥에는[181] 모기들이 찾아오고
연하(烟霞)에는 사슴 · 돼지가 이웃하네.
두 다리 쭉 뻗는 것[182]도 곧 예절이니
하필 관모나 두건을 쓰랴.

---

178) 산목(散木) : 공유용(龔惟用). 외삼촌 집안의 사람으로, 원굉도보다 약간 나이가 많으며, 과거에는 아무 관심을 두지 않은 인물이다. 나이 서른에 제생(諸生)을 그만두고 귀은(歸隱)한다.

179) 공산목능자(龔散木能者) : 공산목과 공능자. 공유용(龔惟用)의 호가 산목이고 공중안(龔仲安)의 법호가 산목(散木)이다. 권1의 「여름날 공산목 · 공능자 · 최회지 · 추백학 · 이자염과 함께 기녀를 데리고 화상교에 배를 띄우고 노닐다. 두 수(夏日同龔散木 · 能者 · 崔晦之 · 鄒伯學 · 李子髥攜妓泛舟和尚橋, 二首)」를 참조.

180) 추백학(鄒伯學) : 공안 사람으로, 원굉도의 지우이다. 권1의 「여름날 공산목 · 능자 · 최회지 · 추백학 · 이자염과 함께 기녀를 데리고 화상교에 배를 띄우고 노닐다, 두 수(夏日同龔散木 · 能者 · 崔晦之 · 鄒伯學 · 李子髥攜妓泛舟和尚橋, 二首)」를 참조.

181) 종부(鍾釜) : 음식을 만드는 솥. 도량형의 이름이기도 하다. 종(鍾)은 6곡(斛) 4두(斗). 부(釜)는 그 10분의 1인 6두 4승(升).

182) 기거(箕倨) : 두 다리를 편하게 쭉 뻗은 자세. 箕踞로도 표기한다. 보통은 예법에 어긋나는 태도이다. 『장자』 「지락(至樂)」에 보면, 장자는 아내가 죽자 두 다리를 쭉 뻗고 앉아 분(盆)을 두드리면서 노래하였다고 한다. 또 『사기』 「형가전(荊軻傳)」에 보면, "형가는 진시황을 죽이려다가 실패하자 기둥에 기대어 웃고는 두 다리를 쭉 뻗고 앉아 욕을 해대었다(倚柱而笑, 箕倨而罵)"고 하였다. 소순흠(蘇舜欽)의 「창랑가(滄浪歌)」에 "내가 그때 작은 배를 저어, 폭건 차림으로 갔는데, 그곳에 이르자 돌아갈 생각을 깨끗이 잊어버리고, 두 다리를 쭉 뻗고는 큰 소리로 노래를 부르고 걸터앉아서는 하늘을 쳐다보면서 휘파람을 불었는데, 농부들은 아무도 오지 않고, 새와 물고기와 함께 즐겼다(予時榜小舟, 幅巾以往, 至則灑然忘其歸, 箕而浩歌, 踞而仰嘯, 野老不至, 魚鳥共樂)"라고 하였다.

高柳藏山寺, 雜花綴水濱.
靑溪六七里, 白帢兩三人.
鍾釜蚊虻過, 烟霞鹿豕隣.
箕倨亦是禮, 何必取冠巾.

전
校교　1592년(만력 20년 임진), 공안에 있을 때 지은 시.

홍자를 이별하다. 아울러 오임천에게 부치다(別洪子, 兼寄吳臨川)

저녁 비 내리고 또 아침 아지랑이 끼었는데
그대를 강물 가에서 전송하다니.
친구가 안부를 물어오면
내가 임천(臨川)183)을 그리워한다고 말해 주구려.

暮雨復朝烟, 送君江水邊.
故人如問訊, 道我憶臨川.

전
校교　1593년(만력 21년 계사) 초에 공안에 있으면서 지은 시.
　　○ 홍자(洪子): 이름은 미상. 원중도 『가설재시집(珂雪齋詩集)』 권1에 「홍
생을 이별하며(別洪生)」 시가 있으니, 그 사람을 가리키는 듯하다. 그 시에 이러하
다. "홍생은 수염과 더벅머리를 매만지지 않은 지 열흘하고 나흘이 지났는데, 천리
를 갔다 오길 지척처럼 하네. 몇 번이나 귀거래한다면서 돌아가지 못하였던가, 오늘
아침에는 수심에 겨워 향리로 돌아가네. 소상강 물은 어이 그리 넘실대며, 심양(潯
陽) 길의 봄 조수에 밤비마저 더하네. 인생은 내달리는 물결 같으니 어느 때에나 쉬

183) 임천(臨川): 강서성에 속하는 지역. 희곡작가로 원굉도와 절친한 탕현조(湯顯祖)의
　　고향이기도 하다.

라, 그대를 강가에서 보내매 노쇠함이 더하는구려(洪生鬚鬢旬且七, 往還千里如咫尺. 幾回言歸却不歸, 今朝愁死回鄕邑. 瀟湘之水何浩浩, 春潮夜雨潯陽道. 人生奔波何時休, 送君江上令人老)." 곧 홍생은 공(贛) 땅 사람인데, 나이가 이미 칠순에 가깝거늘 여태 득의하지 못한 사인이었다. 이 때 강서(江西)의 고향으로 돌아갔다. 시의 제목에 '아울러 오임천에게 부친다'로 되어 있는 것을 보면 홍생이 돌아가는 곳이 임천이었음을 알 수 있다.

○ 오임천(吳臨川) : 오용선(吳用先)으로, 자는 체중(體中)이고, 호는 본여(本如)이다. 동성(桐城) 사람이다. 1592년(만력 20년)의 진사이다. 1593년(만력 21년)부터 임천 지현(知縣)으로 있다가 1599년(만력 27년)에 비로소 임지를 떠났다. 『동성현지(桐城縣志)』권12에 전(傳)이 있다. 그가 임천(臨川)의 영(令)에 임명되었다는 사실이 『무주부지(撫州府志)』권39의 기록에 나타나 있다. 뒷날 1600년(만력 28년)에 원굉도 형제가 북경에 있으면서 시사를 결성하여 학문을 논할 때 오용선이 그 한 사람으로 참가하였다.

교외에서 객을 전송하는 자리에서 즉흥적으로 짓다(郊外送客卽席)

조하(漕河)[184]의 따스한 강물에 푸른 물결 일 때
새 소리 듣고 산을 보니 경지가 절로 맑구나.
화려한 장식의 말[185]은 드세게 울며 일백 장(丈) 먼지를 일으키고
붉은 돛을 말아 올린 배는 하루에 일천 리를 순행한다.
손님에게 올리는 술잔은 셀 수 없을 정도로 분분하고
시아(侍兒)는 가곡을 노래하여[186] 풍정이 담백하다.
아지랑이 낀 숲 속에는 사람과 동물 소리 시끄럽고[187]

---

184) 조하(漕河) : 조하경(漕河涇). 강소성(江蘇省) 상해현(上海縣)의 남조하경(南漕河涇)의 물가. 상업지역으로 유명하다.
185) 보마(寶馬) : 보석으로 치장한 말.
186) 도곡(度曲) : 가곡(歌曲)을 노래함.
187) 훤전(喧闐) : 시끌시끌하고 떠들썩함. 백거이(白居易)의 시(「醉送李二十常侍杜鎭浙東」)에 "그대는 아침나절 수레의 굴대에 기름칠하느라 시끌시끌한데, 이별 잔치에서 곧

비단 같은 복사꽃은 봄 성에 흐드러지게 피었구나.

漕河水煖綠瀾生, 聽鳥看山也自淸.
寶馬驕嘶塵百丈, 朱帆高捲日千程.
飛杯客子紛無數, 度曲兒童浪有情.
人物喧闐烟樹裏, 桃花如錦爛春城.

전校교 1593년(만력 21년 계사) 봄, 공안(公安)에서 지은 시.

교외의 물가 정자에 몇몇이 모임을 가지며(郊外水亭小集)

첫째(其一)

산은 절로 한적하고[188] 산골 물 차가와
장안(도성)에 있는 승경지가 사랑스럽구나.
오동나무 그늘은 들창을 멋지게 덮었고
버들 빛은 시냇물 가까이서 보는 것이 제격이군.
심심하여 아이 불러 술 있는가 물어보고
손님 맞아도 억지로 관(冠) 쓸 마음이 없도다.
상강(湘江) 가에도 은둔할 곳이 있어
활짝 핀 부용꽃 보곤 낚싯대가 생각나네.

드레 취한 나는 술지게미를 베고 누운 채이네(喧闐夙駕君脂轄, 酩酊離筵我藉糟)"라고
하였다.
188) 소삼(蕭森): 적적하고 쓸쓸하다는 뜻과 나무숲이 우거져 있다는 뜻이 있다. 여기서는
　　 한적하다는 뜻으로 풀이하였다.

山自蕭森澗自寒, 却憐勝地在長安.
桐陰恰好當窗覆, 柳色終宜近水看.
已倦呼兒猶問酒, 不情逢客強加冠.
湘江亦有幽居處, 多少芙蓉憶釣竿.

전
校교 1593년(만력 21년 계사), 공안에서 지은 시. 무릉(武陵)의 친구들과 함께 모
인 듯한데, 어쩌면 용양(龍襄)·용응(龍膺) 형제였던 것 같다.

둘째(其二)

쏴 소리 나는[189] 대숲에 앉았노라니 정신이 맑아오고
나른하여 도무지 손님 맞을 마음이 없네.
오리 새끼들은 장난하면서 물살 헤치며 나오고
까마귀 어미는 둥지 향해 나뭇가지를 끌고 가는데,
집 앞의 갈고(羯鼓)[190] 소리에 사람들은 술 석 잔을 마시고[191]
꽃 아래서 바둑 둘 때 새는 끼륵 울며 나는군.
푸른 난간 앞 홍작약[192]을 꿈속에서 보는 듯해라
이제껏 몇 년을 티끌 곁 말머리 위에서 살았던가.

幽篁戛戛坐來淸, 懶慢都無對客情.
戲水鷗雛分浪出, 趁巢烏母曳枝行.

---

189) 알알(戛戛) : 금석이 서로 부딪히는 소리를 형용한 말. 보통 어근버근한 모습을 형용
   하는 말로 쓰이지만 여기서는 의성어이다.
190) 갈고(羯鼓) : 발(撥)로 양면을 치는 북. 양장고(兩杖鼓). 당나라 현종 황제가 동산에서
   갈고를 치게 하여 꽃이 빨리 피게 하였다는 갈고최화(羯鼓催花)의 고사가 있다. 여기서
   는 갈고를 치면서 봄 광경을 즐기는 모습을 말한 것이다.
191) 삼작(三爵) : 술을 석 잔 마시는 일. 『시경』 「소아(小雅)」 「빈지초연(賓之初筵)」에 처
   음 나온다.
192) 홍약(紅藥) : 홍작약(紅芍藥).

堂前羯鼓人三爵, 花下彈棋鳥一聲.
紅藥靑軒如夢裏, 幾年塵傍馬頭生.

전
筆校교

소수본에는 둘째 수가 없다.

셋째(其三)

두 예쁜 시동은 맑은 노래를 간들간들 부르는데
한껏 취해서 시 지으니 흥이 더욱 멋지다.
인적 없는 난간 밖에선 여인이 풀 따기를 하고[193]
작은 밭두둑에는 사람이 채소를 가르며 섰네.
지는 꽃잎은 온통 흰 눈 같이 얼굴을 때리고
녹음 짙은 나무는 바람을 막지 않아 정자에 알맞네.
기이하게도 밤들자 고향 꿈을 달콤하게 꾸어
구름 뚫고 곧바로 동쪽 무릉(武陵)[194]으로 들어가네.

淸歌嫋嫋兩妖童, 尼酒題詩興轉工.
拾翠女來虛檻外, 分蔬人立小畦中.
落花撲面都如雪, 密樹宜亭不礙風.
怪得夜來鄕夢好, 穿雲直入武陵東.

---

193) 습취(拾翠) : 풀 따기. 봄날 교외에서 풀 따기를 하면서 상춘하는 일.
194) 무릉(武陵) : 무릉도원(武陵桃源). 무릉은 지금 강서성(江西省) 부근 동정호(洞庭湖)와
가까운 곳에 있다고 전해지며, 복숭아꽃 흘러오는 (환상의) 수원지이다. 동진 때 도연명
(陶淵明)이 지은 「도화원기(桃花源記)」에서 이상향을 잘 묘사해 놓았다. 무릉도원은
'풀이 무성한 기친 길에 사람이 오갔고 닭과 개는 서로 한가롭게 울고 짖는' 곳이다.

상사일[195]에 외삼촌 공유장[196]에게 서신으로 보내다(上巳日柬惟長)

강가 성[197]에 봄빛 돌자 평원이 따스하니

이러한 청양(靑陽)[198]에 주점을 찾을 것 없지.

아름다운 꽃들이 여전히 자리를 덮고 있거늘

고운 새가 제호(提壺)[199]하라 원망하는 걸 어이 견디랴.[200]

벌주 많이 마셔 금곡(金谷)[201]의 술에 취하고

종족의 차서는 따질 것 없이[202] 난정(蘭亭)[203]의 흥이 인다.

스스로 흉중이 대단히 호탕하다고 믿건만

술 동이 열어 강호(江湖)에 쏟아 붓지 못하매 한스러워라.[204]

---

195) 상사일(上巳日) : 음력 삼월 첫 번째 사일(巳日). 계(禊)제사를 지내어 나쁜 기운을 떨어버리는 습속이 있었고, 또 곡수연(曲水宴)을 하기도 하였다. 후세에는 3월 3일, 곧 삼월 삼질을 가리키게 되었다.

196) 유장(惟長) : 원굉도의 외삼촌 공중경(龔仲卿)이다. 권1 「초여름에 유학(惟學)·유장(惟長) 두 분 외삼촌과 함께 이성(二聖) 선림에 노닐면서 불경을 뒤적이다가 짓는다(初夏同惟學 惟長舅尊游二聖禪林檢藏有述) 네 수」를 참조.

197) 강성(江城) : 강가 마을이란 뜻.

198) 청양(靑陽) : 봄. 기운이 맑고 온양(溫陽)하기 때문에 이렇게 부름. 양춘(陽春).

199) 제호(提壺) : 제호로(提壺盧). 提葫蘆라고도 표기한다. 새의 울음소리를, 술병을 잡으라고 우는 말로 취음(取音)한 것이다. 구양수(歐陽脩)의 시(「古詩三十一首·啼鳥」)에 "유독 꽃나무 위에 제호로가 있어, 내게 술 사다가 꽃 앞에서 잔 기울이라 권하네(獨有 花上提葫蘆, 勸我沽酒花前傾)"라고 하였다.

200) 인(忍) : 참는다. 참으랴. 不忍은 참을 수 없다는 뜻인데, 忍 한 글자로 반어(反語)일 수가 있다. 독고급(獨孤及) 율시(「同皇甫齊年春望」)의 "차마 보랴 새 풀이 횡당에 가득 한 것을(忍看新草遍橫塘)"은 차마 볼 수 없다는 뜻이다. 참 잘도 하였다는 뜻의 예도 있다. 나은(羅隱) 절구(「煬帝陵」)의 "군왕이 차마 평진의 업적을, 다만 뇌당의 서너 이랑 밭과 바꾸다니(君王忍把平陳業, 只換雷塘數畝田)"은 수양제가 만년에 방탕하였던 것을 비판한 내용이다.

201) 금곡주(金谷酒) : 진(晉)나라 부호 석숭(石崇)이 금곡(金谷)에 손님을 모아 연회를 베풀 때, 각각 시를 짓게 하여 시를 짓지 못하면 벌주를 마시게 하였다.

202) 서유무(敍有無) : 종족간의 차서가 있든 없든. 이백(李白)의 「춘야연도리원서(春夜宴 桃李園序)」에서, 도리연에서 종족간의 차서를 확인하고 화목을 다진다고 하였다.

203) 난정(蘭亭) : 진(晉)나라 목제(穆帝) 영화(永和) 9년 3월 3일에 당시의 명사(名士) 41명이 절강성(浙江省) 소흥(紹興)의 난정에 모여서 곡수(曲水)에 잔을 띄워 계연(禊宴)을 베풀던 일. 왕희지(王羲之)가 그 시첩(詩帖)에 서문을 쓴 것이 전한다.

江城春色暖平蕪, 若個靑陽不酒壚.

尙有好花能覆席, 忍令嬌鳥怨提壺.

醉來金谷罰多少, 興到蘭亭敍有無.

自信胸中磊塊甚, 開尊恨不瀉江湖.

전
筆校교 1593년(만력 21년 계사) 3월에 공안에 있으면서 지은 시.

용호를 그리워하며(懷龍湖)

비 내리는 한양(漢陽)²⁰⁵⁾의 강을 전에도 건넜지

세월 흐름에 섬뜩하고²⁰⁶⁾ 흐르는 물결에 느끼누나.

노자(老子)는 본성이 용(龍)이었고²⁰⁷⁾

초인(楚人 : 接輿)²⁰⁸⁾은 공자를 봉황이라 노래했네.

---

204) 개준한불사강호(開尊恨不瀉江湖) : 술동이를 열어 강호(江湖)에 쏟아 붓지 못하는 것
   이 한스럽다는 뜻인데, 한나라 때 곽거병(霍去病)의 주천(酒泉) 고사를 뒤집어 쓴 표현
   이다. 곽거병이 흉노를 정벌하러 나가 승리한 뒤 하서(河西) 일대에 군대를 주둔하였
   는데, 한무제가 술 한 동이를 하사하자, 곽거병이 그 술을 주천에 쏟아 부어 여러 사람들
   과 함께 마셨다고 한다.

205) 한양(漢陽) : 양자강 중류의 지류인 한수(漢水) 남쪽에 있는 도회지.

206) 경심(驚心) : 마음이 섬뜩하다. 두보(杜甫)의 「춘망(春望)」 시에 "시절에 느껴 꽃 앞에
   눈물을 흘리고, 이별을 한스러워 하여 나는 새에 마음이 섬뜩하다(感時花濺淚, 恨別鳥
   驚心)"라고 하였다. 이 구절은 "시절에 느껴 꽃도 눈물을 쏟고, 이별을 한탄하여 새도
   섬뜩해 한다"라고 읽을 수도 있다.

207) 용작성(龍作性) : 용의 본성을 자신의 본성으로 하였다는 뜻. 공자가 노자를 '유룡(猶
   龍)'이라 한 데서 비롯된 말이다. 『사기』 「노자열전(老子列傳)」에 보면 공자가, "내가
   오늘 노자를 보았는데, 그는 용과 같다(吾今日見老子, 其猶龍耶)"라고 하였다고 나
   와 있다. 노자의 도가 심원하여 마치 용의 신묘한 변화를 헤아리기 어려운 것과 같다는
   뜻에서 한 말이다.

208) 초인(楚人) : 초광(楚狂) 접여(接輿). 공자가 초나라에 갔을 때, 초광(楚狂) 접여(接輿)
   가 공자가 있는 곳을 지나면서, 공자를 풍자하여 "봉황이여 봉황이여, 어찌 덕이 쇠퇴
   하였나, 지난 일은 어쩔 수가 없다만, 앞날의 일은 그래도 쫓아갈 수가 있도다. 이쯤 수

붉은 현209)을 홀로 연주하니 그 누가 알랴

흰 목의 까마귀210)가 무리 지은 걸 어찌 하랴.

고개 쳐들어 구름 하늘가를 멀리 바라보매

대별산(大別山)211)은 언제고 아스라하게212) 울창하구나.

漢陽江雨昔曾過, 歲月驚心感逝波.

老子本將龍作性, 楚人元以鳳爲歌.

朱絃獨操誰能識, 白頸成羣爾奈何.

矯首雲霄時一望, 別山長是鬱嵯峨

없도다 어쩔 수 없도다, 지금 정치하는 것은 목숨이 위태롭도다(鳳兮鳳兮, 何德之衰.
往者不可諫, 來者猶可追. 已而已而, 今之從政者殆已)"라고 노래를 불렀다고 한다.
『논어』「미자(微子)」편에 나온다.

209) 주현(朱絃) : 붉은 현. 『순자(荀子)』「예론(禮論)」에 보면, "(선조의 사당에서) 『시경』의
「청묘」의 노래를 노래할 때는 한 사람이 처음에 노래하고 불과 세 사람만 화창하는데,
그때 종을 하나만 걸고, 겨를 주머니에 넣어 만든 부격이라는 악기를 윗자리에 두고,
거문고의 현을 붉은 색의 비단실로 한 뒤에, 일부러 아랫부분에 구멍을 내어 탁한 음이
나오게 한다(淸廟之歌, 一倡而三歎也, 縣一鍾尙拊膈, 朱絃而通越也)"라고 하였다. 백
거이(白居易)의 「오현탄(五絃彈)」 시에 "정시의 음이 어떠한가. 붉은 현의 공(孔)을 크
게 하여 청묘의 노래를 구성지게 타네(正始之音其若何, 朱絃疏越淸廟歌)"라고 하였다.
곧 정시지음(正始之音)을 뜻한다. 여기서는 이지(李贄)의 높은 이론을 높은 곡조에 비
유하여, 화창하는 사람이 적은 사실을 말하였다.

210) 백경(白頸) : 백경오(白頸烏). 속칭 백발로괄(白脖老鴰). 흰 목의 까마귀. 『한서』「오행
지(五行志)」에 보면, 경제(景帝) 3년 11월에 백경오와 흑경오가 초나라 여연(呂淵)에서
무리지어 싸우는데, 백경오가 이기지 못하고 사수(泗水)에 빠져 수천 마리가 죽었다고
하였다. 백거이(白居易)의 시(「過駱山人野居小池」)에 "붉은 연꽃은 수면을 비추고, 흰
목의 새는 물고기를 바라본다(紅芳照水荷, 白頸觀魚鳥)"라고 하였다. 이 구절의 뜻은,
백경오가 색채 현란한 들꿩과 나란히 있어서, 연작(燕雀)처럼 평범해서 사냥을 하는 자
들의 주의를 끌지 않는다는 뜻이니, 관습과 세력 밑에 구차하게 편안히 지내고 있는 세
속의 무지한 자들을 비유하였다.

211) 별산(別山) : 대별산(大別山). 마성(麻城)의 용호(龍湖) 남쪽에 한수(漢水)와 장강(長江)
이 합치는 합류점 너머에 펼쳐진 산. 이지(李贄)를 고산앙지(高山仰止)의 높은 덕에 비
유하여 한 말이다.

212) 차아(嵯峨) : 산이 우뚝 솟은 모양.

1593년(만력 21년 계사), 공안에 있으면서 지은 시.

○ 용호(龍湖) : 이지(李贄)를 가리킨다. 이지는 마성 용호에 장기간 거주하
였으므로 친구들이 그 지명을 호로 삼았다.

황주[213]로 출발하려 하면서 짓다. 이때 함께 배를 탄 사람은 왕이
명[214] 선생, 공산목,[215] 가형 백수, 아우 소수이니, 함께 용호(이지)[216]를
방문하려는 것이다(將發黃, 時同舟爲王以明先生, 龔散木, 家伯修, 小修, 俱
同訪龍湖者)

강풀은 푸르고 강물은 유유히 흐르는데
형주(荊州) 떠나면 어느 날 황주(黃州)[217]에 이를지?
정장(鄭莊)[218]은 손님 있으면 어디라도 역마를 달렸고
곽태(郭泰)[219]는 배에 오르면 신선같이 멋있었네.

---

213) 황(黃) : 황주(黃州). 이것은 마성을 가리키니, 마성은 황주의 속읍이다. 옛 이름을 제
    안(齊安)이라고 하였다.
214) 왕이명(王以明) : 왕로(王輅). 원굉도의 과거 공부의 스승이자 친우이다. 권1 「왕이명
    선생을 조롱하여(嘲王以明先生)」를 참조.
215) 산목(散木) : 공유용(龔惟用). 외삼촌 집안의 사람으로, 원굉도보다 나이가 많으며, 과
    거에는 아무 관심을 두지 않은 인물이다. 나이 서른에 제생(諸生)을 그만두고 귀은(歸
    隱)한다.
216) 용호(龍湖) : 이지(李贄)를 가리킨다. 이지는 마성 용호에 장기간 거주하였으므로 친구
    들이 그 지명을 호로 삼았다. 앞 시의 『전교』를 참조.
217) 황주(黃州) : 지금의 호북성(湖北省) 황강현(黃岡縣). 마성을 말한다. 옛 이름은 제안
    (齊安)이다.
218) 정장(鄭莊) : 한나라 때 정당시(鄭當時). 자가 장(莊)이다. 효경제(孝景帝) 때 태자사인
    (太子舍人)으로 있으면서, 5일마다의 세목(洗沐), 즉 비번(非番) 때마다 장안의 교외에
    역마를 두고 손님을 맞았는데, 밤낮으로 잘 이어지도록 하였으며, 역마의 연락이 두루
    갖추어지지 못할까봐 늘 염려하였다고 한다. 『한서』 「정당시전(鄭當時傳)」 참조. 또한
    『몽구(蒙求)』의 표제로 '정장치역(鄭莊置驛)'이 있다.
219) 곽태(郭泰) : 후한 때 사람, 자는 임종(林宗). 학문과 인격이 뛰어나 사람들의 존경을
    받았다. 범엽(范曄)은 『후한서』에 곽태를 입전(立傳)하면서, 자신의 부친인 이름 태(泰)
    를 피휘(避諱)하느라 태(泰)를 태(太)로 고쳐 적었다. 곽대가 비를 맞아 두건이 꺾어지,

이번 행차는 산과 강이 모두 태깔 있다만

이 시절 일기[220]는 수심을 낳을 만하네.

귀봉(龜峰)[221]의 봉우리들은 푸른 안개 속에 몇 점인가

헤아려보니 그 분[222]은 이미 백발이시리.

江草青青江水流, 荆州何日到黃州?

鄭莊有客堪馳驛, 郭泰如仙好附舟.

此去山川俱作態, 一時象緯合生愁.

龜峰數點蒼烟裏? 料得伊人已白頭.

전 1593년(만력 21년 계사) 여름에 원굉도 등이 공안을 떠나 마성으로 이지를
방문하려고 가는 도중에 지었다. 공안으로부터 마성에 이르는 길은 우선
강릉(江陵)으로 가서, 다시 석수(石首)·감리(監利)·가어(嘉魚)·무창(武昌)·황안
(黃安)을 거쳐서 마성에 이르게 되어 있다. 도중에 태반이 강을 따라 가야 한다. 단,
이 시에 대하여는 1592년에 지은 시라는 설도 있다.

그를 흠모한 사람들이 자신들의 두건도 꺾었다고 하여 임종건(林宗巾)이라는 고사를
낳았다. 처음에 곽태가 고향 태원(太原)의 계휴(界休)를 떠나 낙양에 노닐 때, 하남윤(河
南尹) 이응(李膺)의 우대를 받았다. 뒤에 고향으로 돌아가게 되었을 때 여러 귀족과 유
학자들이 그를 전송하였는데, 전송하는 수레가 천 대나 될 정도였다. 이때 곽태가 이응
과 함께 배를 타고 건너는 모습을 보면서, 사람들이 그를 신선과 같다고 여겼다. 뒷날
명류와 배를 함께 타는 것을 '곽태선(郭泰船)'이라 하게 되었다.

220) 상위(象緯): 일월(日月)과 오성(五星)을 말함. 일진(日辰)을 말함.

221) 구봉(龜峰): 호북성 마성현(麻城縣) 동쪽에 있는 산. 일명 귀두산(龜頭山).

222) 이인(伊人): 그 분, 그 사람. 『시경』 「진풍(秦風)」 「겸가(蒹葭)」에 "내 생각하는 그 분
은 물 건너편에 있네(所謂伊人, 在水一方)"라고 하였다. 정현(鄭玄)의 전(箋)은 伊는 維
라 하였으나, 주희(朱熹)의 『시집전(詩集傳)』은 伊人은 彼人이라고 말하는 것과 같다
고 하였다.

비에 막혀(阻雨)

구름 하늘 저 끝이 옛 정주(亭州)223)로군
강 위에서 지난 유람을 회상하니 쓸쓸하여라.
천하의 문장인 그대가 늙다니 가련하여라
소상(瀟湘)의 비바람은 사람을 근심케 하고
구름은 초국 황니판(黃泥坂)224)에 잠자고
조수는 파릉(巴陵)225)의 청작(靑雀) 배226)를 때리네.
어찌 건곤천지227)에서 경승지228)를 찾으랴?
다만 이이(李耳)229)가 서주(西周)230)에 있기에 갈 뿐이네.

雲霄極目古亭州, 江上淒其感昔遊.
天下文章憐爾老, 瀟湘風雨動人愁.
雲眠楚國黃泥坂, 潮打巴陵靑雀舟.
敢向乾坤尋勝覽, 祇因李耳在西周.

전교 1593년(만력 21년 계사), 이지를 방문하러 가는 도중에 지었다. 뒤에 나오
는 「내가 모두 두 번이나 충소관에서 비에 막혀 묵었는데 두 번 다 용호
선생을 방문하는 길이었으므로, 장난삼아 벽에 쓰다(余凡兩度阻雨沖霄觀 俱爲訪

---

223) 정주(亭州) : 마성(麻城)의 옛 이름.
224) 황니판(黃泥坂) : 소식(蘇軾)의 「후적벽부(後赤壁賦)」에 나오는 고개 이름. "두 손님이
    나를 따라 황니판에 들렀다(二客從予, 過黃泥之坂)"라고 하였다.
225) 파릉(巴陵) : 호남성 악양현(岳陽縣)의 지방, 악주(岳州).
226) 청작주(靑雀舟) : 청작(靑雀)을 뱃머리에 장식한 배. 청작은 익(鷁)새를 말한다. 고시 「위
    초중경처작시(爲焦仲卿妻作詩)」에 보면 "청작과 백곡의 배가, 멀리 계주를 따라 돌아
    오네(靑雀白鵠舫, 遙逐桂舟廻)"라고 하였다.
227) 건곤(乾坤) : 건곤천지(乾坤天地). 이 세상.
228) 승람(勝覽) : 승람지, 승경지.
229) 이이(李耳) : 노자(老子). 여기서는 이지(李贄)를 비유한 말이다.
230) 서주(西周) : 서릉(西陵)을 비유한 말이다. 즉 마성(麻城)이다.

龍湖師 戲題壁上)」 시에 의거하면, 이 시는 충소관(沖霄觀)에서 지은 것이다.

[지之의] 전백성 씨의 『전교』는 충소관이 강릉(江陵)에 있다고 하였으나, 본래 충소관 곧 도관은 곳곳에 있다. 전후 시를 보아, 뱃길에 있는 파릉현(巴陵縣)의 도관으로 보아야 한다.

퉁소 소리를 듣고(聞簫)

밤들어 강가의 맑은 퉁소 소리, 애처롭구나
골짝의 규룡231)이 울고 기러기도 막 돌아오네.
달 오른 앞산이 푸른 분대(粉黛)232) 같으니
어쩌면 유인(幽人)233)이 봉황 타고 오는 걸까.234)

江上淸聲入夜哀, 潛虯初泣雁初迴.
前山月起靑如黛, 怕有幽人騎鳳來.

---

231) 잠규(潛虯) : 깊은 골짝에 숨은 규룡. 규룡은 뿔이 없는 용. 소식(蘇軾)의 「전적벽부(前赤壁賦)」에 보면, "손님 가운데 퉁소를 부는 자가 있어 노래에 맞추어 곡조를 연주하였는데, 그 소리가 오열하듯 하여, 마치 원망하는 듯하고 마치 사모하는 듯하고 마치 흐느끼는 듯하고 마치 하소연하는 듯하였으며, 연주가 끝난 뒤의 여음이 애잔하게 이어져 실처럼 끊이지 않으니, 깊은 골짝에 숨어 있는 규룡을 춤추게 하고, 외론 배에 탄 부군 잃은 부인을 울게 하였다(客有吹洞簫者, 倚歌而和之, 其聲嗚嗚然, 如怨如慕, 如泣如訴, 餘音嫋嫋, 不絶如縷, 舞幽壑之潛蛟, 泣孤舟之嫠婦)"라고 하였다.

232) 분대(粉黛) : 미인의 눈썹 화장. 미인. 산 모습을 비유한다. 앞에 나왔다.

233) 유인(幽人) : 은둔자. 신선. 여기서는 신선.

234) 기봉래(騎鳳來) : 춘추시대 소사(蕭史)의 고사를 따온 것임. 소사는 젓대를 잘 불어서, 봉황을 울게 만들 수 있었는데, 진(秦)나라 목공(穆公)이 딸 농옥(弄玉)을 그에게 시집가게 하였다. 소사는 농옥에게 젓대 부는 법을 가르쳐, 뒤에 농옥은 봉황을 타고 소사는 용을 타고 하늘로 올라 사라졌다고 한다. 『열선전(列仙傳)』에 나온다.

1593년(만력 21년 계사), 이지를 방문하러 가는 도중에 지었다.

장난삼아 군산[235]에 적다(戲題君山)

동정호 물은 나날이 졸졸 흐른다만
애간장 끊은 상비(湘妃)[236]는 다시 돌아오지 않누나.
천리 떨어진 창오산(蒼梧山)[237]을 삼삼하게 그리나니
군산(君山)은 진정으로 망부산(望夫山)이로군.

洞庭湖水日潺湲, 腸斷湘妃竟不還.
千里蒼梧常在眼, 君山眞作望夫山.

1593년(만력 21년 계사), 이지를 방문하러 가는 도중에 지었다.

가어현의 이태청 서재(嘉魚李太淸書齋)

우리는 청운의 뜻을 품었을 때부터 친구 사이,
백발 되어 새롭게 여겨진다 누가 말했던가.[238]

---

235) 군산(君山) : 악양현(岳陽縣) 서남쪽 동정호(洞庭湖) 속에 있는 상산(湘山).
236) 상비(湘妃) : 순(舜)임금이 남방으로 순행갔다가 창오산(蒼梧山)에서 죽은 뒤, 그 두
　부인이 죽은 지아비를 사모하여 남방으로 가서 죽었고, 죽은 뒤에 그 신령은 동정호에
　흘러드는 큰 강물인 상수(湘水)의 여신인 상군이 되었다고 한다. 앞에 나왔다.
237) 창오산(蒼梧山) : 순 임금이 죽어서 장사지냈다는 곳이다.
238) 상유청운구, 수운백수신(尙有靑雲舊, 誰云白首新) : 『사기』 「추양전(鄒陽傳)」에 인용
　된 옛 속담에 "흰머리 되도록 사귄 사람도 새롭게 여겨지고, 수레의 덮개를 기울어 처

홀로 술 동이 마주하여 지내는 나날

필경 죽을 것을 가까스로 살아남은 가련한 몸.239)

누더기 옷을 장대에 널어240) 꾀꼬리를 놀라게 하고

마루 창을 열어 젖혀241) 연못 고기242)를 튀게 하네.243)

명신(名臣)이라 해서 어디 반드시 고귀한 인물인가

부패한 인물이 요로244)를 점거하고 있는 걸.

尙有靑雲舊, 誰云白首新.

孤尊相對日, 萬死可憐身.

曝衲驚黃鳥, 開軒跳紫鱗.

名臣何必貴, 衰腐據要津.

전校교 1593년(만력 21년 계사) 여름, 원굉도가 형 원종도, 아우 원중도 등과 함께 이지(李贄)를 방문하러 가는 도중에 가어(嘉魚)에 들러서 지었다. 『가설재 문집(珂雪齋文集)』 권4 「동유기(東遊記)」 6에 "가어(嘉魚)에 이르러 성을 바라보니,

---

음 만난 사람[傾蓋]도 옛 사람 같이 되는 예가 있다(有白頭如新, 傾蓋如故)"라고 한 것에서 따왔다.

239) 만사가련신(萬死可憐身) : 죽어야 할 것을 죽지 않고 살아남은 이 가련한 몸. 구사일 생(九死一生)이 심각한 고통으로 되었던 사람이라는 뜻이다. 이태청의 고난은 『전교(箋 校)』를 참조.

240) 폭납(曝衲) : 누더기 옷을 볕에 쬠. 죽림칠현의 한 사람 완함(阮咸)은 뜰에다 장대를 세우고 대포(大布)로 만든 독비(犢鼻 : 고쟁이)를 걸어 두었다. 사람들이 괴이하게 여겨 물으니, 완함은 "아직 속기를 벗어나지 못하여 잠시 이렇게 할 따름이다(未能免俗, 聊 復爾耳)"라고 대답하였다고 한다. 앞에 나왔다.

241) 개헌(開軒) : 마루의 창을 열어젖힘. 혹은 문을 열어젖힘. 진(晉)나라 장협(張協)의 「칠 명(七命)」에 "석양의 거꾸로 비치는 빛을 받아 마루 창을 연다(承倒景而開軒)"이라는 구절에서 따왔다.

242) 자린(紫鱗) : 비늘이 자줏빛이거나 적흑색인 물고기.

243) 폭납경황조, 개헌도자인(曝衲驚黃鳥, 開軒跳紫鱗) : 당나라 잠삼(岑參)의 「저현의 원 소부와 미파에 배를 띄우다(與鄠縣源少府泛渼陂)」라는 오언율시에 "피리를 불어 백로 를 놀라게 하고, 낚싯대를 드리우면 자주 물고기 튄다(吹笛驚白鷺, 垂竿跳紫鱗)"라고 하였다. 아마도 그 구절을 염두에 두었던 것 같다.

244) 요진(要津) : 정치기구의 요로.

성 위에 산이 있고, 산 위에 교송(喬松) 십여 그루가 정정하여 마치 일산이 숙은 것과 같았다. 계사년 여름에 백수(伯修)·중랑(中郎)과 내가 이곳에 들러, 거기서 이태청(李太淸) 급간(給諫)을 방문하였다. …… 함께 이 산에 올라 큰 소나무 아래서 술을 마셨다"라고 하였다.

○ 이태청(李太淸) : 이기(李沂)로, 자는 경로(景魯)이며, 호가 태청이다. 가어(嘉魚) 사람이다. 1586년(만력 14년)의 진사로, 1588년(만력 16년)에 이과급사중(吏科給事中)을 제수 받았는데, 불과 한 달 만에 상소하여 동창(東廠)을 관장하는 환관(宦官) 장경(張鯨)을 탄핵해서 말하길, "전하는 말에 장경이 주옥과 보물을 헌정하도록 널리 백방으로 청하거늘, 폐하께서는 주저하셔서 차마 결단을 못하신다고 들었습니다. 중외의 신민들은 처음에는 선뜻 믿으려 하지 않고, 폐하께서 사해의 재물을 풍부하게 소유하시고 계시거늘 어찌 금은보화를 아끼시겠으며, 위엄이 우레와 벼락같으시거늘 어찌 청탁에 따르랴 하고 여겼습니다. 그런데 칙지(勅旨)를 보건대, 장경에게 재물 공급의 일을 독려하도록 허락하셨다고 하시므로, 바깥의 물의가 자자하여 마침내 참이라고 여기게 되었으니, 성스런 덕을 훼손하는 것이 어찌 얕고 적겠습니까?"라고 하였다. 신종(神宗)은 상소문을 읽고 진노하여, 조칙을 내려 옥정(獄廷)으로 그를 소환해서 장(杖) 60대를 치고 평민으로 강등하게 하였다. 이 일은 『명사』 권234 「이기전(李沂傳)」에 보인다. 1591년(만력 19년), 원종도가 일찍이 이기를 가어현으로 방문하였다. 『백소재유집(白蘇齋類集)』 권14 「가어유기(嘉魚遊記)」에 이러하다. "배를 가어현에 정박하고, 이경로 급사를 방문하였다. 이경로는 옥정에서 장형을 받고 돌아와 이미 삼 년이 넘었다. 한 번 보고는 너무도 기뻐서 미칠 듯하며 나의 손을 쥐고 말하길, '그대는 정말로 신의가 있는 사람이구려. 지난 약속을 어기지 않다니요'라고 하였다. 누에 올라 통음(痛飮)하여, 병야(丙夜)의 시각에 이르렀다. 이때 유동양(劉東暘)·발승은(哱承恩)의 난이 평정되자, 왜(倭)의 난리 소식이 매우 급박하였다. 이경로는 통분하여 병법에 대하여 이야기하고는, 이어서 근일의 인재가 누구인지 물었다. 나는 '누가 인재인지는 제가 알지 못합니다만, 다만 일체유(一切喩)가 있으니, 선학은 누대의 광경을 점철할 수 있지만 결코 밭을 갈거나 무거운 짐을 질 수 없고(仙鶴能爲臺榭點綴光景, 然決不能耕田負重), 고양이는 옷상자를 지킬 수 있고 매는 새고기를 가져다 줄 수 있지만 그것들이 비린 것을 먹고 날 것을 씹는 것을 금할 수는 없죠(貓能護衣篋, 鷹隼能致野味, 然不能禁其食腥嚛羶). 이것을 통달하면 세계에 가득한 것이 다 인재입니다.' 이렇게 말하자, 이경로는 매우 탄복하였다. 다음날 성 가끼이 여러 산에 노닐었는데, 산이 바위는 삐주삐주하고 산

의 나무는 삼엄하고 억세었으며, 물은 산 아래로 곧장 흘러내려, 조금도 구부러지지 않았으니, 대체로 이경로의 사람됨과 같았다. 이틀을 묵은 뒤에 비로소 헤어졌다." 원굉도의 이 시는 이경로의 처지를 개괄하면서, 조정의 정치에 대하여 지적하고 책망한 것이다.

어떤 사람에게 주다(贈人)

그대는 산 속 바위 아래[245] 숨어 늙으려 하지만
푸른 하늘을 고개 들어 바라보면[246] 그 길이 어떠하오
최근에는 중귀(中貴)[247]의 인물을 탄핵하는 글[248]이 적고
일시에 좌천하는 명부[249]에는 초 땅 사람이 많구려.
산 기운은 우리 뜻을 헤아려 되려 생기를 띠고
호수의 물은 무심하면서도 저절로 물결을 일고 있소
천자는 당신을 기억하여 거듭 당신 일을 말하시며
당신이 도롱이[250] 걸친 생활이나 할까봐 걱정하신다 하오

看君如欲老巖阿, 矯首青霄路若何.
近日彈章中貴少, 一時謫籍楚人多.
山嵐會意還生色, 湖水無心也自波.
天語丁寧猶記爾, 年來或恐滯漁蓑.

---

245) 암아(巖阿) : 바위 아래.
246) 교수(矯首) : 머리를 쳐듦. 고개를 들고 쳐다본다는 뜻.『후한서』「장형전(張衡傳)」에 "고개를 들고 우러러 멀리 바라봄이여(仰矯首以遙望兮)"라는 구절이 있다. 또한 도연명(陶淵明)의 「귀거래혜사(歸去來兮辭)」에도 "때때로 고개를 쳐들고 노닐며 바라본다(時矯首而遊觀)"라는 구절이 있다.
247) 중귀(中貴) : 천자의 가까이 있는 내시와 귀인.
248) 탄장(彈章) : 탄핵하는 상주문(上奏文).
249) 적적(謫籍) : 좌천하는 인물들의 명부.
250) 어사(漁蓑) : 어부들이 입는 도롱이. 은자의 처지를 비유하는 말.

○ 일시적적초인다(一時謫籍楚人多) : 이때 호광(湖廣) 사람 가운데 이기(李沂)가
폄출을 받아 외직으로 배척되었다. 마성(麻城) 사람 주홍약(周弘禴)도 역시 초(楚)
지역인데, 징해 전사(澄海典史)로 내쫓겼다. 이 권의 맨 처음에 실린 「주상보가 해
징 전사로 좌천되어 가는 것을 전송하면서(送周尙寶左遷海澄典史)」를 참조
○ 제목을 서종당본·십집본은 「또 보내다(又贈)」라고 하였다.

용담(龍潭)

외론 배로 일천 리, 구담(부처)251)을 찾아가니
자취를 깊이 옛 석담(石潭)252)에 숨기셨구나.
천하에 어찌 지기(知己)를 둘이나 용납하랴
인생 백년에 참으로 동산(洞山) 셋253)을 올랐네.
구름에 묻힌 귀령(龜嶺)254)은 장자(障子)처럼 평평하고
물 밖으로 드러난 용궁(龍宮)은 남풀처럼 맑구나.255)
지불(芝佛)256)의 서슬 진 미간을 사랑하여
육시(六時)257)에 승려들이 경례258)하네.

---

251) 구담(瞿曇) : 범어 Gotama의 역어, 석가여래. 여기서는 부처와 같은 존재인 이지(李贄)
를 말한다.
252) 석담(石潭) : 즉 용담을 가리킴.
253) 동산삼(洞山三) : 유·불·도의 셋을 가리키는 듯하다.
254) 귀령(龜嶺) : 귀봉(龜峯), 귀두봉(龜頭峯). 앞에 나왔음.
255) 담(澹) : 담박(淡泊, 澹泊)하다. 맑다.
256) 지불(芝佛) : 이지가 수도하던 지불원(芝佛院)의 불상을 말한다. 혹은 이지를 가리키
는지 모른다.
257) 육시(六時) : 일주야(一晝夜)를 여섯 때로 나눈 것. 신조(晨朝)·일중(日中)·일몰(日
沒)·초야(初夜)·중야(中夜)·후야(後夜)를 말함.
258) 화남(和南) : 범어 vandana의 음역. 경례(敬禮).

孤舟千里訪瞿曇, 縱跡深潛古石潭.
天下豈容知己二, 百年眞上洞山三.
雲埋龜嶺平如障, 水落龍宮湛似藍.
愛得芝佛好眉宇, 六時僧衆禮和南.

전
筆校교 1593년(만력 21년 계사) 5월, 이지(李贄)를 마성 용호로 방문하였을 때 지은 시.

○ 용담(龍潭) : 즉 용호(龍湖). 이지(李贄)의 마성 거처이다. 원종도『백소재유집(白蘇齋類集)』권14에「용호」라는 글이 있다. "용호는 용담이라고도 하는데, 마성에서부터 삼십 리 떨어져 있다. 만산의 폭류가 우레 소리를 내며 내달려 아래로 쏟아져서 시내 속의 석골(石骨)과 서로 부딪히는데, 물의 힘이 바위를 이기지 못해 격노하여서 못이 되었다. 못은 깊이가 십여 장(丈)인데, 바라보면 질푸르러, 마치 용이 잠들어 있는 것 같다. 그리고 바위에 붙어 있는 흙들은 바위에 가까스로 들붙어 있다. 바위는 동그마니 한 줌밖에 안 되어, 중앙에 우뚝 솟아 있다. 그리고 푸른 나무와 붉은 누각이 은은하게 그 위로 보이니, 역시 기이한 장관이다. 못 오른 쪽이 이굉보(李宏甫)의 정사(精舍)이다. 불전을 갓 낙성하였는데, 산을 등지고 물에 임하여, 한껏 멀리 바라볼 때마다 광산(光山)과 황산(黃山) 등 여러 산들이 삼엄하여 병풍처럼 열 지어, 몇 만 겹인지를 모를 정도이다. 내가 여기 온 것은 본디 불법을 물으러 온 것이지, 결코 산수에 뜻이 있어서가 아니었다. 더구나 마성(麻城)은 궁벽한 고을로, 마땅히 잔릉(孱陵)·석수(石首)와 백중일 것이라고 생각하였다. 그런데, 뜻밖에도 천석(泉石)이 이렇게까지 그윽하고 기이할 줄은 몰랐다." 글의 끝에는 '계사 5월 5일'이라고 날짜를 적었다. 원굉도의 이 시와 같은 때 지은 것이다.

용호 선사를 이별하며(別龍湖師)

첫째(其一)

열흘만에 훌훌 이별하다니

다시 올 기약도 없이.
문을 나서매 눈물 어리니
도무지 남아가 아니로다.

十日輕爲別, 重來未有期.
出門餘淚眼, 終不是男兒.

전校　1593년(만력 21년 계사), 마성(麻城)에서 지은 시.
○ 용호사(龍湖師) : 즉 이지(李贄). 이지는 1585년(만력 13년) 59세 때 마성에 정착하였는데, 이때는 이미 67세였다. 원굉도 형제는 일찍이 세 차례에 걸쳐 이지를 방문하여 직접 대면하였다. 한 번은 1590년(만력 18년), 한 번은 1592년(만력 20년), 또 한 번은 이 해였다. 원중도의 「중랑선생행장(中郎先生行狀)」에 보면, 원굉도는 "용호를 만나고서 비로소, 이제껏 진부한 말을 철습(撤拾)하고 속된 견해를 수주(守株)해서 고인의 말 아래 죽어 있었기에 한 줄기의 정광(精光)도 피로하지 못하였음을 알았다. 이때에 이르러 호탕하게 기러기 깃이 순풍을 만나고 큰 물고기가 거대한 골짝에 풀어 놓은 것과 같아, 능히 마음으로 스승을 삼았지, 마음에 스승 삼는 것을 두지 않았으며, 고인을 굴릴 수 있었지, 고인에 의해 굴러가지 않게 되었다. 입으로 뱉어 언어를 지으면 하나하나 흉금에서 흘러나와, 하늘을 덮고 땅을 덮으며, 급류를 끊는 듯하였으며, 칩복하고 있는 집 문을 우레가 열어제치듯 하였다. 그래서 차츰차츰 스며들어 한계가 없었다." 이지도 역시 원굉도 형제를 인정하여, "백형(원종도)은 온건하고 야무지며, 중형(원굉도)은 영특하여, 모두 천하의 명사이다"라고 하였다. 그리고 원굉도에게 대하여는 기대가 더욱 높아서, "식력(識力)과 담력(膽力)이 둘 다 세상에서 빼어나, 진정으로 영령(英靈)한 남자이니, 가히 이 일을 부담할 만하다"라고 하였다. 이지는 원굉도로 하여금 사상을 개방하도록 깨우쳐 주었다. 이지의 문학적 주장은 "시는 하필 옛 『문선(文選)』이어야 하고, 문장은 하필 선진(先秦)이어야 하랴?"이다. 이 주장은 뒷날 공안파 문학의 사상적 근간을 형성하였다.
○ 이운관본은 제목에 '別'자가 없다.

둘째(其二)

오늘 아침 아쉬운 작별을 하고
거마(車馬)에 흔들리며 떠나가네.
한 번 갈 때마다 한 번 돌아보며
주저하며 널다리를 지나네.

惜別在今朝, 車馬去遙遙.
一行一回首, 踟躕過板橋.

셋째(其三)

울창하게 우거진 서릉(西陵)259) 길
아득하게260) 어디까지 뻗어있나.
다하지 못구려, 한담(寒潭)의 바위에서
아침저녁 그대와 나눌 이야기를.

鬱鬱西陵路, 迢迢在何許?
不及寒潭石, 朝夕共君語.

넷째(其四)

방랑의 걸음을 황주(黃州)261)에 머무시니
장대한 마음이 흰머리로 변하셨네.

---

259) 서릉(西陵) : 절강성(浙江省) 소산현(蕭山縣)의 서쪽에 있는 나루. 서릉호(西陵湖)가
   있는 곳.
260) 초초(迢迢) : 아득하니 멀다는 뜻과 높다는 뜻의 두 가지로 쓰이는데, 여기서는 멀다
   는 뜻이다.
261) 황주(黃州) : 마성. 본래 마성은 황주의 속읍이다. 옛 이름을 제안(齊安)이라고 하였다.

원효니(袁孝尼 : 袁準)262)를 만나시면
선뜻 〈광릉산곡〉263)을 전해주실른지?

浪跡滯黃州, 壯心成白首.
君逢袁孝尼, 肯語廣陵否?

전
校교 원효니(袁孝尼) : 孝는 각 텍스트마다 모두 老로 하였으나, 잘못이다. 이것
은 혜강(嵇康)이 형벌에 임하여, '〈광릉산곡〉을 원효니[袁準]에게 전하지
않았다니'라고 탄식하였다는 고사를 이용한 것이다.

다섯째(其五)

서신264) 올리겠다 약속하여
천리 길에 온통 봉함 편지를 적지만,
소상(瀟湘)의 끝없는 물이라도
용담265)까지는 보내주지 못하리.

魚書曾有約, 千里若爲函.
瀟湘無限水, 不遣到龍潭.

---

262) 원효니(袁孝尼) : 진(晉)나라 원준(袁準). 혜강(嵇康)에게 거문고의 〈광릉산곡(廣陵散
曲)〉을 전수받으려고 하였으나 끝내 배우지 못하였다. 『진서』 「혜강전(嵇康傳)」에 보
면, 혜강이 사마소(司馬昭)에게 죽임을 당할 때, 혜강이 해 그림자를 돌아보면서 거문
고를 달라고 하여 그것을 켜더니, "지난날 원효니가 내게 〈광릉산〉을 배우려 하였으
나 내가 번번이 인색하게 한사코 거절하였으니, 〈광릉산〉이 이제 끊어지겠구나(昔袁孝
尼嘗從吾學廣陵散, 吾每靳固之. 廣陵散于今絶矣)"라고 하였다고 한다.
263) 광릉(廣陵) : 혜강(嵇康)이 켜던 〈광릉산곡(廣陵散曲)〉. 앞의 주에 나왔다.
264) 어서(魚書) : 서신. 척소(尺素)라고도 함. 고시(古詩) 「음마장성굴행(飮馬長城窟行)」에
보면 "객이 먼 곳에서 와서, 내게 두 마리 잉어를 주는데, 아이 불러 삶으라 하였더니
잉어 속에 척소의 편지가 있네(客從遠方來, 遺我雙鯉魚, 呼童烹鯉魚, 中有尺素書)"라
고 하였다.
265) 용담(龍潭) : 즉, 이지의 거처를 말한다.

여섯째(其六)

형제는 지기(知己)요
동포(同袍)266)는 이웃 같기에,
문을 나서 떠나는 건 쉬어도
다만 그대 일신이 걱정된다오

兄弟爲知己, 同袍若比隣.
出門去亦易, 只愁君一身.

일곱째(其七)

죽는다 해도 그대 무엇이 한스럽겠소?
『장서(藏書)』267)로 큰 이름을 얻으셨으니.
하고많은 경박한 속인들조차
자극 받아 서로서로 도를 이루리.268)

死去君何恨, 藏書大得名.
紛紛薄俗子, 相激轉相成.

---

266) 동포(同袍) : 친구. 친구 사이에는 서로 도포를 빌려주어 궁핍을 구제하기 때문에 이렇게 말함. 동포동택(同袍同澤). 『시경』 「진풍(秦風)」 '무의(無衣)'에서 기원한 말.

267) 장서(藏書) : 이지(李贄)의 저작 가운데 하나.

268) 상격전상성(相激轉相成) : 서로 격려하여 서로서로 재성(裁成)한다는 말. 전상성(轉相成)은 재성보상(裁成輔相)·재성전상(財成轉相)이란 말과 같으며, 裁는 또 財와 같으니, 서로 도와서 부족함을 보완하고 성취한다는 뜻이다. 『주역』 「태괘(泰卦)」에서 "후비는 이 괘를 본받아 천지의 도를 재성한다(后以財成天地之道)"라고 있는데, 『경전석문(經典釋文)』은 財는 裁이어야 한다고 하였다.

여덟째(其八)

그대 뜻은 저서에 있지 않으시거늘
저술은 누구 위해서인지?
어찌하면 동남풍을 얻어다[269]
그대에게 불어 상수(湘水)를 건너게 하리요?

君意不在書, 著書爲誰子.
安得東南風。吹君渡湘水.

부록 : 용호의 답시(龍湖答詩)

첫째(其一)

문에 들어가면 형제이고
문을 나서면 다른 이들이 모두 이웃 같거늘,
그런데도 유곡(幽谷)[270]에 왕림하여
곧 죽을 사람의[271] 안부를 물어주다니.

入門爲兄弟, 出門若比隣.
猶然下幽谷, 來問幾死人.

> 전
> 筆校교   이지(李贄)의 답시는 『속분서(續焚書)』 권5에 실려 있다. 원굉도는 『폐협
> 집』에 수록할 만큼 그를 존경하였다.

---

269) 득동남풍(得東南風) : 『삼국지연의』에서 제갈공명이 적벽대전 때 동남풍을 얻었다는
고사를 의식한 표현임.
270) 유곡(幽谷) : 심산유곡(深山幽谷). 깊은 골짝.
271) 기사인(幾死人) : 늙어서 얼마 안 있으면 죽을 사람. 당시 이지(李贄)는 나이가 67세였다.

둘째(其二)

이별 없는 만남은 없기에
왔다면 돌아갈 기약도 있는 법.
내게 해탈(解脫)[272]의 방법 있으니
눈물 뿌리며 그대 시를 읽는 일이라오.

無會不成別, 若來還有期.
我有解脫法, 灑淚讀君詩.

셋째(其三)

적벽(赤壁)은 소공(蘇公 : 蘇軾)이 노래하고[273]
용호(龍湖)는 흰머리 늙은이가 읊네.[274]
그대는 원복(袁伏)[275]의 원(袁)이기에
그대에게 빌붙어 사우(四友)[276]를 이루려오

---

272) 해탈(解脫) : 불교에서는 삼계(三界)의 고과(苦果)를 벗어나 깨달음을 얻는 것을 가리킨다. 여기서는 세간의 속박을 벗어나 자재(自在)를 얻는 일을 말한다.

273) 적벽부소공(赤壁賦蘇公) : 소식(蘇軾)이 「적벽부(赤壁賦)」와 「후적벽부(後赤壁賦)」를 지은 것을 말한다. 소식의 「적벽부(赤壁賦)」의 다음 구절을 염두에 둔 표현이다. "그래서 술을 마시고 매우 유쾌하게 되어, 뱃전을 두드리면서 박자에 맞추어 노래를 하였다. '계수나무 노와 목란의 상앗대로, 달빛에 빛나는 강물을 치면서 수면에 흐르는 달빛 속을 거슬러 오르노라. 아득히 멀리 생각하여, 하늘 저 쪽에 있는 미인을 바라보노라.' 손님 가운데 퉁소를 부는 사람이 있어, 나의 노래에 박자를 맞추었다. 그 소리는 우우 울려, 마치 원망하는 듯, 사모하는 듯, 혹은 흐느끼는 듯, 애절하게 호소하는 듯하였다. 여향은 가늘게 끌어 실처럼 끊이지 않고 들린다. 마치 골짝 속에 사는 교룡을 춤추게 하고, 일엽편주에 몸을 맡긴 과부를 울게 할 것만 같다(於是飮酒樂甚, 扣舷而歌之. 歌曰, 桂棹兮蘭槳, 擊空明兮泝流光. 渺渺兮余懷, 望美人兮天一方. 客有吹洞簫者, 倚歌而和之. 其聲嗚嗚然, 如怨如慕, 如泣如訴. 餘音嫋嫋, 不絶如縷. 舞幽壑之潛蛟, 泣孤舟之嫠婦)."

274) 용호음백수(龍湖吟白首) : 원굉도를 가리켜 한 말이다.

275) 원복(袁伏) : 진(晉)나라 원굉(袁宏)이 복도(伏滔)와 함께 환온(桓溫)의 막부에 있었는데, 막부 사람들이 그들을 '원복(袁伏)'이라고 병칭하였다.

赤壁賦蘇公, 龍湖吟白首.

君是袁伏袁, 附君成四友.

군시원복원(君是袁伏袁) : 이 시는 원굉도 시의 '그대가 원효니를 만나면(君逢袁孝尼)'에 대한 답이다. 진(晉)나라 원굉(袁宏)이 복도(伏滔)와 함께 환원(桓溫)의 막부에 있었는데, 막부 중에서 '원복(袁伏)'이라고 병칭하였다. 원굉은 마음속으로 부끄럽게 여겨 탄식하며 말하길, "공께서 제게 끼치시는 은혜는 국사(國士)를 대하듯 우악(優渥)하지 않아서 저를 복도에게 견주시니, 어찌 이다지도 저를 욕보이신다는 말입니까!"라고 하였다. 『진서』「원굉전(袁宏傳)」에 나온다. 이지(李贄)의 시는 "그대가 어찌 원효니 정도에 그치겠소? 그대는 '원복'이라 병칭되는 '원굉'인 것이 부끄러울 정도로 훨씬 격이 높소"라는 뜻이다.

넷째(其四)

강릉(江陵)[277]에서 정주(亭州)[278]까지

일천 삼백 리.

여전히 광릉산(廣陵散)[279] 있거늘

미처 그대에게 이야기 못했구려.

江陵至亭州, 一千三百許.

尙有廣陵散, 未及共君語.

---

276) 사우(四友) : 네 사람의 벗. 문왕의 사우(四友)를 비롯하여 예로부터 사우(四友)를 꼽는 방식이 여러 가지로 있었다. 여기서는 원굉도의 삼형제와 이지가 사우(四友)를 이룬다는 뜻이다.

277) 강릉(江陵) : 호북성(湖北省) 강릉현(江陵縣). 일명 형주(荊州).

278) 정주(亭州) : 기정진(岐亭鎭). 마성현(麻城縣) 서남쪽 70리에 있다. 성이 남아 있다. 『문견후록(聞見後錄)』에 보면, 진공필(陳公弼)의 아들 진조(陳慥)가 황주(黃州)의 기정(岐亭)에 거처하였는데, 동파(東坡), 즉 소식(蘇軾)이 황주로 귀양 와서 진조와 친하게 지냈다고 하였다. 여기서는 즉 마성(麻城)을 가리키는 말로 사용하였다.

279) 광릉산(廣陵散) : 혜강(嵆康)이 은둔자에게 전수받았던 거문고[琴]의 곡명(曲名). 앞에 나왔음.

다섯째(其五)

이별에 오늘이라 말하지 말고
떠나며 아득하다 말하지 마오
길에서 신발 바치는 이[280]를 만나게 되면
이교(圯橋)[281] 부근을 분명히 알리라.

別不說今朝, 去不說遙遙.
路逢進履者, 定知過圯橋.

여섯째(其六)

강릉에서 일천 삼백 리
십 리마다 시 한 상자.
노정으로 헤아리면 집에 이르러
시 일백 상자를 용담으로 부쳐오리.

江陵一千三, 十里詩一函.
計程至君家, 百函到龍潭.

---

280) 진리자(進履者) : 한나라 때 장량(張良)을 말함. 장량(張良)은 이교(圯橋)에서 어떤 노
  인을 만나, 그 노인이 떨어뜨린 신발을 주워주고서, 뒤에 그 노인으로부터 병법서를 전
  수받았다. 그 노인은 황석공(黃石公)이었다고 전한다. 『사기』 「유후세가(留侯世家)」를
  참조
281) 이교(圯橋) : 한나라 장량(張良)이 혹은 황석공(黃石公)이라고도 일컬어지는 노인으로
  부터 『태공병법(太公兵法)』이라는 병법서를 전수 받게 되는 계기를 이루었던 다리. 강
  소성(江蘇省) 성비현(省邳縣)의 남쪽에 있는 다리. 한나라 때는 하비(下邳)의 지역이었
  다. 장량이 이교에서 노인의 신발을 주워와 무릎을 꿇고 신겨 드린 고사는 『사기』 「유
  후세가(留侯世家)」에 나온다.

일곱째(其七)

평생 저서에 게을렀기에
책을 완성하자 즐겁고 기쁘구려.[282]
거센 바람이 밤낮으로 포효한다만
가는 곳마다 편히 거처할 만하오

平生懶著書, 書成亦快予.
驚風日夜吼, 隨處足安居.

여덟째(其八)

많은 사람이 이름 없이 죽었다만
나는 유독 죽어도 명성이 있으리.
다만 천박한 속인들이
나를 그르쳐 명성을 못 이루지 않을지.

多少無名死, 予特死有聲.
祗愁薄俗子, 誤我不成名.

---

282) 쾌예(快予) : 쾌예(快豫). 予는 豫의 옛글자.

내가 두 번이나 충소관[283]에서 비에 막혀 묵었는데, 두 번 다 용호
선생(이지)을 방문하는 길이었으므로, 장난삼아 벽에 쓰다(余凡兩度阻雨
沖霄觀, 俱爲訪龍湖師, 戱題壁上)

첫째(其一)

강가 나무 무성하고[284] 강물은 길게 흐르는데
오늘 아침 비바람이 또 소상(瀟湘)에 쳐대누나.
충소관 도사가 문에 나와 읍례하며
전에 꽃구경하던 젊은이라고 웃으며 가리키네.

江樹蕭森江水長, 今朝風雨又瀟湘.
沖霄道士迎門揖, 笑指看花前度郎.

전교
1593년(만력 21년 계사), 이지(李贄)를 방문하고 돌아가다가 강릉(江陵)에
이르러 지은 시이다.

둘째(其二)

충소관에서 청우(靑牛 : 노자)[285]를 배알하다가

---

283) 충소관(沖霄觀) :『전교』는 "강릉현(江陵縣) 독양장(獨陽莊)에 있다. 원나라 태정(泰
定) 연간에 건립되었다. 『강릉현지(江陵縣志)』에 나온다"라고 하였으나 『지의』를 따라
파릉현(巴陵縣)의 도관으로 본다. 파릉현의 충소관은 현에서 북쪽 15리의 성릉기(城陵
磯)에 있으며, 송나라 때 건립되었다.
284) 소삼(蕭森) : 적막하다는 뜻과 울창하다는 뜻이 있음. 여기서는 울창하다는 뜻.
285) 청우(靑牛) : 노자(老子)를 말한다. 『사기』「노자한비열전(老子韓非列傳)」에 대하여,
사마정(司馬貞)의 『색은(索隱)』은 유향(劉向)의 『열선전(列仙傳)』을 인용하여, 노자가
청우를 타고 관(關)을 지나갔다고 하였다. 혹은 청우도사(靑牛道士), 즉 도사(道士)를
가리키는지 모르겠다. 청우도사는 본래 한나라 때 봉군원(封君遠)의 별호였으나, 뒤에
는 도사를 범칭하는 말로 쓰였다. 청우도사 봉군원은 농서(隴西) 사람으로, 어려서부터
도를 좋아하여, 처음에는 오십년 간 황정(黃精)을 먹다가 조서산(鳥鼠山)에 들어가서,

홀연 용호(龍湖)의 늙은 비구[286]를 생각하였네.
이지(李贄)는 곧 지금의 이이(李耳 : 노자)[287]요
서릉(西陵)[288]은 바로 옛날의 서주(西周)로다.

我從觀裏拜靑牛, 忽憶龍湖老比丘.
李贄便爲今李耳, 西陵還似古西周.

화조일[289]에 백수 형[290]에게 바친다(花朝日呈伯修)

첫째(其一)

주로(酒壚)의 술 향기는 높은 누각에 배고
기녀의 노래 소리는 작은 부엌을 감도네.
동이에는 맑은 계주(桂酒)[291]가 가득하고

산 속에서 다시 백여 년 동안 수은(水銀)을 연단하여 먹고 고향으로 돌아왔는데, 나이
가 서른 살 정도처럼 보였다고 한다. 그는 늘 청우를 타고 다녔으므로 청우도사라고 호
하였다고 『한무제내전(漢武帝內傳)』의 부록(附錄)에 실려 있다.

286) 용호노비구(龍湖老比丘) : 비구(比丘)란 불교에서 구족계(具足戒)를 받은 사람을 가리
키며, 화상(和尙)을 비구라 하고 니고(尼姑)를 비구니(比丘尼)라고 한다. 여기서는 마성
(麻城)의 용호(龍湖)에 거처하던 이지(李贄)를 가리킨다.

287) 이이(李耳) : 노자. 춘추시대 사상가로 도가를 창시한 사람이다. 도교에서는 그를 도주
(道主)로 숭배한다. 『사기』 「노자열전(老子列傳)」에 보면, 이이의 자는 백양(伯陽)이고,
시호는 담(聃)인데, 혹은 태사담(太史儋)이 그 사람이라 하기도 하고, 노래자(老萊子)가
그 사람이라 하기도 한다. 초나라 고현(苦縣, 지금의 하남성 鹿邑 동쪽) 사람으로, 주
(周)나라 수장사(守藏史)를 지냈다. 공자가 일찍이 그에게 예(禮)를 물었다고 하였다. 주
나라 왕실의 난리를 만나, 관직을 버리고 함곡관(函谷關)을 지났는데, 관령(關令) 윤희
(尹喜)가 그에게 저서를 청하자, 마침내 『노자오천문(老子五千文)』, 즉 『도덕경(道德
經)』을 지었다고 하며, 그 이후 관문을 나가서 사라져 어디로 갔는지 알 수 없게 되었
다고 하였다.

288) 서릉(西陵) : 마성(麻城)은 옛날의 서릉(西陵) 현경(縣境)에 속하였다.

289) 화조(花朝) : 2월 15일. 앞에 나왔다.

290) 백수(伯修) : 원종도이다. 즉 원굉도의 큰 형이나. 이때 함께 공안에 있었나.

좌객들은 모두 아름답고도 우아하니,

함께 삼부염(三婦艶) 곡292)을 부르고

같이 백자도(百子圖)293)를 펼쳐본다.

주인은 밤새도록 술자리 열려고

저녁 무렵 까마귀를 못 울게 해두었고.

爐氣薰高閣, 歌聲繞細廚.

桂尊清且滿, 坐客美而都.

共唱三婦艶, 同開百子圖.

主人將夜飲, 傍晚禁啼烏.

1594년(만력 22년 갑오) 2월에 공안에 있으면서 지은 시이다.

둘째(其二)

아리땁게 꽃은 나와 결연(結緣)한 듯하고

오르락내리락 제비도 내 마음 아는 듯.294)

미인은 수병(壽餠)295)을 굽고

동자는 새 곡을 연주하네.

---

291) 계주(桂酒) : 계향을 넣은 술. 계장(桂漿).『초사』「구가(九歌)」「동황태일(東皇太一)」
 에 나온다.

292) 삼부염(三婦艶) : 악부(樂府) 상화가사(相和歌辭) 청조곡(清調曲)의 이름. 상봉행(相逢
 行)곡에서 나온 것이다. 농가의 부녀를 빌어서 작가의 의중을 말하는 가사이다.

293) 백자도(百子圖) : 다남자(多男子)의 복을 빌기 위해 많은 동자들을 그린 그림.『통속
 편(通俗編)』「축송(祝誦)」의 '백자도(百子圖)'조에 따르면 당송의 궁궐에서 비단으로
 아이들 1백여 명을 수놓아 걸었던 백자장(百子帳)에서 비롯되었다고 한다.

294) 차지(差池) : 오르락내리락 하는 모양.

295) 수병(壽餠) : 월병(月餠)의 일종인 듯함. 본래는 선종에서 원단에 본사(本師)·법당사
 (法幢師) 등의 수복(壽福)이 장구하기를 빌어서 바치는 떡을 말함.

옥 장식 신발은 흩어졌다간 다시 모이고
목란(木蘭) 기름은 다하면 다시 때누나.
푸른 난간에 고운 꽃술 붉을 때가
한 해에서 가장 좋은 날.

宛轉花如結, 差池燕似知.
佳人炊壽餠, 童子按新辭.
珠履散還聚, 蘭膏盡復炊.
靑軒紅麗蕊, 第一好天時.

무념[296]과 함께 이성사에 들러(同無念過二聖寺)

첫째(其一)

지자(智者)[297] 떠난 뒤로
보주(寶珠)[298]가 여기 노닐었지.
오늘 무념이 왔으니
고사(故事)가 하나 더 늘리.

自從智者去, 寶珠曾遊此.
今日無念來, 添一故事矣.

---

296) 무념(無念) : 권1의 「무념을 이별하며(別無念)」 시를 참조
297) 지자(智者) : 지자대사(智者大師). 수(隋)나라 승려인 지의(智顗, 538~597). 자는 덕안
   (德安)이고 속성은 진씨(陳氏)이다. 18세에 출가하여 남악(南嶽) 혜사(慧思)에게 나아가
   『법화경(法華經)』을 배웠다. 597년 천태산(天台山)에 들어가니 사람들이 지자대사(智者
   大師)라 칭하고 그 종파를 천태종(天台宗)이라 하였다.
298) 보주(寶珠) : 여의주(如意珠). 혹은 여의주의 모양을 한 머리[寶珠頭]. 의보주(擬寶
   珠). 여기서는 스님을 말한다. 즉, 이시(笠賢)를 가리킨다.

전校
筆校
1594년(만력 22년 갑오), 공안에서 지은 시.

둘째(其二)

장자(長者)는 곧 유마(維摩)299)요

화상(和尙)은 영취자(靈鷲子) 같군.300)

그 중에 음률에 밝은 사람 있어

산화(散花) 여인301)에 비길 만한지.

長者卽維摩, 和尙似鷲子.

中有妙音人, 可比散花女.

한식날 이성사에서 술을 마시고(寒食飮二聖寺)

동풍 부는 곳곳에 누정이 있고

오랜 절에 승려 없어도 꽃은 피누나.

동지 뒤 일백 오 일302)에 한식을 만나

서른 두 상(相)303) 여래(如來)에게 예불을 하네.

주지(珠池)와 보지(寶地)304)는 서너 겁(劫)을 거쳤고

---

299) 유마(維摩) : 유마힐(維摩詰). 곧 재가승인 원굉도 자신.

300) 영취자(靈鷲子) : 영취산의 독수리. 영취산은 중인도에 있는 산으로 석가여래가 설법한 곳이다.

301) 산화녀(散花女) : 산화천녀(散花天女). 꽃잎을 뿌리는 천녀. 『유마경』에 보면, 산화천녀가 꽃을 뿌리자 여러 보살에게는 꽃이 붙지 않고 떨어지고 대제자(大弟子)에게는 꽃이 붙어 있었다. 천녀는 말하길, "결습(結習)이 다하지 않았으므로 몸에 꽃이 붙어 있다"고 하였다.

302) 일백오일(一百五日) : 동지 뒤 일백오 일이 한식날이다.

303) 삼십이상(三十二相) : 위대한 부처가 갖추고 있는 32가지의 신체적 특장.

한나라 고개요 진나라 때 언덕에서 술잔을 드네.305)

세상사는 이렇게 전광석화306)같거늘

백양(白楊)은 어이하여 애수를 일으키나?307)

東風隨處有亭臺, 寺古無僧花也開.

一百五日逢寒食, 三十二相禮如來.

珠池寶地都成劫, 漢隴秦封且擧杯.

石火電光只如此, 白楊何事起愁哀?

전교 1594년(만력 22년 갑오), 청명의 날에 공안에서 지은 시. 이날 같이 노년 사
람들은 공중민(龔仲敏)·중경(仲慶)·중안(仲安) 형제와 원종도·원중도이
다. 원종도『백소재유집(白蘇齋類集)』 권14에 「이성사유기(二聖寺遊記)」라는 글이
하나 있어, 그 글에 이러하다. "갑오년 청명절에 외삼촌들이 우리 형제를 이끌고 동
문을 나가서 답청을 하였다. 2리쯤 가다가 이성사에 이르러서 쉬었다. 절의 승려가
다과(茶菓)를 내오면서, 젊은 시절 벽에 적었던 시를 함께 내오는데, 곰팡이가 쏠았
고 벌레가 먹어서 마치 옛 사람의 묵적(墨蹟)을 보는 듯하여, 과연 젊은 시절 필적
인지 알지 못할 정도였다."

이자엽에게 답하다(答李子髥)

첫째(其一)

만약 문장의 일을 묻는다면

---

304) 보지(寶地) : 불사가 있는 지역, 절.

305) 한농(漢隴) 진봉(秦封) : : 한나라 때의 고개와 진나라 때의 언덕.

306) 석화전광(石火電光) : 전광석화(電光石火).

307) 백양하사기수애(白楊何事起愁哀) : 도연명(陶淵明)의 「의만가사(擬挽歌辭)」에 "거친
풀은 너무도 망망하고, 백양도 또한 쓸쓸하구나(荒草何茫茫, 白楊亦蕭蕭)"라고 한 것
을 끌어 왔다.

응당 이 마음으로 굴복하리.

중원(中原)의 문풍을 누가 일으킬 건가308)

육지 같던 것이 갈수록 가라앉는걸.309)

전한(前漢) 문장310) 표절하는 풍조가 드세고311)

대아(大雅)312) 모방의 취지가 넘실거리는데,313)

최근 백년314)에 손꼽을 수 있는 분이

---

308) 굴기(崛起) : 굴기(掘起). 掘은 崛과 같음.

309) 육지간평침(陸地看平沈) : 육지 같았던 것이 점점 침하하였다는 뜻. 간(看)은 보고 있는 사이에, 차츰. 평침(平沈)은 침하(沈下).

310) 서경(西京) : 전한(前漢). 전한시대의 문장을 가리킴. 여기서는 명나라 중엽의 복고파(復古派)가 서한문장을 모방하는 풍조를 말한다. 전칠자(前七子)의 영수(領袖)라고 할 이몽양(李夢陽)은 '문장은 반드시 진한(秦漢)이어야 한다[文筆秦漢]', '시는 반드시 성당(盛唐)이어야 한다[詩必秦漢]'는 구호를 제출하여, "한나라가 일어서자 가의(賈誼)의 문장이 가장 고고하다[漢興誼文最高古]"라고 하였고, "서경의 이후로는 작가가 있다는 말을 들어보지 못하였다[西京之後, 作者無聞矣]"라고 하였다. 후칠자(後七子)의 영수라고 할 왕세정(王世貞)은 『예원치언(藝苑卮言)』에서 더욱 철저한 논리를 제출하여 이렇게 말하였다. "서경 이후로 봉건(封建)·궁전(宮殿)·관사(官師)·군읍(郡邑)의 이름이 우아하지 않아서 저술에 맞지 않으니, 그것이 첫 번째 이유이다. 조령(詔令)·사명(辭命)·서주(書奏)·부송(賦頌)에는 고문(古文)이 드물어 저술에 맞지 않으니, 이것이 두 번째 이유이다. 그 사람을 보면, 항적(項籍)·한신(韓信)·형가(荊軻)·섭정(聶政)·평원군(平原君)·맹상군(孟嘗君)·비무기(費無忌)의 무리가 있으니, 족히 모사(模寫)할 만하지 않은가? 이것이 세 번째 이유이다. 그 어휘를 보면, 『상서(尙書)』·『모시(毛詩)』·『좌씨(左氏)』·『전국책(戰國策)』·『한비(韓非)』·여불위(呂不韋)의 서적이 있으니, 족히 그러모아 쓸 만하지[薈蕞] 않은가? 이것이 네 번째 이유이다. 아아, 오로지 사마자장(司馬子長, 司馬遷)만 그러하랴, 니보(尼父 : 중니, 공자)도 역시 그러하다. 그러나 육경(六經)은 손을 댈 수가 없다."

311) 교교(矯矯) : 기운이 세고 날랜 모양.

312) 대아(大雅) : 『시경』의 「대아(大雅)」. 대부분 서주(西周) 초기의 작품으로, 왕정(王政)이 흥폐(興廢)한 사실을 반영하고 있다. 후대에는 봉건 왕조의 중대한 조처와 사건을 반영하는 시가를 대아(大雅)라 하여 정성(正聲)으로 삼았다. 이몽양(李夢陽)은 「부음서(缶音序)」라는 글에서, "시는 당나라에 이르러 고조(古調)가 망하였다. 하지만 당조(唐調)에도 가영(歌詠)할 만한 것이 있어, 격이 높은 것은 관현(管絃)에 올릴 만하다. 그러나 송나라 사람들은 리(理)를 위주로 하였지, 조(調)를 위주로 하지 않았다. 이에 당조(唐調)가 망하고 말았다"라고 하였다.

313) 양양(洋洋) : 성대하고 충만하며 아름다운 모습. 원굉도는 여기서, 복고파의 시가 창작에서 고인을 모방하는 풍조를 풍자적으로 비판하였다.

314) 백년(百年) : 명나라 문단에서 복고파 운동이 벌어진 것이 오래되어, 약 백년 가까이

사림(詞林)315)에 몇이나 있을지.

若問文章事, 應須折此心.
中原誰掘起, 陸地看平沉.
矯矯西京氣, 洋洋大雅旨.
百年堪屈指, 幾許在詞林.

1594년(만력 22년 갑오), 공안에서 지은 시.

둘째(其二)

개창한 공316)은 하경명(何景明)·이몽양(李夢陽)317)을 추대하여
들어 알든 보고 알든 모두 그랬지.
기축(機軸)318)은 비록 달랐지만
우아하기에319) 정말 스승 삼을 만했도다.
그 뒤로는 문조(文藻)가 풍부해져서
이(理)를 굽히고 수사(修辭)를 다투었으며,

되었다. 즉 이몽양(李夢陽)·하경명(何景明)을 대표로 하는 전칠자(前七子)와 이반룡
(李攀龍)·왕세정(王世貞)을 대표로 하는 후칠자(後七子)에 이르기까지 약 백년의 장구
한 시기에 이른다고 말할 수 있다.

315) 사림(詞林) : 문단(文壇).

316) 초매(草昧) : 초창(草創). 개창(開創).『주역』「준괘(屯卦)」에 '천조초매(天造草昧)'라는
말이 있다. 소(疏)에 '초(草)는 초창(草創), 매(昧)는 명매(冥昧)이다'라고 하고, '만물이
처음 만들어 질 때는 형(形)이 아직 드러나지 않고 체(體)가 아직 분명하지 않다는 뜻이
다'라고 하였다.

317) 하·이(何李) : 하경명(何景明)과 이몽양(李夢陽). 전교(箋校)를 참조

318) 기축(機軸) : 방식·공부·방법. 기(機)는 쇠뇌의 버팀목 부분인 노아(弩牙)를 말하고,
축(軸)은 차축(車軸)을 말하니, 추요(樞要)의 지위를 말한다.

319) 이아(爾雅) : 극히 바르고 우아함.『사기』「유림전서(儒林傳序)」에 보면, "문장이 우아
하고, 푼이말이 뜻이 깊다(文章爾雅, 訓辭深厚)"라는 표현이 있다.

대가320)를 박대해서 도끼를 멋대로 휘두르고

곁 길321)을 경계해서 발을 싸매 두었기에,322)

모의(模擬)323)는 옥죄는 폐단324)을 낳고

망탕(莽蕩)325)은 도리어 세간의 조롱을 받았도다.

곧바로 소식(蘇軾)326) · 유종원(柳宗元)327)을 능가하려 하다니

---

320) 대장(大匠) : 위대한 장인. 『장자』「인간세(人間世)」편에 나오는 장석(匠石)을 말함. 장석이 도끼를 휘두르면 조금도 오차가 없었다고 한다. 『장자』「서무귀(徐无鬼)」편에 보면 장석운근(匠石運斤)의 고사가 있다. 장석은 영(郢) 땅 사람이 코에 파리날개[蠅翼]처럼 얇게 바른 백악(白堊)을 도끼를 휘둘러 단숨에 깎아내었는데, 코를 전혀 다치지 않았으며, 그 동안 영 땅 사람도 전혀 흔들리지 않았다고 한다.

321) 방기(旁岐) : 곁가지 길.

322) 과족(裹足) : 발을 싸맴. 보통은 전진(前進)하지 않음을 뜻하지만, 여기서는 외길로만 나아감, 구속함을 뜻함. 이것은 복고파가 창작면에서 여러 가지로 작가를 구속하는 엄격한 규율을 시설한 것을 말한다.

323) 모의(模擬) : 모방.

324) 검협(儉狹) : 옥죄고 좁음.

325) 망탕(莽蕩) : 본래는 초원이 광대한 모습. 여기서는 모방의 풍조에 쏠리지 않고 창의력이 풍부하여 시문의 기상이 드넓은 것을 말한다.

326) 소(蘇) : 소식(蘇軾, 1037~1101) 북송의 문학가. 자 자첨(子瞻), 혹은 중화(仲和), 호 동파거사(東坡居士). 미주(眉州) 미산(眉山 : 지금의 四川에 속함) 사람. 인종(仁宗) 가우(嘉祐) 2년(1057)에 진사가 된 후 복창현주부(福昌縣主簿) · 대리평사(大理評事) · 전중승(殿中丞) 등을 역임했다. 신종(神宗) 때 왕안석의 변법(變法)에 반대하여 항주(杭州)의 통판(通判)으로 폄적당했다. 이후 밀주(密州)와 서주(徐州)의 태수를 역임하고 원풍(元豐) 2년(1079)에 호주(湖州)의 태수로 옮겼다. 이때 신법(新法)을 풍자하는 시를 지은 것이 문제가 되어 투옥되었다가 황주(黃州)의 단련부사(團練副使)로 유배당했고 원풍 7년에 상주(常州)로 옮겼다. 철종(哲宗)이 즉위하고 사마광(司馬光)이 이끄는 구당이 집권하자 한림학사(翰林學士) 겸 시독(侍讀)에 기용되었다. 그러나 권력을 잡은 자들이 신법을 모두 폐지하는 데 불만을 느끼고 원우(元祐) 4년(1089)에 항주의 태수로 나간 후 여러 주의 태수를 역임했다. 원우 8년 철종이 직접 정사를 돌보며 다시 신법을 시행하자 소식은 다시 남방의 혜주(惠州) 등지로 유배를 가게 되었다. 휘종(徽宗)이 즉위하여 대사면령이 내리자 서울로 돌아와 제거성도옥국관(提擧成都玉局觀)에 임명되었다가 이듬해 상주(常州)에서 세상을 떴다. 『동파전집(東坡全集)』110권이 있다. 소식의 사상은 비교적 복잡하여 유 · 불 · 도가 결합되었다고 할 수 있다. 정치적으로는 대관료와 대지주들의 기본적인 이익을 침해하지 않는다는 전제 아래 잘못된 정사를 혁파해야 한다고 주장했다. 생활에 있어서는 불로(佛老) 사상을 본받아 세속에 구애받지 않고 초연하고 활달한 태도를 지녔다. 산문 · 시 · 사 · 서 · 화 등 여러 방면에서 성과가 높았다. 서곤체(西崑體)의 형식주의에서 영향을 받은 태학체(太學體)에 반대했으며, 심오하고

그 말이 곧 기만이 아닌가?
이 시대의 세상에는 문장328)이 없고
여항(閭巷)329)에 곧 참 시[眞詩]가 있기에,
한 병 술을 사다가
그대와 함께 〈죽지사(竹枝詞)〉330)를 들으련다.

草昧推何李, 聞知與見知.
機軸雖不異, 爾雅良足師.
後來富文藻, 訕理競修辭.

기이함을 힘써 추구하다가 우활하고 괴벽한 데에 이르고 마는 불량한 문풍에도 반대했다. "법도 가운데에서 새로운 의경(意境)을 창출하고, 호방 바깥에서도 미묘한 이치를 기탁한다", "문리가 자연스럽고 자태가 종횡으로 생겨나야 한다"라고 주장하여 시문 혁신 운동을 추진하였다. 당송팔대가(唐宋八大家)의 한 사람으로 부친 소순(蘇洵)과 아우 소철(蘇轍)과 함께 이름을 날려 세칭 '삼소(三蘇)'라고 불렸다. 사(詞)는 필력이 종횡으로 내달려, 경계(境界)가 광활하고 기세는 거침없었으며 격조는 호방했다. 남송의 신기질(辛棄疾) 등이 소식 사의 호방한 정신을 계승 발전시켜 '소신(蘇辛)'의 호방사파(豪放詞派)를 형성하게 되었다.

327) 유(柳): 유종원(柳宗元, 773~843). 자(字)는 자후(子厚)로, 정원(貞元) 9년(793)의 진사다. 유우석과 함께 급제하였다. 지금의 광서성에 속하는 유주(柳州)의 자사가 된 뒤에 죽었으므로, 유유주(柳柳州)라고 불린다. 한유와 함께 '고문'을 제창하여 사륙문(四六文), 즉 변문(駢文)의 껍질을 깨고 자유로운 산문을 만들어내었다. 시인으로서는 한유나 백거이의 그룹에 속하지 않고 왕유·맹호연·위응물과 나란히 특이한 계열을 형성하였다. 33세에 정쟁(政爭) 때문에 지금의 호남성에 속하는 영주(永州)로 유배되어, 14년 동안 수도로 돌아가지 못하고, 마침내 유주의 외떨어진 시골에서 일생을 마쳤다. 그의 처지는 한유나 백거이보다 불행하고 처참하였다. 영주에 있었을 때의 시 「계거(溪居)」에서 "남이 지방에 유배된 것을 다행으로 여긴다(幸此南夷謫)"라고 말하고, 또 「초여름 비가 온 뒤에 우계를 찾다(夏初雨後訪愚溪)」라는 시에서 "침음하는 것은 어째서인가, 적막은 본디 바라던 바(沈吟亦何事, 寂寞固所欲)"라고 말하였는데, '행(幸)'이란 한 글자는 역설적으로 그 번민을 호소하는 듯하다. 산문 「영주팔기(永州八記)」는 소품(小品)의 독특한 문체여서, 신념과 고민을 역설적으로 표출해내었다.
328) 문자(文字): 시문(詩文)을 아울러 이르는 말.
329) 여항(閭巷): 이항(里巷). 즉 민간(民間).
330) 죽지(竹枝): 죽지사(竹枝詞). 민가(民歌)를 범칭한다. 본래는 남녀의 애정이나 지방 풍토를 노래하던 민가였는데, 당나라 유우석(劉禹錫)이 낭주(朗州)로 유배되어 있으면서 신사(新詞) 9수를 지은 이후로 많은 문인들이 신사를 지어 악부(樂府)의 한 체를 이루었다.

揮斤薄大匠, 裹足戒旁岐.

模擬成儉狹, 莽蕩取世譏.

直欲凌蘇柳, 斯言無乃欺.

當代無文字, 閭巷有眞詩.

却沽一壺酒, 攜君聽竹枝.

이 시는 세속의 의고(擬古) 시풍에 반대하여 심지어 "지금 당대에는 문자가 없고, 여항(閭巷)에야 말로 참된 시가 있다"고까지 말하였다.

○ 하이(何李) : 하경명(何景明)과 이몽양(李夢陽). 의고파(擬古派)인 전칠자(前七子)의 영수(領袖)이다. 이몽양의 자는 헌길(獻吉), 경양(慶陽) 사람인데 대량(大梁)으로 이사하였다. 홍치(弘治) 6년의 진사이다. 처음에 호부주사(戶部主事)를 제수 받았고, 마지막에는 강서(江西) 제학부사(提學副使)로 마쳤다. 가거(家居)하기 20년에 복고(復古)를 사명으로 삼아, "고시는 반드시 한(漢)·위(魏)요 반드시 삼사(三謝 : 謝靈運·謝惠連·謝朓)이거늘, 지금의 체는 반드시 초당·성당이요, 반드시 두(杜 : 두보)일 뿐이고, 이것을 제외하면 시가 없다"라고 하였다. 하경명의 자는 중묵(仲默)으로, 신양(信陽) 사람이다. 홍치 15년의 진사이다. 중서사인(中書舍人)을 제수 받았고, 섬서(陝西) 제학부사로 관리 생활을 마쳤다. 처음에 이몽양과 함께 복고파를 창시하였으나 명성을 이룬 뒤에는 서로 배격하였다. 그는 시문을 논하여, "시는 도(陶 : 陶潛)에서 가라앉고 말았던 것을 사(謝 : 사령운)가 힘껏 진작하였으나, 고시의 법은 사(사령운)에서 망하고 말았다. 문장은 수(隋)에서 미약하게 된 것을 한유(韓愈)가 힘껏 진작하였으나, 고문의 법은 한유에게서 망하고 말았다"라고 하였다. 두 사람은 『명사』 권286과 『열조시집소전(列朝詩集小傳)』 「병집(丙集)」에 전(傳)이 있다.

전백성 씨는 원굉도가 이 시에서 하경명과 이몽양을 철저히 배격하고, 이자염이 처음에는 그 둘을 추대하였지만 나중에는 거기서 벗어났다는 식으로 보았다. 특히 "草昧推何李"의 구를 "초매에는 하·이를 추대하였네"라고 보았으나, 잘못이다. 원굉도는 전후칠자가 혁신을 가져온 적극적·긍정적 측면이 있다는 것과 일부 의고의 소극적·부정적 측면이 있다는 것을 여러 곳에서 말하였다. 다만 원굉도는 이반룡(李攀龍)에 대하여는 심하게 비판하였다. "後來富文藻, 訕理競修辭"의 구는, 이반룡이 「왕원미를 전송하는 글(送王元美序)」에서 "옛것을 모범으로 하여 수사에 힘쓸지언정, 차라리 이치를 잃어도 상관없다(視古修辭, 寧失諸理)"라고 주장한 것에 대하여 반대한 말이다. 또 그 말도 대개 산문창작에 관계된 말이며, "裹足戒旁岐"와 "直欲凌蘇柳"도 역시 산문창작에서 이반룡·왕세정 등이 당송 제가의 산문을 무시한 것에 대해 비판한 것이다. 이반룡·왕세정의 시 창작에 대하여 비판한 것은 아니다.

여름날 추백학[331]의 동산 정자(夏日鄒伯學園亭)

반려 없이 홀로 오똑 앉아서
공관(空觀)[332]을 하여 잡념을 끊는다.[333]
상머리에는 『고사전(高士傳)』[334]을 두고

---

331) 추백학(鄒伯學) : 앞의 시에 나왔다.

332) 공관(空觀) : 참선(參禪).

333) 절상진(絶想塵) : 세상에 대한 잡념을 끊는다.

334) 고사전(高士傳) : 은둔자의 전기집. 혜강(嵇康)의 「성현고사전찬(聖賢高士傳贊)」을 비롯한 여러 『고사전(高士傳)』이 전한다. 『수서』 「경적지」 「사부(史部)」 '잡전(雜傳)'의 조항에 「해내선생전(海內先生傳)」·「사해기구전(四海耆舊傳)」·「선현집(先賢集)」과 같이 전국 범위의 것과 「연주선현전(兗州先賢傳)」·「서주선현전(徐州先賢傳)」과 같이 지방에 한정된 것 등, 저자를 알 수 없는 '선현전'들을 먼저 열거하고 「고사전」으로 옮겨가, 혜강 찬·주속지(周續之) 주 『성현고사전찬』 3권, 황보밀(皇甫謐) 찬 「고사전」, 황보밀 찬 「일사전(逸士傳)」 따위를 나열하였다. 그리고 「효자전」·「가전(家傳)」·「열녀전(列女傳)」·「고승전」·「열선전」 따위로 이어진다. 그 가운데 '고사전'의 찬자(지은이) 이름을 밝힌 것은 위진 시대 혜강 때부터 시작된다. 혜강과 황보밀의 『고사전』은 둘 다 완전한 형태로는 남아 있지 않으며, 지금 볼 수 있는 텍스트는 그 둘이 서로 뒤섞여 있는 부분이 적지 않다. 혜강이 어떠한 인물을 취급하였는지에 대하여는 형 혜희(嵇喜)가 기록한 혜강 전(『삼국지』 「위지」 「왕찬전」의 주에 인용)에서 엿볼 수 있다. "상고 이래로 성현·은일·둔심(遁心)으로서 이름을 남긴 인물들을 기록하고, 모아서 전찬(傳贊)을 만들었다. 혼돈(混沌)으로부터 관녕(管寧)에 이르기까지 모두 119명으로, 대개 우주의 안에서 구하여 천년 뒤에까지 발하는 자이다. 그러므로 세간 사람은 이름을 끼어둘 수가 없다." 책이름은 나오지 않았지만, 이것이 『성현고사전찬』을 가리킨다는 사실은 분명하다. "세간 사람은 이름을 붙일 수가 없다"라는 말은, 혜강이 편찬한 인물들이 기성의 가치관과 달랐다는 사실을 의미한다. '성현'만이라면 유학의 기준으로 종합할 수 있겠지만, '은일·둔심'도 함께 포함하였기 때문에 기성의 개념으로는 파악할 수 없다.

꽃 아래서는 희황상인(羲皇上人)335)같군.
학을 기르고 차 부뚜막을 옮겨놓고는
물고기를 사랑하여 낚시 줄을 끊었다.
몽장(蒙莊 : 장자)336)이 죽은 지 오래이니
이 뜻을 누가 개진하랴?

兀坐無儔侶, 觀空絶想塵.
床頭高士傳, 花下上皇人.
養鶴移茶竈, 憐魚輟釣綸.
蒙莊去已久, 斯意竟誰陳?

전
筆校교

1594년(만력 22년 갑오), 공안에서 지은 시.

여름날의 즉흥시(夏日卽事)

첫째(其一)

미관(微官)마저 게을러서 폐기하고
만사를 벗어나 선(禪)으로 도망해선,
공(空)을 이야기하며 늙도록 세월을 보내고337)

---

335) 희황상인(羲皇上人) : 태평을 구가하였던 전설 시대의 사람. 복희씨(伏羲氏) 이전의
   인민으로, 세상사를 잊고 안락하게 지냈다고 한다. 『진서』「은일전(隱逸傳)」「도잠전
   (陶潛傳)」에 보면, "도연명이 늘 말하길, 여름날 한가할 때는 북창 아래 높이 베개 베고
   누워 있으면, 맑은 바람이 삽상하게 이르러 온다고 하였으며, 스스로 희황상인이라고
   하였다"고 되어 있다.
336) 몽장(蒙莊) : 장자(莊子). 몽현(蒙縣) 사람이기 때문에 몽장이라고도 한다.
337) 세월담공로(歲月談空老) : 세월은 공(空)을 이야기하면서 늙을 때까지 흘려보낸다는 뜻.

소매 높이 흔들어 풍진(風塵) 세계를 사절했네.
빈천한 자의 교유는 얼굴과 등짝이 다르고[338]
야박한 풍속은 겉껍데기[339]만 후하게 여기거늘,
화광(和光)[340]의 가르침을 모르고서
서재에 울적하게 홀로 앉아 있다니.

一官因懶廢, 萬事得禪逃.
歲月談空老, 風塵拂袖高.
貧交殊面背, 薄俗厚皮毛.
不解和光指, 空齋坐鬱陶.

1594년(만력 22년 갑오), 공안에서 지은 시.

둘째(其二)

답답하여 책을 펼쳐 읽나니
난 여태껏 썩은 유학자[341]였을 뿐.
문 열자 잔우(殘雨)[342]가 지나가고

---

338) 빈교수면배(貧交殊面背) : 빈곤할 때 교우 관계는 얼굴과 등짝이 다르다는 뜻. 여기서
  빈교(貧交)는 빈천지교(貧賤之交)의 뜻이되, 관포지교(管鮑之交)를 이루지 못하고, 이
  익에 끌려서 사귀는 시교(市交)나 얼굴만 아는 정도로 사귀는 면교(面交)로 그치는 것
  을 말한다. 또 '수면배(殊面背)'는 얼굴과 등짝이 다르듯 표리부동(表裏不同)하다는 뜻
  이다.
339) 피모(皮毛) : 겉모습.
340) 화광(和光) : 화광동진(和光同塵). 빛을 감추고 속진(俗塵)에 묻힘. 자기의 뛰어난 재
  덕(才德)을 나타내지 않고 세속을 따른다는 뜻.『노자』에 나오는 말.
341) 부유(腐儒) : 썩은 선비.『관자(管子)』「비상(非相)」에 보면, "『주역』에서 괄낭(括囊 :
  입을 꽉 다묾)하여 아무런 자긍도 영예도 없다고 한 것은 부유(腐儒)를 두고 하는 말이
  다"라고 하였다.
342) 잔우(殘雨) : 비가 내리다가 그칠 무렵에 남은 비 기운이 뭉쳐 내리는 비. 강엄(江淹)

베개에 기대매 조각구름 외롭구나.

세상사는 바둑에 진 것 같고

인정은 물레처럼[343] 돌고 도네.

뜬 인생 사느니 차라리 꼬리 끌며 지내리.[344]

단연코 강호(江湖)[345]의 삶을 후회 않으리.

悶卽攤書讀, 長年一腐儒.

開門殘雨過, 欹枕片雲孤.

世事輸棋局, 人情轉轆轤.

浮生寧曳尾, 斷不悔江湖.

여름날 공능자[346]·최회지[347]·추백학[348]과 함께 이자염의 서재에 있
는 큰 버드나무 아래서 납량하였다. 이때 이자염은 조금 병들어 있었
다(夏日同龔能者·崔晦之·鄒伯學納凉李子髯齋中高柳下, 時子髯有小病)

시냇가 키 큰 버들에 아지랑이 들붙어

의 「적홍부(赤虹賦)」에 "잔우가 썰렁하고, 연광은 곱디곱다(殘雨蕭索, 光烟艶爛)"라고
하였다.

343) 녹로(轆轤) : 도르래, 물레.

344) 예미(曳尾) : 진흙 속에서 꼬리를 끎. 벼슬에 나가지 않고 자연 속에 묻혀 천성을 보존
함. 『장자』에 나오는 말. 앞에 나왔다.

345) 강호(江湖) : 산수자연. 강호는 산수자연을 가리키거나 정반대로 속세간을 가리키기도
하는데, 여기서는 산수자연, 산수자연의 삶을 말한다.

346) 공능자(龔能者) : 공중안(龔仲安)의 법호가 능자이다. 권1의 「여름날 공산목·공능
자·최회지·추백학·이자염과 함께 기녀를 데리고 화상교에 배를 띄우고 노닐다. 두
수(夏日同龔散木·能者·崔晦之·鄒伯學·李子髯攜妓泛舟和尙橋, 二首)」를 참조

347) 최회지(崔晦之) : 공안 사람이다. 원굉도 형제와 친하게 지냈으므로, 원씨 삼형제의
시문에 자주 등장한다. 이름·호와 사적은 자세하지 않다.

348) 추백학(鄒伯學) : 공안 사람이다. 원굉도 형제와 친하게 지냈다. 원씨 삼형제의 시문
에 자주 등장한다. 이름·호와 사적은 자세하지 않다.

송알송알349) 비취 이슬이 어여쁘구나.
빈 거리는 흰 물처럼 일렁이고
성근 달은 청전(靑錢)350)마냥 차가워라.
원헌(原憲)351)의 가난은 병이 아니요
유마(維摩)352)의 병은 선(禪)이라네.
거연히353) 성곽 속에 거처하매
이곳이 일종의 작은 임천(林泉)이로다.

高柳着溪烟, 團團翠可憐.
空街搖白水, 疎月冷靑錢.
原憲貧非病, 維摩疾是禪.
居然城郭裏, 一種小林泉.

전
漢校교
1594년(만력 22년 갑오), 공안에서 지은 시.
○ 제목은 이운관본에 '時子骷有小病'의 여섯 글자가 없다.
○ 疎月冷靑錢 : 月이 서종당본·십집본에는 日로 되어 있다.
○ 居然城郭裏 : 郭은 패란거본에 廓으로 되어 있으나 잘못이다.

---

349) 단단(團團) : 이슬이 많은 모양.
350) 청전(靑錢) : 동전을 주조할 때 주석을 넣어 푸른색을 띤 동전. 청부(靑蚨).
351) 원헌(原憲) : 노나라의 은둔자. 『한시외전(漢詩外傳)』에 보면, 원헌(原憲)이 노나라에
    거처할 때 방안에 아무 것도 없고, 이엉으로 지붕을 덮었다고 하였다.
352) 유마(維摩) : 유마힐(維摩詰). 비야리성의 부자. 부처가 여러 비구(比丘)와 보살(菩薩)
    을 시켜 그 병상에 문병을 하게 하였는데, 유마힐은 오히려 그들에게 설법을 행하였다.
    앞에 나왔다.
353) 거연(居然) : 편안한 모습.

우연히 짓는다(偶題)

시구 생각나면 파초 잎에 쓰고
모자를 만들려고 죽순 껍질을 벗기네.
벼슬살이는 세 가지 이유로 불가하고
선(禪)의 이치는 백에 백을 모르겠군.
들판 집에는 치자(梔子)가 무성하고
맑은 창에는 제비새끼 지저귀누나.
사안(謝安)354)이 어찌 소초(小草)355)리오
재상의 업무라곤 바둑 묘수가 고작이었거늘.356)

得句題蕉葉, 裁冠費笋皮.
宦情三不可, 禪理百無知.
野館繁梔子, 晴牕語燕兒.
謝安何小草, 相業僅能棋.

---

354) 사안(謝安) : 동진(東晉) 때의 정치가. 남경에 있는 동산(東山)에 별장을 짓고 자주 나
가 놀았다. 산에 오를 때면 나막신에 밀랍을 칠하였으므로 납극(蠟屐)의 고사로 유명하
다. 『진서(晉書)』 「사안전(謝安傳)」 참조. 임안(臨安)의 산중에서 석실(石室)에 앉고 계
곡에 임하여 유연히 탄식하길, "이것이 백이(伯夷)와 어디 멀리 떨어져 있는가?"라고
하였다.

355) 소초(小草) : 산 속에 있으면 원지(遠志), 인간 세상에 들어오면 소초(小草)가 된다는
풀. 『세설신어(世說新語)』 「배조(排調)」에 보면, 사안(謝安)이 처음에 환공(桓公)의 조
정에 사마(司馬)로 취직하여 환공에게 약초를 올렸는데, 그 가운데 원지(遠志) 풀이 있
자, 환공은 그 풀에 어째서 소초와 원지라는 두 개의 이름이 있느냐고 물었다. 사안이
즉각 대답하지를 못하자, 자리에 있던 학륭(郝隆)은 "은둔하면 원지이고 세상에 나오면
소초(處則爲遠志, 出則爲小草)"라고 대답하였다. 사안은 부끄러워하였다고 한다.

356) 상업근능기(相業僅能棋) : 사안(謝安)은 위급한 때를 당하여서도 두려워하지 않았고
강한 적이 국경을 침범하였을 때에도 손님과 태연히 바둑을 두었다고 한다. 사안기(謝
安棋)라는 성어로 알려져 있다. 『진서』 「사안전(謝安傳)」에 나온다.

1594년(만력 22년 갑오), 공안에서 지은 시.

심개암³⁵⁷⁾에게 부치다(寄沈介庵)

뜻밖이로군, 청천(晴川)의 누각에서
같은 시대의 사람을 알아보지 못하다니.³⁵⁸⁾
용문(龍門)³⁵⁹⁾에 나는 뜻이 있거늘
어복(魚服)³⁶⁰⁾의 그대는 무슨 정신이오?
봉사(封事)의 초안에 놀랐으나
공문³⁶¹⁾ 보고 적신(積薪)³⁶²⁾에 괴이하구려.

---

357) 심개암(沈介庵) : 이름과 관향을 알 수 없다.
358) 동시실차인(同時失此人) : 같은 시대에 살면서도 이 시대에 이러한 사람이 있음을 알지 못하여 만나지 못하였다는 뜻.
359) 용문(龍門) : 등용문(登龍門). 과거에 급제함을 가리키는 말. 용문은 지금의 섬서성 한성현(韓城縣)의 교외인 하양(夏陽) 사마판(司馬坂) 부근에 있는 황하의 나루터. 이 부근은 협곡 이어서 그 부근에서 황하의 흐름이 급속히 빨라진다. 그 때문에 물고기가 이 급류를 오르려면 상당한 곤란하였으나, 일단 그곳을 다 오른 고기는 용으로 화하였다고 한다. 이것은 『삼진기(三秦記)』라는 서적에 보이는 전설로, 뒷날에 이른바 '등용문' 전설이 생겨난 곳이다. 혹은 여기서의 '용문'은 용문지유(龍門之遊)의 뜻인지 모르겠다. 그렇다면 인품이 뛰어난 사람들의 회합을 말한다. 『남사(南史)』「육수전(陸倕傳)」에 보면, 유방(劉肪)이 중승(中丞)으로 있을 때 연회를 자주 열자 육수・유효작(劉孝綽) 등 명인들이 모였는데, 그들의 모임을 '용문지유'라고 하였으며, 귀공자들조차도 끼지 못하였다고 한다.
360) 어복(魚服) : 백룡어복(白龍魚服). 『설원(說苑)』「정간(正諫)」편에 나온다. 오나라 왕이 백성을 따라가서 술을 마시려 하니, 오자서가 말하길, "옛날 백룡이 청랭한 연못에 있다가 물고기로 변하였는데, 예저가 활로 그 눈을 맞혔습니다. 백룡이 다시 변하지 못하니, 예저가 다시 쏘지 아니 하였습니다. 지금 임금께서 만승의 지위를 버리시고, 포의지사를 따라가 술을 마시려고 하시니, 신은 예저의 우환이 있을까 두렵습니다"라고 하였다. 용으로 변하지 못하고 물고기로 남아 있음이란 뜻이다. 아마도 심개암이 과거에 급제하지 못하였기 때문에 한 말인 듯하다.
361) 제서(除書) : 제관(除官), 즉 관직에 새로 임명하는 명령을 적은 공문서.
362) 적신(積薪) : 적신지탄(積薪之嘆). 나뭇단을 쌓을 때 뒤에 온 것이 앞의 것보다 위에

예부터 화광(和光)363)이란 말 있으니
풍진 속에 잘 견디시길.

不謂晴川閣, 同時失此人.
龍門吾有意, 魚服爾何神?
封事驚來草, 除書怪積薪.
和光古有語, 好得耐風塵.

전
筆校교 1594년(만력 22년 갑오), 공안에서 지은 시.

초추(初秋)

세속을 등지다니 오만하지 않을까364)
한가한 생활에는 가을이 알맞구나.
태양이 극성맞아도365) 까치는 피하고
가랑비에도 비둘기는 암컷을 부르네.366)
중산(中散)367)은 교유를 대부분 끊었고368)

쌓이듯이, 나중에 벼슬한 자가 전임자보다 중용되어 전임자가 항상 미관말직(微官末
職)에 놓여 있게 됨을 탄식하는 것을 말한다.

363) 화광(和光) : 화광동진(和光同塵). 앞에 나왔음.

364) 부속장무오(負俗將無傲) : 세속을 등짐은 혹 오만한 행동이 아닐까. 將無는 得無의 뜻.

365) 교양(驕陽) : 극성한 기운의 태양. 두보(杜甫)의 시(「阻雨不得歸瀼西甘林」)에 "삼복이
마침 지나가고, 교양이 장마로 되었다(三伏適已過, 驕陽化爲霖)"라고 하였다.

366) 소우역호구(小雨亦呼鳩) : 비둘기는 비가 오기 전에 암컷을 내쫓고 비가 그쳐 개면
암컷을 부른다고 하여, 비둘기 소리를 듣고 비가 오는지 안 오는지를 점친다고 한다.
그래서 가랑비를 구환우(鳩喚雨)라고 한다. 구양수(歐陽脩)의 「명구(鳴鳩)」 시에 나온
다. 하지만 원호문(元好問)의 시에 의하면, 비둘기는 비를 내리게 하려고 비를 부른다
고 하였다. 여기서는 가랑비가 내려도 비둘기가 암컷을 부른다는 뜻인 듯하다.

사공(司空)369)은 벼슬을 모두 그만두었지.
세월의 흐름370)을 슬퍼할 줄 알거늘
어찌 창주(滄洲)371)로 향하지 않으랴?

負俗將無傲, 閒居合有秋.
驕陽猶避鵲, 小雨亦呼鳩.
中散交多絶, 司空宦總休.
明知悲冉冉, 何苦不滄洲?

가을 규방(秋閨)

가을빛이 비단 휘장에 스며들고
찬 계절 꽃잎372)이 조각조각 날리는데,

---

367) 중산(中散) : 위(魏)나라 혜강(嵇康). 중산대부(中散大夫)로 있었기 때문이다.
368) 교다절(交多絶) : 혜강(嵇康)은 「산거원에게 주어 절교하는 서신(與山巨源絶交書)」을 적어, 친구 산도(山濤)에게 절교의 뜻을 표하였다. 이 글은 『문선』 권43에 들어 있다. 혜강은 이 서한에서, 자기를 관리로 추천한 산도(山濤)에게, 자기가 얼마나 관리 생활에 적합하지 않은지 몰라서 자기를 추천하였다고 말하고 결별의 뜻을 전하여, 절교를 가장함으로써 산도를 정쟁의 와중에 끌어들이지 않고자 하였다고 한다. 그는 이 서한에서, "게다가 어려서 고로(孤露)해서 고친과 형의 편애를 받았으므로, 교만해져서 경학을 공부하지 않았다"고 유년 시대를 회고하였다. 혜강의 「절교서」는 관직에 추천된 것을 거절하기 위해, 자신이 공적 임무에 얼마나 부적합한 인간인지를 이것도 그렇고 저것도 그렇다는 식으로 적어나간 서한이다.
369) 사공(司空) : 사공도(司空圖). 당나라 우향(虞鄕)의 사람. 자는 표성(表聖). 호는 내욕거사(耐辱居士), 지비자(知非子). 함통(咸通) 연간의 진사로 관직은 예부낭중(禮部郎中)에 올랐으나, 난을 피하여 중조산(中條山)과 왕관곡(王官谷)에 거처하면서 휴휴정(休休亭)을 만들었다. 주전충(朱全忠)이 찬위(簒位)한 뒤 징소하였으나 취직하지 않았다. 애제(哀帝)가 시해되자, 단식하다가 죽었다. 『구당서』와 『신당서』에 입전(立傳)되어 있다.
370) 염염(冉冉) : 세월이 흘러가는 모양.
371) 창주(滄洲) : 신선이 거처한다는 곳.
372) 한방(寒芳) : 찬 계절에 피는 꽃. 국화를 말함.

귀뚜라미 울음은 음침한 벽에 생겨나고
반딧불 불빛은 빈 베틀을 건너간다.
규방의 달은 새 빛을 흘리고
주렴의 서리는 옷을 갈아입었네.
길떠나는 기러기와 고향 떠난 이373)는
함께 떠나선 둘 다 오지 않누나.

秋色透羅幃, 寒芳片片飛.
蛩吟生暗壁, 螢火度空機.
閨月流新照, 簾霜換故衣.
征鴻與蕩子, 同去不同歸.

이 시는 위의 「초추(初秋)」와 함께 1594년(만력 22년 갑오) 가을, 공안에서 지었다.
○ 閨月流新照 : 流新이 패란거본에는 新流로 되어 있으나, 서종당본에 의거하여 고친다.

우줄우줄 흥이 나서(漫興)

첫째(其一)

소년시절에는 내키는 대로 나다녔다만
늙어서는 조용한 서식(은둔)이 알맞구나.
사업은 소 입보다도 낮고374)

---

373) 탕자(蕩子) : 먼 길 떠나 고향으로 돌아가지 못한 길손.
374) 사업비우구(事業卑牛口) : 『사기』 「상군열전(商君列傳)」에 보면, "소 입 아래에서 발탁하여, 백성의 위에 둔다(擧之牛口之下, 而加之百姓之上)"라고 하였다.

생애는 말발굽을 숭상하네.375)

사람을 피하매 조롱을 절로 벗어났다만376)

팔걸이에 기대어도 제물(齊物)하기 어렵구나.377)

번번이 산중 벗이 그리웠는데

가을 들어 청려장(지팡이) 짚을만하군.

少年多浪跡, 老大合幽棲.

事業卑牛口, 生涯尙馬蹄.

避人嘲自解, 隱几物難齊.

每憶山中友, 秋來好杖藜.

1594년(만력 22년 갑오), 공안에서 지은 시.

둘째(其二)

독왕독래(獨往獨來)378)가 무어 어려우랴만

광치(狂癡)379)라고 세상 사람이 가여워하네.

---

375) 생애상마제(生涯尙馬蹄) : 일생 말을 타고 먼 길을 돌아다님을 가리키는 말.

376) 조자해(嘲自解) : 저절로 해조(解嘲)함. 즉 조롱(비난)에서 벗어남. 한나라 때 양웅(揚雄, 楊雄)이 애제(哀帝) 때 "경전은 『역』보다 더 큰 것이 없다"고 하여 『태현경(太玄經)』을 지어 스스로 담박한 생활을 하였는데, 어떤 사람이 "검으면서 흰 것을 숭상한다"고 비웃자 그 비웃음을 해명하기 위하여 「해조(解嘲)」라는 글을 지었다.

377) 은궤물난제(隱几物難齊) : 팔걸이에 기대어 사색에 잠겨도 제물의 이치에 충실하기 어렵다는 뜻. 『장자』「제물론(齊物論)」에 보면, "남곽자기가 팔걸이에 기대어 앉아서는 하늘을 우러러보면서 탄식을 하다가, 멍하니 마치 자기 신체의 짝인 마음을 잃어버린 듯이 하였다(南郭子綦隱几而坐, 仰天而噓, 嗒焉以喪其耦)"라고 있다.

378) 독왕(獨往) : 독왕독래(獨往獨來). 외물에 부림을 당하지 않고 자유자재(自由自在)로 흘러가는 것. 『장자』「재유(在宥)」에 "육합에 드나들고 구주에 노닐어, 홀로 가고 홀로 오니, 이것을 독유(獨有)라 한다(出入六合, 遊乎九州, 獨往獨來, 是謂獨有)"라고 하였다.

379) 광치(狂癡) : 정신 이상이 되어 어리석은 짓을 하는 사람.

일신이 책벌레380)가 된 뒤로
만사를 술잔 앞에서 잊어버렸지.
예악은 선배를 따르고
교유는 소년 무리에 끼노라.
어제부터 더욱 기쁜 것은
야호선(野狐禪)381)을 내뱉게 된 일.382)

獨往吾何有, 狂癡世所憐.
一身書蠹後. 萬事酒杯前.
禮樂從先進, 交游附少年.
昨來益自喜, 信口野狐禪.

강둑이 무너져 성안까지 물이 밀려오다(江崩及城)

성곽이 저리도 황량하다니
천도한 것이 언제이던가?
강은 기자국(夔子國)383)에 통하고
조수는 무후사(武侯祠)384)를 때리네.

---

380) 서두(書蠹) : 책벌레. 책을 탐독하는 사람. 두어(蠹魚).
381) 야호선(野狐禪) : 선학(禪學)을 닦아 아직 증득(證得)하지 못하였으면서도 증득하였다
   고 만심(慢心)하는 자를 욕하는 말.
382) 신구(信口) : 생각을 덧보태지 않고 입에서 말이 나오는 대로 내어 맡김. 당나라 백거
   이(白居易)의 「답고인(答故人)」 시에 "독서는 아직 백 권도 못하였으면서, 입에서 나오
   는 대로 바람과 꽃을 조롱하네(讀書未百券, 信口嘲風花)"라고 하였고, 송나라 소식(蘇
   軾)의 시(「隷山松林中 可卜居 余欲傚其地 地屬金山 故作此詩 與金山長老詩」)에 "두
   릉 포의(두보)는 늙고도 어리석어, 입에서 나오는 대로 스스로를 설과 후직에게 견주었
   네(杜陵布衣老且愚, 信口自比契與稷)"라고 하였다.
383) 기자국(夔子國) : 호북성 자귀현(秭歸縣)의 동쪽. 순(舜) 임금의 신하로서 음악에 능했
   던 기(夔)의 자손이 봉해 받았던 나라라고 함.

육대(六代)385)에 걸쳐 분봉 받은 전통은 남았다만
천하삼분(天下三分) 때의 옛 마을은 어디인지 모르겠네.
어찌 알랴, 저 깊은 골짝 속에
만산비(萬山碑)386) 있지 않으리라고

城郭荒如許, 遷來得幾時?
江通鄾子國, 潮打武侯祠.
六代餘封在, 三分故里疑.
焉知深谷底, 不有萬山碑?

전
箋校교
1594년(만력 22년 갑오), 공안에서 지은 시. 『공안현지(公安縣志)』에 따르
면, 이 해 강물이 둑을 무너뜨리고 성까지 무너뜨렸다고 한다.

백동아(白銅兒)387)

백동아, 백동아.
『시』・『서』는 아예 보지 않고
옥을 쌓고 금을 수레로 날라 경사388)에 노닐어
오사모(烏紗帽)와 수보의(繡補衣)389)를 사들여선

---

384) 무후사(武侯祠) : 제갈공명(諸葛孔明)의 사당.
385) 육대(六代) : 육조(六朝). 삼국시대 오(吳)나라와, 남조(南朝)의 동진(東晉)・송(宋)・제
  (齊)・양(梁)・진(陳). 모두 지금의 남경인 건강(建康)에 도읍하였다.
386) 만산(萬山) : 한고산(漢皐山). 양양현(襄陽縣) 서북에 있다. '만산비(萬山碑)'는 진(晉)
  나라 두예(杜預)가 일만 산의 아래에 비를 묻었던 고사를 이용하였다. 『진서』「두예전
  (杜預傳)」에 나온다.
387) 백동아(白銅兒) : 백은을 대량을 지니고 있는 부자라는 뜻. 전백성 씨의『전교』는 악
  부의 백동제(白銅鞮)와 관계가 있다고 보았으나, 이건장 씨의『지의』의 설을 따른다.
388) 제리(帝里) : 천자의 수도
389) 수보의(繡補衣) : 명청 시대에 문무백관이 입은 공복(公服). 조수의 유를 자수하여 품

254 역주 원중랑집 1

백마 타고 돌아와 아이들을 위협하고,

집안 가득히 흑색 모시에 금자홍(金字紅)390)을 두고는

소와 말을 잡아 굽고391) 마을 사람들을 초대하여

푸른 실가지392) 늘어진 화려한 집이 봄바람에 시끄럽다.

월 땅 여인과 오 땅 계집은 곁에서 아양떨고

날개까지 돋아 허공으로 솟아날 듯하다만393)

방중의 소녀(素女)394) 술법을 못 익히고

수은 속의 금단(金丹)도 채집하지 못하였네.

홍도(洪都)395)의 늙은 도인, 술법이 가장 기이하니

용호(龍虎)396) 진인(眞人) 장천사(張天師)397)라나.

부적398) 한 상자가 금 일백 냥이요

염라왕 옥졸도 불러다 문지기 삼을 정도399)

법라400) 불고 큰북 두드리면서

급(品級)을 나타내었다. 앞가슴과 등에 금선이나 채색선으로 도상과 휘장을 수를 놓았
으므로 보자(補子), 보괘(補褂)라고 하였다.

390) 금자홍(金字紅) : 금자로 수놓은 홍단(紅緞).

391) 자우추마(炙牛錘馬) : 소와 말을 잡는 것을 말함.

392) 청사(靑絲) : 버드나무의 푸른 실가지.

393) 우욕능공생우익(又欲凌空生羽翼) : 술기운에 호기(豪氣)가 이는 모습을 형용한 것이
다. 비승성선(飛昇成仙)이라고 한다.

394) 소녀(素女) : 『소녀경(素女經)』의 「방중술(房中術)」. 소녀(素女)는 본래 황제(黃帝) 시
대의 선녀 이름. 현전하는 『소녀경』은 위서이다.

395) 홍도(洪都) : 강서성 남창현(南昌縣). 수나라 때 홍주(洪州)를 두었던 곳이다.

396) 용호(龍虎) : 도가에서는 물과 불을 용호라고 한다. 『용호결(龍虎訣)』이란 도가서가
있다.

397) 장천사(張天師) : 후한 때 도사 장도릉(張道陵). 본래 뛰어난 도사를 천사라 하였는데,
장도릉만을 천하에서 일컫게 되어, 장도릉의 도교를 천사도(天師道)라 하였다. 장도릉
은 강서성 용호산(龍虎山)에서 수련(修煉)하였으며, 자손이 대대로 용호산(龍虎山) 상
청궁(上淸宮)에 거처하였다. 장천사의 후손들도 장천사라고 속칭하였다.

398) 보록(寶籙) : 비기(秘記)와 부적을 말함. 도교의 비문(秘文).

399) 우두가작문전시(牛頭可作門前廝) : 우두(牛頭)는 우두마면(牛頭馬面)의 준말. 염라왕
의 두 옥졸이라고 한다. 시(廝)는 종복. 이 구절은, 도사가 술법을 베풀면, 염라왕의 옥
졸을 불러다 문 지키는 종복으로 삼을 만하였다는 뜻.

백여 명 도사가 흰 떨이를 흔드나니,[401]

문밖엔 번당(旛幢)[402] 세워 뇌공(雷公)[403]을 부르고

강가엔 등을 달아 부용(등 불꽃)이 다퉈 핀다.[404]

뒷문에선 빛 독촉하고 앞문에선 희사하니

걸인과 가랑(歌郞)이 그걸 바라 들판에 가득하고,

방사(方士)는 오가며 뚫어져라 쳐다보며

산승(山僧)은 취해서 얼굴이 벌겋구나.

글 읽는 유생은 읽은 책이 많아도

백발에도 관직 없는 걸 어이할건가!

살아서는 천자에게 올릴 백금(은)이 부족하고

죽어선 염라왕[405]에게 뇌물 할 황지(黃紙)[406] 없구나.

---

400) 법라(法鑼) : 소라고둥의 껍데기로 만든 악기. '法螺'로도 표기한다. 군대에서 신호를
 할 때 불거나 사찰에서 수법(修法)할 때 불었다.

401) 휘백주(揮白麈) : 흰 떨이를 흔든다. 주미(麈尾)는 고라니의 꼬리털로 만든 먼지떨이
 로, 청담(淸談)을 하던 사람들이 많이 이용하였다. 뒤에는 불도(佛徒)들도 많이 가지고
 다녔다.

402) 번당(旛幢) : 깃발. 도사는 깃발을 매달아두고 우레의 신을 이끌어 올 수가 있다고 한다.

403) 뇌공(雷公) : 도교의 신.『산해경(山海經)』에 보면 뇌택(雷澤) 속에 뇌신(雷神)이 사는
 데, 용의 몸에 사람의 머리를 하고 있고, 배를 쳐서 소리를 낸다고 하였다.『논형(論
 衡)』에 의하면 한나라 때의 뇌공은 역사(力士)의 모습이며, 왼 손으로 연고(連鼓)를 잡
 고 오른손으로 북채를 잡아 북을 치는 것으로 되어 있다. 뒤에는 날개가 달려 있고, 얼
 굴은 원숭이를 닮아서 하관이 빠르다.『서유기(西遊記)』의 손오공이 '뇌공검(雷公臉)'
 이라고 불리는 것도 이 때문이다. 그런데 뇌공과 용의 관계는 상하 관계가 아니라 똑같
 이 기우(祈雨)의 대상이 되는 대등한 관계라고 알려져 있다. 심지어『논형』「용허(龍虛)
 」에서는, 성하(盛夏)에 우레[雷]가 나무를 부러뜨리고 집을 무너뜨리는 것을 '천취룡
 (天取龍)'이라 부른다고 하였다. 벼락이 나무에 떨어지는 것은 숨어 있는 용을 잡으러
 오는 것이라는 속설도 있다.

404) 강상부용등경토(江上芙蓉燈競吐) : 아름다운 등롱(燈籠)이 다투어 이채(異彩)를 발산
 하는 것을 말한다. 부용은 연꽃의 별명인데, 아름다운 사물을 비유하는 말로 쓰인다. 토
 (吐)는 드러낸다, 내보낸다는 뜻.

405) 염라(閻羅) : 염마(琰魔)·염마(炎摩)·염마(閻魔)·야마(夜摩). 범어 yama-rāja의 rāja
 (王)의 음이 혼입되어 염라왕(閻羅王)이라고 표기한다. 염마라천(焰魔羅天)·염마라왕
 (焰魔羅王)·정식왕(靜息王)이라고도 적는다. 원래 인도의 사신(死神)인데, 스스로 명
 계(冥界)에로의 길을 발견한 인류 최초의 사자(死者)라고 일컬어진다. 귀계(鬼界)의 왕,

白銅兒, 白銅兒, 閉眼不觀書與詩.

積玉輦金遊帝里, 買得烏紗繡補衣.」

歸來白馬嚇兒童, 黑紵滿堂金字紅.

炙牛鎚馬邀鄉里, 青絲華館鬧春風.」

越女吳娃嬌侍側, 又欲凌空生羽翼.

房中素女術無成, 汞裏金丹採不得.」

洪都老道術最奇, 龍虎眞人張天師.

寶籙一箱金百兩, 牛頭可作門前廝.」

擊大法鑼鳴大鼓, 百餘道士揮白塵.

門外旛幢引雷公, 江上芙蓉燈競吐.」

後門逼債前門捨, 乞兒歌郎趨滿野.

方士行來眼欲穿, 山僧醉後顔如楨.」

儒生讀書書總多, 白髮無官可奈何!

生乏白金獻天子, 死無黃紙賂閻羅.」

전교校 1594년(만력 22년 갑오), 공안에서 지은 시.

지의疑 『전교』는 백동아(白銅兒)가 양나라 무제가 지은 「백동제가(白銅鞮歌)」 세 곡과 관계가 있다고 보고, 정대창(程大昌)의 『연번로(演繁露)』에서 다음과 같은 기록을 가져왔다. "『옥대신영(玉臺新詠)』에 「양양백동제가(襄陽白銅鞮歌)」가 실려 있는데, 대체로 송별을 주로 말하되 모두 양양에서의 송별을 말하였다. 곽무천

즉 사자(死者)의 왕이다. 중앙아시아를 거쳐 중국으로 전래되어, 염라왕은 명계에서 사자의 생전의 죄업을 심판하고 벌을 내리는 재판관의 성격이 강하게 되었다. 그 뒤 아홉 왕이 더하여, 시왕(十王) 사상이 형성되었다. 또, 과거의 실재 인간이 죽은 뒤에 염라왕이 된다고 믿어졌다. 『수서(隋書)』 권52의 「한금호(韓擒虎)」의 '전(傳)'에 의하면, "살아서는 상주국(上柱國)이고 죽어서는 염라왕이 되더라도 부족하단 말인가!" 하고 말하면서 죽었다고 한다. 그밖에 구준(寇準)·범중엄(范仲淹)·포증(包拯)도 죽은 뒤에 염라왕이 되었다고 한다.

406) 황지(黃紙): 명대의 종이돈인 보초(寶鈔)를 가리키는 듯함.

(郭茂倩)의 『악록(樂錄)』에 보면 '본래 「양양답동제(襄陽踏銅蹄)」로, 양나라 무제 때 서하(西下)에서 지은 것이다'라고 하였다. 『옥대신영』에 실려 있는 두 수는 모두 심약(沈約)이 「백동제(白銅鞮)」에 화운한 것이니, 즉 이태백이 말한 '양양의 어린 아이 일제히 박수하며, 거리를 메우며 다투어 백동제를 노래한다(襄陽小兒齊拍手, 攔街爭唱白銅鞮)'라고 한 것이 이것이다." 하지만 원굉도의 이 시는 「백동제」와 관련이 없고 백동, 즉 백은을 쌓아둔 부자를 풍자한 사회시이다.

성곽을 나서서(出郭)

벼 익자 마을마다 술판이고
물고기 살 오른 곳곳마다 민가로군.
경도(輕刀)[407]는 물에 붙어 나가고
외론 새는 바람을 맞아 비껴 나는데,
낙일(落日)은 붉은 물결 따라 흐르고
장강(長江)은 흰 모래밭으로 옮아가네.
신승(山僧)은 길손 맞아 기뻐하며
황급히 가사(袈裟)를 걸치네.

稻熟村村酒, 魚肥處處家.
輕刀粘水去, 獨鳥會風斜.
落日流紅浪, 長江徙白沙.
山僧迎客喜, 顚倒着袈裟.

전校校 1594년(만력 22년 갑오), 공안에서 지은 시.

---

407) 경도(輕刀) : 경도(輕舠). 빠르고 작은 배.

강에서(江上)

흰 안개는 거친 숲408)에 자욱하고
푸른 물 흐름은 먼 하늘과 띠로 이었다.
평평한 모래밭은 맑은 눈[雪]인양 시야에 들어오고
늙은 나무는 한 밤 바람을 머물게 하누나.
빈들에는 굶주린 물소가 잠자고
외론 똥섬에는 저녁 기러기409) 내려앉네.
돛단배 안이 집 속 같으니
성안 어디에 이런 곳 있는가.410)

白霧迷荒楚, 靑流帶遠空.
沙平晴獻雪, 樹老夜屯風.
曠野眠饑兕, 孤洲落晚鴻.
布帆如屋裏, 何處有城中.

전
筆校교   1594년(만력 22년 갑오), 공안에서 지은 시.

---

408) 황초(荒楚) : 초목이 총생하는 것을 말함.
409) 만홍(晚鴻) : 저녁나절 둥지로 돌아가는 기러기.
410) 하처유성중(何處有城中) : 성안 어느 곳이 이와 같은가. 성안에 이런 곳이 달리 있지
     않다는 뜻.

교외에서 몇몇이 모여(郊外小集)

첫째(其一)

창주(滄洲)[411] 찾을 뜻이 있어
짐짓 탁주 술잔을 돌리니,
흰 물결은 해 위로 불어오고[412]
흰 성가퀴는 강에 어른거리며 펼쳐 있다.
미곡은 배 안에서 사고팔고
밥 짓는 연기[413]는 수면에 피어오르네.
기심(機心) 그친 지 이미 오래거니
갈매기여 의심을 말아다오.[414]

賴有滄洲意, 聊行濁酒杯.
白波吹日上, 粉堞映江開.
米穀舟中市, 人烟水面來.
息機吾已久, 鷗鳥莫相猜.

전
篆校교   1594년(만력 22년 갑오), 공안에서 지은 시.

---

411) 창주(滄洲) : 전설에서 신선이 산다고 하는 바다 속의 지역이다. 조주(潮洲)·영주(瀛洲)·현주(玄洲)·염주(炎洲)·장주(長洲)·원주(元洲)·유주(流洲)·생주(生洲)·봉린주(鳳麟洲)·취굴주(聚窟洲)라고 한다.
412) 백파취일상(白波吹日上) : 강에 비친 해 위로 흰 물결이 바람에 불려 덮어 씌워지는 광경을 말한다.
413) 인연(人烟) : 밥 짓는 연기. 인가에서 피어오르는 연기.
414) 구조막상시(鷗鳥莫相猜) : 압구(狎鷗)의 고사를 빌어온 것이다.

둘째(其二)

내키는 대로 떠돌아 아무 거침없으니
미치광이 같은 마음을 이제 어이 하랴.
한 동이 술을 앞에 두고
만사를 미친 노래에나 실어보련다.
어린애는 노란 은행잎을 사랑하고[415]
어부는 흰 물결이 산 같다고 걱정하네.[416]
푸른 갈대꽃 하늘거릴 때
가을 정취[417]가 도롱이 차림에 가득하군.

浪跡眞無賴, 狂心今若何.
一樽聊對酒, 萬事且狂歌.
穉子矜黃葉, 漁人語白波.
蘆花靑裊裊, 秋意滿溪簑.

전
校교   소수본에는 둘째 수가 없다.

---

415) 치자긍황엽(穉子矜黃葉) : 어린 아이는 노란 은행잎을 좋아한다는 뜻인데, 불교에서
   우는 아이의 울음을 그치게 하기 위하여 노란 나뭇잎을 황금이라고 속이는 방편설(方
   便說)을 의식하여 사용한 표현이다. 『열반경(涅槃經)』과 『종용록(從容錄)』에 나온다.
   『고존숙어록(古尊宿語錄)』에 보면, 어느 승려가 선종의 6조 혜능(慧能)의 재전제자(再
   傳弟子)인 마조(馬祖)에게 "화상께서는 어째서 즉심즉불(卽心卽佛)을 설하십니까?"라
   고 묻자, 마조는 "아이의 울음을 그치기 위해서다"라고 하였다. 다시 그 승려가 "아이
   의 울음을 그치게 해서 어쩌자는 것입니까?"라고 하자, 마조는 "마음도 아니고 부처도
   아니다(非心非佛)"이라고 답하였다고 한다.
416) 어인어백파(漁人語白波) : 어부는 흰 물결이 산 같이 일어나 배를 띄우지 못할까봐
   걱정이라고 말한다는 뜻. 『장자』 「외물(外物)」에 "백파가 산 같이 일어난다(白波如山)"
   라는 표현이 있다.
417) 추의(秋意) : 가을의 정취.

셋째 아우[418]가 돌아왔기에 기쁨을 기록하다(三弟回, 志喜)

첫째(其一)

너를 전송한지 겨우 석 달에
서쪽으로 갔다가 또 동쪽으로 올지 누가 알았나.
어느 객지에서 돌아왔느냐?
주머니는 어느 때 비었느냐?
곤궁한 뒤에야 세간 인심이 드러나고[419]
병 앓고 난 뒤에 문장이 교묘해지는 법.[420]
상수(湘水)에 배를 띄우고 바다를 건넜던 것은
사마천(司馬遷)의 유풍이리라.[421]

---

418) 셋째 아우는 원중도를 가리킨다. 이 해에 고향을 나가서 노닐다가, 아울러 향시에도 응시하였다. 시의 내용으로 보건대 일찍이 오·월로 갔던 듯하다.

419) 세사궁래현(世事窮來見) : 『사기』에 나오는 적공(翟公)의 문전나락(門前羅雀) 고사에서 따왔다. 앞에 나왔다.

420) 문장병후공(文章病後工) : 시와 궁(窮)의 관계에 대한 고래의 설을 이용한 표현이다. 구양수(歐陽脩)의 「매성유시집서(梅聖兪詩集序)」에 보면, "대개 세상에서 전하는 시란 대부분 옛날의 궁한 사람에게서 나온 문사라고 한다.……대개 궁하면 궁할수록 더욱 교묘해진다. 그러니 시가 능히 사람을 궁하게 하는 것이 아니라, 아마도 궁한 사람인 이후에야 공교로와 지는 것이다(蓋世所傳詩者, 多出于古窮人之辭也.……蓋愈窮則愈工. 然則非詩之能窮人, 殆窮者而後工也)"라고 하였다. 또한 한유(韓愈)의 「형담창화시서(荊潭唱和詩序)」에 "환락의 시기에 지은 시는 공교로워지기 어렵고 곤궁하고 괴로울 때 지은 말은 좋아지기 쉽다(歡愉之辭難工, 而窮苦之言易好)"라고 하였다.

421) 부상이섭해, 사마지유풍(浮湘而涉海, 司馬之遺風) : '부상이섭해(浮湘而涉海)'는 사마천(司馬遷)이 「태사공자서(太史公自序)」에서 자신의 젊은 날의 편력을 밝힌 가운데 나오는 표현을 일부 따왔다. 사마천은 부친 사마담(司馬談)이 태사공에 오른 지 십여 년을 경과한 원삭 3년(기원전 126), 스무 살의 나이에 천하를 여행하기 시작하였다. 「태사공자서」에서 사마천은 "스무 살이 되어 남쪽으로 강(江)·회(淮)에 노닐었다. 회계(會稽)에 올라보고, 우혈(禹穴)을 탐방하였다. 구의산(九疑山)을 엿보고, 원(沅)·상(湘)에 배를 띄웠다. 북쪽으로 문(汶)·사(泗)를 건넜다. 유학을 제(齊)·노(魯)의 수도에서 강론하고, 공자의 유풍을 보았다. 추(鄒)·역(嶧)에서 향사(鄕射)하고, 파(鄱)·설(薛)·팽성(彭城)에서 곤액을 당하였다. 양(梁)·초(楚)를 지나 돌아왔다"라고 밝혔다.

送汝才三月, 那知西復東.

客中何地返, 橐裏幾時空?

世事窮來見, 文章病後工.

浮湘而涉海, 司馬之遺風.

전
筆校교 1594년(만력 22년 갑오), 공안에서 지은 시.

둘째(其二)

너는 우뚝한 영웅의 기질,

난 볼 품 없이 초라한 병자의 몸.

황금은 부객(賦客 : 시인)을 미워하고

청안(靑眼)422)은 속인을 사절하네.

옥구슬 던지면 모두 검을 빼어드니 한스럽기에423)

남이 나를 소라 부르면 소, 말이라 부르면 말이라 대답하네.424)

지기(知己)는 찾아 나설 돈이 없고

결국 머리 흰 뒤로 새로 사귄 사람뿐이군.425)

---

422) 청안(靑眼) : 죽림칠현의 한 사람 완적(阮籍)이 청안(靑眼)으로 보거나 백안(白眼)으로
볼 수 있어서, 예속(禮俗)의 사람을 보면 백안으로 대하고, 마음에 드는 혜강(嵇康)에
대해서는 청안(靑眼)으로 대하였다는 데서 온 말.

423) 안검투주한(按劍投珠恨) : 어둠 속에 옥구슬을 던져놓으면 사람들이 모두 칼을 빼어
들려고 한다는 사실이 한스럽다는 뜻. 고적(高適)의 시(「送魏八」)에 "이 길에는 지기가
없으니, 명주를 어둠 속에 던져두지 마오(此路無知己, 明珠莫暗投)"라고 하였다.

424) 호우응마(呼牛應馬) : 『장자』 「천도(天道)」편에 보면, "나를 소라고 부르면 소라고 여
기고, 나를 말이라고 부르면 말이라 여긴다(呼我牛也, 而謂之牛. 呼我馬也, 而謂之
馬)"라는 구절이 있다. 남들이 소나 말이라 부르면 자기는 그것을 받아들이고 거역하지
않고, 시비를 남들에게 내버려두고 자신은 전혀 구애되지 않는다는 뜻이다.

425) 무전멱지기, 도저백두신(無錢覓知己, 到底白頭新) : 옛 친구를 찾아 나설 돈이 없으
므로, 결국 아는 사람이라고는 흰머리가 난 뒤 새로 사귄 사람들뿐이라는 뜻.

突兀英雄氣, 飄零病苦身.
黃金憎賦客, 靑眼謝時人.
按劍投珠恨, 呼牛應馬眞.
無錢覓知己, 到底白頭新.

셋째(其三)

만리 길을 외론 배로
장강(長江)과 태호(太湖)426)에 노닐어
산천은 월 땅까지 다 보았지만
문자(시문)는 오 땅의 소리라 부끄러웠다고?
나를 아는 고인(故人)이 없더냐
너를 아는 의리 높은 이 없더냐?
사안(士安)427)의 교제가 옅지 않으니
부디428) 「삼도부(三都賦)」429)에 서문 적어주었으면.

萬里將孤舫, 長江與太湖.
山川幾盡越, 文字恥爲吳.
見我故人否, 識君高義無?
士安交不薄, 珍重序三都.

---

426) 태호(太湖): 강서성과 절강성(浙江省)에 걸쳐 있는 호수.
427) 사안(士安): 황보공(皇甫公), 즉 황보밀(皇甫謐)로, 좌사(左思)의 「삼도부(三都賦)」에
  서문을 써주었다.
428) 진중(珍重): 부디. 본래는 척독(尺牘)에서, 남에게 신체를 잘 보존하라고 당부하는 말.
  자중자애(自重自愛)하기를 권하는 말로, 헤어질 때의 인사말로 쓰인다.
429) 삼도부(三都賦): 서진(西晉) 때 좌사(左思)가 쓴 부.

넷째(其四)

동쪽으로 떠나매 사람마다 묻더니
서쪽으로 오매 일마다 의심스럽다만,
마음 고생은 진정한 학자
세간 벗어남은 멋진 사내로군.
기주(蘄州)[430]의 소식(消息)을 얻어 보고
노숙(老宿 : 고승)과의 기연(機緣)을 알았다만,
피상(皮相)만 보는 어떤 인물[431]이
너를 정녕 광치(狂癡)라 하더냐?

東去人人叩, 西來事事疑.
苦心眞學者, 出世好男兒.
消息蘄州得, 機緣老宿知.
何人皮相士, 道爾定狂癡.

호가(浩歌)[432]

구름이 비를 이루면
구름으로 돌아가질 못하고,

---

430) 기주(蘄州) : 호북성 황주부(黃州府)의 고을.
431) 피상사(皮相士) : 피상지사(皮相之士). 겉껍데기만 볼 뿐이고 실정은 모르는 인사. 『한시외전(韓詩外傳)』에 나오는 말.
432) 호가(浩歌) : 악부잡곡가(樂府雜曲歌)이다. 곽무천(郭茂倩)의 『악부시집(樂府詩集)』 권 68에 다음과 같은 해설이 있다. "『초사』의 굴원 「구가(九歌)」(少司命神)에 '고운님을 기다리지만 끝내 안 오시네, 바람결에 넋을 잃고 소리 높여 노래 부르네(望美人兮不來, 臨風怳兮浩歌)'라고 하였으니, 호(浩)는 '크다(大)'이다." 단 『악부시집』은 당나라 이하(李賀)와 백거이(白居易) 작품만 두 수를 실어두었다.

화살이 시위 떠나면
돌아갈 기약 없지.
어제의 개가
지난날에는 사자.
한 번은 꽃이지만
한 번은 진흙.
꽃이 고운 색 있기에
둘레에 난간을 치고,
사람은 용모가 있어
거울로 비춰 보는 법.
거울은 갓 만든 새것이어도
용모는 예전의 그것 아니구나.
난간은 낡지 않았어도
꽃이 먼저 바람에 날리듯이.
짧은 걸 이어줄 수 있지만
그걸 무엇에 쓰랴?[433]
차라리 한 곡조 노래 부르고
석 잔의 좋은 술[434]로 취하리라.
나는 천하 사람들을 오래 살게 하려고
칼 뽑아 금오(金烏)[435] 다리를 베고 싶구나.

雲作雨, 不成歸.

---

433) 단가속, 용하물(短可續, 用何物) : 짧은 것을 더 이어줄 수 있지만, 그렇게 이어준 다
리를 무엇에 쓸 것인가라는 뜻이다. 『장자』 「병무(騈拇)」편에서 "오리 정강이가 짧지만
이어주면 근심한다(鳧脛雖短, 續之則憂)"에서 따왔다. 본성을 해쳐서는 안 된다는 뜻
이다.
434) 녹주(醁酒) : 미주(美酒). 좋은 술.
435) 금오(金烏) : 삼족오(三足烏). 해 속에 산다는 세 발 달린 까마귀. 해를 가리킨다.

箭離弦, 無還期.

昨日犬, 前日獅.

一番花, 一番泥.」

花有色, 檻周之.

人有容, 鏡照之.

鏡方新, 容已非.

檻木敝, 花先飛.」

短可續, 用何物?

一曲歌, 三杯釃.

我欲長生天下人, 拔刀斬斷金烏足.」

1594년(만력 22년 갑오), 공안에서 지은 시.

○ 발도참단금오족(拔刀斬斷金烏足): 斷은 서종당본·십집본·소수본에 却
으로 되어 있다.

북행 도중에 아우에게 보이다(北行道中示弟)

석별한 지 며칠도 안 되어
분주한 사이에 어느새 세모(歲暮).[436]
객수(客愁)는 장마 비처럼 우중중하고
관로(官路: 대로)[437]는 하늘가에 멀기만 한데,
언 자갈밭에 수레바퀴는 삐걱거리고

---

436) 구치간핍년(驅馳看逼年): 바쁘게 다니는 사이에 한 해의 마지막이 닥쳐왔다는 뜻. 구
   치(驅馳)는 말을 몰아 여기저기 내달린다는 뜻인데, 혹은 남에게 부림을 당하여 바쁘게
   일하는 것을 말한다. 간(看)은 '어느새'의 뜻이고, 핍년(逼年)은 세모에 맞닥뜨렸다는 뜻
   이다.
437) 관로(官路): 관도(官道). 관서(官署)로 통하는 대로.

매서운 서리는 말채찍을 씹어댄다.[438]
흐르는 세월[439]을 행려(行旅)에 부치다니
너와 나 서로 가엾어 할 수밖에.

惜別無多日, 驅馳看逼年.
客愁繁似雨, 官路遠如天.
凍磧酸車轂, 嚴霜囓馬鞭.
流光付行旅, 爾我遞相憐.

전
箋校교

1594년(만력 22년 갑오), 원굉도가 공안에서부터 북경으로 가는 도중에 지은 시. 원중도도 함께 여행길에 오른 듯하다.

공산목[440]에게 부치다(寄散木)

가을의 슬픔만 하더라도 괴롭거늘
이별 노래의 애잔함을 어이 견디랴.
나는 남쪽으로 가는 기러기를 바라보고
그대는 북쪽에서 오는 바람을 바라보네.
차가운 해[441]는 울타리 국화꽃[442]에 성글고
맑은 서리는 우물가 오동에 떨어지누나.
강호(江湖)에 석양 비칠 때

---

438) 설마편(囓馬鞭) : 말채찍을 침식한다는 뜻.
439) 유광(流光) : 흐르는 세월. 앞에 나왔다.
440) 산목(散木) : 공유용(龔惟用). 외삼촌 집안의 사람. 나이 서른에 제생(諸生)을 그만두고 귀은(歸隱)한다. 앞에 나왔다.
441) 한일(寒日) : 늦가을의 해.
442) 이국(籬菊) : 도연명의 동리국(東籬菊)을 연상시킨다.

뉘 함께 높이 올라 멀리 바라보랴?

只覺秋悲苦, 那堪別賦工.
予瞻南去雁, 爾望北來風.
寒日疎籬菊, 淸霜落井桐.
江湖夕照裏, 登眺許誰同?

전교 제목을 각 텍스트는 모두 「기산재(寄散材)」라 하였으나, '材'자는 잘못이다. 이운관본의 목록에 의거하여 고친다. 산목(散木)은 공유용(龔惟用)이다. 1권의 「여름날 공산목·공능자·최회지·추백학·이자염과 함께 기녀를 데리고 화상교에 배를 띄우고 노닐다. 두 수(夏日同龔散木·能者·崔晦之·鄒伯學·李子髥攜妓泛舟和尙橋, 二首)」를 참조

지의 『전교』는 이 시를 "만력 22년 갑오(1594), 북경에서 지은 시"라 보고, "원굉도는 이 해에 입경하여, 이때 이미 북경에 있었다. 이 시에서부터 시작하여 이하 2권의 모든 시는 이 해에 북경에서 지은 것들이다"라고 하였다. 그러나 이 시는 원굉도가 늦가을에 공안을 떠나 얼마 되지 않아 겨울로 접어든 계절에 여행 중에 지은 것으로 보아야 한다. 이 시보다 뒤의 「아우를 그리며(憶弟)」 3수 가운데 제2수는 분명히 1593년(만력 21년) 겨울이나 1594년(만력 22년) 정월에 공안 집에서 지은 것이다. 또 권1 말의 「가을밤 감회가 일기에(秋夜感懷)」도 결코 1594년 북경에서 지은 것이 아니라, 그보다 앞선 시기의 것이다. 이렇게 원굉도의 문집 가운데 『폐협집』은 시간상 전도된 것들이 적지 않을 듯하다.

양돈초에게 부치다(寄楊敦初)

첫째(其一)

들판 나무가 가을 해 아래 소리 내고

강 구름을 시선 주어 전송하는 때,

백년 인생에 누가 수레에 멍에 메라고 명했나?[443]

서로 떨어져 서신이나 부쳐야 하다니.

반악(潘岳)[444]은 공명(功名)이 박하였고

장생(莊生)[445]은 관리 소질이 엉성하였지.

선심(禪心)[446]이 줄지 않았을 텐데

떨이 흔드는 일[447]은 근일에 어떠한가요?

野樹吟秋日, 江雲送目初.

百年誰命駕, 兩地且傳書.

潘岳功名薄, 莊生吏體疎.

禪心知不減, 揮麈近何如?

전교　양돈초(楊敦初) : 양경순(楊景淳). 자가 돈초로, 부주(涪州) 사람이다. 1589
년(만력 17년)의 진사로, 오현(吳縣) 지현에 임명되었는데, 권귀(權貴)에 빌

---

443) 수명가(誰命駕) : 동진(東晉) 때 여안(呂安)이 혜강(嵇康)과 교유하여, "그리움이 일기
　　만 하면 문득 천리 먼 길이라도 말에 멍에를 메라고 시켜 찾아갔다(每一相思, 輒千里
　　命駕)"라고 한 고사에서 빌려 왔다.

444) 반악(潘岳) : 진(晉)나라 때 중모(中牟) 사람. 자는 안인(安仁). 용모가 아름다워 그가
　　협탄(挾彈)하여 낙양 거리로 나가면 부녀자들이 그를 둘러싸고 과실을 던졌다고 한다.
　　수재에 천거되어 태시(泰始) 연간에 무제(武帝)가 적전(籍田)에서 궁경(躬耕)하는 것을
　　부(賦)로 지어서 재명이 높았다. 하양령(河陽令)에 임명되어 공적이 있었으며, 급사황문
　　시랑(給事黃門侍郞)에 발탁되었다. 뒤에 가밀(賈謐)에게 아첨하여 가밀의 24우(友) 가
　　운데 으뜸이 되었고, 손수(孫秀)의 무고(誣告)로 죽임을 당하였다. 『진서』에 입전(立傳)
　　되어 있다. 반악은 가밀에게 아첨하여, 가밀이 길을 통과하는 것을 보면 멀리 수레나
　　말의 먼지만 보고도 절하였다고 하여 반악망진(潘岳望塵)이라는 성어가 『몽구(蒙求)』
　　에 실려 있다.

445) 장생(莊生) : 장자(莊子). 예미(曳尾)의 일을 두고 한 말이다.

446) 선심(禪心) : 참선하여 수법(修法)하려는 마음.

447) 휘주(揮麈) : 떨이를 흔들면서 청담(淸談)하는 일을 말함. 특히 『세설신어』 「문학(文
　　學)」편에 보면, 은호(殷浩)와 손성(孫盛)이 떨이를 흔들면서 청담을 하여 저녁이 되어도
　　식사하는 것을 잊을 정도였다는 고사를 빌려 왔다.

붙지 않았으므로, 형주(荊州) 교수로 개수되었다. 1592년(만력 20년) 공안에서 향시를 관장하고, 강 연안의 둑이 무너진 것을 목도하고 점련유절(粘連類竊)의 법을 조목조목 개진해서, 각 리(里)의 사람들을 모아 공력을 합하여 쌓도록 하였다. 1593년(만력 21년)에 다시 공안에 이르러 강학하였다. 원중도『유거시록(遊居柿錄)』권3에 보인다. 또『고금도서집성(古今圖書集成)』「직방전(職方典)」'형주부(荊州府)'에 양경순에 관한 기록이 있다. 원굉도가 그와 알게 된 것은 그 무렵일 것이다.

【지의】『전교』는 이 시를 "만력 22년 갑오(1594), 북경에서 지은 시"라고 하였으나, 시의 내용으로 보아 만력 22년 7월 하순이나 8월 초에 공안에서 강릉의 양돈초에게 부친 것인 듯하다.

둘째(其二)

병 끝이라448) 만사 게으르고
관직이 한가하여 자유로워라.
문 닫아 거는 것도 불가하지 않고
차조 술449) 얻었거늘 무엇을 또 구하랴.
『담현(談玄)』은 양자운(楊子雲)450) 집에서 짓고
맑은 때 바란 건 왕찬(王粲)451)이 누대에서 한 말.

---

448) 전경(傳經) : 병석에 누웠다가 가까스로 다 나음. 의가(醫家)의 설에 따르면, 상한(傷寒)의 병에서 첫째 날은 태양(太陽), 둘째 날은 양명(陽明), 셋째 날은 소양(少陽), 넷째 날은 태음(太陰), 다섯째 날은 소음(少陰), 여섯째 날은 궐음(厥陰)으로 변화하며, 이 여섯 날이면 전경(傳經)하여 칠일 만에 병이 치유된다고 한다.『상한론(傷寒論)』「변맥법(辨脈法)」에 나온다.

449) 출(秫) : 차조. 차조로 만든 술. 출주(秫酒). 소식(蘇軾)의 「초연대기(超然臺記)」에 "채마밭 채소를 따고 연못의 물고기를 취하며, 차조 술을 빚고, 탈곡한 벼를 삶는다(擷園蔬, 取池魚, 釀秫酒, 瀹脫粟)"라고 하였다.

450) 양운(楊雲) : 양자운(楊子雲)을 할렬한 표현이다. 자운은 양웅(楊雄)의 자(字)이다.

451) 왕찬(王粲, 177~217) : 건안 7자(建安七子) 가운데 한 사람. 자(字)는 중선(仲宣), 산양(山陽) 사람이다. 왕찬은 형주(荊州)에서 십여 년 간 피난살이를 하였는데, 이때 당양현(當陽縣) 성루(城樓)에 올라 「등루부(登樓賦)」를 지었다. 그의 「등루부」는 조정에 중용(重用)되지 못한 데 대한 울분(鬱憤)과 피난과 난리 속에 고향에 대한 사무치는 그리움

부(賦) 잘 짓는다 말하지 마시게
이곳이 가을 슬퍼하기[452] 더 쉬우니.

萬事傳經懶, 官閒且自由.
閉門無不可, 得秋更何求.
玄草楊雲宅, 清時王粲樓.
莫言工作賦, 此地易悲秋.

을 토로하였다. 그 가운데 "세월은 빨리 흘러만 가고, 황하가 맑아지길 기다려도 맑아
지지 않네(惟日月之逾邁兮, 俟河淸其未極)"라는 구절이 있다. 전문은 다음과 같다.
"사람 마음이란 고향을 생각하는 면에서는 꼭 같으니, 현달하여 있든 궁핍하여 있든 어
찌 다른 마음이랴! 세월이 쑥쑥 달려가는 것이 어쩔 수 없음을 생각하매, 황하가 맑아
지길 기다려도 아직 그런 시기는 이르러 오지 않고 있다. 바라건대 왕도가 다시 한 번
맑아지고 공정하여져, 제왕의 대도를 빌어 내 재력을 충분히 발휘하고 싶어라. 박이 헛
되이 매달려 있기만 하고 먹는 이가 없고, 우물물이 맑은데도 아무도 먹지 않을까 염려
된다. 산보하면서 느긋하게 여유를 부려보지만, 홀연 보니까 저녁 해가 지려고 한다. 바
람은 쓸쓸하게 주위에서 일어나고, 하늘은 컴컴하여 푸른빛이 없다. 짐승은 화들짝 돌
아서서 무리를 부르고, 새들은 함께 울며 날개를 펴 올려 둥지로 서둘러 향한다. 들판
은 너무도 고요하여 사람 그림자 없고, 여행자만 들길을 재촉한다. 마음속에는 슬픔이
들끓어 오르고, 주변 경색에 울컥거린다. 높은 전각의 계단을 내려오는데, 기분은 가슴
속에서 착잡해서 분노로 가득 차게 된다. 한밤중이 되어도 잠들지를 못하고, 언제까지
고 슬픔에 젖어 뒹굴뒹굴한다(人情同於懷土兮, 豈窮達而異心? 惟日月之逾邁兮, 俟河
淸其未極. 冀王道之一平兮, 假高衢而騁力. 懼匏瓜之徒懸兮, 畏井渫之莫食. 步棲遲
以徙倚兮, 白日忽其將匿. 風蕭瑟而竝興兮, 天慘慘而無色. 獸狂顧以求群兮, 鳥相鳴
而擧翼. 原野閴其無人兮, 征夫行而未息. 心悽愴以感發兮, 意忉怛而憯惻. 循堦除而
下降兮, 氣交憤於胸臆. 夜參半而不寐兮, 悵盤桓以反側)."

452) 비추(悲秋) : 가을을 슬퍼하다. 「비추부(悲秋賦)」를 염두에 두고 한 말이다. 가을을 슬
픔의 계절로 보는 것은, 이를테면 육기(陸機)의 「문부(文賦)」에 "쓸쓸한 가을의 낙엽에
슬퍼하고, 향기로운 봄의 부드러운 나뭇가지에 기뻐한다(悲落葉於勁秋, 喜柔條於芳
春)"라고 하는 표현에도 이미 나타나 있다.

아우[453]를 그리워하며(憶弟)

첫째(其一)

일만 리 남쪽 길을
조각배로 떠나선 돌아오지 않다니.
앵무수(鸚鵡水)[454]에 부(賦)를 지어 던지고[455]
봉황대(鳳凰臺)에 시(詩)를 지어 걸리겠지.[456]
너는 천지간에 궁귀(窮鬼)와 서로 짝하고[457]
나는 구름 하늘[458]에 다리 절어 못 오르니 슬프네.
천추에 한무제(漢武帝) 없었다면
사마상여(司馬相如)[459]는 한낱 용렬한 인물이었으리.

---

453) 아우는 원중도를 가리킨다.
454) 앵무수(鸚鵡水) : 호북성 한양현(漢陽縣) 서남쪽 대강(大江)의 지류를 말하는 듯하다. 한양현의 앵무주(鸚鵡洲)가 있는데, 그곳은 바로 예형(禰衡)이 「앵무부(鸚鵡賦)」를 지은 곳이고, 또 살해되었던 곳이기도 하다. 최호(崔顥)의 「황학루(黃鶴樓)」 시에서 "맑은 강가에 한양 길의 나무들은 또렷하고 방초는 앵무주에 무성하구나(晴川歷歷漢陽樹, 芳草萋萋鸚鵡洲)"라고 하였다.
455) 부투앵무수(賦投鸚鵡水) : 후한 때 예형(禰衡)이 「앵무부(鸚鵡賦)」를 지은 것이 있어서 인용한 것임. 예형은 강하(江夏) 태수 황조(黃祖)의 맏아들인 경릉(竟陵) 태수 사(射)에게 사랑을 받아, 그의 요구에 응하여 이 글을 지었다. 『문선(文選)』권13에 실려 있다. 이 글은 사(射)의 연회 때 누가 앵무새를 헌상하자, 사가 예형에게 그것을 두고 부를 지으라고 청하였으므로, 예형이 자신을 앵무새에 가탁하여 노래한 것이다.
456) 시상봉황대(詩上鳳凰臺) : 봉황대는 강소성(江蘇省) 남경시의 남쪽에 있는 누대로, 이백(李白)이 「등금릉봉황대(登金陵鳳凰臺)」 시를 지은 유명한 누대이다. 이백의 그 시에 "봉황대 위에 봉황이 노닐더니, 봉황이 떠나 누대 빈 뒤 강만 절로 흘러간다(鳳凰臺上鳳凰遊, 鳳去臺空江自流)"라고 하였다.
457) 궁상방(窮相傍) : 곤궁을 가져다준다는 궁귀(窮鬼)와 서로 짝한다는 뜻. 한유(韓愈)의 「송궁문(送窮文)」의 뜻을 빌어 왔다.
458) 운소(雲霄) : 구름 하늘. 높은 하늘을 뜻하는 말로, 높은 지위를 비유하기도 한다. 구소(九霄).
459) 사마상여(司馬相如) : 전한(前漢) 무제(武帝) 때의 유명한 부(賦) 작가. 자(字)는 장경(長卿)이다. 한나라 무제를 위해 지은 「상림부(上林賦)」·「대인부(大人賦)」 등의 이름난 작품이 남아 있다.

萬里南征路, 扁舟去不來.
賦投鸚鵡水, 詩上鳳凰臺.
天地窮相傍, 雲霄蹇自哀.
千秋無漢武, 司馬一庸才.

전校교 1594년(만력 22년 갑오), 북경에서 지은 시.

둘째(其二)

엎드려 있는 베갯맡에 홀연 소식 전하니
눈물이 차츰 수건을 적시누나.
짧은 머리460)로 삼강(三江)461)에 노를 젓고
뿌리 끊긴 쑥대462)마냥 사해에 떠도는 사람.
문장만 짓고 있어 처자가 괴이타 여기고
이름을 보고는 친구들이 욕 해댄다.
형제들은 모두 자의(紫衣)463)를 입었거늘
그대는 어이하여 운명이 쓰라린고?

驛傳伏枕去, 轉覺淚沾巾.
短髮三江棹, 孤蓬四海人.

---

460) 단발(短髮) : 짧은 머리. 관모(冠帽)를 쓸 수 없을 정도로 짧아진 맨 머리. 은둔자의 모
습을 형용한다.
461) 삼강(三江) : 삼상(三湘). 호남성(湖南省) 악양(岳陽) 부근의 상향(湘鄉)·상담(湘潭)·
상음(湘陰)을 가리킨다. 『태평환우기(太平寰宇記)』에 나온다. 혹은 완상(浣湘)·소상(瀟
湘)·증상(蒸湘)을 가리킨다고도 하고 이상(灕湘)·소상(瀟湘)·증상(蒸湘)을 가리킨다
고도 한다. 『장사부지(長沙府志)』에 나온다.
462) 고봉(孤蓬) : 뿌리 끊긴 쑥대머리. 사방을 표박(漂迫)하는 것을 말함.
463) 자의(紫衣) : 관복(官服). 본래는 천자의 복색을 말하지만, 여기서는 관직에 든 사람의
관복을 말한다.

文章妻子怪, 姓字友朋嗔.

兄弟皆衣紫, 君胡命苦辛?

셋째(其三)

왕래거주(往來去住)464)가 의미 없지465) 않고

넘어지고 자빠짐466)은 매이지 않아서이리.467)

친구들은 모두 죽이려 하고

지기(知己)는 반신반의(半信半疑)하네.

오로지 나만이 청안(靑眼)으로 대하나니

그대가 바로 형제 중 백미(白眉)468)이기에.

동쪽으로 온 서신 한 장을

다 읽고선 눈물 줄줄 흘리노라.

去住非無謂, 蹉跎似不羈.

親朋盡欲殺, 知己半相疑.

獨我能靑眼, 因君是白眉.

東來書一紙, 讀罷淚如絲.

---

464) 거주(去住) : 왕래거주(往來去住). 행주좌와(行住坐臥)에 모두 선(禪)을 수행한다는 뜻
  이 있는 데서 따온 말임.

465) 비무위(非無謂) : 의미 없는 것이 아니다. 한유(韓愈)의 「잡시(雜詩)」에 "개구리 맹꽁
  이의 물음은 아무 의미가 없어, 꽉꽉 그저 사람을 어지럽게 만드네(蛙黽鳴無謂, 閤閤
  祇亂人)"라고 하였다.

466) 차타(蹉跎) : 발이 물건에 걸려 넘어짐. 넘어지고 자빠짐.

467) 불기(不羈) : 굴레 매이지 않음.

468) 백미(白眉) : 형제나 여러 사람들 중 가장 뛰어남. 촉한 사람 마양(馬良)의 다섯 형제
  가 모두 재주와 명성이 있었지만 그 중에서도 마양이 가장 뛰어났는데, 그에게는 눈썹
  에 흰 털이 섞여 있었으므로, 동네 사람들이 "마씨오상, 백미최양(馬氏五常, 白眉最
  良)"이라 하였다고 한다. 마양의 다섯 형제는 자(字)에 모두 상(常) 자가 들어가 있으므
  로, '마씨오상'이라 한 것이다.

높은 곳에 올라 감회가 있기에(登高有懷)

가을 국화는 누구를 대하여 피었나
교외의 찬 풍광이 더욱 새롭네.
건곤(乾坤) 사이에 물은 동쪽으로 가고
거마(車馬)는 북쪽에서 먼지 날리며 오는데,
시사(時事)를 손꼽아보면서 슬퍼하고
멀리 간 이가 그리워 술잔을 멈춘다.
물가 꽃과 기슭의 풀
어느 곳인들 마음 상하지 않으랴?

秋菊開誰對, 寒郊望更新.
乾坤東逝水, 車馬北來塵.
屈指悲時事, 停杯憶遠人.
汀花與岸草, 何處不傷神.

전
筆校교

1594년(만력 22년 갑오), 북경에서 지은 시.

옛 절에 들러서(過古寺)

비 지난 뒤 홍교(紅橋)469)에 물이 불고
황엽(黃葉)은 서리 철 맞아 듬성듬성.
옛 궁전에는 금방(金榜)470)이 꺾여 있고

---

469) 홍교(紅橋) : 하북성 창평현(昌平縣) 서남쪽에 있는 다리인 듯함.
470) 금방(金榜) : 금색으로 쓴 방(榜). 주련(柱聯)을 말함.

빈 못에는 수의(水衣 : 녹조)471)가 드러났네.
사람을 무서워하여 가을 새는 숨고
불법(佛法)을 지키느라 늙은 용은 굶주린 상태.
취중의 말과 선어(禪語)가
결코 제이기(第二機)472)가 아니라네.

紅橋過雨潤, 黃葉會霜稀.
古殿摧金榜, 空塘落水衣.
畏人寒鳥竄, 護法老龍飢.
醉語兼禪語, 都非第二機.

전
筆校
교

1594년(만력 22년 갑오), 북경에서 지은 시.
○ 고전최금방(古殿摧金榜) : '摧'는 패란거본에 '催'로 되어 있으나, 서종
당본·십집본·소수본에 의거하여 고친다.

승방에 묵다(宿僧房)

밤비 소리는 경쇠 소리를 묻어버리고
서리 숲에 저녁 까마귀를 날아오른다.
연대(蓮臺)에는 삼품(三品)473)의 잎
불과(佛果)474)는 일시(一時)의 꽃.
각로(覺路)475)는 주름 비단 늘어져 침침하고

---

471) 수의(水衣) : 녹조류(綠藻類)에 속하는 담수조(淡水藻)의 총칭. 수태(水苔), 수면(水綿),
　　수발(水髮). 돌 위에서도 나므로 석발(石髮)이라고도 한다.
472) 제이기(第二機) : 제2급 정도의 낮은 작용(作用). 기(機)는 작용을 말함.
473) 삼품(三品) : 상품, 중품, 하품. 혹은 삼위(三位). 여기서는 세 갈래 잎이라는 뜻.
474) 불과(佛果) : 본래는 부처로서의 깨달음, 즉 불과보리(佛果菩提)를 말한다.
475) 각로(覺路) : 원래는 정각(正覺)의 길을 말하지만, 여기서는 법당에 이르는 회랑을 말

선등(禪燈)은 진홍색 깁에 쌓여 어둑하구나.
세망(世網)476)에 얽힌 것을 일찌감치 알았거늘
가사(袈裟)477) 걸치지 않은 것이 후회되네.

夜雨沉淸磬, 霜林起暮鴉.
蓮臺三品葉, 佛果一時花.
覺路昏羅縠, 禪燈黑絳紗.
早知嬰世網, 悔不事袈裟.

1594년(만력 22년 갑오), 북경에서 지은 시.

아우를 그리워하며(憶弟)

첫째(其一)

여전히 타향의 객이 되어
따로따로 봄을 맞으니 그리움을 어이 견디랴.
짐짓 문장으로 완세(玩世)478)하고
유자이면서 묵자(墨子) 자취,479) 남이 의아해 하리.

하는 듯하다.
476) 세망(世網): 세상의 그물. 혜강(嵇康)의 「난양생론(難養生論)」에 "자연의 이치에 따라, 세망에 걸리지 않는다(循理不經世網)"라고 하였다. 육기(陸機)의 시(「赴洛道中作」)에 "세망이 내 몸을 얽어매었네(世網嬰吾身)"라고 하였다.
477) 사가사(事袈裟): 가사는 스님이 걸치는 옷. '사가사'는 스님이 걸치는 옷을 입고 불법을 수행하는 일.
478) 완세(玩世): 일체의 세간사를 경시(輕視)하는 것. 『한서』 「동방삭전찬(東方朔傳贊)」에 "은둔한 처지에 의지하여 세상을 경시하고, 시절에 기만당하여 불우하였으니, 아마도 골계의 웅이리고 할 만하리라(依隱玩世, 詭時不逢, 其滑稽之雄乎)"라고 하였다.

이별 뒤에 산천이 바뀌었고
수심 속에 세월이 새롭구나.
창강(滄江) 일만 리로 떨어져 있으니
탁주를 누구에게 따른다지?

尙有他鄕客, 那堪兩地春.
文章聊玩世, 儒墨竟疑人.
別後山川換, 愁來歲月新.
滄江一萬里, 濁酒向誰陳?

전
校교

1594년(만력 22년 갑오), 북경에서 지은 시. 이 시는 원중도가 거듭 시험에
불합격한 것에 느껴 지은 것이다.

○ 보병수기주(步兵雖嗜酒) : 원중도는 술을 잘 마셨는데, 원굉도는 『상정(觴政)』에
서 평하기를 "적청이 곤륜관을 깨어, 기계(奇計)로 대중을 굴복시킴과 같다(狄靑破
崑崙關, 以奇服衆)"라고 하였다.

둘째(其二)

동쪽으로 가서 사귄 사람은 많으냐?
남쪽을 방문하여 흥이 일더냐 아니더냐?
높은 하늘에 큰기러기와 까치가 함께 떴고[480]

---

479) 유묵(儒墨) : 유명이묵행(儒名而默行). 명분상으로는 유학자이면서 실제의 행실은 묵
자의 도에 합치하는 것. 한유(韓愈)의 글(「送浮屠文暢師序」)에서 "사람 가운데는 정말
로 명분상으로는 유학자이면서 실제의 행실은 묵자의 도에 합치하는 사람이 있다"고
하였다. 이때 묵자는 불교를 신앙하는 사람을 빗대어 하는 말이다.
480) 고천홍작거(高天鴻鵲擧) : 높은 하늘에 큰기러기와 까치(참새)가 함께 떴다. 鵲은 雀
과 같다. 큰기러기는 더 높고 멀리 날아가는 새로 웅대한 뜻을 가진 인물을 비유한다.
이에 비하여 까치(참새)는 소인이나 평범한 인물을 비유한다. 그 둘이 함께 높은 하늘
에 떠 있다는 것은, 현자나 소인이 제 자리를 잡지 못하고 있다는 뜻이다. 『사기』「진
섭세가(陳涉世家)」에 "제비와 참새가 어찌 큰기러기와 고니의 뜻을 알랴?(燕雀安知鴻

세간에서는 말이라 부르고 소라 부르네.[481]
시문[482] 일삼으면 현달하기 어려운 운명[483]
강호에 노닐다간 자취가 고독하기 쉬운 법.
보병(步兵 : 阮籍)[484]은 술을 좋아했어도
혹 길이 막히면 한탄하였거니.[485]

東去交多少, 南詢興有無.
高天鴻鵠擧, 世路馬牛呼.
騷雅命難達, 江湖迹易孤.
步兵雖嗜酒, 倘亦恨窮途.

鵠之志哉)"라고 하였다.

481) 세로마우호(世路馬牛呼) : 세간 사람들이 나의 진정한 본질을 모르고 소라 부르고 말
  이라 부르면, 나는 스스로 소라 대답하고 말이라 대답한다는 말이다. 『장자』에서 따왔
  다. 앞에 나왔다.

482) 소아(騷雅) : 본래는 『이소(離騷)』와 「소아(小雅)」·「대아(大雅)」를 합칭하는 말이지
  만, 시문 일반을 가리킨다. 또한 시적 재능을 뜻한다.

483) 소아명난달(騷雅命難達) : 한유(韓愈)의 「형담창화시서(荊潭唱和詩序)」에 "환락의 시
  기에 지은 시는 공교로워지기 어렵고 곤궁하고 괴로울 때 지은 말은 좋아지기 쉽다(歡
  愉之辭難工, 而窮苦之言易好)"라고 하였다. 또한 구양수(歐陽脩)의 「매성유시집서(梅
  聖兪詩集序)」에 보면, "대개 세상에서 전하는 시란 대부분 옛날의 궁한 사람에게서 나
  온 문사라고 한다. …… 대개 궁하면 궁할수록 더욱 교묘해진다. 그러니 시가 능히 사
  람을 궁하게 하는 것이 아니라, 아마도 궁한 사람인 이후에야 공교로워 지는 것이다(蓋
  世所傳詩者, 多出于古窮人之辭也. …… 蓋愈窮則愈工. 然則非詩之能窮人, 殆窮者而
  後工也)"라고 하였다.

484) 보병(步兵) : 완적(阮籍). 유령(劉伶)과 같이 죽림칠현(竹林七賢)의 한 사람. 유령(劉伶)
  과 마찬가지로 술을 좋아한 것으로도 유명하였다.

485) 한궁도(恨窮途) : 완적(阮籍)은 수레를 타고 나갔다가 길이 막힌 데 이르면 통곡하고
  돌아왔다고 한다. 『삼국지(三國志)』「왕찬전(王粲傳)」의 배주(裴注)가 인용한 『위씨춘
  추(魏氏春秋)』에 나온다. 원굉도는 이 시에서 윈중노를 완석에 비하였다.

기이한 승려(異僧)

매인(買印)[486]은 지공(支公 : 支遁)[487]의 기벽(奇僻)이고
수병(鍮瓶)[488]은 수좌(首座)의 능력이네.
주문은 새소리 같고
범자(梵字)는 등덩굴 모양.
탁발하여 신선의 밥[489]을 보시 받고
탑상에 앉아 불등(佛燈)을 마주하네.
몸뚱이 하나도 사용하지 않거늘
삼승(三乘)[490]이 무슨 소용?

---

486) 매인(買印) : 인가(印可)를 파는 일. 제자의 증득(證得) 사실을 사장(師匠)이 인정하는
    일을 말한다. 여기서는 유가 사대부들을 불교에 견식이 있다고 인정하는 일을 말하는
    듯하다.
487) 지공(支公) : 지둔(支遁, 314~366). 동진 때의 승려. 하남성 개장부(開壯府) 진류현(陳
    留縣) 사람이라고도 하고 혹은 하동(河東) 임려(林廬) 사람이라고도 한다. 속성은 관씨
    (關氏)이고 자는 도림(道林)인데, 지형산(支硎山)에 들어가 도를 닦았기 때문에 지형이
    라고도 부른다. 25세에 출가하여 왕흡(王洽)·유회(劉恢)·은호(殷浩)·허순(許詢)·치
    초(郗超)·손작(孫綽)·환언표(桓言表) 등과 교제하였으며, 뒤에 섬(剡)의 앙산(仰山) 석
    성사(石城寺)에서 수도하였다. 동진의 애제가 즉위한 뒤에 동안사(東安寺)로 가서 『도
    행반야경(道行般若經)』을 강하였다. 『양고승전(梁高僧傳)』에 행적이 기록되어 있다. 지
    둔은 또 왕탄지(王坦之)·사안(謝安)·왕희지(王羲之) 등 당시의 문사와 친교가 두터웠
    다. 왕탄지는 자가 문도(文度)이고, 환온(桓溫)의 아래에서 장사(長史)가 되고, 중서령
    (中書令)을 거쳐 서연도독(徐兗都督)을 겸하였고, 남전후(藍田侯)에 봉해졌다. 사안과
    함께 조정의 정책을 주도하였다. 사안은 자가 안석(安石)으로, 처음에 회계(會稽)의 동
    산(東山)에 은둔하였다가 환온의 징소(徵召)로 벼슬에 나아가, 이부상서(吏部尙書)·중
    서감(中書監)·녹상서사(錄尙書事)를 지냈다. 부견(苻堅)의 군대가 몰려오자 정토대도
    독(征討大都督)으로 활약하여 그 공로로 태보(太保)에 올랐다. 사안은 『진서(晉書)』에
    입전되어 있다.
488) 수병(鍮瓶) : 곡식이 든 병탁(瓶橐)을 들여온다는 뜻인 듯하다.
489) 선반(仙飯) : 탁발하여 받는 공양(供養)을 말한다. 단, 달리 용례가 없다.
490) 삼승(三乘) : '일승'에 대가 되는 말이다. '일승'이란 말은 산스크리트어 에카 야나
    (eka-yāna)의 역어로, '하나의 탈것'이란 의미이다. 부처의 가르침을 비유하는 말로, 일승
    의 '일'은 삼승의 '삼'에 대조된다. '삼승'은 성문(聲聞)·연각(緣覺)·보살(菩薩) 3종의
    수행자의 유형에 각각 부여된 부처의 세 가지 가르침을 뜻한다. 『법화경』에 따르면 수
    행자의 현실태[機根]에 즉응(卽應)하여 가르쳐온 가르침은 모두 가짜[方便]이어서, 진

買印支公僻, 輸瓶首座能.

咒言聽似鳥, 梵字寫如藤.

托鉢施仙飯, 支床面佛燈.

一身猶不用, 何處有三乘.

전
校校 1594년(만력 22년 갑오), 북경에서 지은 시.
○ 수병수좌능(輸瓶首座能) : 首座는 원문에 座首로 되어 있으나 서종당
본·소수본에 의거하여 고친다.

경사(서울)에서 한 밤에 깨어 앉아(京師夜坐)

꼿꼿이 앉으려니[491] 숙취로 괴롭고

책을 읽자니 글자마다 읽기 어렵다.[492]

대나무 말라죽었으니 봉황은 굶주릴 게고[493]

병의 술이 뻑뻑하니 춥다는 걸 알겠네.[494]

실로는 일불승(一佛僧, 부처가 되는 유일한 가르침) 밖에 없다는 점을 애초부터 전제하
고 있다. 그 「비유품(譬喩品)」에 보면 일승·삼승 문제를 삼거화택(三車火宅)의 비유로
설명하였다. 타오르는 집에서 노느라 정신이 없는 아이들(중생)을 집으로부터 탈출시키
기 위해 부친(부처)이 집 밖에는 양, 사슴, 소의 세 가지 수레(삼승)가 있어서 그것을 줄
테니 바깥으로 나오라고 거짓말을 하여(방편의 가르침을 설함), 아이들은 가까스로 바
깥으로 나와 구해진다. 아이들이 부친이 약속한 수레를 달라고 부친에게 요구하자, 사
실은 세 가지 수레가 아니라 하나의 훌륭한 대백우거(大白牛車, 일승을 가리킴)가 수여
된다. 이 대백우거가 처음의 세 가지 수레 가운데 우거와 같은 것인지 아닌지에 대하여
설이 분분한데, 천태지의(天台智顗)는 별도의 것이라고 보았다.

491) 올좌(兀坐) : 오뚝히 앉음. 가만히 앉아 있는 모습을 말함.

492) 독서자자난(讀書字字難) : 두보의 시구에 '독서난자과(讀書難字過)'라고 있는 것을
의식하여 쓴 표현이다.

493) 죽고지봉뇌(竹枯知鳳餒) : 봉황은 죽실(竹實)만 먹는다고 알려져 있으므로 이렇게 말
한 것임.

494) 병삽험천한(缾澁驗天寒) : 병 안의 물이나 술이 얼어 잘 나오지 않는 것으로 날씨가
추워졌음을 안다. 『여씨춘추(呂氏春秋)』 「찬금(察今)」에 "병이 물이 언 것으로 천하가

일 겪고 난 뒤에야 지난 잘못을 깨우치고
궁하게 된 뒤로는 교제가 점점 소원해지네.495)
미관말직이 여전히 나를 군색하게 해서
장안의 나날을 야윈 말 등에서 보내야 하다니.

兀坐醒醒悶, 讀書字字難.
竹枯知鳳餒, 餠澀驗天寒.
事往心方省, 窮來交漸寬.
微官猶窘我, 羸馬日長安.

전
筆校교 1594년(만력 22년 갑오), 북경에서 지은 시. 북경에서 알선(謁選)를 기다리
고 있었다.

소모 만시(挽蘇母)

몸 보전하여 기쁘게 돌아가는 날496)
낭군에게 이미 신명을 바친 뒤.
죽을 고비마다 덕택에 보존했기에
구원(九原)497)으로 가신 그대에게 울며 보답하오
아지랑이498)에 명정(銘旌)이 흐릿하고

추워진 것을 안다(見甁水之凍, 知天下之寒)"라고 하였다. 이 구절은 한나라 채옹(蔡邕)
의 「음마장성굴행(飮馬長城窟行)」에서 "바닷물로 날이 추워졌음을 안다(海水知天寒)"
라는 구절의 구법을 따왔다.
495) 교점관(交漸寬) : 교제가 점점 소원해진다는 뜻.
496) 전귀일(全歸日) : 몸을 상하지 않고 온전한 형태로 죽는 날. 『논어』 「태백(泰伯)」 '증
자유질(曾子有疾)'에 대한 주희(朱熹)의 집주(集注)에 "증자는 몸을 보전하여 돌아감으
로써 재액을 면하였다고 여긴 것이다(曾子以全歸爲免矣)"라 하였다.
497) 구원(九原) : 구천(九泉). 구중(九重)의 땅 밑이라는 뜻이다. 저승.

가을바람에 석린(石麟)⁴⁹⁹⁾이 차갑구나.
다만 하늘에서 초대하는 말이 있어
만시(輓詩) 하나 야대(夜臺 : 무덤)⁵⁰⁰⁾에 새로워라.

喜得全歸日, 郞君已致身.
憑將萬死事, 泣報九原人.
野氣迷丹旐, 秋風冷石麟.
但招天語在, 一紙夜臺新.

전교 1594년(만력 22년 갑오), 북경에서 지은 시.

○ 소모(蘇母) : 소유림(蘇惟霖)의 모친. 소유림의 자는 운포(雲浦), 호는 잠부(潛夫)이다. 강릉(江陵) 사람이다. 1598년(만력 26년)의 진사로, 감찰어사(監察御使)를 지냈다. 『강릉현지(江陵縣志)』 권27에 전(傳)이 있다. 소유림과 원굉도는 절친하여, 원굉도가 죽은 뒤 소유림은 딸을 원굉도의 차남 악년(岳年)에게 시집을 보내고, 또 원굉도의 장녀를 며느리로 맞았다. 원굉도의 차녀는 소유림의 아우 소유점(蘇惟霑)의 장남에게 시집갔다. 원중도가 지은 「중랑선생행장」에 나와 있다.

○ 단초천어재(但招天語在) : 招는 이운관본에 留로 되어 있다.

짧은 노래. 잔치 중에 악지율을 만나 지었다(短歌, 燕中逢樂之律作也)

말에서 내려 한 마디도
격식 차린 인사말⁵⁰¹⁾을 묻지 않는군.
전에는 길짐승과 날짐승⁵⁰²⁾ 사이

---

498) 야기(野氣) : 아지랑이. 야마(野馬).
499) 석린(石麟) : 능묘 앞에 세우는 석각(石刻)의 기린(麒麟).
500) 야대(夜臺) : 무덤. 야실(夜室), 분묘(墳墓).
501) 한훤(寒喧) : 인사말. 본래 춥고 덥다는 뜻인데, 춥고 더움의 안부를 여쭙는 인사말이란 뜻으로 쓰이게 되었다.

오늘은 폐와 간 같은 사이.

내 마음은 체한 듯 답답했소만

그대 마음은 어떠하였소?

당(堂)에 올라 마주보매

새삼 거론할 마음이 없어졌네.

밝은 달은 허공에 떴고

한밤 이슬은 땅에 떨어졌나니,

장군부503)의 북쪽 동산

금오위504)의 서쪽 저택.

비단 병풍을 한낮에 쳐두고

황금 장식의 술 동이를 한 밤에 열었네.

노(盧)라고 외치며 저포(樗蒲)505)를 하고

날리듯이 술잔을 돌리네.

---

502) 모우(毛羽) : 길짐승과 날짐승.

503) 장군(將軍) : 장군의 역소(役所)인 장군부(將軍府)를 가리키는 듯하다.

504) 금오(金吾) : 금오위(金吾衛). 수도의 비상사태와 수화(水火)를 담당하는 관아. 한나라 때 집금오(執金吾).

505) 석복(射覆) : 덮어 가린 물건을 알아맞히는 놀이. 그러나 여기서는 저포(樗蒲) 놀이를 말하는 듯하다. 저포는 「樗蒲」・「樗蒱」・「摴蒲」・「摴蒱」로도 표기된다. 원래 호인(胡人)의 말을 가차(假借)한 것이어서 표기가 일정하지 않다는 설이 있다. 일육(一六)・박혁(博奕)・원현도(袁玄道)・저(樗, 摴)・포(蒲, 蒱)라고도 한다. 한나라 때 마융(馬融)의 「저포부(樗蒲賦)」가 있으며, 『세설신어(世說新語)』에도 저포에 관한 기록이 여럿 나온다. 『태평어람(太平御覽)』「방술(方術)」・「저포복(樗蒲卜)」에 보면, "노자(老子)가 서융(西戎)에 들어가 저포를 만들었는데 저포는 오목(五木)이다"라고 하였다. 혹은 호인(胡人)이 저포 점을 쳤다고도 하였다. 『진서(晉書)』에 보면 모용보(慕容寶)는 장안에 있을 때 저포를 하면 꼿꼿이 앉아 옷깃을 여미고 세상에 저포신(樗蒲神)이 있다고 하면서, 만일 부귀하게 될 것이면 세 노(盧)가 나오도록 해달라고 맹세의 말을 한 뒤 저포를 던지자 과연 세 개의 노가 나왔다고 한다. 두목(杜牧)의 「지주에서 맹지 선배를 전송하면서(池州送孟遲先輩)」 시에 "상산사호의 사당 앞에서 저포로 운명을 점쳐 볼 마음이 일도다(商山四皓祠, 心與樗蒲說)"라고 하였다. 이연수(李延壽)의 『북사(北史)』에는 백제(百濟)의 놀이 가운데 저포란 것이 있다고 하였다. 본래 나무로 된 주사위 같은 것을 던져서 그 사위로 승부를 다툰 놀이였다. 『당국사보(唐國史補)』에 따르면 여섯 개의 말[馬]과 다섯 매의 투(骰, 주사위)를 가지로 노는 것으로 되어 있다.

내가 그대 위해 춤을 추리니

그대는 날 위해 노래하시오

검(劍) 사라지고 용은 깊이 잠겼으니

흐르는 세월을 어찌 하려오?

회포는 길고 시각은 짧아

화로 식고 불빛도 파랗구나.

술 동이 자빠지고 젓가락 어지러운데

어느 분이 주인인가?506)

붕새는 구만리를 날아올라

메까치 비둘기의 비웃음을 산다만,507)

나는 그대를 데리고

함께 바다 산508)으로 날아가려오

下馬一言, 不及暄寒.

昔年毛羽, 今日肺肝.」

我懷如痁, 君懷幾許?

登堂直視, 無心可擧.」

明月浮空, 清霜墮地.

---

506) 의준난저, 수시주인(欹尊亂筯, 誰是主人) : 소식(蘇軾) 「적벽부(赤壁賦)」의 "잔 씻어 다시 술을 따랐으나, 물고기도 과일도 다하고, 술잔과 접시가 뒤섞여 널려 있었다. 이윽고 함께 취하여 서로 베고 잠들었으므로, 동방이 희게 밝아오는 것도 몰랐다(洗盞更爵, 肴核旣盡. 杯盤狼藉. 相與枕藉乎舟中, 不知東方之旣白)"라고 한 정경을 연상시킨다.

507) 붕비구만, 위학구소(鵬飛九萬, 爲鸒鳩笑) : 『장자』 「소요유(逍遙遊)」에 나오는 '붕정만리(鵬程萬里)'의 고사를 따왔다.

508) 해교(海嶠) : 바다 속에 있다는 삼신산(三神山)을 말함. 진(晉)의 왕가(王嘉)의 『습유기(拾遺記)』 「고신(高辛)」에 "삼호는 바다 속에 있는 세 산인데, 첫째는 방호이니 곧 방장이요, 둘째는 봉호이니 곧 봉래이며, 셋째는 영호이니 곧 영주이다(三壺, 則海中三山也. 一曰方壺, 則方丈也 ; 二曰蓬壺, 則蓬萊也 ; 三曰瀛壺, 則瀛洲也)"라 하였다. 소식(蘇軾)의 시(「奉和陳賢良」)에 "삼산은 옛날의 신선 땅이니, 동쪽으로 와서 한 번 자라를 낚으오(三山舊是神仙地, 引手東來一釣鼇)"라는 구절이 있다.

將軍北園, 金吾西第.」
羅屛晝掩, 金罍夜開,
呼盧射覆, 飛爵流杯.」
吾爲若舞, 若爲吾歌,
劍去龍沉, 逝將奈何?」
情長刻短, 爐寒火靑,
欹尊亂筯, 誰是主人?」
鵬飛九萬, 爲鷽鳩笑.
我欲攜君, 連翻海嶠.」

전
箋校교 1594년(만력 22년 갑오), 북경에서 지은 시.

○ 단가(短歌)는 악부 「상화가(相和歌)」이다. 『악부시집』 권30에 이러한 기록이 있다. "『고금잡록(古今雜錄)』에 이러한 말이 있다. 왕승건(王僧虔)의 『기록(技錄)』에 이르길, 단가행(短歌行) 〈앙첨(仰瞻)〉 한 곡은 위씨(魏氏)가 남긴 영(令)으로 절기와 정삭(正朔) 때 음악을 연주하게 하였다. 위나라 문제가 이 가사를 제작하여, 스스로 쟁(箏)을 타면서 화가(和歌)하였다. 가자(歌者)가 말하길, 귀관(貴官)이 쟁을 탄다고 하였으니, 귀관은, 즉 위나라 문제이다라고 하였다. 이 곡은 악성이나 제도가 아주 아름답지만 가사는 잔치의 음악으로 연주할 수가 없다. 『악부해제(樂府解題)』에 이르길, 단가행은 위나라 무제의 '술을 대하면, 마땅히 노래하여야 하리. 인생이 얼마나 되랴'와 육기(陸機)의 '고당에 술을 두고, 슬픈 노래로 술잔에 임하네'라고 한 것이 이것으로, 모두 시기를 놓치지 말고 즐겨야 한다고 말한 내용이다라고 하였다."

○ 악지률(樂之律) : 악화성(樂和聲)이란 사람으로, 자가 지율이다. 호는 석량(石梁)이고, 가흥(嘉興) 사람이다. 만력 20년의 진사이다. 여양 지현(汝陽知縣)을 제수 받았고 예부주사(禮部主事)로 승진하였으며, 원외(員外)를 거쳐 경원지부(慶遠知府)로 나갔다가, 혜조도 참정(惠潮道參政)으로 발탁되었으며 연수순무(延綏巡撫)에 이르렀다. 저서에 『찬미자집(餐微子集)』과 『담막집(澹漠集)』이 있다. 『명시기사(明詩紀事)』는 그의 시를 평하여 "억지로 거끌거끌한 말을 지어, 이(李攀龍)·왕(王世貞)의 소굴을 뒤집었다(强作聱牙語, 以翻李王窠臼)"고 하였다. 즉 공안파에 동조하였

으되, 길을 조금 달리 하였다. 『가흥부지(嘉興府志)』권50에 전(傳)이 있다. 화성(和聲)의 성(姓)을 여러 책이 모두 악(岳)이라 적었다. 그 형 원성(元聲)은 자가 지초(之初)이고 호는 석범(石帆)이다. 1584년(만력 12년)의 진사이다. 『명진사제명비록(明進士題名碑錄)』과 『명실록(明實錄)』을 조사하여 보면, 화성과 원성의 성이 모두 악(樂)으로 되어 있다. 원굉도의 이 시를 기준으로 삼아야 할 것이다.

관리 노릇하기 괴로워라(爲官苦)

새의 흰 깃509)이 푸른 솔에서 떨어지고
검은 약(서리)510)은 가을을 벌써 변화시키네.
북경 거리에는 회오리바람 많아
저물 녘 길에는 붉은 모래 깔렸구나.
남아로 태어나서
행락(行樂)을 진작 못해 괴롭군.511)
어찌하여 관직512)의 죄수가 되어
만 리 타향에서 고적한 회포를 지니나.
문을 나서서 옛 친구 만나
붉던 얼굴 늙었노라고 이야기 나누네.
눈초리가513)가 빗자루처럼 길다 해도514)

---

509) 백우(白羽) : 새의 흰 깃을 말한다. 혹은 백설(白雪)을 가리키기도 하지만 여기서는 취하지 않았다. 즉 『맹자』 「고자 상(告子 上)」에, "흰 깃의 흼이 백설의 흼과 같다(白羽之白也, 猶白雪之白)"라고 한 말이 있어서 백설을 백우라고도 표현한다.

510) 현상(玄霜) : 검은 색의 선약(仙藥). 여기서는 풀꽃에 씨앗이 맺힌 것을 비유한 말인 듯하다.

511) 행락고불조(行樂苦不早) : 한나라 양운(楊惲)의 글(「報孫會宗書」)에 "사람이 살아가는 동안에는 놀면서 즐거움을 취할 따름이다. 부귀하다 해도 얼마나 가겠는가?(人生行樂耳. 須富貴何時)"라고 하였다.

512) 일관(一官) : 하찮은 일개 관직. 미관말직(微官末職)을 말한다.

513) 안호(眼蒿) : 호목(蒿目). 눈을 들어 멀리 바라보는 시선. 『장자』 「병무(騈拇)」편에, "지금 세상의 인인(仁人)은 호목(蒿目)하여 세상의 환난을 우려한다"고 하였다.

쌓인 한수(閒愁)515)를 쓸어내진 못하네.

白羽落靑松, 玄霜化秋草.
燕市多衝飇, 日暮紅沙道.
男兒生世間, 行樂苦不早.
如何囚一官, 萬里枯懷抱.
出門逢故人, 共說朱顏老.
眼蒿如箒長, 閒愁堆不掃.

전校교 1594년(만력 22년 갑오), 북경에서 지은 시. 이때 바로 알선을 기다리고 있었다.

가을밤 감회가 일기에(秋夜感懷)

천 명이 따라 부른다 하여(속곡을 좋아하고)
백설가(白雪歌)를 가벼이 여기지 말라.516)
지금 시들은 지리(支離)해서 통상의 음조517)를 잃었거늘
꺼끌꺼끌한518) 시로 이 세상을 버젓이 지내다니.

---

514) 안호여추장(眼蒿如箒長) : 걱정스레 바라보는 눈초리가 빗자루처럼 길어졌다는 뜻.

515) 한수(閒愁) : 가만히 일어나는 수심. 구양수(歐陽脩)의 「완계사사(浣溪沙詞)」에 "건듯 비 뿌리다가 건듯 바람 불어 꽃이 절로 떨어지니, 가만히 일어나는 수심과 고민이 한낮에 더욱 길다(乍雨乍晴花自落, 閑愁閑悶晝偏長)"라고 하였다.

516) 막이천인화, 수경백설가(莫以千人和, 邃輕白雪歌) : 천 명이 따라 부른다고 하여 (속곡을 좋아하고) 백설가를 가벼이 여기지 말라. 『문선(文選)』에 실린 송옥(宋玉)의 「대초왕문(對楚王問)」에 보면, "초나라 수도 영(郢)에 객 살이 하면서 노래 부르는 사람이 있었는데, 처음에는 하리파인(下里巴人)이라는 속곡을 부르자 따라 부르는 사람이 수천 명이었지만, 뒤에 양춘백설(陽春白雪)을 부르자 창화하는 사람이 수십 명에 지나지 않았다"라고 하였다. 백설가는 창화하는 사람이 적은 고귀한 노래를 말한다. 앞에 나왔다.

517) 상조(常調) : 통상적인 정상의 음조.

야박한 세속이라 참 사귐이 사라졌거니
가을바람519)에 세간사를 많이도 겪었도다.
어린 봉황은 끝내 만 인(仞) 높이 나르리
나를 위협해서 어쩌자는 것인가.520)

莫以千人和, 遂輕白雪歌.
支離常調失, 突兀此生過.
薄俗論交盡, 秋風閱世多.
鵷雛終萬仞, 嚇我待如何.

전
교
1594년(만력 22년 갑오), 북경에서 지은 시. 원굉도가 북경에서 선거를 기다리고 있던 무렵, 가을에서 겨울까지 서로 어울리면서 노닐었던 친구들로는 탕현조(湯顯祖)·왕도(王圖)·조학전(曹學佺)·동기창(董其昌)·왕일명(王一鳴) 등이 있었다. 탕현조의『옥명당시(玉茗堂詩)』권7, 권12, 그리고『척독(尺牘)』권3에 원씨 형제와 관련된 시와 문이 있다. 탕현조의 시문에 "북경 저자에서 교유하여 늘 술탈이 났지(燕市交遊常病酒)"라고 하였고, 또 "한 밤 장안에 눈 내리던 일이 때때로 기억나네(時憶長安夜雪)" 운운하였다. 원굉도가 북경에 체류한 기간은 짧았지만, 탕현조 등과의 유람하고 잔치를 벌이고는 하였음을 알 수 있다.

---

518) 돌올(突兀) : 꺼끌꺼끌함.
519) 추풍(秋風) : 가을바람 부는 쓸쓸한 계절.
520) 원추종만인, 혁아대여하(鵷雛終萬仞, 嚇我待如何) : 어린 봉황은 결국 만 인(仞) 높이 나르고야 말 텐데, 나를 위협하여 어쩌자는 것인가.『장자』「추수(秋水)」편에 나오는 고사를 이용하였다. 혜자(惠子)가 양나라 재상이었던 때, 장자가 그를 만나러 갔다. 어떤 사람이 혜자에게, 저 사람은 당신 대신에 재상이 되려는 속셈이라고 알렸다. 혜자는 두려워하여 장자를 찾아내려고 나라 안을 샅샅이 뒤졌다. 이윽고 장자가 혜자를 만나서 이렇게 말하였다. "남방에 원추(鵷雛)라는 봉황이 있어서, 오동이 아니면 머물지 않고, 죽실이 아니면 먹지 않으며, 달콤한 맛의 샘물이 아니면 마시지 않소 그런데 한 마리 솔개가 마침 쥐를 잡아챈 순간, 원추가 그 위를 지나가는 것을 보고, 솔개는 사냥감을 빼앗기지 않겠다는 생각에서 위를 향하여 끼룩 소리를 하여 공갈하였죠 당신은 결국 양나라에서의 재상 자리가 염려되어 나를 협박하는군." '대(待)'는 구어로, '요(要)'와 같다. 문언의 '欲'의 쓰임이나 뜻과 같다.

지
志疑 의 이 시는 1594년(만력 22년) 북경에서 지은 것이 아니라, 1592년(만력 20년) 북경에 있으면서 흉중의 분노의 감정을 토로한 것이다. 1592년에 지은 「우연히 이루다(偶成)」, 「황도원에게 주다(贈黃道元)」, 「장안의 가을달이 뜬 밤(長安秋月夜)」 등과 시적 정서가 통한다.

『원중랑집』 제3권

금법집(錦帆集) 권1

28세 되던 1595년(만력 23년, 을미)부터 30세 되던 1597년(만력 25년, 정유)까지의 시를 수록하였다.

연경을 나서서 큰 형님과 셋째[1]를 이별하며(出燕別大哥 · 三哥)

장안의 이월
양기 더디고 북풍은 매서워,

---

1) 대가(大哥) 삼가(三哥) : 대가는 원종도, 삼가는 원중도이다. 원중도는 전 해 겨울에 공안에서부터 북경으로 와 있었다.

칼날 같은 서리²⁾가 땅거죽을 베지만

고목은 한기(寒氣)에도 늠름하다.

노새 먼지 말 먼지가 뒤섞여

새벽에 구름 끓듯 일어나는 때,

술을 마련하여 남쪽 언덕에 올라

우리 사랑하는 형제와 이별하노라.

한 어머니에게서 태어난 세 사람³⁾

머리에서 발끝까지 모두 같도다.

바라는 바는 무생(無生)의 이치⁴⁾를 궁구하여

백겁(百劫)에 이르도록 갈고 닦고자 하네.

말도 꺼내기 전에 기봉(機鋒)⁵⁾을 알고

사어(死語) 속에서 열쇠⁶⁾를 찾지만,

집에 거처할 땐 꼿꼿한 동인(銅人)⁷⁾ 같아서

말을 아껴⁸⁾ 오직 의리만 담론하지.

형의 성품은 온화하고 진실하며

아우의 성품은 솔직하고 굳세거늘,

내 성격은 느긋함과 맹렬함을 겸했기에

---

2) 상도(霜刀) : 보통은 서리 같이 빛나고 날카로운 칼을 말하지만, 여기서는 칼날 같이
   서슬 진 서리를 말한다.

3) 일모생삼인(一母生三人) : 원굉도의 형제는 같은 어머니에게서 태어난 사람이 셋이다.
   즉 원종도, 원굉도, 원중도이다.

4) 무생(無生) : 생사를 초월함을 말한다. 생(生)도 없고 멸(滅)도 없는 참된 진리. 열반의
   진리는 생(生)도 없고 멸(滅)도 없기 때문에 무생(無生)이라고 한다.

5) 봉기(鋒機) : 기봉(機鋒). 불교의 선종(禪宗)에서 언사(言詞)가 민첩하여 적상(迹象)에
   떨어지지 않는 것을 말하는데, 함축된 뜻이 풍부하여 남이 포착하기 어려운 말을 가리
   킨다.

6) 관려(關捩) : 관문의 열쇠. 언전불급(言詮不及), 의로불도(意路不到)의 오의(奧義)를 비
   유하는 말. 捩는 棙로도 표기한다.

7) 수동(豎銅) : 함구(緘口)하고 곧추 서 있는 동인(銅人).

8) 축구(蓄口) : 말을 아낌.

당김과 조임의 권고9)로 구제해주네.

지상에 같은 뿌리로 떨어졌으니

하늘 오를 때도 날개를 나란히 하자 했더니,

하루아침에 홀연 머리 나누어 헤어지니

초췌한 기색을 더하지 않겠나?

백마는 오문(吳門)10)을 바라보며

먼 길 가기를 참담해 하는데,

나는 세상 길을 호랑이처럼 두려워하고

관직은 수수께끼 맞추듯 꺼림칙해 한다.

큰 형은 노성(老成)11)한 덕을 보이셔서

관리 생활에 힘쓰라고 하시며,

전곡(錢穀)의 수입과 지출을 삼가고

상하(上下)를 구별하여 일 맡기라 하시네.

아우는 광담(狂譚)12)을 발하여

형의 말은 군더더기 말이 아니냐면서,

흉억(胸臆)으로 스스로 행한다면

영고(榮枯)를 계산할 게 있느냐 한다.

---

9) 현위(弦韋) : 『한비자(韓非子)』「관행(觀行)」에 보면, 서문표(西門豹)는 성격이 급하였
으므로 가죽[韋]을 차고 다니면서 느긋하도록 경계하였고, 동안우(董安于)는 너무 느
긋하였으므로 활[弦]을 차고 다니면서 급하도록 경계하였다고 한다. 활의 시위는 긴박
하고 가죽 끈은 부드럽고 질기므로, 그 둘을 가지고 완급(緩急)을 비유하였다. 후대에
는 친구간의 규권(規勸)을 비유하는 말로 사용하였다.

10) 오문(吳門) : 오 지방.

11) 노성(老成) : 『시경』「대아(大雅)」「탕(蕩)」에 "문왕이 말씀하시길, 아! 너 은나라여, 상
제가 때맞춰 하지 않으신 것 아니라, 은나라가 옛 법을 안 쓴 것이네. 비록 훌륭한 이
없어도, 여전히 법도 남아 있거늘, 이를 듣지 않아, 천명이 어그러진 것이네(文王曰咨,
咨女殷商, 匪上帝不時, 殷不用舊, 雖無老成人, 尚有典刑. 曾是莫聽, 大命以傾)"라 하
였다. 공융(孔融)은 채옹(蔡邕)이 죽은 뒤 그와 닮은 호분의 무사를 앉히고, 「탕(蕩)」의
이 구절을 인용하였다. 『후한서』에 일화가 나온다.

12) 광담(狂譚) : 광언(狂言). 미친 듯한 말.

탄핵에 건다13) 하여도
고작 서너 줄 문자일 뿐이니,
팔십 일에 팽택령(彭鐸令) 그만 둔 게14)
남아다운 일 아닌가요 하네.
말 마치자 서쪽으로 해 졌기에
억지로 일어나 이별을 하니,15)
말꼬리가 말꼬리와 마주하여
동서로 홀연 위치를 달리했네.
통곡은 아낙네 짓에 가깝기에
한바탕 웃어 찬 눈물을 날려보낸다.

長安二月時, 陽緩北風厲.
霜刀割地皮, 古木凜寒氣.
紛紛驟馬塵, 曉起如雲沸.
置酒上南岡, 別我好兄弟.
一母生三人, 頂踵皆相類.
發願窮無生, 百劫相砥礪.
言前識鋒機, 死裏尋關捩.
居身如豎銅, 蓄口唯談義.
兄性溫而眞, 弟性坦而毅.
余性兼寬猛, 弦韋時相濟.
墮地便同根, 飛天亦共翅.
一旦忽分首, 能不添憔悴?
白馬望吳門, 慘淡無邊際.

---

13) 괘탄장(掛彈章) : 탄핵에 걸다. 탄장(彈章)은 관리를 탄핵하는 주장(奏章).
14) 팔십일팽택(八十日彭鐸) : 도잠(陶潛)이 팔십 일만에 팽택령을 그만 둔 것을 말함.
15) 분메(分袂) : 소매를 나누어 이별하다.

畏路如畏虎, 猜官如猜謎.
長兄見老成, 勸余勉爲吏.
錢穀愼出入, 上下忌同異.
小弟發狂譚, 兄言胡乃贅.
胸臆自可行, 榮枯安足計.
縱使挂彈章, 亦只數行字.
八十日彭鐸, 獨非男兒事?
言罷日西沈, 强起各分袂.
馬尾對馬尾, 東西儵異位.
欲哭近婦人, 一笑飛寒淚.

전
筆校
교 1595년(만력 23년 을미) 2월 6일에 북경을 떠나 오현 지현(吳縣知縣)으로 부임하러 가면서 지은 시. 관문을 나선 날짜는 탕현조(湯顯祖)『옥명당시(玉茗堂詩)』권7 「을미년 2월 6일에 오현 지현 원중랑과 함께 관문을 나서려고 약조하고서 왕충백·석포·동사백을 그리워하며(乙未計逡二月六日同吳令袁中郞出關懷王衷白石浦董思白)」라는 시에 의한다. 원굉도는 전 해 12월에 이부(吏部)에 가서 선발에 들어서, 오현 지현으로 발령받았다. 명대에는 신진사(新進士)가 임관할 때는 일갑(一甲)이 한림원외(翰林院外)로 들어가고, 이갑(二甲)의 우수한 자들도 역시 한림원에 선발되어 들어갔는데, 이것을 '청화(淸華)'의 직이라고 하였다. 한림원은 황제와 지극히 가까운 거리에 있었으므로 내감(內監)과 교제를 맺어 승진의 첩경이었다. 그러므로 각부의 상서(尙書)에서부터 재상(명나라 때는 內閣大學士)까지가 모두 한림원 직으로부터 승진하였다. 이갑(二甲)의 나머지 사람들은 육과(六科) 급사(給事)나 각도 어사(御史), 각부 속관(主事) 등으로 파견될 수 있었다. 이것을 '경관(京官)'이라 하며, '외관(外官)'에 비하여 지위가 높았다. 삼갑(三甲)에 든 사람들은 가까스로 지현(知縣)이나 교관(敎官)의 직에 파견되었다. 심덕부(沈德符)『만력야획편(萬曆野獲編)』권22 「읍령경중(邑令輕重)」조에 보면 이러하다. "국초에 낭서(郞署)를 극히 중시하였다. 어사(御史)로서 9년 동안 직책을 잘 수행한 자라야 비로소 주사(主事)로 승진하였다. 이어서 대성(臺省)이 차츰 중시하고 대신 가운데 보천(保薦)하는 자가 있으면, 그 부의 속직(屬職)을 얻어서 외직으로 나가 번(藩)·얼

(臬)・지부(知府)가 되었다. 그런데 급사(給事)・어사(御史)는 대부분 신진사(新進士)가 제수 받았으므로, 외관은 극히 가벼이 여겼다. 정황돈(程篁墩)은 '국가의 초기에는 다른 길로 벼슬에 든 자가 영(令)의 직을 제수 받았지만, 헌종(憲宗) 때 비로소 친민(親民)의 직책을 중히 여겨, 마침내 제3갑 진사로서 영(令)을 삼았다. 하지만 내직을 중히 여기고 외직을 가벼이 여기는 설이 오랫동안 답습되어, 스스로 그 직책을 고통스럽다고 여긴 데다가 남의 해코지로 좌절하게 되어, 이 직책을 맡은 자는 정리상 도무지 감내하지 못하였다'고 말하였다. 나일봉(羅一峯)은 '진사에 합격한 사람 가운데 상위의 사람은 한림의 직을 기약하고, 다음은 급사를 기약하며, 다음은 어사를 기약하고, 또 다음은 주사를 기약하니, 그러한 직책을 얻으면 기뻐한다. 그것을 주현(州縣)의 수령과 비교하면 마치 봉황・난새와 썩은 쥐의 관계와 같다. 어쩌다가 수령의 직책을 얻으면 혼백이 위축되고 처자에게 면목이 없어져서, 심지어 한밤에 될 때까지 애걸하여 면직되기를 구한다'라고 하였다. 대개 당시 읍령(邑令)의 직책의 가벼움이 이와 같았다." 명나라 초에 성화(成化) 연간 이래로 신진사(新進士)는 대개 이러 하였다. 뒤에 변화가 있기는 하지만, 외관(外官)을 경시하는 심리는 끝내 달라지지 않았다. 원굉도는 오현의 지현으로 임명되어, 한두 번 괴롭다는 뜻을 말하다가, 얼마 오래지 않아서 결연히 사직하였다. 그것은 명나라 때 관계(官界)의 실 상황과 관계 있었던 것이지, 그가 특별히 청고(淸高)하여 그런 것은 아니다. 또 이때 원굉도와 함께 북경을 떠났던 사람에 탕현조가 있었는데, 그는 수창 지현(遂昌知縣)으로서 상계(上計 : 매년 회계 장부를 조정에 올리는 일)를 마치고 다시 임지로 향하였다. 그리고 또 왕일명(王一鳴)이 있었는데, 그는 태호(太湖) 지현으로서 상계를 마치고 임장 지현(臨漳知縣)으로 보임되어 나갔다. 『옥명당시(玉茗堂詩)』권7「무술에 상계하고 왕자성을 만나지 못하고서 을미년 봄 일을 추억하다(戊戌上計不見王子聲憶乙未春事)」에 의한다. 탕목(湯沐)은 원굉도와 본과 동년으로, 전당 지현(錢塘知縣)에 처음으로 임명되었다. 황난방(黃蘭芳)은 본과 동년으로 영상 지현(潁上知縣)에 처음으로 임명되었다. 심봉상(沈鳳翔)은 본과 동년으로 소산 지현(蕭山知縣)에 처음으로 임명되었다. 모두 이 권에 실린 시로부터 헤아릴 수 있다.

○古木凜寒氣 : 凜은 패란거본에 領이지만 서종당본・소수본에 의거하여 고친다.
○曉起如雲沸 : 沸는 패란거본에 碎이지만 운(韻)이 맞지 않는다. 서종당본・소수본에 의거하여 고친다.
○別我好兄弟 : 好는 소수본에 如로 되어 있으나 잘못이다.

이 시는 2월 중순이나 하순에 지은 것이다. 탕현조(湯顯祖)『옥명당시(玉茗堂詩)』권7의 시를 보면, 본래 탕현조는 원굉도를 관구(關口 : 북경 大通橋의 關閘)에서 기다려 같이 가기로 하였으나, 원굉도는 약속을 지키지 못하였다. 탕현조는 대통하, 백하, 운하 등 수로를 이용해 남하하는데, 원굉도는 이후의 시들로 보면, 북경을 떠난 뒤 노구(盧溝), 양향(良鄕), 탁주(涿州), 하간(河間), 고당(高唐), 동아(東阿), 등현(滕縣) 등 육로를 이용해 남하한다.

중국의 주현(州縣) 제도는,『신당서』·『구당서』·『당회요(唐會要)』·『당육전(唐六典)』 등에 따르면, 호수의 많고 적음에 따라 주(州)를 상·중·하로 나누었다. 그 장관인 자사(刺史)의 관품(官品)을 보면 상주(上州)는 종3품, 중주(中州)는 정4품·상, 하주(下州)는 정4품·하였다. 현 가운데 경현(京縣), 적현(赤縣)은 도(都)가 두어진 현, 즉 장안(長安)·만년(萬年)·하남(河南)·낙양(洛陽)·태원(太原)·진양(晉陽)의 6현을 말하고, 기현(畿縣)은 이상 3부의 관할 구역에 속하는 경현 이외의 현을 말하여 별도로 취급하였다. 또 이 3부 이외에도 도(都)가 설치되어 부(府)라 부르는 구역이 있었으나 그런 부는 3부보다 격이 낮고 그 속현도 3부의 현과는 동격이 아니었다. 그 밖의 여러 주에 속하는 현을 상·중 따위로 구분하는 것은 호수에 따른 것이었다. 현령의 관품은 경현이 정5품·상, 기현이 정6품·상, 상현이 종6품·상, 중현이 정7품·상, 중하현이 종7품·상, 하현이 종7품·하였다. 주의 별가(別駕), 현의 승(丞) 이하의 속관의 관품에도 각각 차등이 있었다. 한편 명나라『태조실록』을 보면, "오(吳) 원년(1367)[원나라 지정(至正) 24년에 명 태조는 나라 이름을 우선 오(吳)라 하였으며, 그 뒤 지정 27년에 원년을 칭하였다]에 현(縣)의 상·중·하 세 등급을 정하였다. 세납미 10만 석 이하인 곳을 상현(上縣)이라 하고, 그 지현(知縣)은 종6품, 현승(縣丞)은 종7품, 주부(主簿)는 종8품으로 하였고, 6만 석 이하인 곳을 중현이라 하고, 그 지현은 정7품, 현승은 정8품, 주부는 종8품으로 하였으며, 3만 석 이하인 곳을 하현이라 하고, 그 지현은 종7품, 현승과 주부는 중현의 질(秩 : 관리의 위계)과 같게 하였다"는 기록이 있으며, 또 "홍무(洪武) 6년(1373) 8월 임진일(23일)에 천하의 부를 세 등급으로 나누었다. 세납미 20만 석 이상인 곳을 상부로 하고 그 질(秩)은 종3품으로 하였고, 20만 석 이하인 곳을 중부로 하고 그 질은 정4품으로 하였으며, 10만 석 이하인 곳을 하부로 하고 그 질은 종4품으로 하였다"는 기록이 있다. 그런데 고염무(顧炎武)의 『일지록(日知錄)』권8에 '주현품질(州縣品秩)'이란 항목을 보면, "뒷날로 와서는 그 품계를 하나로 통일시키고[순천부(順天府)의 북경, 응천부

(應天府)의 남경 및 그 현들만은 예외로 두고, 지부(知府)는 정4품, 지주(知州)는 종5품, 지현(知縣)은 정7품으로 일률화하였으며 그 아래 관품도 모두 동격으로 만들었다], 단지 '번'과 '간'이라는 명칭만 세워서, 능력이 뛰어난 사람은 번지(繁地)에 전임시키고 부족한 사람은 간지(簡地)에 전임시켰다"라고 하였다.

노구로 향하는 길에서(盧溝道中)

역로(驛路)는 바람에 이는 먼지로 괴롭고
이향(異鄕)16)이라 반려[동무]가 없구나.
말은 고삐 나란히 하던 일을 그리워하고
새도 홀로 나는 것을 싫어하네.
나무는 늙어서 봄물이 전혀 오르지 않았고
구름 생겨나 산에 옷처럼 덮었도다.
홍정(紅亭)17)에서 한바탕 취하여
하룻밤 묵으며 동장군18)과 싸우노라.

驛路風塵苦, 殊方伴侶稀.
馬猶思並轡, 鳥也厭孤飛.
樹老春無態, 雲生山有衣.
紅亭扚一醉, 留着鬪寒威.

---

16) 수방(殊方) : 상이한 토지. 수방(殊邦). 이향(異鄕).
17) 홍정(紅亭) : 붉게 장식한 요정(料亭)으로, 고유명사로 사용한 듯함. 한유(韓愈)의 「합강정(合江亭)」 시에 "홍정이 상강 가에 위치하매, 증기 일어나는 강물이 그 왼쪽에 모여든다(紅亭枕湘江, 蒸水會其坐)"라고 하였다.
18) 한위(寒威) : 위세부리는 추위. 동장군. 소식(蘇軾)의 시(「病中大雪數日未嘗起觀 虢令趙薦以詩相屬 戲用其韻答之」)에 "서쪽 이웃에서 노래와 피리 소리 일어나기에, 자리를 재촉하였으니 추위의 위세에 꺼였네(西鄰歌吹發, 促席寒威挫)"라고 하였다.

전
筆校교

1595년(만력 23년 을미) 2월, 남행 도중에 지은 시.

○노구교(盧溝橋): 명나라 만력 연간에 장일규(蔣一葵)는, "노구하(盧溝河)는 금나라 때 흑수하(黑水河)라 불렀다. 다리가 거의 한 바퀴 빙 둘러 있다. 금나라 명창(明昌) 연간에 건립하였고, 본조[명] 정통(正統) 연간에 중수하였는데, 길이가 2백여 보이다. 좌우의 돌난간에는 사자 상이 모두 1백 마리 새겨져 있는데, 세어 나가다 보면 문득 한 마리가 숨는다"라고 하였다. 『장안객화(長安客話)』에 나온다.

양향도 길에서 아우를 생각하며(良鄕道中憶弟)

예부터 동조(同調)19) 없었고
지금도 동정하는 사람 없다니.
어이하여 고향을 만 리 멀리 떠나서
또다시 다른 길로 날듯이 가는지.
외론 탑은 사람을 막아서고
찬 구름은 말과 함께 돌아간다.
장안의 삼월에는
가벼운 옷과 기름 진 말20)이 보기 좋겠지.

同調古無有, 相憐今亦稀.
如何萬里去, 又作兩行飛.
孤塔衝人立, 寒雲並馬歸.
長安三月裏, 好得看輕肥.

---

19) 동조(同調): 같은 곡조, 같은 곡조를 연주하는 사람. 즉, 뜻을 같이 하는 친구.
20) 경비(輕肥): 가벼운 가죽옷과 살찐 말. 경구비마(輕裘肥馬). 두보(杜甫)의 「추흥(秋興)」 시에 "동학의 소년들은 대부분 천하지 않아, 오릉에 옷 입고 말 탄 모습이 절로 가볍고 살쪘으리(同學少年多不賤, 五陵衣馬自輕肥)"라고 하였다.

1595년(만력 23년 을미) 봄, 남행 도중에 지은 시. '아우'는 원중도를 가리 킨다.

탁주[21]에 묵다(宿涿州)

여관에 서리 기운 침노하매
시나 지으며 밝은 달밤을 보낸다.
몸종 아이는 불 가까이서 말하고
교활한 쥐는 등불을 등지고 살금살금 가네.
아우 모습은 이별 뒤에도 마음에 또렷하고
떠나온 집은 꿈결이라 분명치 않아라.
헤어진 지 반년도 못 되어
말발굽이 수천 리를 가다니.

旅館侵霜氣, 疎題度月明.
侍兒偎火語, 點鼠背燈行.
別弟心常楚, 離家夢不淸.
相去未半載, 馬足幾千程.

1595년(만력 23년 을미) 봄, 남행 도중에 지은 시.

---

21) 탁주(涿州) : 명나라 순천부(順天府)의 한 주. 청나라 때 순천부에는 통(通), 창평(昌
平), 탁(涿), 패(覇), 계(薊)의 다섯 주가 있었다

북쪽으로 가는 사람을 하간[22] 땅에서 만나 서신을 부치고 즉석에서
시를 읊어보다(河間逢北去人寄書口號)

동쪽으로 가는 사신에게 알리나니
가고 가길 한참을 가야 할 게요
긴 길은 지치고 싫증나겠지만
부디 약한 몸을 평안히 하시길.
여관의 봄 경색은 아무 멋없고
이별의 정자는 꿈속에서도 춥구나.
수심(愁心)은 떨어내도 끊기지 않고
저물 녘엔 수천 갈래로 갈라지네.

爲報東征使, 行行路若干.
長途雖厭倦, 弱體幸平安.
逆旅春無況, 離亭夢亦寒.
愁心揮不斷, 日暮幾千端.

전
校교   1595년(만력 23년 을미) 봄, 남행 도중에 지은 시.

밤길을 가다(夜行)

모정루(毛精壘)[23] 부근 들판은 어둑하고

---

22) 하간(河間) : 하북성(河北省) 하간현(河間縣). 본래 후위(後魏) 때 둔 군(郡) 이름. 한나
라 때 하간국(河間國)이 있었던 곳이다.
23) 모정루(毛精壘) : 지명인 듯한데, 미상이다.

태사하(太史河)²⁴⁾의 하늘은 깜깜하구나.

음침한 숲에서 새벽 불빛을 보고

산 여관에서 한 밤의 징 소리를 듣는다.

외론 나무는 사람처럼 서 있고

회오리바람은 귀신처럼 지나가네.

말몰이는 앞에 나서며 날 위로하길

관로(官路)²⁵⁾가 얼마 남지 않았다나.

野暗毛精壘, 天昏太史河.

陰林晴見火, 山店夜聞鑼.

獨樹疑人立, 衝風似鬼過.

僕夫前慰我, 官路已無多.

전
校교 1595년(만력 23년 을미) 봄, 남행 도중에 지은 시.

우정(역점)²⁶⁾에서 간식을 먹다(郵亭小餐)

홀로 장정(長亭)²⁷⁾에 올라 쉬노라니

---

24) 태사하(太史河) : 창주(滄州) 남피현(南皮縣)의 북쪽에 있다. 우(禹) 임금 때 구하(九河) 가운데 하나라고 한다. 사조제(謝肇淛) 『오잡조(五雜組)』 권3 「지부(地部)」에 나온다.

25) 관로(官路) : 관도(官道). 관서(官署)로 통하는 대로. 앞에 나왔다.

26) 우정(郵亭) : 역참(驛站). 『맹자』 「공손추상(公孫丑上)」에서 "역참[郵]을 두어 명령을 전한다"고 하였으니, 옛날부터 역참을 두는 제도가 있었다. 『사기(史記)』 「백기전(白起傳)」에 보면 전국 말기 진나라의 명장이었던 백기가 "길을 떠나 함양의 서문 밖 십 리를 가서 두우(杜郵)에 이르렀다"는 구절이 있다. 『한서(漢書)』 「황패전(黃覇傳)」의 주를 보면 "안사고(顔師古)가 말하길, 우정(郵亭)과 서사(書舍)는 문서를 전송하는 사람이 머물러 쉬는 곳이다"라고 하였다.

27) 장정(長亭)·'亭'은 가도(街道)의 수바소마다 있는 휴식소. 대체로 30리(1리는 대략

넘실대는 물이 제방을 때린다.
요리인은 얇은 떡[餠]을 올리고
아이는 향기로운 배[梨]를 바치네.
주렵어(朱鬣魚)28) 세 치에
백화주(白花酒)29)는 반 병.
황혼에 떠나려 하자
창 밖에 말이 자주 히힝대네.

獨上長亭憩, 溶溶水泊堤.
庖人供薄餅, 童子薦香梨.
朱鬣魚三寸, 白花酒半提.
黃昏人欲去, 窓外馬頻嘶.

전
筆校교   1595년(만력 23년 을미) 봄, 남행 도중에 지은 시.

고당30) 길에서(高唐道中)

흡사 소계자(蘇季子 : 蘇秦)31) 같이

0.5km)마다 하나씩 있었다. 황주에서 장안까지 당대의 잇수로는 225리였다고 「지리지
(地理志)」에 기록되어 있다. 두목(杜牧)의 시(「題齊安城樓」)에, "강 다락의 뿔피리 소리
는 흐느끼듯 하고, 희미한 태양은 여울 비춰 찬 모래톱에 지는데, 난간에 기대어 고개
를 돌릴 것도 없어라, 고향까지는 일흔 다섯의 역참이니(鳴軋江樓角一聲, 微陽瀲瀲落
寒汀. 不用憑欄苦回首, 故鄉七十五長亭)"라 하였다.

28) 주렵어(朱鬣魚) : 미상.
29) 백화주(白花酒) : 백화주(百花酒)의 잘못인 듯. 백화주는 온갖 꽃으로 담근 술. 현재
    강소성 진강(鎭江) 일대에 이 술이 있다. 본래는 『신선전(神仙傳)』에 이름이 나오는데,
    여항(餘杭)에서 이 술을 빚는다고 하였다.
30) 고당(高唐) : 산동성 우성현(禹城縣) 동남쪽의 고을 이름. 춘추시대 제(齊)나라 읍.

연(燕)을 떠나 다시 제(齊)32)로 향하려니,

고향 생각은 일모(日暮)에 일어나고

시야는 낮은 하늘 끝에 다하였네.

옛 길에 사람 그림자 썰렁하고

찬 모래밭에는 말발굽 자국 어지럽다.

어이하여 작은 새만도 못해서

가지 하나 차지해 깃들지를 못하나.33)

好似蘇季子, 辭燕又向齊.

鄕心隨日暮, 望眼盡天低.

古道荒人影, 寒沙重馬蹄.

如何愧小鳥, 不占一枝捿.

---

31) 소계자(蘇季子) : 일설에 전국시대 합종책(合縱策)의 유세가였던 소진(蘇秦)의 자(字)
가 계자(季子)였다고 함.

32) 제(齊) : 고당(高唐)은 옛날 제(齊)에 속하는 지역임.

33) 불점일지서(不占一枝捿) : 한 가지를 점거하여 평안하게 서식하지 못하는가? 한곳에
정착하지 못하는 신세를 한탄한 말. 초당 시인인 이의부(李義府)의 「까마귀를 노래함
(詠烏)」(『전당시』 권35)에 "태양 속에서는 아침 햇살 무늬를 받아 날아오르고, 거문고
속에서는 오야제 노래에 반주되누나. 상림원에 허다한 나무들이 있건만, 깃들 가지 하
나도 빌려주지 않네(日裏颺朝彩, 琴中伴夜啼. 上林如許樹, 不借一枝栖"라는 구절이
있다. 이에 관해서는 다음과 같은 일화가 전한다. 『수당가화(隋唐佳話)』 중권에, "이의
부가 처음에 징소되었을 때 태종이 까마귀를 읊어보라고 시험하였다. 그 마지막 구에
'상림원에 허다한 나무들이 있건만 깃들 가지 하나도 빌려주지 않네'라고 하였다. 태종
은, '내가 나무 전체를 너에게 빌려주겠다. 어찌 가지 하나뿐이겠느냐?'라고 하였다."
이 이야기는 『당시기사(唐詩紀事)』에도 나온다. 즉, 이의부가 조정에 자리를 갖지 못한
불만을 품었는데, 태종이 그것을 알아차리고 '한 가지 정도가 아니라 나무 전체를 빌려
주겠다'고 답하였다는 것이다. 까마귀가 가지를 빌린다는 것은, 전통적으로, 군주의 아
래에서 벼슬산다는 것을 비유한다. 이를테면 조조(曹操)의 「단가행(短歌行)」 후반에,
"달 밝고 별 성근데, 오작은 남쪽으로 날아가네. 나무를 빙빙 돌기를 세 번, 어느 가지
에 의지할 것인가. 산은 높기를 싫어하지 않고, 바다는 깊기를 싫어하지 않네. 주공이
입에 머금은 밥을 뱉고 어진 이를 만나보매, 천하의 인심이 귀의하였도다(月明星稀, 烏
鵲南飛, 繞樹三匝, 何枝可依. 山不厭高, 海不厭深, 周公吐哺, 天下歸心)"라고 하였는
데, 여기서 까마귀가 가지에 의지한다는 것은 가신이 자신에게 귀의하는 것을 비유하
는 말로 이용하였다.

1595년(만력 23년 을미) 봄, 남행 도중에 지은 시. 이미 산동(山東)의 경계에 들어섰다.

동아[34] 길에서 저녁에 멀리 바라보다(東阿道中晚望)

동풍이 홍정(紅亭)[35] 앞 나무의 싹을 터뜨릴 때
홀로 고원(高原)에 올라 일모(日暮)를 걱정한다.[36]
가련케도 가라말 발굽 아래 먼지가
나그네 눈을 향해 불어와 안개를 만들다니.
청산이 높아갈수록 해는 점점 낮아지고
황량한 동산에선 언 참새가 외마디 울음을 운다.
삼귀대(三歸臺)[37] 곁 옛 비는 파묻혀 보이지 않고
항우(項羽) 묘[38] 앞에선 석마(石馬)[39]가 우는구나.

---

34) 동아(東阿) : 춘추시대 제나라 곡읍(穀邑). 후한 때 곡성현(穀城縣)의 지역으로, 송나라 때는 진나라 때의 동아현(東阿縣) 현치(縣治)를 남곡현(南穀縣)으로 옮겼다. 지금의 동아현의 남쪽이다. 산동성 평음현(平陰縣)의 서남쪽으로, 아교(阿膠)를 생산한다. 진나라 때의 동아현은 현재의 산동성 양곡현(陽穀縣) 동북의 아성진(阿城鎭)이다.

35) 홍정(紅亭) : 붉게 칠한 누정. 한유(韓愈)의 「합강정(合江亭)」 시에 "홍정이 상강 맡에 위치하매, 증기 일어나는 강물이 그 왼쪽에 모여든다(紅亭枕湘江, 蒸水會其坐)"라고 하였다.

36) 수일모(愁日暮) : 오자서(伍子胥)의 고사에 나오는 일모도원(日暮途遠)의 뜻을 끌어 왔다.

37) 삼귀대(三歸臺) : 동아현 남쪽에 있다. 제나라 관중(管仲)이 지었다고 하는 누대. 삼귀의 내용에 대하여는 본래 결혼 때 세 부인을 취한 것을 말한다는 설이 있지만, 화려하게 지은 누대라는 설도 있었다. 본래 『논어』 「팔일(八佾)」에 "관씨에게는 삼귀가 있다(管氏有三歸)"라는 구절에 나온다. 『사기』 「평진후전(平津侯傳)」에 보면, "관중이 제나라에 재상이 되어 있을 때 삼귀가 있어서 사치스러운 제도가 군주에게 비길 만하였다(管仲相齊, 有三歸, 侈擬於君)"라고 하였다.

38) 항우분(項羽墳) : 동아현 남쪽 10리에 있다.

39) 석마(石馬) : 무덤 앞의 석물(石物)을 말한다.

東風吹綻紅亭樹, 獨上高原愁日暮.
可憐驪馬蹄下塵, 吹作遊人眼中霧.
靑山漸高日漸低, 荒園凍雀一聲啼.
三歸臺畔古碑沒, 項羽墳頭石馬嘶.

전
筆校교
1595년(만력 23년 을미), 오현을 떠나 동아(東阿)를 지나면서 지은 시.

등 땅을 지나면서 등윤 조건소 연형[40]에게 올리다(過滕贈滕尹趙年兄乾所)

달밤을 타서 등리(滕里)[41]를 거쳐
모래밭 밟으며 설성(薛城)[42]을 지난다.
산의 눈은 길가는 말을 막고
들판의 칡은 깃발을 가리네.
관사(官舍) 주위에는 두루 꽃을 심었고
민가에는 버드나무 심어 크게 자라 있다.
수레 멈추고 부로(父老)에게 물으니
그 사람[43] 유능하다는 명성이 있구나.

乘月過滕里, 踏沙度薛城.
山雪封去馬, 野葛翳行旌.

---

40) 연형(年兄) : 같은 과거방에 붙은 사람을 말한다.
41) 등리(滕里) : 등현(滕縣). 산동성 임성현(臨城縣)의 북쪽. 옛 소주국(小邾國)과 등국(滕國)이 있던 곳.
42) 설성(薛城) : 춘추전국시대 설(薛)나라가 있던 지역을 말함.
43) 지자(之子) : 그 사람. 여기서는 등윤 조건소 형을 말함.

官舍栽花徧, 民家種柳成.
停車問父老, 之子有能聲.

전
筆校 교

1595년(만력 23년 을미), 남행 도중에 산동 등현(藤縣)을 지날 때 지은 시.

배 안에서(舟中)

흰 새는 창 앞에 앉았고
청산은 물에 비쳐 떠가는데,
구름을 보니 모습마다 싸늘하고
옛일을 조문하매 갖은 수심 일어난다.
바다 가까이서 물고기는 크기를 다투고
회수(淮水)44) 곁에서 술은 맑아지네.
장정(長亭)을 무수히 지난 뒤에
여량성(呂梁城)45)을 돌아보노라.

白鳥當窗坐, 靑山映水行.
看雲諸態冷, 弔古百愁生.
近海魚爭大, 隣淮酒欲淸.
長亭不可數, 回首呂梁城.

---

44) 회수(淮水) : 하남성 동백산(桐柏山)에서 발원하여 안휘성(安徽省)·강소성(江蘇省)을
거쳐 황하로 흘러 들어가는 강.
45) 여량성(呂梁城) : 강소성 동산현(銅山縣) 동남쪽에 있는 성. 그 아래, 우 임금이 치수
를 위하여 팠다고 하는 여량홍(呂梁洪)이 있다. 남조 때 송(宋)나라 명제(明帝) 때, 위
(魏)나라 사람이 송나라 군사를 패배시킨 곳이기도 하다. 『장자』에 보면, 공자가 여량에
서 헤엄치는 한 장부를 구해주었더니 머리를 풀어헤치고 돌아다니면서 노래를 하였다[
披髮行歌] 고 하였다.

<img 전校교 /> 1595년(만력 23년 을미), 남행할 때 지은 시. 도정은 이미 회허(淮河) 유역
에 이르렀다.

배 안에서 황기석·심광승·탕운륙과 함께 시를 짓다(舟中同黃綺
石·沈廣乘·湯隕陸賦)

하늘에는 왕교(王喬)의 신발이 날고[46]
인간세계에선 곽태(郭泰)[47]의 배에 동승하였다.
맑게 개자 노을 빛이 저자를 물들이고
저녁나절 구름 기운은 누대의 형상을 이루었네.
간담(肝膽)을 모두 토로할 줄 안다만
허리춤은 각각 쉬지 못하누나.[48]
뜬 인생이 오두미(五斗米)[49]를 숭상하면서
헛되이 다시 창주(滄洲)[50]를 생각하다니.

---

46) 비왕석(飛王舃) : 후한 때 왕교(王喬)가 섭현(葉縣)의 현령이 되었는데 매월 초하루 보
름이면 서울에 왔다. 먼 길을 왕래하는데 수레가 없었으며 또 올 때에는 항상 두 마리
의 오리가 날아오는 것을 보고 현종이 이상하게 여겨 그물을 펴서 잡아보도록 하였더
니, 걸린 것은 한 켤레의 신발이었다는 고사가 있다. 『후한서』 「방술전(方術傳)」에 나
온다.

47) 곽태(郭泰) : 후한 때 사람, 자는 임종(林宗). 곽태가 낙양에 노닐며 하남윤(河南尹) 이
응(李膺)의 우대를 받다가 고향으로 돌아가게 되었을 때 여러 귀족과 유학자들이 그를
전송하였는데, 전송하는 수레가 천 대나 될 정도였다. 이때 곽태가 이응과 함께 배를
타고 건너는 모습을 보면서, 사람들이 그를 신선과 같다고 여겼다. 명류와 함께 배를
타는 것을 '곽태선(郭泰船)'이라 한다. 앞에 나왔다.

48) 요지각미휴(腰肢各未休) : 오두미(五斗米), 즉 봉급 때문에 허리를 굽신거리지 않을
수 없다는 뜻.

49) 오두미(五斗米) : 현령(縣令)의 봉급. 오두록(五斗祿). 박봉(薄俸)의 뜻. 도연명은 "오두
미 때문에 허리를 굽힐 수 없다(不爲五斗米折腰)"고 하여 팽택령을 그만두고 귀거래를
하였다.

50) 창주(滄洲) : 전설에서 신선이 산다고 하는 바다 속의 지역이다. 조주(潮洲)·영주(瀛
洲)·현주(玄洲)·연주(炎洲) 강주(辰洲)·원구(元洲)·유수(流洲)·생주(生洲)·봉린

天上飛王鳧, 人間附郭舟.
霞光晴入市, 雲氣晚成樓.
肝膽皆知盡, 腰肢各未休.
浮生尚五斗, 空復念滄洲.

전
校교
1595년(만력 23년 을미), 남행할 때 지은 시.
○ 황기석(黃綺石) : 황난방(黃蘭芳). 자는 기지(器之), 호가 기석이다. 응성
(應城) 사람이다. 1592년(만력 20년)의 진사로, 영상 지현(潁上知縣)을 제수 받았다.
원굉도와 동시에 북경을 떠났다. 권6의 「황기석(黃綺石)」을 참조
○ 심광승(沈廣乘) : 심봉상(沈鳳翔). 자는 맹위(孟威), 호가 광승이다. 직예(直隸) 무
진(武進) 사람이다. 1592년(만력 20년)의 진사로, 소산 지현(蕭山知縣)을 제수 받았다.
권5 「심광승(沈廣乘)」을 참조
○ 탕운륙(湯隕陸) : 탕목(湯沐). 자가 운륙이다. 隕은 隖으로도 적는다. 안륙(安陸)
사람이다. 1592년(만력 20년)의 진사로, 전당 지현(錢塘知縣)을 제수 받았다. 권6 「탕
운륙(湯隖陸)」을 참조
○ 人間附郭舟 : 附는 서종당본·소수본에 看으로 되어 있다.

이전에 용군어가 죽었다고 잘못 전해준 사람이 있어서 시를 지어
곡하였다가, 뒤에 당보(역보)를 읽어보고는 용군어가 바야흐로 변새에
서 공을 세웠다는 사실을 비로소 알게 되어 너무 기뻐 어쩔 줄 몰랐다.
그래서 앞의 시와 함께 남겨두어, 우정을 표시한다(往有誤傳龍君御死
者, 作詩哭之. 後讀塘報, 始知君御方立功塞上, 喜不自勝, 因幷前詩存之, 以
識交情)

혀[舌] 모이니[51] 분명 교묘하고

주(鳳麟洲)·취굴주(聚窟洲)라고 한다
51) 설족(舌簇) : 말이 모임.

정[情] 쏠리자 지나치게 어리석어라.

그대 뜻밖의52) 죽음 소식을 전해 듣고

나는 수고스럽게 단장(斷腸)의 시53)를 지었네.

예쁜 호녀(胡女)가 정표로 과실 던지리54)

전장에 나간 젊은 건아여.55)

음산(陰山)56)에는 눈이 석 장(丈)

일천 리에 흰 깃발이 펄렁이리.

舌簇分明巧, 情鍾分外癡.

傳君無妄死, 累我斷腸詩.

擲果嬌胡女, 從軍小健兒.

陰山三丈雪, 千里白旌旗.

전校교 1595년(만력 23년 을미), 남행할 때 지은 시.

○ 용군어(龍君御) : 용응(龍膺). 자가 군어이다. 또 다른 자는 군선(君善)이다. 권2의 「여름날 용군초·군선·형님 백수와 함께 교외에서 모이다(夏日同龍君超·君善·家伯修郊外小集)」를 참조. 『무릉현지(武陵縣志)』에 따르면 용응은 1592년(만력 20년)에 감숙 병비도(甘肅兵備道)에 임명되어 공을 세웠다. 시 제목에서 '변새에서 공을 세웠다(立功塞上)'라고 한 것은 그것을 가리킨다. 강영과(江盈科)에게도 「만용군어진사(輓龍君御進士)」 시 4수가 있어, 『설도각집(雪濤閣集)』 권3에 실려 있다. 그 부기(附記)에 "군어의 부음이 와전이었다. 오래 전에 그가 아직 죽지 않고 살아 있음을 알면서도 이 시를 보존하여 둔 것은 언젠가 군이 백세 뒤에(죽은 뒤에)

---

52) 무망(無妄) : 예기치 않게. 무망(無望)과 같음. 『논형(論衡)』 「명저(明雩)」에 보면 재변(災變)에는 정치지재(政治之災)와 무망지변(無妄之變)의 두 가지가 있다고 하였는데, 무망지변은 예기치 않고 발생하는 변고이다.

53) 단장시(斷腸詩) : 애도하는 시. 애도시(哀悼詩). 만시(輓詩).

54) 척과(擲果) : 반악(潘岳)이 거리에 나가면 여인들이 과실을 던졌다는 고사를 끌어다 썼음.

55) 종군소건아(從軍小健兒) : 용응이 변새에서 공을 세운 것을 두고 한 말이다.

56) 음산(陰山)·수원성(綏遠省) 아마에 열 지은 산들.

붓을 다시 잡을 일을 생략해서이다"라고 하였다.

○ 당보(塘報) : 역보(驛報)라고도 칭한다. 명나라 때 지방정부가 군정(軍情)을 보도하는 공보(公報)를 말한다. 주국정(朱國楨)의 『용당소품(湧幢小品)』 권12 「당보(塘報)」 조항에 의하면 "지금 군정이 긴급하여 빨리 알리는 것은 국초에는 각기백호소(刻期百戶所)가 있었으나, 뒤에 당보로 고쳤다. 당보라는 말뜻이 무엇인지는 알 수 없으며, 그 설도 또한 뚜렷하지 않다. 『마승예화기(馬塍藝花記)』에 보면 '일찍 져서 흩어지는 꽃을 당화(堂花)라 하는데, 堂은 塘이라고도 적는다'고 하였으니, 이것에서 취한 것이 아닐까?" 또 과공진(戈公振)의 『중국보학사(中國報學史)』 2장 13절에 의하면 "청나라의 역제(驛制)는 명나라와 차이가 없다. 병부거가사(兵部車駕司)가 동화문(東華門) 좌측 가까이에 두 기관을 설치하여 두었는데, 하나는 마관(馬館)으로 부마(夫馬)를 전담 관할한다. 또 하나는 첩보처(捷報處)로, 왕래하는 문이(文移)를 수합하고 발송하는 일을 한다. 병부는 별도로 무직(武職) 16명의 인원을 파견해서, 각 성회(省會)에 주찰(駐紮)하여 안찰사사(按察使司)의 관할을 받으면서, 해당처를 경유하여 북경에 부치는 문보(文報)를 직접 접수하였으니, 제당(提塘)이라 하였다. 이것이 당보라는 명칭이 있게 된 유래이다. 당시 분장한 구역은 직예(直隷) …… 운남(雲南) 및 황하(黃河)·운하(運河) 일대이다. 역참(驛站)을 경유하여 각 성에 전하는 관봉(官封)은 우선 거가사(車駕司)에서 타당성을 조사하여 그때그때 즉시로 첩보처에 보내고, 마관(馬館)에서 부마(夫馬)를 예비하였다가, 북경에서부터 제1참으로 전하였다. 서로(西路)는 양향현(良鄕縣)가 제1참이고, 동로(東路)는 통주(通州)가 제1참이며, 각각 아래 역참으로 전발(轉發)하는 책임을 졌다. 이렇게 연도에서 교대로 전하여 원래 전하기로 되어 있는 곳에 도달하게 하였다. 그리고 각 성의 문보(文報)도 역시 이렇게 북경에 송달(送達)하였다. 즉 교부할 제당(提塘)을 첫 역참에 교부하고, 다시 각 역참을 경유하여 교대로 전하여, 북경에 있는 거가사에 달하게 하였다. 이렇게 하여 문보가 역참을 경유하여 교대로 전하였으므로 역보(驛報)라고 하였다.

붙임 : 곡시(哭詩)

첫째(其一)

가련타 천 조각 옥이
끝내 한 무더기 티끌로 되다니.
인간세상에 머묾은 등불 앞 그림자 같고
관리 생활은 풍랑 속 몸뚱이 같네.
일생 잘 먹고 잘 마셔서
정신이 아주 건강하였거늘,
마흔 나이도 얻지 못하다니
슬프구나 이 사람아!

可憐千片玉, 竟作一堆塵.
住世燈前影, 居官浪裏身.
從來善飮噉, 頗亦健精神.
曾不得四十, 傷哉如此人!

둘째(其二)

유배 신세는 대수롭지 않다만[57]
야대(夜臺: 무덤)에 묻힘을 어이 견디랴.
사람의 썩은 뼈는 녹고야 말겠지만
귀신도 역시 식은 재에 잠기고 말리.
광활한 바다를 나그네 영혼[58]이 건너가니

---

57) 불분(不分) : 성나지 않다. 대수롭지 않다. 불분(不忿).
58) 기혼(羈魂) : 길을 떠나 고향으로 돌아오지 못하고 객지에서 죽은 영혼.

어둑한 하늘에 괴이한 비가 내리누나.
고당(高堂)께서 자식을 사랑하시니[59]
이제 곧 너 때문에 애통해 하리라.

不分成遷客, 那堪掩夜臺.
人應銷朽骨, 鬼亦溺寒灰.
海闊羈魂度, 天昏怪雨來.
高堂懸愛子, 早晚若爲哀.

셋째(其三)

인간 세상에 죽음은 많지만
그대의 경우에는 특히 애처롭네.
현언(玄言)[60]이 그치고 말았으니
백일(白日)의 봄날을 어이하랴.
예법(禮法)은 광사(狂士)와 원수지고[61]
건곤(乾坤)은 준걸[62]을 기만하였도다.

---

59) 고당현애자(高堂懸愛子) : 고당에 계신 모친이 자식을 염려하고 사랑하신다는 뜻. 고
   당은 곧 북당(北堂)으로, 어머니를 가리킴.
60) 현언(玄言) : 현담(玄談). 청담(淸談)을 말함.
61) 예법구광사(禮法仇狂士) : 예속(禮俗)에 구애되지 않아 광사(狂士)라 불릴 만하였다는
   뜻. 광사는 뜻이 크되 사업을 실행하기에는 소략한 사람. 『맹자』 「진심 하(盡心 下)」에
   보면, 공자가 진(陳)에 있을 때 "어찌 돌아가지 않으랴, 우리 당의 인사는 광간(狂簡)하
   여 고원(高遠)한 뜻을 구하여 얻으려 하되 그 처음을 잊지 않는다"라고 말하였다고 인
   용한 뒤, 만장(萬章)이 "공자께서 진 땅에 계실 때 어째서 노나라의 광사(狂士)를 그리
   워하였습니까?"라고 질문한 내용이 있다. 맹자는, "공자께서는 중도(中道)의 인물과 함
   께 하지 못한다면 그 다음으로는 반드시 광견(狂獧)의 인사를 구하였다. 광(狂)의 인사
   는 진취(進取)하고, 견(獧)한 인사는 하지 않는 바가 있다. 공자께서 어찌 중도의 인사
   를 원하지 않았으리오마는, 반드시 얻을 수는 없었으므로, 그 다음을 생각하신 것이다"
   라고 하였다.
62) 준인(儁人) : 뛰어난 인물. 준걸(俊傑).

다시 살아올 뜻이 만약 있다면
재관(宰官)의 몸뚱이[63]는 보지 마시게.

多少人間死, 于君特愴神.
玄言從此盡, 白日奈何春.
禮法仇狂士, 乾坤侮僞人.
再來如有意, 莫見宰官身.

학림사 화상(鶴林寺和尙)

죽림에서 개사(開士)[64]를 만나
꽃 속에서 저서 찾아 보았더니,
선관(禪觀)[65]은 현재의 과(果)[66]가 충분하고
문자(시문)는 과거의 인(因)이 넉넉하여라.
빗소리 들으며 물고기 즐거우리란 걸 알고[67]
누헌 열어 버드나무 성근 그대로 내버려두네.
스스로 가련해라, 세망(世網)에 얽힌 채로
감히 다시 공허(空虛)를 일삼다니.

---

63) 재관신(宰官身) : 원굉도 자신의 현령으로서의 몸뚱이를 말함.
64) 개사(開士) : 개오(開悟)한 사부(士夫)라는 뜻. 불법으로 개오하여 남들을 개도(開導)하
   는 사부(士夫). 화상(和尙)의 존칭으로, 천사(闡士)라고도 한다.
65) 선관(禪觀) : 참선(參禪).
66) 과(果) : 불과(佛果). 해탈에 이르는 수행이 익은 것을 말함.
67) 지어락(知魚樂) : 『장자』에 나오는 지어지락(知魚之樂) 고사에서 따왔다.

竹裏逢開士, 花間覓著書.

禪觀今果足, 文字往因餘.

聽雨知魚樂, 開軒任柳疎.

自憐嬰世網, 敢復事空虛.

전
筆校교
1595년(만력 23년 을미), 오현으로 부임하다가 진강(鎭江)에 들렀을 때 지은 시.

○ 학림사(鶴林寺) : 단도현(丹徒縣) 황학산 아래 있다. 진(晉)나라 대흥(大興) 4년에 건립하였다. 원명은 죽림사(竹林寺)이다. 경내에 죽원(竹院)이 있어, 대숲의 빛이 창취(蒼翠)하다. 즉 당나라 이섭(李涉)의 '죽원에서 승려를 만나 이야기하다(竹院逢僧話)'라고 한 곳이 여기이다. 『청일통지(淸一統志)』에 보인다.

배 안에서(舟中)

강직해서 굴하지 않는다[68] 자만하지 말고

사람을 만나면 짐짓 허리를 꺾으시오[69]

미천한 인생[70]은 정말로 고생스럽나니[71]

---

68) 강항(强項) : 강직하여 잘 굽신거리지 않음. 강항한 고을 수령을 강항령(强項令)이라고 함. 『후한서』 「동선전(董宣傳)」에 나오는 말.

69) 절요(折腰) : 허리를 굽혀 절하는 것을 말한다. 경쇠의 등같이 몸을 굽힌다는 뜻의 '경절(磬折)'과 같다. 『장자』 「어부(漁夫)」에 보면, 공자가 어부와 대담할 때 어부는 노를 세우고 선 채로 공자를 대하였는데 공자는 허리를 굽히고 몸을 구부려서[曲要磬折] 두 번 절하고 응답하였고, 그래서 제자들이 불만을 토로하였다는 이야기가 있다. 또 완적(阮籍)의 「영회시(詠懷詩)」의 "어찌하여 당로의 사람들은, (진 왕실의 권위에 굴종하여) 함부로 몸을 굽힌 채 귀착할 곳을 잊었는가(如何當路者, 磬折忘所歸)"라는 구절이 있다.

70) 미생(微生) : 미세한 생명. 미천한 인생. 낙빈왕(駱賓王)의 「황화부(黃火賦)」에 "저 푸드득 나는 약질이여, 여전히 날개를 파닥이면서 하늘로 솟아오르려 한다만, 미미한 생명은 어이 저다지도 자빠지는 일이 많은지, 유독 굽은 목으로 조롱에 부딪히네(彼翾飛之弱質, 尙矯翼而凌空, 何微生之多躓, 獨宛頸以觸籠)"라고 하였다.

71) 감지(坎止) : 험난함. 『주역』 「감괘(坎卦)」에서 유래하되, 감(坎) 자체가 고생한다는 뜻

관리 노릇도 소요(逍遙)할 수 있고말고[72]

산 위 달은 귀거래의 노를 알아차리고

강 구름은 저녁 밀물에 모여드네.

예부터 조금 유쾌했던 이로는

왕교(王喬)[73] 한 사람이 있었을 뿐.

莫自夸强項, 逢人且折腰.

微生信坎止, 作吏也逍遙.

山月領歸棹, 江雲湊晩潮.

古來差快意, 唯有一王喬.

전
筆校교   1595년(만력 23년 을미), 오현으로 부임하다가 중간에 진강(鎭江)에 있을 때 지은 시.

으로 사용된다. '흐름에 따라 나아가다가 웅덩이를 만나면 그친다(順流而行, 遇坎而止)'는 '유행감지(流行坎止)'의 뜻은 아니다. '유행감지(流行坎止)'는 진퇴를 억지로 구하지 않고 처지나 상황을 부고서 정한다는 뜻으로 보통 쓰인다.

72) 작리야소요(作吏也逍遙) : 이른바 이은(吏隱)할 수 있다는 뜻이다. 이은은 낮은 관직의 관리로서 은둔의 삶을 살아가는 것으로, 은둔의 한 가지 방식이다. 두보의 시(「院中晩晴懷西郭茅舍」)에 "완화계 속에는 꽃들이 흐드러지게 웃는데, 어찌 내가 이은의 이름을 겸한 줄을 알랴(浣花溪裏花饒笑, 肯信吾兼吏隱名)"라고 하였다.

73) 왕교(王喬) : 후한 때 섭현(葉縣)의 현령이 되었는데 매월 초하루 보름이면 서울에 왔다. 먼 길을 왕래하는데 수레가 없었으며 또 올 때에는 항상 두 마리의 오리가 날아오는 것을 보고 현종이 이상하게 여겨 그물을 펴서 잡아보도록 하였더니, 걸린 것은 한 켤레의 신발이었다고 한다. 『후한서(後漢書)』 「방술전(方術傳)」에 나온다. 혹은 고대 전설에 나오는 신선인 왕자교(王子喬)를 가리킨다고 보는 설이 있으나, 역시 여기에 해당하지 않는다.

강진지와 함께 금산[74]에 올라(同江進之登金山)

첫째(其一)

흰 물결은 일천 산 분량
푸른 바위는 스무 개 소반.
교인(鮫人)[75]이 밤 불을 나누어주고
용녀(龍女)는 아침밥[76]을 주네.
조수 들끓어 어디가 하늘인지 모르겠고
땅이 궁벽하여 바위도 춥구나.
전부터 승경 찾는 사람들 자취 많아
풀숲에서 깨진 비[77]를 읽노라.

白浪千山頃, 蒼巖二十盤.
鮫人分夜火, 龍女給晨餐.
潮湧天難定, 地孤石也寒.
由來多勝迹, 草裏讀碑殘.

전교 1595년(만력 23년 을미), 오현으로 부임하다가 중간에 진강(鎭江)에 있을 때 지은 시. 원중도 『가설재문집(珂雪齋文集)』 권4에 「동유기(東遊記)」가 있다. 권27 「금산(金山)」에서 이렇게 서술하였다. "배 안에서 금산을 바라보니, 만 줄기 물살이 다투어 흐르고, 주먹만한 것이 외롭게 우뚝 서 있다. 수월루(水月樓)에

---

74) 금산(金山) : 오현 부근의 진강(鎭江)에 있는 산.
75) 교인(鮫人) : 『술이기(述異記)』에 보면 남해에서 사는 교인(鮫人)이 짜는 교초는 일명 용사(龍絲)라고 하는데, 그것으로 옷을 해 입으면 물에 젖지 않는다고 하였다. 『수신기』에 따르면, 교인은 일명 천객(泉客)이라고 하며, 천실(泉室)에서 가벼운 비단을 짜서 내다 파는데, 그 값이 천금이라고 하였다.
76) 신찬(晨餐) : 아침밥. 속석(束晳)의 「보망시(補亡詩)」 '남해(南陔)'에 "너의 저녁밥을 향기롭게 하고, 너의 아침밥을 깨끗하게 하라(馨爾夕膳, 絜爾晨餐)"이라고 하였다.
77) 잔비(殘碑) : 부분만 남은 비석.

서 쉬고, 묘고대(妙高臺)에 올랐는데, 바람에 일어난 파도가 하늘에 닿아, 키로 산악을 까불 듯하다. 동쪽으로 큰 바다가 바라 뵈는데, 물 기운이 희디희어 끝이 없다. 정말이로구나, 대지가 모두 수륜지(水輪持)라고 하는 사실이!" 원굉도의 이 시와 정경이 비슷하다.

○ 강진지(江進之) : 강영과(江盈科)로, 자가 진지이다. 호는 녹라산인(淥蘿山人)이며, 도원(桃源) 사람이다. 1592년(만력 20년)의 진사, 원굉도와 동년(同年)이다. 선발되어 장주 지현(長洲知縣)에 제수되었다. 원중도『가설재문집』권9에「강영과전(江盈科傳)」이 있고, 『도원현지(桃源縣志)』권30에 전(傳)이 있다. 강영과는 공안파의 강건한 장수이다. 원중도는 그의 시문을 평하여, "시는 대부분 신심(信心)으로 지어 간혹 솔의(率意)를 해쳤으나, 그 훌륭한 곳의 경우에는 청신(清新)함이 빼어나며, 문장도 극히 원묘(圓妙)하다. 사랑스럽고 놀랄만한 말이 아주 많으며, 그 속에는 이어(俚語 : 속어)에 가까운 것이 있으나 해가 되지 않는다. 다만 조금 제거해 버린다면 정채 있는 광채가 날 것이다"라고 하였다.『강영과집』에 나와 있다. 저서로『설도각집(雪濤閣集)』이 있다.

> **지의**
> 전백성 씨는『전교』에서 강영과(江盈科)가 1595(만력 23)년에 장주 지현에 제수되어 원굉도와 같은 때 북경을 나섰다고 보았지만 잘못이다. 강영과는 그 전해에 이미 장주 지현에 제수되어 장주에 가 있었고, 원굉도가 오현 지현으로 부임한 뒤 함께 진강(鎮江)으로 가서 금산사에 올랐다.

둘째(其二)

장식한 난간[78]은 천년토록 파랗고
화로의 연기는 종일토록 푸르구나.
등 넝쿨 뚫고 노한 바위에 맞닥뜨리고
난간에 기대 물결의 비린 내 맡는다.
큰 자라는 지나가며 사람 그림자 삼키고
조수는 밀려와 불경을 외듯 하네.

---

78) 보순(寶楯) : 보배스런 난간. 잘 장식된 난간.

은둔할 기약79)을 정할 수 있다면

여기 머물며 침명(沉冥)80)을 배우리.

寶楯千年碧, 爐煙鎮日靑.

穿藤逢石怒, 倚檻嗅波腥.

黿過吞人影, 潮來念佛經.

幽期如可訂, 住此學沉冥.

倚檻嗅波腥 : 檻은 원본에 險으로 되어 있으나, 서종당본・소수본에 의거
하여 고친다.

○ 서종당본・소수본은 이 수의 뒤 4구를 "是月皆來戶, 無塵可上扃. 汲泉燃活火,
試與驗茶經"이라고 하였다. "이 달은 모든 집에 떠오르니, 아무 먼지도 빗장 위에
뜨지 않네. 샘물 길어다 활활 불 지피고, 『다경』의 기록대로 차 달여 보노라."

초산에 올랐다가 도인을 만나다(登焦山逢道人)

어떻게 마음의 평화를 얻었는가 물어도

---

79) 유기(幽期) : 은둔할 기약.

80) 침명(沉冥) : 깊은 침잠. 『법언(法言)』「문명(問明)」편에 "촉장침명(蜀莊沉冥)"이란 표
현이 있는데 그 주(注)에 "침명은 현적(玄寂)과 같다. 민연(泯然)하여 아무 자취가 없는
모습(泯然無迹之貌)이다"라고 하였다. 그런데 침명은 술에 취하여 혼명(昏冥)한 것을
가리키기도 한다. 한유(韓愈)는 「왕수재를 전송하면서 준 글(送王秀才序)」에서, 자신은
왕적(王績)의 「취향기(醉鄉記)」를 읽고 세상일에 성가심을 당하지 않는 사람이 이런 글
을 썼는가 의아해 하였다가, 완적(阮籍)과 도잠(陶潛)의 시를 읽고는, 그들이 잔뜩 웅크
려 세상과 교섭하지 않으려 하였으나 그래도 때로는 사물과 시비에 감정이 흔들렸으므
로 술로 도망하였다는 사실을 깨달았다고 하였다. 그렇지만 한유는, 안회(顔回)나 증삼
(曾參)은 성인을 스승으로 삼아서 혹 미치지 못할까 급급하였지 다른 일에는 여유가 없
었으므로 "어찌 술 따위에 기탁하여 혼명 속으로 도망할 수 있었으랴(尙麴蘗之託, 而
昏冥之逃耶)"라고 앞의 글을 한 번 전환한 뒤, 그렇기 때문에 취향에 노니는 무리가 불
우하다는 사실을 잘 알겠다고 덧붙였다.

그대는 말못하고 고개를 끄덕일 뿐.
조수의 왕래로 자오(子午 : 시간)를 분간하고
꽃 피고 지는 것으로 봄가을을 증명하네.
창의 낮은 구멍으로는 늘 새매가 들어오고
부뚜막 남은 밥에는 번번이 원숭이가 내려온다.
기운 옷은 그을음이 검고 몸은 새처럼 잔망한데
해 지나면 장차 무이(武夷)81)에 노닐런다고

問君何計得心休, 口不能言但點頭.
潮去潮來分子午, 花開花落驗春秋.
窗間低穴常穿隼, 竈下殘炊每下猴.
敝衲如烟身似鳥, 過年將作武夷遊.

전
筆校교 1595년(만력 23년 을미), 오현으로 부임하다가 중간에 진강(鎭江)에 있을
때 지은 시.
○여러 텍스트 가운데 서종당본에만 이 시가 있다.

초산에 올라(登焦山)

해문(海門)82) 일대에 안개 걷히자
푸른 나무 붉은 벼랑은 십쥬(十洲)83)의 풍광.

---

81) 무이(武夷) : 복건성(福建省) 숭안현(崇安縣) 성의 서남쪽 10킬로 지점에 있다. 주희
(朱熹)의 「무이도가(武夷櫂歌)」 제1곡에 나타나 있는 산 이름. 무이군(武夷君)을 비롯
한 여러 신선들이 연회를 베풀었다는 전설이 있다.
82) 해문(海門) : 해협(海峽). 육지가 육박하여 바다가 좁게 된 부분. 여기서는 절강성(浙江
省) 임해현(臨海縣) 동남쪽에 있는 진(鎭)의 이름이다.
83) 십쥬(十洲) : 신선이 신디는 곳. 『혜내십쥬기(海內十洲記)』라는 책도 있다.

산은 큰 돛84)과 섞여 물에 떠 있고85)

강에는 나계(螺髻 : 산86)가 조수(潮水) 머리에 솟아 있네.

한낮의 적막한 경당(經堂87)에는 푸른 들소 잠들었고

맑은 하늘 석벽에는 들 원숭이 매달려 있다.

흰머리 승려는 문 닫아걸고 고생이로군.

꽃 피고 꽃 져서 또 한 봄이 가거늘.

海門一帶霧初收, 碧樹丹崖小十洲.

山雜雲帆浮水上, 江盤螺髻出潮頭.

經堂晝寂眠蒼兕, 石壁晴空掛野猴.

白首閉關僧自苦, 花開花落也春秋.

전
校고 1595년(만력 23년 을미), 진강(鎭江)에 있을 때 지은 시. 어쩌면 앞의 「초산에 올랐다가 도인을 만나다(登焦山逢道人)」 시를 개정한 것인지 모른다.
○ 江盤螺髻出潮頭 : 潮는 『명시초(明詩鈔)』에 湖로 되어 있다. 『명시초』는 여러 선본(選本) 가운데 원굉도의 시를 가장 많이 수록한 것이다.
○ 白首閉關僧自苦 : 關이 『명시초』에는 '門'으로 되어 있다.

---

84) 운범(雲帆) : 구름처럼 큰 돛. 『후한서』 「마융전(馬融傳)」에 "여황(餘皇)을 나란히 하고, 공주(舼舟 : 작은 배)를 연결하며, 운범을 펼치고 예주(蜺幬 : 무지개처럼 둥근 휘장)를 설치하며, 시풍(颶風 : 빠른 바람)에 쏠리고 급류를 넘으면서, 도가(櫂歌)를 발하고 수구(水謳 : 물노래)를 한껏 불러댄다(方餘皇, 連舼舟, 張雲帆, 施蜺幬, 靡颶風, 陵迅流, 發櫂歌, 縱水謳)"라고 하였다. 이백(李白)의 시(「行路難」)에는 "긴 바람이 마침 물결을 깰 때, 곧바로 운범을 걸고 창해를 건너리(長風破浪會有時, 直挂雲帆濟滄海)"라고 하였다.

85) 산잡운범부수상(山雜雲帆浮水上) : 산과 큰 돛배의 모습이 물 위에 뒤섞여 떠 있는 것처럼 보이는 모습을 가리킨다.

86) 나계(螺髻) : 상투 모양의 산.

87) 경당(經堂) : 불경을 수장(收藏)하는 당(堂).

점점시. 장난삼아 벽에 쓰다(漸漸詩, 戲題壁上)

명월이 점점 높아가니

청산은 점점 낮아지고,

꽃가지 점점 붉어지매

봄빛은 점점 이지러지네.

봉급이 점점 많아지니

이빨은 점점 성글어지고,

애첩이 점점 허리 굵어지매

안색은 점점 쇠하누나.

장성한 날에는 가난하고

소년 시절은 즐겁지 않았으니,

공덕천녀(功德天女)와 흑암녀(黑暗女)가[88]

한 걸음도 떠나지 않은 셈.[89]

천지(세상)는 여전히 결함(缺陷)이요

인간세상은 도무지 들쭉날쭉하니,[90]

어떻게 해야 지극한 즐거움을 찾나?

머리 조아려 선사(仙師)[91]에게 묻노라.

---

88) 공덕흑암녀(功德黑暗女) : 공덕천녀(功德天女)와 흑암녀(黑暗女). 불교의 『열반경(涅
槃經)』 권12에 보면, 공덕천녀는 사람에게 재보(財寶)가 잔뜩 들어오게 만들고, 흑암녀
는 사람의 재보를 다 없어지게 만든다고 하였다. 공덕천녀는 언니, 흑암녀는 동생으로,
늘 같이 다녀 떨어지지 않으므로, 공덕천녀가 이르는 곳에는 반드시 흑암녀도 간다고
한다.

89) 공덕흑암녀, 일보불상리(功德黑暗女, 一步不相離) : 잠깐 풍요롭다 싶으면 곧 불운하
고 가난하였다는 뜻.

90) 참치(參差) : 장단과 고저가 일정하지 않음. 인간 세상에는 불평(不平)과 감가(坎坷)가
있다는 뜻.

91) 선사(仙師) : 부처를 가리키는 듯하다.

明月漸漸高, 靑山漸漸卑.
花枝漸漸紅, 春色漸漸虧.
祿食漸漸多, 牙齒漸漸稀.
姬妾漸漸廣, 顔色漸漸衰.
賤當壯盛日, 歡非少年時.
功德黑暗女, 一步不相離.
天地猶缺陷, 人世總參差.
何方尋至樂, 稽首問仙師.

전
筆校 교
　　　1595년(만력 23년 을미) 3월, 오현에 부임하여 지은 시.

관아 서재 벽에 장난삼아 적다(戲題齋壁)

한 번 도필리(刀筆吏)[92] 되고 나니
온 몸이 문서[93]에 묻혔구나.
채찍질과 태형 보면 참담해서 얼굴 찡그리고
장부와 문서에 매여 마음과 골수가 메말랐다.
이리저리 분주하긴 지친 말이나 소와 같고
무릎 꿇어 상관에게 절하는 모습은 노비인 양 부끄럽다.
뜨거운 염천(炎天)에 관복을 겹겹이 입고
매서운 찬바람에 얼굴을 드러내어 붉다네.
마음은 쥐 잡는 고양이 같이 초조하고

---

92) 도필리(刀筆吏) : 문자를 베껴 쓰는 관리. 옛날에는 대나무나 나무에 글을 썼기 때문
　　에 다 쓰고는 다시 칼로 깎아내고 사용하였기에 도필리(刀筆吏)라 하였다. '도필지문
　　(刀筆之文)'은 형법에서 다루었던 판례문을 지칭한다.
93) 고지(故紙) : 쓰고 난 문서.

몸은 비린 양고기에 들러붙는 개미 꼴.
눈 들어 보아도 아무 즐거움 없고
머리 숙여 생각하니 스스로 비천하기만.
남산에 일백 이랑 콩밭이 있다면
여생을 보내련만.
일천 종(鍾)94)의 누룩과 술지게미
일백 성(城) 분량의 경(經)과 사(史) 마련하여,
소별산(小別山) 증비봉(甑箄峰)95)에 초가 얽고
공안 거대수(車臺水)96)에 배를 매리.
지극한 이치는 본디 별다른 게 아냐
마음을 따른다면 그것이 곧 옳은 일.
어찌 열관(熱官)97)을 사랑하지 않으랴만
맡은 일에 난숙하려고 생각할 따름.98)

一作刀筆吏, 通身埋故紙.
鞭笞慘容顔, 簿領枯心髓.
奔走疲馬牛, 跪拜羞奴婢.
複衣炎日中, 赤面霜風裏.
心若捕鼠貓, 身似近羶蟻.

---

94) 천종(千鍾) : '종'은 되의 이름으로, 6곡(斛) 4두(斗), 혹은 8곡(斛), 혹은 10곡(斛).
95) 증비봉(甑箄峰) : 미상. 호북성 한천현(漢川縣) 동남쪽에 있는 증산(甑山)을 가리키는
   것인지 모르겠다. 혹은 소별산(小別山)의 한 봉우리를 말한다.
96) 거대수(車臺水) : 공안(公安)의 거대호(車臺湖).
97) 열관(熱官) : 대단히 바쁜 관직. 권세 있는 관직. 냉관(冷官)의 반대.
98) 기불애열관, 사지난숙이(豈不愛熱官, 思之爛熟爾) : 어찌 열관(熱官)을 사랑하지 않으
   랴만 현재 맡은 관직에서 난숙(爛熟)하게 될 것을 생각할 따름이라는 뜻. 『북제서(北齊
   書)』「왕희전(王晞傳)」에 보면, "성격이 실로 성글고 느슨하여 시무를 감당할 수가 없
   습니다. …… 열관을 사랑하지 않는 것이 아니라, 다만 난숙하게 되길 생각할 따름입니
   다(性實疎緩, 不堪時務 …… 非不愛熱官, 但思之爛熟爾)"라고 하였다.

擧眼盡無懽, 垂頭私自鄙.
南山一頃豆, 可以沒餘齒.
千鍾麴與糟, 百城經若史.
結廬甔篖峰, 繫艇車臺水.
至理本無非, 從心卽爲是.
豈不愛熱官, 思之爛熟爾.

전교
筆校 1595년(만력 23년 을미) 3월, 원굉도가 처음 오현 지현의 임소에 도착하여 지은 시. 원굉도는 동년 심봉상(沈鳳翔)에게 부친 서한에서 이렇게 말하였다. "사람이 태어나 관리 짓 하는 것은 너무 괴로운데, 그 가운데서도 영(令) 노릇 하는 것은 더욱 괴롭다. 오현의 영으로 말할 것 같으면 그 고통이 만만 배나 되니, 소나 말이라도 이보다는 덜 괴로울 것이다. 어째서인가? 상관은 구름 같이 많고, 과객은 비처럼 많으며, 또 부서(簿書)는 산만큼 많고 전곡(錢穀)은 바다처럼 많기 때문에, 조석으로 추승(趨承)[99]하고 점검(點檢)하여도 오히려 못 미치지나 않을까 염려될 정도이니, 괴롭고도 괴롭도다!" 권5의 「심광승(沈廣乘)」을 참조

태호[100]를 건너면서(渡太湖)

들판 나무에는 가을 기운 맑고
외론 배 뜸[봉창]에는 저녁노을 얽혔네.
고깃배는 어망 매달고 나가고
계곡 늙은이는 소금 싣고 돌아온다.
겹겹 산은 앵가(鸚哥)[101]의 비췻빛

---

99) 추승(趨承) : 공봉(供奉)함. 『장생전(長生殿)』 「투곡(偷曲)」에 "아침저녁으로 추승하고, 숙직을 맡아 갱번하여 내정에 드네(朝暮趨承, 上直更番入內廷)"라고 하였다.
100) 태호(太湖) : 강서성과 절강성(浙江省)에 걸쳐 있는 호수.
101) 앵가(鸚哥) : 앵무새.

내달리는 물결은 백조처럼 나는구나.

저녁나절 바람이 더욱 급해져

물을 튀겨서 나그네 옷에 들게 하네.

野樹澄秋氣, 孤篷冐晚暉.

漁舟懸網出, 溪叟載鹽歸.

山疊鸚哥翠, 浪驅白鳥飛.

暮來風轉急, 吹水濺行衣.

전校교 1595년(만력 23년 을미), 오현에 있으면서 지은 시.

○孤篷冐晚暉 : 篷은 패란거본에 蓬으로 되어 있었으나, 잘못이다.

○서종당본은 마지막 두 구를 "天風吹水立, 細雨濺重衣"라고 하였다.

서동정[102]에 정박하여(泊西洞庭)

흰 물결은 하늘을 차갑게 담고

푸른 산은 눈썹 먹처럼 길게 그어 있네.

아침나절 동자는 물귀신에 현혹되고

한밤에 여인은 강나루[103]로 나오네.

귤나무 심어 저자를 이루고

산 뚫어 반쯤 당(堂)[104]을 만들었군.

---

102) 서동정(西洞庭) : 동정호의 서쪽 구역을 말함.

103) 강황(江黃) : 黃은 潢과 통한다. 즉 강나루라는 말이다. 지명으로 강황이 있지만, 지명
   이라면 위의 구와 대를 이루지 못한다. 지명으로서의 강황은 본래 춘추시대의 두 나라
   로, 둘 다 초나라의 동맹국이었지만 초나라에게 멸망당하였다. 참고로, 강(江)은 지금의
   하남성 식현(息縣) 서남, 황(黃)은 지금의 하남성 황천현(潢川縣) 서쪽에 있었다.

104) 당(堂) : 집, 혹은 널찍한 터.

길 헷갈려 자주 손가락으로 가리키다가
동구(洞口)에서 어부를 찾노라.

白浪浸天冷, 靑山引黛長.
朝童迷水怪, 夜女出江黃.
種橘皆成市, 鑿山半作堂.
路疑煩指點, 洞口覓漁郎.

전
校校 1595년(만력 23년 을미), 오현에 있으면서 지은 시.

동산에서 저녁나절 바라보며(東山晚望)

인간 세계는 환락 적어 갈수록 싫증나고[105]
대지는 텅 비어[106] 되려 걱정이다.
바위 메말라 산의 눈[107]이 희고
노을은 물머리를 쏘아 붉게 물들였네.
파랑이 험악하여 삼로(三老 : 뱃사공[108])가 놀라고
물고기 드물매 오풍(五風)[109] 비는 제사를 드리는군.

---

105) 전염인간소(轉厭人間少) : 인간 세계의 환락이 적기 때문에 갈수록 염증이 난다는 뜻.
106) 대지공(大地空) : 위대한 인물들이 하나도 없어 대지가 텅 빈 듯하다는 뜻이다.
107) 산안(山眼) : 산의 눈에 해당하는 부분.
108) 삼로(三老) : 뱃사공. 두보의 「발민(撥悶)」 시에 "장년과 삼로여 그대들이 멀리 어여쁘네, 키 잡고 뱃머리 조절하는 것이 귀신처럼 민첩하기에(長年三老遙憐汝, 捩舵開頭捷有神가)"라 하였는데, 구조오(仇兆鰲)의 주에, 채몽필(蔡夢弼)의 주를 인용하여, "삼협 지역에서는 고사(篙師)를 장년이라 하고 타공(舵工)을 삼로라 한다"고 하였다.
109) 오풍(五風) : 오풍십우(五風十雨). 닷새마다 한 번 바람이 불고 열흘 만에 한 번씩 비가 내리는 것을 말함. 풍년의 조짐이라고 한다. 여기서는 기후의 순조로움을 말한다.

기이한 봉우리를 이루다 탐방하진 못하겠네
거친 물살 속에 점점이 흩어져 있기에.

轉厭人間少, 翻愁大地空.
石枯山眼白, 霞射水頭紅.
浪惡驚三老, 魚稀祭五風.
奇峰探不盡, 點點亂流中.

전校교 1595년(만력 23년 을미), 오현에 있으면서 지은 시.

거울 보며 탄식하다(歎鏡)

호주(湖洲) 거울이 흰 비단[110]처럼 매끄러운데
어제의 홍안이 이제는 쭈그렁 얼굴로 비치누나.
거울이 원래 그대로가 아니라고[111] 말하지
내 얼굴이 시시각각 바뀔 줄은 누가 알리오
뒷면에는 쌍 이무기 어울려 장난하는 무늬이고[112]
천종(千鍾) 속금(粟錦) 도안에는 날갯짓하는 원앙 모습.[113]
네모 동뉴(銅鈕)엔 구멍이 있고[114] 비취 무늬 옅으며

---

110) 생련(生練) : 물감을 들이지 않은 비단.
111) 부장정(不長情) : 늘 본정(本情) 그대로 있는 것이 아니다. 원래대로 맑은 상태가 언제
    까지고 유지되는 것은 아니다.
112) 배문회합쌍교희(背文回合雙蛟戲) : 거울의 뒷면에는 쌍용이 둥글게 서로 합하여 장난
    하는 모양이 새겨져 있다는 뜻.
113) 천종속금장원시(千鍾粟錦藏鴛翅) : 거울 뒷면의 쌍 이무기가 회합하는 문양이 있는
    둘레에는 천종속금(千鍾粟錦)으로 도안하여, 원앙이 쌍으로 나는 모습이 밑바탕에 새
    겨져 있다는 뜻.

주문(籒文)이 구불구불 암회색으로 새겨져 있네.115)
먼지 털자 홀연 실같은 연기 일어나고
문지르자 비취빛이 점점 살아나 기쁘구나.
예로부터 지금까지 반 자 구리거울 때문에
얼마나 많은 사람이 상심하여 눈물지었나.

湖洲鏡子開生練, 昨日紅顔今皺面.
只道鏡子不長情, 誰知我面時時變.
背文回合雙蛟戲, 千鍾粟錦藏鴛翅.
闊眼方鼻淺翠紋, 古籒盤屈烏銀字.
拂拭旋生縷縷煙, 摩挲喜得重重翠.
古往今來半尺銅, 人間多少傷心淚.

전
校
1595년(만력 23년 을미), 오현에 있으면서 지은 시.
○ 호주경자(湖洲鏡子) : 명나라 호주(湖州)에서 거울을 만들었는데 천하에
유명하였다. 『숭정오정현지(崇禎烏程縣志)』에 "호주의 설경(薛鏡 : 설이란 사람이
만든 거울)이 유명하다. 설(薛)은 항주(杭州) 사람으로 호주에서 업을 하였는데, 거
울을 갈 때 반드시 호수의 물을 이용하였다. 군(郡)에 옛날에 정갱(靖坑)이란 사람이
있었는데, 공인으로서 거울을 주조하는 데 비결이 있어서, 크기와 모양이 적절하고
사물을 비추는 것이 조금의 오차도 없이 똑같았다."

---

114) 활안방비(闊眼方鼻) : 거울의 뒷면에 방형(方形)의 동뉴(銅鈕)가 있고 거기에 넓은 구
    멍이 뚫려 있다는 뜻. 그 구멍은 끈을 통과시키기 위한 것이다.
115) 고주반굴오은자(古籒盤屈烏銀字) : 거울 뒷면의 방형 동뉴(銅鈕)에 암회색의 옛 전자
    (篆字)가 서리어 있음을 뜻한다. 전자에는 대전(大篆)과 소전(小篆)이 있는데, 대전은 전
    국시대의 글자라고 하고, 소전은 대전을 기초로 진시황 때 이사(李斯)가 제정한 것이라
    고 한다. 오은자(烏銀字)는 암회색의 글자를 말한다.

귀향을 청하였으나 허락 받지 못하고(乞歸不得)

도잠(陶潛)의 귀거래를 본받지 않고서
공연히 이밀(李密)처럼 진정(陳情)하다니.116)
품은 뜻은 개나 말보다 못하여 부끄럽거늘
신명(神明 : 천자)에게 전달할 길이 없다니.
대 그림자는 뒤얽혀 수심 '수(愁)'자를 이루고
꾀꼬리 울음은 원망의 소리 짓누나.
다만 인과의 이치가 있음을 믿어
피눈물 떨구며117) 내생(來生)을 맹서할 뿐.

不放陶潛去, 空陳李密情.
有懷慚狗馬, 無路達神明.
竹影交愁字, 鶯啼作怨聲.
但憑因果在, 隕血誓來生.

전교(箋校) 1596년(만력 24년 병신) 3월, 오현에 있으면서 지은 시. 이때 오현 지현으로 이미 1년이 지났다. 원굉도는 지현의 사무가 번다한 것을 참지 못하여 영(令) 노릇 하기 힘들다는 말을 여러 차례 하였다. 이를테면 모태초(毛太初)에게 부친 서신에서 "아우는 이미 오현의 영 직위를 얻었습니다만, 영의 직무는 아주 번다하고 괴로워, 시골의 노인이 술을 마시고 바둑돌 놓는 즐거움에 전혀 미치지 못합니다"라고 하였고, 탕현조(湯顯祖)에게 부친 서신에서는 "오현 영이 되고 보니 괴로운 맛을 갖춰 맛본다(作吳令備諸苦趣)"라고 하였다. 또 원굉도의 『거오칠독걸귀고(去吳七牘乞歸稿)』 권1에 의하면, 이 달에 가동(家僮)이 공안에서 와서, 서조모 첨씨

---

116) 공진이밀정(空陳李密情) : 이밀(李密)의 「진정표(陳情表)」를 염두에 둔 표현이다. 이밀은 진(晉)나라 태시(泰始) 연간에 태자세마(太子洗馬)에 임명되었을 때, 고아였던 자신을 어려서부터 돌보아준 조모(祖母)를 봉양하지 않을 수 없다는 이유를 들어 취직할 수 없다는 뜻을 「진정표(陳情表)」로 밝혔다. 『문선』 권37에 수록되어 있다.
117) 운혈(隕血) : 피눈물은 떤군.

(詹氏)가 나이가 높으셔서 손자를 생각한다고 알렸다. 원굉도는 마침내 효양(孝養)을 명목으로 3월 초3일에 글월을 올려 사직하였으나, 허락 받지 못하였다.

벼슬생활을 기록하다(紀宦)

박복한 벼슬생활 한 해 남짓에
마음으론 게으름을 좋아하였네.
『시』·『서』는 세속이 꺼리지만 연찬했나니
세간의 눈과 귀는 정말 먼지로 막혔구나.
딸 낳아 '아야'라고 부르니
방언 익혀 오농(吳儂)118)이 되었구나.
오 땅에 수령 되어 무엇을 차지했나
진택(震澤)119)의 높은 두 봉우리지.

薄宦經年許, 心情好欲慵.
詩書攻俗諱, 耳目信塵封.
生女從呼叱, 學音漸是儂.
令吳何所有, 震澤兩高蜂.

1596년(만력 24년 병신), 오현에 있으면서 지은 시. 시에 의하면, 원굉도는 오(吳)의 영(令)이 된 뒤에 딸 하나를 얻었다.

---

118) 농(儂) : 오농(吳儂). 오 땅의 사람.
119) 진택(震澤) : 오 땅 남방에 있는 태호(太湖)를 말한다.

처음으로 문 닫아걸고(初杜門)

껄껄 웃고 동척(銅尺)과 인수(印綬)[120]를 마다한 뒤
지방민[121]을 사절하고 높이 베고 잠자노라.
바람이 때 긴 머리털을 쓸어가든 말든
정말로 게으름이 한가한 몸에 체질로 되었네.
아전은 공이(公移)[122] 작성을 생략하고
청사에선 안독(案牘)[123]의 먼지를 쓸었다.
고요히 거처하매 본성 기르기 좋구나
고을 사무는 사람을 고생시킬 뿐인걸.

一笑揮銅綬, 高眠謝部民.
放風疏垢髮, 信懶着閑身.
吏省公移字, 堂淸案牘塵.
靜居堪養性, 州郡但勞人.

전교 1596년(만력 24년 병신), 오현에 있으면서 지은 시. 원굉도는 벼슬을 사직
하였으나 허락을 받지 못하였고, 일찍이 병 때문에 삼 개월의 휴가를 청하
였다. 『거오칠독걸귀고(去吳七牘乞歸稿)』 권1에 의하면, "열흘 안에 각혈을 서너
되나 하였고, 머리가 어지럽고 골이 쑤셔, 안과 밖이 모두 상하였다"라고 한다. 하지
만 『거오칠독걸귀고』에서 병의 정황을 서술한 것은 대부분 과장된 표현인 듯하다.

---

120) 동수(銅綬) : 동척(銅尺)과 인수(印綬). 지방 고을 수령이 띠는 관직의 상징물.
121) 부민(部民) : 인민이 지방관에 대하여 스스로를 일컫는 칭호. 여기서는 그 지역민.
122) 공이(公移) : 관공서의 공문.
123) 안독(案牘) : 심의중인 안건(案件)의 문서.

관아 서재에 있으면서 장난삼아 적다(齋居戲題)

깊이 숨어 끝내 낚시 바늘을 피하고
높이 날개 펴서 그물을 벗어났다.
아이에게 상(上) 자 쓰라고 시키고
가객이 부르는 오가(吳歌)[124]를 듣는다.
약을 검사(檢查)[125]하지만 신방(神方)[126]은 적고
경을 주소(注疏)[127]하면서 깨닫는 말 많아라.
나무 가지[128] 하나면 생계가 족하거늘
오두미(五斗米)[129]가 날 어찌 하랴!

深入終防餌, 高張遠避羅.
課兒書上字, 聽客唱吳歌.
檢藥神方少, 疏經悟語多.
一枝生計足, 五斗奈人何!

전
筆校교 1596년(만력 24년 병신), 오현에 있으면서 지은 시.

---

124) 오가(吳歌) : 오 지방의 노래.
125) 검(檢) : 검사(檢查). 혹은 검안(檢按), 검안(檢案). 조사해서 바로잡음.
126) 신방(神方) : 신이한 처방(處方).
127) 소(疏) : 소통함. 경전에 대한 주석을 소통시킴. 본래는 한나라 때의 주(注)와 당·송
   때의 소(疏)를 가리키지만, 여기서는 경전에 대해 주석한다는 뜻으로 쓰었다.
128) 일지(一枝) : 나무의 가지 하나. 보통은 낮은 관직을 뜻하지만, 여기서는 거처할 곳을
   뜻한다.
129) 오두(五斗) : 오두미(五斗米). 현령(縣令)의 봉급인 오두록(五斗祿)을 가리키는데서, 현
   령의 직위를 말함. 보통은 박봉(薄俸)의 뜻으로 쓰인다. 도연명은 "오두미 때문에 허리
   를 굽힐 수 없다(不爲五斗米折腰)"고 하여 팽택령을 그만두고 귀거래를 하였다.

강진지에게 장난스레 소식을 전한다(戲柬江進之)

수령 노릇은 정말로 누(累)가 되었으니
몸 보전하는 방법은 오로지 귀거래뿐.
길가의 봄 풍광은 맘대로 까불고
인간세상의 귀신들은 서로 의지하네.
느슨하게 소가죽 띠를 묶고
헐렁하게 제비같이 까만 옷130) 걸쳐,
구름 하늘에 오를 날개 있다면
줄지어 나는 법을 배우리라.

作令眞成累, 全身總是歸.
道傍春自謔, 人裏鬼相依.
緩繫牛皮帶, 寬披燕子衣.
雲霄終有翼, 學取一行飛.

전校교 1596년(만력 24년 병신), 오현에 있으면서 지은 시.
○ 강진지(江進之) : 강영과(江盈科)의 자가 진지(進之)이다. 이 권의 「강진
지와 함께 금산에 올라(同江進之登金山)」를 참조. 강영과는 장주 지현(長洲知縣)에
임명되었는데, 장주는 오현(吳縣)과 성(城)을 같이하였다. 한 사람은 성 동쪽, 한 사
람은 성 서쪽에, 금범경(錦帆涇) 하나를 사이에 두고 있었으며, 서로 찾아가고 만나
면서 긴밀하게 창화(唱和)하였다.

---

130) 연자의(燕子衣) : 본래는 연의(燕衣). 천자가 신하들에게 연회를 베풀 때 입는 옷. 검
　　은 옷으로, 사복(私服)이다. 『주례』「천관(天官)」「옥부(玉府)」와 『예기』「왕제(王制)」에
　　나온다. 하지만 여기서는 검은 옷을 말한 것 같다.

흘러가는 날이 아쉬워(惜日)

꽃나무는 처마 밑에 나직하고
버들 실가지는 집 문을 칭칭 둘렀구나.
한가하게131) 비희(秘戲)132)를 관람하고
소일하려고 고선(枯禪)133)을 행한다.
범려(范蠡)134)는 험한 세상 피해 몸 감추고
장주(莊周)135)는 꿈속에 들어 미쳤었지.
뜬 인생은 전광석화136) 같나니
어느 것인들 영구하랴?

芳樹低簷淺, 遊絲繞戶牽.
閑情觀祕戲, 消日坐枯禪.

---

131) 한정(閑情) : 한가한 정. 한가한 마음으로 백거이(白居易)가 자신의 시를 '한정(閑情)'과 '풍유(諷諭)'로 나눈 것이 참고가 된다.

132) 비희(秘戲) : 진기하게 뛰어난 잡극(雜劇).

133) 고선(枯禪) : 모든 것을 버리고 좌선을 행함. 고고좌선(枯槁坐禪).

134) 범려(范蠡) : 춘추 때 월(越)나라 사람. 일찍이 구천(句踐)을 섬겨 회계(會稽)의 수치를 씻은 후에 제(齊)나라로 가서 치이자(鴟夷子)로 성명을 고치고 크게 재산을 모았다. 제나라에서 정승을 내렸으나 나가지 않았다. 뒷날 다시 산동의 도(陶)에 살았기 때문에 도주공(陶朱公)이라 불렸다.

135) 장주(莊周) : 장자(莊子). 춘추시대 송(宋)나라 몽(蒙), 즉 지금의 하남성 상구현(商丘縣) 동북쪽 사람. 노자(老子)의 도덕자연(道德自然)의 학설을 계승, 발전시켰으며, 저작에 『장자』가 있다. 장자가 꿈에 나비가 되어 노닐다가 깨어보니, 자신이 나비가 된 꿈을 꾼 것인지, 아니면 나비가 지금 꿈을 꾸며 주(周 : 장자의 이름)가 된 것인지 구분 할 수 없었다고 한다. 현실의 고루함과 꿈의 자연스러움을 대치시킴으로써 작은 세계에 집착하는 인간의 추함으로부터의 해방과 초월을 탐색하고, 나비의 즐거움과 인간의 고뇌를 같은 물(物)의 차원에 놓음으로써 천지간에 존재하는 만물이 그것에 의해 죽고 사는 유일한 도(道)를 추구해야 한다는 뜻을 말하였다.

136) 석화(石火) : 돌이 부딪혀 만드는 불. 백거이(白居易)의 「대주(對酒) 5수」 시 가운데 "달팽이 뿔 위에서 무슨 일로 다투나, 석화 빛 속에 이 몸을 부쳤거니, 잠깐 부유하였다가 잠깐 가난해지는 것을 즐거워하고 기뻐하다니, 입을 벌려 웃지 않는 이가 곧 바보로세(蝸牛角上爭何事, 石火光中寄此身, 隨富隨貧且歡樂, 不開口笑是癡人)"라고 하였다.

范蠡藏身險, 莊周入夢顚.

浮生如石火, 何物可長年?

전校校교 1596년(만력 24년 병신), 오현에 있으면서 지은 시.

멋대로 읊어본다(任意吟)

띠 풀러 허리를 편하게 하고
한정을 즐기니 마음에 여유 있어,
내키는 대로 즐거운 일[137] 찾고
입에서 나오는 대로 책들을 풀이한다.
만물은 비마(非馬)의 관점[138]에서 보면 같고

---

137) 낙사(樂事) : '사미'(四美)의 하나. '사미'는 곧 좋은 철, 아름다운 경치, 즐거워하는 마음, 유쾌하게 노는 일의 넷이다. 중국 남조 송(宋)의 사영운(謝靈運)의 글「擬魏太子鄴中集詩序」에 "천하에 양진·미경·상심·낙사 이 네 가지는 아우르기 어렵다. 그래서 이것을 '사미'라 한다(天下良辰·美景·賞心·樂事, 四者難幷, 因以此爲四美)"라고 하였다.

138) 비마(非馬) : 본래 전국시대 말기 공손용자(公孫龍子)가 제창한 백마비마(白馬非馬)의 궤변적 인식론을 말한다. 흰말이라는 개념과 말이라는 개념은 서로 동일하지 않다고 하여, 개념의 광협(廣狹)과 동이(同異)를 판별하려고 한 것이다. 『공손용자(公孫龍子)』「백마론(白馬論)」에 나온다. 또한『열자(列子)』「중니(仲尼)」에 "백마는 말이 아니라는 것은 형과 명이 분리된 때문이다(白馬非馬, 形名離也)"라고 하였고, 『한비자』「외저설·좌상(外儲說左上)」에도 송나라 사람으로서 변론을 좋아하는 자가 백마비마(白馬非馬)의 설을 가지고, 제나라 직하(稷下)의 변론가들을 설복시키려고 하였다는 말이 있다. 그런데 여기서 원굉도가 사용한 개념은『장자』「제물론(齊物論)」의 '비마(非馬)' 개념이다. 장자는 "실제의 손가락을 기준으로, 논의 대상의 손가락이 손가락이 아님을 말하기보다는, 손가락 아닌 것(개념상의 손가락)을 기준으로 삼아서 논의 대상의 손가락이 손가락이 아님을 말하는 것이 낫다. 실제의 말을 표준으로 삼아서 논의 대상의 말이 말이 아님을 말하기보다는, 말이 아닌 것(개념상의 말)을 표준으로 삼아서 논의 대상의 말이 말이 아님을 말하는 것이 낫다. (절대의 경지에서 본다면) 천지는 하나의 손가락이고 만물은 한 필의 말이다. (그렇기만 상대의 관점에서 보기 때문에) 저신이 옳디고

일천 신선들은 책벌레¹³⁹⁾를 실컷 먹어 화한 것이지.¹⁴⁰⁾

명성 있어도 끝내 누(累)가 되나니

무용(無用)¹⁴¹⁾이어야 허(虛)로 돌아가리.

解帶腰肢免, 投閑意態疎.

縱心搜樂事, 信口釋羣書.

萬物齊非馬, 千仙飽壁魚.

有名終是累, 無用可還虛.

1596년(만력 24년 병신), 오현에 있으면서 지은 시.

하는 것을 일반적으로 옳다고 보고, 자신이 불가하다고 보는 것을 일반적으로 불가하
다고 본다. 그런데 길은 그곳을 거쳐 지나가기 때문에 생기고, 사물은 그것에 이름을
불러 부르기 때문에 그렇게 된다. 그렇다면 어떠한 점에서 그렇게 되는 것일까? 그것의
형태가 그러함에 있어서 그렇게 되는 것이다. 어떠한 점에서 다르게 되는 것일까? 그것
의 형태가 그렇게 되어 있지 않음에 있어서 그렇게 다르게 되는 것이다. 사물은 본디
형태상 그렇게 될 만한 것을 갖추고 있으며, 사물은 본디 옳다고 할 만한 것을 갖추고
있는 것이다. 그렇기 때문에 모든 사물은 자기의 모습을 지니고 있으며, 모든 사물은
올바른 것이다(以指喩指之非指, 不若以非指喩指之非指也. 以馬喩馬之非馬, 不若以
非馬喩馬之非馬也. 天地一指也, 萬物一馬也. 可乎可, 不可乎不可. 道行之而成, 物謂
之而然. 惡乎然? 然于然. 乎不然? 不然于不然. 物固有所然, 物固有所可. 無物不然,
無物不可)"라고 하였다.

139) 벽어(壁魚) : 본래는 좀 벌레. 서적을 먹는 좀 벌레. 여기서는 책의 벌레가 화한 맥망
(脈望)을 말한다. 책벌레가 세 번 '신선(神仙)'이란 글자를 먹으면 이것으로 된다고 하
였다. 『태평광기(太平廣記)』에 인용된 당나라 황보구(皇甫口)의 『원화기(原化記)』 「하
풍(何諷)」에 보면, 당나라 건중(建中) 말기에 서생 하풍(何諷)이 누런 종이의 고서를 한
권 사서 읽다가 책 속에서 머리카락이 말린 것[髮捲] 같으면서 둥근 물체로 직경 4촌
되는 것을 얻었다고 한다. 그리고 『태평광기』는 『선경(仙經)』을 인용하여, 책벌레[蠹魚]
가 '신선'이란 글자를 세 번 먹으면 이것으로 되는데, 이름을 '맥망'이라 한다고 하였다.

140) 천선포벽어(千仙飽壁魚) : 신선들이란 결국 책을 파고 읽어서 된 것이라는 뜻. 책에
묻혀 살겠다는 뜻을 표명한 것이다.

141) 무용(無用) : 무용지용(無用之用). 장자는 구부러지고 재질이 나쁜 탓에 오랫동안 잘
리지 않고 살아남는 나무인 저(樗)나무의 예를 들어 쓸모 없음의 쓰임새에 대해 논하였
다(是不材之木也, 無所可用. 故能若是之壽).

거친 동산을 홀로 거닐며(荒園獨步)

한식142)인데도 봄이 난숙하여
동풍에 풀들이 저절로 무성하다.
꽃은 불꽃 없는 불을 태우고
버들은 틀은 솜을 토해내네.143)
벼슬살이는 인간세상의 번거로움을 크게 하고
가난은 아내와 자식의 동정을 만나는구나.
미관의 관리란 병든 나그네와 같으니
몇 만 관의 돈에 해당할지.

寒食春猶爛, 東風草自芊.
花燃無焰火, 柳吐不機綿.
宦博人間累, 貧遭妻子憐.
一官如病旅, 直得幾緡錢.

전校 1596년(만력 24년 병신), 오현에 있으면서 지은 시.
○ 마지막 두 구는 서종당본에 "미관말직이라도 저당 잡힐 수 있다면, 산을
살 돈을 구걸할 텐데(微官如可典, 乞我買山錢)"로 되어 있다.『세설신어』「배조(排
調)」편에 보면, 지도림(支道林)이 심공(深公)으로부터 산을 사려고 하자, 심공이 '어
디 소유(巢由)가 산을 사서 은둔했던 것이었소'라고 하였다고 한다. 그 뒤, '산을
산다[買山]'는 말로 은둔을 가리키게 되었다.

---

142) 한식(寒食) : 동지로부터 105일째 되는 날, 양력 4월 3일이나 4일 무렵. '금화(禁火)'라
　　고도 하며, '냉연절(冷烟節)' '금연절(禁烟節)' '숙식절(熟食節)'이라고도 불렸다.
143) 유토불기면(柳吐不機綿) : 버들이 유서(柳絮), 즉 버들솜을 토해내는 것을 두고, 틀에
　　서 짜지 않은 솜이라고 말한 것이다.

병석에서 일어나(病起)

병석에서 일어나자 마음 편하고
한가해져서 예절을 차리지 않네.
사령판 읽는 걸 근심스레 듣고
문안 편지에 게을리 답장을 쓴다.
떠나지 않으면 결국 차츰 승진할 테지만[144]
재주 없기에 무용한 가죽나무[145] 부류이니,
세상 그물에서 도망하여
머리 깎고 공허(空虛)를 일삼음만 하랴?

病起心情泰, 閒來禮法疎.
愁聽傳事板, 懶答問安書.
不去終漸鵠, 無才合類樗.
何如逃世網, 髡髮事空虛.

한 밤에 일어나(夜起)

서늘한 달빛은 집 창 뚫고 들어오고
살랑대는 바람은 나무를 울려대네.

---

144) 점곡(漸鵠) : 벼슬이 차츰 높아짐을 말함. 한유(韓愈)의 「연희정기(燕喜亭記)」에 "지혜
로 꾀하고, 인으로 거처하니, 나는 그가 이곳을 떠나가서 하늘 조정에서 우의(羽儀)를
드러내는 것이 머지않았으리란 것을 알겠다(衣智以謀之, 仁以居之, 吾知其去是而羽
儀於天朝也不遠)"라고 하였다. 우의(羽儀)는 『주역』 점괘(漸卦)에 "큰기러기가 날아가
육지로 차츰 나아가니, 그 날개로 예의의 표지로 삼을 수 있도다(鴻漸于陸, 其羽可用
爲儀)"라는 구절에서 나온 것으로 후세에 높은 지위에 있으면서 재덕(才德)을 갖춘 이
를 비유하는 데 쓰였다.
145) 저(樗) : 『장자』에서 무용지용(無用之用)의 예로 든 저사(樗社)를 말한다.

밤벌레는 불 가까이서 이야기하고
창가의 쥐는 밝은 곳 찾아 빙빙 돈다.
기거(起居)146)는 서적에 의지하여 보내고
행장(行藏)의 선택147)은 수수께끼로 삼는다.
밤새 잠 못 이루나니
큰 슬픔148)을 누그러뜨릴 길 없기에.

涼月穿紗見, 微風響樹來.
夜蟲親火語, 窓鼠觸明廻.
坐臥憑書遣, 行藏作謎猜.
終宵眠不得, 無計緩苦哀.

전
篆校교   1596년(만력 24년 병신), 오현에 있으면서 지은 시. 원굉도는 병으로 3개월
휴가를 얻었다가, 이때에 이르러 정무를 보기 시작하였다.

우연히 짓다(偶成)

혜숙아(嵇叔夜 : 혜강)149)는 끝내 의심하며 오만하였고150)

---

146) 좌와(坐臥) : 행주좌와(行住坐臥). 기거(起居). 기거동작(起居動作). 일상의 생활.
147) 행장(行藏) : 용사행장(用舍行藏). 세상에 나아가서 도를 행하는 것과 세상에서 물러
    나 숨는 일. 즉, 출사(出仕)와 은둔(隱遁). 『논어』「술이(述而)」에 "세상에서 쓰면 도를
    행하고, 버리면 숨는다(用之則行, 舍之則藏)"라고 하였다.
148) 고애(苦哀) : 괴롭고 슬픔.
149) 혜숙(嵇叔) : 혜숙아(嵇叔夜) 곧 혜강(嵇康, 223~262). 삼국시대 위(魏)나라 초군(譙郡)
    사람. 자(字)가 숙야(叔夜)였다. 어려서 어버이를 잃고 위나라 종실의 사위가 되어 위나
    라에서 중산대부(中散大夫)라는 벼슬을 하였다. 박학다식했고 시문을 잘하였으며, 가야
    금을 잘 연주하였다. 완적(阮籍) 등과 죽림에 노닐었기에 '죽림칠현(竹林七賢)'의 한 사
    람으로 꼽혔다.
150) 종의오(終疑傲) : 혜강(嵇康)이 「산거원에게 교제를 거절하며 부친 서신(與山巨源絶

도잠(陶潛 : 도연명)은 언제나 본성 그대로 행동하였네.[151]
일 간편하길 다만 도모했던 까닭에
가난을 감히 한탄하지 않노라.
공관(公館 : 청사)에서는 즐거운 일 없고
고향에서 오는 편지는 부음(訃音)이 잦구나.
천하에 가득한 것이 모두다 그물이니[152]
어느 곳에서야 몸이 한가하랴?

嵇叔終疑傲, 陶潛總任眞.
祇因圖事簡, 不敢恨家貧.
宦邸爲歡少, 鄕書報死頻.
彌天都是網, 何處有閑身?

전
筆校교 　1596년(만력 24년 병신), 오현에 있으면서 지은 시.

홀로 앉아서(獨坐)

가슴에 맺힌 것은 다 풀기 어렵고
용사행장(用舍行藏)[153]의 문제는 논하기 어렵구나.

交書」을 적어 친구들과의 교제를 끊은 사실을 두고 한 말이다.
151) 임진(任眞) : 참 본성에 맡기다. 본성대로 행하다. 진(眞)은 본성(本性)이란 뜻.
152) 미천도시망(彌天都是網) : 천하에 가득한 것이 바로 세망(世網)이라는 뜻. 본래는 인
　　사들을 거두어들이는 정책이 주도함을 가리키는 말이었다. 응거(應璩)의 글(「報東海相
　　梁季然書」)에 "하늘까지 닿는 그물을 가지런히 펼쳐서, 일만 인 크기의 물고기를 거두
　　십니다(頓彌天之網, 收萬仞之魚)"라고 하였다.
153) 행장(行藏) : 용사행장(用舍行藏). 세상에서 쓰이면 도를 행하고, 세상에서 버려지면
　　물러나 숨음. 앞에 나왔음.

서적을 뒤적이지만 글자 작아 싫기에
물 끓여선 갓 딴 차를 마셔본다.
근심을 털려고 초가 터를 점치고
귀향을 기원하려고 토신(土神)에게 예배하네.
한가한 구름이나 지친 새154)와 같아서
결국 방랑하는 사람일 뿐.155)

胸臆知難盡, 行藏未可陳.
攤書嫌字小, 烹水試茶新.
撥悶占茅卜, 祈歸拜土神.
閑雲與倦鳥, 終是一流人.

전
箋校교

1596년(만력 24년 병신), 오현에 있으면서 지은 시.

회포를 적다(述懷)

세월은 한 시각도 멈추지 않아
추이(推移)가 베틀의 북 놀림보다 빠르네.
잠들면 밤 골짝으로 달려가듯 하고
늙으매 주름이 항하사156) 같이 많기에,

---

154) 권조(倦鳥) : 나는 것에 지쳐서 쉴 곳을 찾는 새.
155) 종시일류인(終是一流人) : 결국 방랑하는 사람일 따름이라는 뜻. 여기서의 유인(流人)
은 방랑자. 이백(李白)의 시(「見京兆韋參軍量移東陽」)에 "조수는 바다로 되돌아가고,
방랑자는 물러나 오 땅에 이르네(潮水還歸海, 流人卻到吳)"라고 하였다.
156) 항하사(恒河沙) : 항하(恒河)에 있는 모래 수. 극히 많은 수. 왕유(王維)의 「육조혜능선
사비명(六朝慧能禪師碑銘)에 "칠보의 보시가 항하의 모래 수 같고, 억겁의 수행이 대
기의 먼지만큼 수를 다하였네(七寶布施, 等恒河沙, 億劫修行, 盡大地墨)"라고 하였다.

동조(東祖)와 서조(西祖)[157]처럼 불법을 깨닫고

대하(大何)와 소하(小何)[158]같이 몸을 감춘다.

거품 같은 삶[159]이 얼마나 오래 가랴

부질없이 수심만 더덕더덕 붙이다니.

歲月無停晷, 遷流快織梭.

寐來趨夜壑, 老去皺恒河.

悟法東西祖, 藏身大小何.

一漚能幾許, 枉自着愁多.

전
筆校교

1596년(만력 24년 병신), 오현에 있으면서 지은 시.

강진지의 한산사[160] 시에 화운함(和江進之寒山寺之作)

첫째(其一)

산사가 인가에 가까워

---

157) 동서조(東西祖) : 동조(東祖) 달마(達摩), 서조(西祖) 석가모니(釋迦牟尼)이다.

158) 대소하(大小何) : 진(晉)의 하충(何充)·하준(何準) 형제를 가리킨다. 『진서』「하충전」
에 보면, "이때 치음(郗愔)과 아우 담(曇)이 천사도(天師道)를 받들었는데, 하충과 아우
하준은 석씨를 높이고 믿었다. 사만(謝萬)이 비판하여 말하길, '두 치(郗)는 도에 빠지고
두 하(何)는 불에 아첨한다'고 하였다. 원굉도는 영불(佞佛)을 자임하였다.

159) 일구(一漚) : 거품 하나같이 덧없는 인생.

160) 한산사(寒山寺) : 한산은 강소성(江蘇省) 오현(吳縣)의 서쪽에 있는 산. 소주부(蘇州
府) 창문(閶門) 밖 서쪽 10리 풍교(楓橋) 부근에 한산사가 있다. 당나라 시승 한산(寒
山)이 그 절에 머물렀으므로 그렇게 이름하였다고 한다. 당나라 때 장계(張繼)의 「풍교
야박(楓橋夜泊)」에 "달 지고 까마귀 우는 하늘에 서리 가득한 때, 강 단풍과 고기잡이
불을 마주하고 잠을 청했더니, 고소산 밖 한산사에서, 한 밤 종소리가 객선에 들려오네
(月落烏啼霜滿天, 江楓漁火對秋眠, 姑蘇城外寒山寺, 夜半鐘聲到客船)"라고 하였다.

틈을 타서 청려장 짚고 나서니,161)

아름다운 꽃은 토종의 씨를 뿌렸고

친숙한 새는 제 가지를 알고 깃들였다만,

차 그릇 씻어 차의 늙음을 방해하고162)

누헌 열어 대나무 낮게 드리움을 장애하다니.

'달마가 서쪽에서 온 것은?'이란 공안(公案)은 별 의미 없으니163)

발구(鵓鳩)164) 울음이나 기억해 두세.

山寺依人境, 乘閑且杖藜.

好花營地種, 熟鳥認枝棲.

洗鉢防茶老, 開軒礙竹低.

西來空有義, 記取鵓鳩啼.

전
箋校교
1596년(만력 24년 병신), 오현에 있으면서 지은 시.

○ 강진지(江進之) : 이 권의 「강진지와 함께 금산에 올라(同江進之登金山)」를 참조. 강영과의 한산사(寒山寺) 시는 『설도각집(雪濤閣集)』 권1에 「가을날 한산사에서 임일역과 조금 술을 마시다(秋日寒山寺任日域小酌)」라는 제목으로 되어

---

161) 장려(杖藜) : 청려장(靑藜杖)을 짚다. 청려장은 지팡이. 한나라 때 유향(劉向)이 한 밤에 천록각(天祿閣)에서 책을 교정하고 있을 때, 노인이 청려장을 세우고 들어와서는, 유향이 어둠 속에서 책을 암송하는 것을 보고 지팡이 끝을 불어 광명을 발하여, 유향을 비추었다는 고사가 있다. 『습유기(拾遺記)』에 나온다. 뒷날 청려장은 단순히 지팡이란 뜻으로 쓰인다.

162) 세발방차로(洗鉢防茶老) : 바리때를 씻어서 차를 마시므로 차가 늙도록 그냥 놓아두지 않는다는 뜻.

163) 서래공유의(西來空有義) : '달마가 서쪽에서 온 것은?'이라고 묻는 공안(公案)을 보는 것은 아무 의미가 없다는 뜻. 서래의(西來意)는 본래 달마(達磨)가 서토(西土)에서 온 근본 뜻이란 말로, 선(禪)의 진면목(眞面目)이란 말이다. 조사서래의(祖師西來意)라고 한다. 달마가 서방, 즉 인도에서 중국으로 온 것은 양(梁)나라 대통(大通) 원년(527)으로 선종 2조인 혜가(慧可)에게 선의 지극(至極)한 이치를 이심전심(以心傳心)하였다고 한다.

164) 발구(鵓鳩) : 비둘기. 비둘기는 비가 오기 전에 암컷을 내쫓고 비가 그쳐 개면 암컷을 부른다고 하여, 비둘기 소리를 듣고 비가 오는지 안 오는지를 점친다고 한다. 그래서 가랑비를 구환우(鳩喚雨)라고 한다. 구양수(歐陽脩)의 「명구(鳴鳩)」 시에 나온다.

있다. 그러나 용운(用韻)이 다르므로, 원굉도가 화운한 원시(原詩)는 아닌 듯하다.
○『명시초(明詩鈔)』에 이 시의 제목이 「한산사(寒山寺)」로 되어 있다.

둘째(其二)

동인초(冬忍草)165)는 계단 곳곳에 파고들고
자혜로운 구름은 법좌(法座) 가득 피어나네.
꽃을 사랑함은 승려의 본업이요
먹을 것 엿봄은 새의 기심(機心)166).
좌탑(坐榻) 하나에는 책과 두루마리뿐이고
삼생(三生)167)에 걸쳐 바리때와 옷이 고작이네.
티끌세상의 고(苦)가 아직 끝나지 않았기에
합장하여 귀의를 비나이다.

忍草侵墀徧, 慈雲滿座飛.
愛花僧是業, 伺食鳥成機.
一榻書和卷, 三生鉢與衣.
塵勞方未已, 合掌願皈依.

전교(箋校) 慈雲滿座飛 : 慈가 서종당본·소수본에는 凉으로 되어 있다, 滿은 패란거본에 濕으로 되어 있었는데, 서종당본·소수본에 의거하여 고친다.
○ 伺食鳥成機 : 伺가 패란거본에는 祠로 되어 있었으나, 서종당본·소수본·이운관본에 의거하여 고친다.
○ 三生鉢與衣 : 衣가 패란거본에는 依로 되어 있었으나, 서종당본·소수본·이운

---

165) 동인초(冬忍草) : 노사(鷺絲), 즉 인동초(忍冬草)를 말한다.
166) 기심(機心) : 기회를 보아 잡으려는 마음. 욕심.
167) 삼생(三生) : 불교용어로, 사람이 태어나는 과거·현재·미래의 세상. 즉 전생(前生)·
    현생(現生)·후생(後生).

관본에 의거하여 고친다.

초여름에 강진지와 함께 손내사의 연못가 누대에 앉아 감흥이 있기에 짓다(初夏同江進之坐孫內使池臺感賦)

첫째(其一)

대숲은 일천 꽃의 길을 숨기고
정자에는 만자(卍字) 난간168)이 열려 있네.
은당(銀塘)169)에는 물오리가 활개치고
비단 휘장은 풍란(風蘭)170)을 보호한다.
저보(邸報)171) 전해 와서 번민하나니
인민들172)이 도처에서 곤란하단 소식이기에.
동남방에서는 심하게 비용을 거둬들여
인민이 더욱 지쳐 참지 못할 지경이네.

竹隱千花徑, 亭開卍字欄.
銀塘驕水鴨, 羅幄護風蘭.
邸報傳來悶, 民膏到處難.
東南供費極, 不忍更凋殘.

1596년(만력 24년 병신) 4월, 오현에 있으면서 지은 시.

---

168) 만자란(卍字欄) : 만자(卍字) 형태로 조합해 이룬 난간. 화응(和凝)의 시에 "만자 난간 앞에 국화가 반쯤 피었네(卍字欄干菊半開)"라고 하였다.
169) 은당(銀塘) : 은물결 이는 못.
170) 풍란(風蘭) : 바람에 흔들리는 난. 혹은 심산의 나무 중기에 기생하는 상록초를 풍란이라고 하며, 또 복건 지방의 정소(汀邵)·건녕(乾寧) 등지의 산에서 나는 차석곡(釵石斛)을 가리키기도 한다. 여기서는 바람에 흔들리는 난이란 뜻인 듯하다.
171) 저보(邸報) : 조정의 관보(官報). 전교(箋校)를 참조.
172) 민고(民膏) : 인민의 기름. 곧 인민.

○ 손내사(孫內使) : 즉 환관 손륭(孫隆)이다. 이때 소주(蘇州)와 송강(松江)의 직조(織造)를 관할하고 있었다. 손륭은 만력 초부터 이 직위에 있었다. 장거정(張居正)의 『장문충공전집(張文忠公全集)』 권9 「청파직조내신대(請罷織造內臣對)」에 나온다. 신종(神宗)은 욕심 많고 재화를 좋아하여 낭비가 심하였으며 끝도 없이 가렴주구(苛斂誅求)하여, 평상의 부세 이외에도 세금을 민간에 할당하였다. 『명사』, 「식화지(食貨志)」에 의거하면, 오(吳) 땅은 명나라의 부세(賦稅)가 유독 중하였다고 한다. 『오현지(吳縣志)』 권45에는 오현이 1592년(만력 20년)에 편병향은(編兵餉銀)을 할당받은 사실이 기록되어 있다. 『명실록』에는 1596년(만력 24년) 3월에 곤녕궁(坤寧宮)·건청궁(乾淸宮)이 화재로 소실되자, 4월에 공부(工部)에서 중건 공사에 포부(逋負 : 체납 부채) 등 10여 항목을 징수하기로 하였다고 되어 있다. 원굉도의 시에서 '저보(邸報)'란 이것을 가리키는 듯하다.

○ 제목의 내사(內使)가 서종당본과 소수본에는 시중(侍中)으로 되어 있다.

○ 죽은천화경(竹隱千花徑) : 隱千花가 서종당본·소수본에는 裏回文으로 되어 있다.

○ 정개만자란(亭開卍字欄) : 亭開가 이운관본에는 花間으로 되어 있다.

명나라 때의 부세(賦稅)에 관해서는 고염무(顧炎武)의 『일지록(日知錄)』 권8에 '주현부세(州縣賦稅)'라는 항목이 있다. 그 내용을 보면 명나라의 조세(租稅)는 군현에 따라 배당 세율이 몹시 차이가 났다. 면적을 계산하여 군현을 구분하고, 전지의 등급에 맞춰 납세미의 액수를 산정한 것이 아니었다. 관할하는 주와 현의 수만 가지고 보더라도 진정부(眞定府)는 32개, 섬서성의 서안부(西安府)는 36개, 하남성의 개봉부(開封府)와 산서성의 평양부(平陽府)는 각각 34개, 산동성의 제남부(濟南府)는 30개, 사천성의 성도부(成都府)는 31개인데, 강소성의 송강부(松江府)와 진강부(鎭江府), 안휘성의 태평부(太平府)는 겨우 3개 현이고, 호북성의 한양부(漢陽府)와 복건성의 흥화부(興化府)는 고작 2개 현이다. 부에 속하지 않고 포정사(布政司), 즉 승선포정사사(承宣布政司使)[줄여서 포정사사(布政使)라고 하는데, 원대의 행중서성(行中書省)이라는 명칭을 답습하여 행성(行省) 또는 성(省)이라고도 한다]에 직속된 직례(直隷)의 주(州)를 보면, 예컨대 강소성 서주(徐州)와 산서성 택주(澤州)는 4개 현, 호남성 침주(郴州)는 5개 현, 사천성 가정주(嘉定州)는 6개 현, 사천성 동천주(潼川州)는 7개 현으로 되어 있었다. 작은 주의 경우에는 관할할 만한 현이 없는 경우조차 있었다.

둘째(其二)

작은 과실이 가지에 무겁게 매달리고
겹겹 등 넝쿨은 휘장을 이뤄 나직하다.
단향173) 연기는 조는 개174)에게 짙게 배고
솔방울은 어린 병아리가 쪼고 있네.175)
정감 어린 새는 자웅이 서로 사랑하고
명품 꽃176)은 자매가 가지런하다.
번화한 곳은 끝내 홍성대는 기운 있어
단연코 산 속 거처와는 같지 않으리.

細果亞枝重, 垂藤拂幔低.
檀烟熏睡犬, 松子食雛雞.
情鳥雄雌狎, 名花姊妹齊.
繁華終有氣, 端不似山棲.

전
筆校교

檀烟熏睡犬 : 檀烟이 서종당본·소수본에 沉香으로 되어 있다.

---

173) 단(檀) : 백단향(白檀香). 단향과의 반기생(半寄生) 상록 교목. 높이는 610m 가량이며
    잎은 길둥글고 줄기는 청백색에 광택이 있음. 심재(心材)는 누르스름하고 향기가 있어
    예로부터 향료로 이용되었다.
174) 수견(睡犬) : 향로(香爐)라고 보는 설이 있으나 아래 구와 대조하여 보면 맞지 않는다.
    향로 옆에서 조는 개를 말한다.
175) 송자식추계(松子食雛鷄) : 어린 병아리가 솔방울을 쪼고 있다는 뜻.
176) 명화(名花) : 중국에서는 주로 모란(牧丹)을 말한다.

왕함지[177] 내랑에게 올리다(贈汪咸池乃郎)

명리(名利) 쫓는 길손[178]이 아니기에
비실비실[179] 오월(吳越)로 향하다가,
가난한 집의 옛 친구를 찾아
울음 삼키며 사당에 배알하겠다 하였지.[180]
돌아가신 분[181]은 문장이 능해서
기골이 청신(淸新)하여 훌륭하였네.
남기신 시문은 그래도 판각을 하였다만
계수 가지는 이미 꺾이고 말았구나.[182]
그분 이름을 차마 되뇌지 못하고
그대 만나 더욱 목이 멘다오
아아, 더 말을 말자꾸나
긴 바람이 근심스런 흰 눈을 말아 올리네.

不是干時客, 零丁向吳越.
家貧訪故人, 吞聲學干謁.
先鬼能文章, 淸新好氣骨.
遺篇猶入梓, 桂枝已摧折.
不忍念姓名, 逢君滋哽咽.

---

177) 왕함지(汪咸池) : 누구인지 미상.
178) 간시객(干時客) : 당대에 있어서 명성과 이익을 추구하는 길손.
179) 영정(零丁) : 비실비실 기운이 없는 모습.
180) 탄성학간알(吞聲學干謁) : 찾아간 사람이 이미 고인이 되었으므로 울음을 삼키면서 사당에 예배한다는 뜻이다.
181) 선귀(先鬼) : 상대방의 돌아가신 어른.
182) 계지이최절(桂枝已摧折) : 계수나무 가지가 이미 꺾였다. 훌륭한 인물이 서거한 것을 비유한 말이다. 계수나무 가지를 꺾었다고 하면 흔히 과거에 급제한 것을 이르지만 여기서는 그 뜻이 아니다.

哀哉勿復言, 長風捲愁雪.

전校교 1596년(만력 24년 병신) 4월, 오현에 있으면서 지은 시.

공산목[183]을 이별하며(別龔散木)

매우(梅雨)[184]는 강가[185]를 씻고
강풍은 쌀쌀한 기운을 토하는 때,
홍정(紅亭)[186]에서 한 잔 술을 들지만
참담하여 주인도 손님도 즐겁지 않네.
하늘의 바람이 불어와 그대를 떨어뜨려
홀연 그대 돌아가는 것을 전송하여야 하다니.
노니는 자취가 번개나 그림자 같아
순식간에 번쩍여 너무도 무단(無端)해라.
그대는 "관리 노릇 괴롭죠" 말하고
나는 "길 가기 어렵죠" 탄식하며,
서로 위로하매
그 말들이 폐와 간에 스미는군.

---

183) 공산목(龔山木) : 공유용(龔惟用). 원굉도의 외삼촌으로, 원굉도보다 약간 나이가 위이
　　다. 앞에 나왔다. 1596년(만력 24년 병신), 공산목(공유용)은 공안에서 오현에 이르러 원
　　굉도를 방문하였고, 잠깐 머물다가 곧 이별하였다.
184) 매우(梅雨) : 장마. 양력 6·7월 경 양자강(揚子江) 유역에서부터 일본까지에 걸쳐 내
　　리는 장마 비.
185) 강간(江干) : 강가.
186) 홍정(紅亭) : 붉게 칠한 누정. 한유(韓愈)의 「합강정(合江亭)」 시에 "홍정이 상강 밑에
　　위치하매, 증기 일어나는 강물이 그 왼쪽에 모여든다(紅亭枕湘江, 蒸水會其坐)"라고
　　하였다.

그대와 함께일 때는 숲의 새 같이
오르거니 내리거니 날개 짓[187] 하였건만,
그대를 이별함은 여울물 같아서
동쪽과 서쪽으로 파란을 달리 하다니.
어느 때에야 한데 모여
흰머리로 춘란 향을 풍기랴[188]
부평같이 헤어져도 언젠가는 모이리
구름도 늙으면 산으로 돌아오는 법.
강 머리에 바람 불고 비까지 내려
붉은 얼굴을 쉬이 시들게 하누나.

梅雨濯江干, 江風細吐寒.
紅亭一杯酒, 慘無賓主歡.
天風吹子墮, 倏忽送子還.
遊蹤如電影, 閃爍太無端.
子曰爲官苦, 予嗟行路難.
各自相慰勞, 言言沁肺肝.
與子如林鳥, 升沉各羽翰.
別子如湍水, 東西異波瀾.
何時一合倂, 白首臭春蘭.
萍散有時聚, 雲老終還山.
江頭風日雨, 容易彫朱顔.

---

187) 우한(羽翰) : 날개. 하손(何遜)의 시(「贈韋記室黯別」)에 "날개 돋을 길 없기에, 천리
　　허공을 돌연 치고 오를 수 없네(無因生羽翰, 千里暫排空)"라고 하였다. 그 뜻과 반대의
　　시상을 말한 것이다.
188) 취춘란(臭春蘭) : 『주역』 「계사 상(繫辭 上)」의 "마음을 같이 하는 말은 그 내음이 난
　　과 같다(同心之言, 其臭如蘭)"라는 말에서 뜻을 취해 왔다.

하시일합병(何時一合倂) : 時는 패란거본에 如로 되어 있는데, 서종당본·
소수본에 의거하여 고친다.

호구(虎丘)[189]

첫째(其一)

한 조각 천인석(千人石)은
밝고 맑아 신(神)이 깃들인 듯하고,
검천(劍泉)[190]의 물빛은 다 하지 않고
꽃에 취한 사람에게 남아 있구나.

一片千人石, 瑩晶若有神.
劍光銷不盡, 留與醉花人.

1596년(만력 24년 병신), 오현에 있으면서 지은 시.

둘째(其二)

묻나니 이 바위 위의 노래는
생공(生公)[191]의 설법과 어떠한가?

---

189) 호구(虎丘) : 지금의 강소성(江蘇省) 소주시(蘇州市) 창문(閶門) 밖 산당가(山塘街)에
   있다. 오왕 부차(夫差)가 그의 부친을 여기에 장사지냈다. 장례 후 3일에 백호가 나타나
   그 바위 위에 걸터앉았으므로 호구라고 이름하였다고 한다. 호구의 중앙에는 천인석(千
   人石)이 있어, 너비가 근 2무(畝)는 되며, 남쪽에서 북쪽으로 비스듬히 기울어져 있다.
190) 검천(劍泉) : 오현(吳縣) 호구산(虎丘山)에 있는 못. 검지(劍池). 지금의 강소성(江蘇省)
   소주(蘇州)에 있다.
191) 생공(生公) : 남조 때 송(宋)의 명승 축도생(竺道生). 소주(蘇州) 호구(虎丘)에는 생공

바위가 만약 끄덕일 줄 안다면
노래듣는 일도 훤하리라.

間此石上歌, 何如生公說?
石若解點頭, 聞歌亦當徹.

聞歌亦當徹 : 亦이 서종당본·소수본에는 也로 되어 있다.

양산에 올라(登陽山)

가파른 바위는 코끼리처럼 웅크리고
마른 소나무는 기린처럼 얼룩덜룩.
학선(鶴仙)[192]은 어디 있나
용모(龍母)[193]는 과연 신묘하군.
굴혈에는 말하는 짐승 있다지만
바위는 도무지 사람에게 말 걸지 않네.
오궁(吳宮)이 영락하고 말았으니
지난 자취는 어느 것이 참인가?

  석(生公石)이 있는데, 생공설법석(生公說法石), 혹은 천인석(千人石)이라고 한다. 축도
생(竺道生)이 이 바위 위에서 설법하여 천명이 들었다고 하여 생공설법석이라는 이름
이 붙은 것이다.
192) 학선(鶴仙) : 학을 타고 떠난 신선.
193) 용모(龍母) : 원굉도의 산문 「양산(陽山)」에 따르면, 양산 아래는 백룡사(白龍祠)로, 동
  진 때 흰 옷 입은 늙은이가 민가에 투숙하여 하룻밤을 지내고 갔는데, 민가의 딸이 마
  침내 잉태하여 뒤에 한 마리 흰 용을 낳았다는 전설이 있다고 한다. 용은 머리의 뿔이
  완연하여 구물구물 승천하였으므로 그 여자는 마침내 놀라서 기절하였다고 하며, 산
  아래에 용모총(龍母塚)이 있어서 지방 사람들이 제사를 지낸다고 하였다.

巉石蹲如象, 枯松駮似鱗.

鶴仙何處是, 龍母果然神.

穴有能言獸, 巖多不語人.

吳宮零落盡, 蹤跡果誰眞.

전교 1596년(만력 24년 병신) 6월, 오현에 있으면서 지은 시. 원굉도는 감재(勘災
: 재난의 현황을 조사함)하러 이곳에 이르렀다.

○ 양산(陽山) : 오현 서북에 있다. 일명 진여항산(秦餘杭山)이라고도 하고 일명 만
안산(萬安山)이라고도 한다. 본서 권4 「유기(遊記)」 가운데 「양산」은 곧 이 감재(勘
災) 때의 일을 기록한 것인데, "양산에 높이 솟아 있는 여러 산은 길이가 수십 리에
달하며, 두 현에 나뉘어 속해 있다. 산 아래가 백룡사(白龍祠)이다. …… 금년 6월,
한발이 심해 재앙으로 되었으므로, 내가 강진지(江進之)와 함께 태부(太府)를 따라
백룡사 아래서 영험을 빌었다"라고 하였다.

○ 鶴仙何處是 : 何가 서종당본에는 可로 되어 있다.

서참의[194] 동산의 정자에서 술을 마시며(飮徐參議園亭)

옛 길은 허공에 굽어 돌아나고
아스라한 교량은 세찬 물 위로 나 있는데,
약초밭에는 비스듬히 울타리 쳐 있고
산열매[195]는 변환하여 맺혀 있네.
갸우숫[196] 하늘 모양이 깨져 있고
영롱하게 바위 모습 맑구나.
떠도는 물고기와 지친 새

---

194) 서참의 : 참의로 있는 서정과(徐廷祼).
195) 산자(山子) : 산열매. 주목왕(周穆王)의 팔준마 가운데 하나의 이름이 산자(山子)라고
하지만 여기서는 그것을 가리키는 것이 아니다.
196) 의측(敧側) : 한쪽으로 쏠린 듯 비스듬한 모습.

하나하나 그윽한 심정을 보네.197)

古徑盤空出, 危梁濺水行.
藥欄斜布置, 山子幻生成.
欹側天容破, 玲瓏石貌淸.
游鱗與倦鳥, 種種見幽情.

1596년(만력 24년 병신), 오현에 있으면서 지은 시.

병들어 있으면서 중추에 연일 내리는 비를 바라보다가, 강진지에게
서신을 대신하여 보낸다(病中見中秋連日雨, 東江進之)

비결과 약 처방을 책상머리에 가득 두고
청환(靑鬟)198) 둘을 끼고 작은 누에 앉았는데,
질척질척 뒤숭숭하게 굳은 비 사흘
어둡고 침침해라 한 해의 중추.199)

禁方藥帙滿床頭, 雙挾靑鬟坐小樓.

---

197) 종종견유정(種種見幽情) : 하나하나 모두 고요한 심정을 담고 있음을 본다는 말. 유정
(幽情)은 고요한 심정, 풍아(風雅)의 정회. 반고(班固)의 「서도부(西都賦)」에 "원컨대 손
님들이 옛날을 그리워하는 품은 정념을 드러내시고, 옛 사람을 사모하는 고요한 심정
을 그대로 표현하시길 바랍니다(願賓攄懷舊之蓄念, 發思古之幽情)"라고 하였다. 왕희
지(王羲之)의 시(「三月三日蘭亭詩序」)에 "한 번 마시고 한 번 읊조리는 것도 역시 고
요한 심정을 활달하게 펴나갈 수 있네(一觴一咏, 亦足以暢敍幽情)"라고 하였다.
198) 청환(靑鬟) : 젊은 여인을 말함.
199) 골골(滑滑) : 본래는 물이 콸콸 흐르는 모습이란 뜻으로 쓰이는데, 여기서는 음침하고
어둡다는 뜻으로 쓰였다.

疾疾愁愁三日雨, 昏昏涓涓一年秋.

전
筆校교
1596년(만력 24년 병신), 오현에 있으면서 지은 시. 『거오칠독걸개고(去吳七牘乞改稿)』 권2에 의하면, 원굉도는 이해 8월 13일 이후로 학질을 앓았다.

유생에게 써 주다(題劉生)

한강(韓康)²⁰⁰)이 일찍 이름 피한 걸 사랑하지 않고
그가 늘그막에 정 많음을 깨우친 걸 사랑하노라.
가락을 조율하여 노래 소리가 피리 소리 같구나
연석(宴席)에서 부르는 노래는 〈유생(劉生)〉이란 옛 곡.

不愛韓康早避名, 愛他垂老解多情.
調得歌兒聲似管, 當筵唱出是劉生.

1596년(만력 24년 병신), 오현에 있으면서 지은 시.
○ 유생의 이름은 미상이다. 시의 마지막에서 말한 '유생'은 한나라 횡취곡(橫吹曲) 이름이다. 『악부시집』에 나와 있다. 쌍관(雙關)의 어의를 사용하였다.
○ 서종당본에는 이 시가 실려 있지 않다.

---

200) 한강(韓康) : 후한 때 패릉(覇陵) 사람. 일명 염휴(恬休). 자는 백휴(伯休). 장안의 저자에서 삼십년 동안 약을 팔되, 값을 달리 하지 않았다. 어떤 여자가 한강에게 약을 사다가, 값을 깎아주지 않자 "그대는 한백휴가 아닌가요? 그런데도 값을 깎아주지 않나요?"라고 성을 내었다. 한강은 "나는 이름을 피하고자 하였거늘, 지금 구구한 여자도 모두 내가 누구인 줄 알고 있으니, 약은 팔아서 무엇하는가?"라고 탄식하고는 패릉 산 속에 은둔하였다. 한강매약(韓康賣藥)의 성어가 있다. 『후한서』 「일민전(逸民傳)」 '한강(韓康)'에 나온다.

도석궤 형제가 멀리서 방문하였다. 시를 이별의 증표로 준다(陶石簣
兄弟遠來見訪, 詩以別之)

다섯 걸음마다 꽃 하나 피고
열 걸음마다 꽃 하나 날듯 하니,
모르겠네 어느 집 자제가
맑은 자태를 흠씬 토하는지.201)
승려 같이 담박하고 매임 없는 풍격에202)
선비처럼 맑고 깨끗하여 위엄이 있군.203)
손에는 백옥 털이204) 들고
몸에는 옅은 색 옷을 걸치곤
창문(閶門)205)을 성큼성큼 들어와선
우선(羽扇)을 부치며206) 섬돌에 올라서는데,
동복(僮僕)들도 모두 늠름하며
하나같이 똑똑하고 풍성하다.
혹자는 이 이를 산인(山人)이라 하고
혹자는 성상사(星相師)207)라 하고
혹자는 향리의 자제라 하더니
소문이 잘못이었음을 깨달았네.

---

201) 울울토청자(鬱鬱吐清姿) : 문채(文彩)가 풍부한데다가 청수(清秀)하여 출중(出衆)한
 용모를 지녔음을 말함.
202) 염담승표격(恬淡僧標格) : 승려처럼 청정무위(清淨無爲)의 풍도(風度)의 지니고 있음
 을 말함. 표격(標格)은 풍범(風範)·풍도(風度).
203) 소쇄사위의(瀟洒士威儀) : 선비처럼 얽매임 없이 탈속하여 사람에게 숙연하게 공경의
 뜻을 일으키게 하는 용모를 지녔음을 뜻함.
204) 백옥주(白玉麈) : 자루가 백옥으로 만들어진 털이.
205) 창문(閶門) : 집의 문, 혹은 소주(蘇州)성 서쪽의 북쪽에 임한 성문.
206) 회우(揮羽) : 우선(羽扇)을 부침. 조식(曹植)의 「투계(鬪鷄)」 시에 "우선을 부쳐 맑은
 바람을 맞는다(揮羽邀清風)"라는 구절이 있다.
207) 성상사(星相師) : 별의 운행을 보고 길흉화복을 점치는 사람.

성명을 적은 명함208)이 아니라

주섬주섬 접은 짧은 종이를 내미네.

읍례 하곤 곧바로 상(床)에 올라

대강 의례적인 인사를 마치고는,209)

손을 잡더니 병 문안은 하지 않고

배 움켜쥐고 배고프다 말할 뿐.

기장밥과 닭을 준비하라210) 아이를 부르고

물고기 삶으라고 소처(小妻 : 첩)에게 일러두니,

광장설(廣長舌)을 펼치는데211)

기세가 드세어212) 말을 제어하기 어려워라.

인간세상 바깥의 이치를 연구하려면

먼저 세상의 의문을 해부하여야 한다나.

오행213)은 왜 서로 인연하여 생겨나나?

하늘은 왜 높고 땅은 왜 낮은가?

고니는 왜 희고 까마귀는 왜 검은가?

---

208) 통자(通刺) : 명함. 자(刺)는 명자(名刺), 명편(名片).

209) 초초한훤이(草草寒喧而) : 서둘러 대충 인사를 마치다. 한훤(寒喧)은 계절 인사와 같
    은 의례적인 인사. 而는 끝낸다는 뜻.

210) 설서(設黍) : 기장밥과 닭 요리인 계서(鷄黍)를 준비함. 한 노인이 공자의 제자 자로
    (子路)를 집에 머물게 하고 기장밥과 닭 요리를 해 준 데서, 계서(鷄黍)라고 하면 손님
    을 접대하는 말로 쓰임.

211) 광장설유상(廣長舌有象) : 광장설상(廣長舌相)이 있다. 광장설, 즉 장광설을 펼친다는
    뜻. 象은 相과 같다. 광장설상은 부처님의 32상(相) 가운데 제27상으로, 혀를 말함. 부처
    의 혀가 넓고 길고 부드럽고 연하며 붉고 엷어서 능히 얼굴을 덮고 머리카락 끝까지
    이른다고 한다. 대설상(大舌相)이라고도 한다. 『지도론(智度論)』에 보면, "설상이 이와
    같기에, 말이 반드시 진실하다(舌相如是, 語必眞實)"라고 하였다. 뜻이 변하여, 쉴 새
    없이 말을 쏟아내는 것을 말한다. 현대에는 주로 장광설(長廣舌)로 표기한다.

212) 돌올(突兀) : 본래는 높이 솟은 모양. 여기서는 기세가 높고 센 모양.

213) 오행(五行) : 진(秦)·한(漢) 이래 음양오행가(陰陽五行家)들이 金·木·水·火·土를
    오덕(五德)이라고 칭하고 그 오덕 때문에 오행이 각각 자연의 덕성(德性)을 갖게 되었
    다고 하였다. 木生火, 火生土, 土生金, 金生水, 水生木의 관계를 특히 상생(相生)이라
    고 한다.

해와 달은 왜 차고 기우나?

생(生)은 어떻게 하여 오는가?

죽음은 어떻게 하여 돌아가나?

하늘은 어찌하여 기뻐하나?

귀신은 어찌하여 슬퍼하나?

미세한 일까지 연구하지 않은 것 없고

메아리치듯 답하는 말이 모두가 기이해라.

다만 남의 좋고 나쁘고214)는 언급조차 않으니

그런 것은 도무지 세세한 조각말일 뿐이기에.

현지(玄旨)215)를 사흘 간 탐구하였고

청언(淸言)216)으로 사지(四肢)를 활달하게 하였네.

그대의 조예 깊음이 사랑스러우나

나는 지쳐 비장을 상할까 두려웠기에,

한 해 내내 같이 하지를 않고

우선 닷새만에 헤어졌지.

궁(宮)217)에 들어가 서자(西子 : 西施)의 유적을 심방하고

물을 건너 치이(鴟夷 : 伍子胥)218)를 조문하였다나.

---

214) 장부(臧否) : 포폄(襃貶). 인물의 우열을 논함.

215) 현지(玄旨) : 심오한 뜻. 보통 노장(老莊)의 도리를 말함.

216) 청언(淸言) : 청담(淸談). 단, 명말 청초에는 청언이 유행하여 각종 청언집이 엮여져
나오기도 하였다. 명청의 청언은 격언이나 경구와 같이 짧은 문장 속에 삶의 원리를 표
현한 잠언(箴言) 문학을 형성하였다. 명청의 청언은 예술성이 풍부한 문학적 표현 속에
처세나 생활의 교훈, 예술과 심미의 취향, 자연과 어우러진 삶의 기쁨을 닮은 것이 많
다. 청어는 빙언(氷言)·운어(韻語)·냉어(冷語)·청화(淸話)·어록(語錄)이란 명칭으로
도 이름 하였다.

217) 궁(宮) : 관왜궁(館娃宮). 오왕 부차(夫差)가 서시(西施)를 위해 쌓았다는 피서궁. 오현
(吳縣) 서남쪽 영암산(靈巖山)에 있다. 오 땅에서는 미인을 왜(娃)라고 부른다.

218) 치이(鴟夷) : 오자서(伍子胥). 오사(伍奢)의 둘째 아들인데, 오사가 초(楚)나라에서 살
해 된 후에 정(鄭)나라를 거쳐 오(吳)나라로 도망하여 오왕 합려(闔閭)를 보좌하여 초나
라를 깨뜨렸다. 부차(夫差)가 즉위한 후 태재(太宰) 백비(伯嚭)의 참언을 입어 자결을
명령받았다. 죽기 전에, 자신이 죽으면 눈알을 뽑아 오나라 동문에 걸어 오나라가 월나

일흔 두 개의 나계(螺髻 : 산)와

삼만 육천 개의 파리(玻璃),[219]

산수가 이미 기이한 맞수이니

서로 영원히 의지[220]할 수 있으리라고

만일 중동(重瞳 : 舜)[221]의 사위[堯] 같다면

아황(娥皇)·여영(汝英)[222]을 비로 맞았으리.

또한 조아만(曹阿瞞 : 曹操)[223] 같다면

살아서 귀 큰 아이[劉備][224]를 만났으리라.

석공산(石公山)[225]은 높고도 예스럽고

라에게 멸망당하는 꼴을 보게 해달라고 집안사람에게 말하였다. 이 때문에 부차는 그
의 시신을 치이(鴟夷), 즉 말가죽에 싸서 강물에 던졌다.

219) 칠십이나계, 삼만육파리(七十二螺髻, 三萬六玻璃) : 나계(螺髻)는 산, 파리(玻璃)는 유
리(琉璃). 태호(太湖) 안의 동정산(洞庭山)에는 봉우리가 많아 모두 72개라는 말이 있고,
태호의 수면은 청정하고 반짝하여서 유리라는 말이 있다. 원중랑이 기록한 「유기(遊記)」
인 '서동정(西洞庭)'에 보면 "산 빛은 72가지요 호수 빛은 3만 하고도 6천 이랑이니, 층
층 봉우리는 겹겹이 막아섰고, 출몰하는 비취 빛 파도는 하늘에 닿아 흰색을 뿜어내고,
대지를 뽑아내어 푸른색을 꽂으니, 이것이 산수가 서로 자득하는 승경이다"라고 하였
다. 태호에 산봉우리가 72개이고, 태호의 호수 면적은 대략 3만 6천 이랑이라서 그렇게
말한 것이다.

220) 인의(因依) : 서로 의지함. 완적(阮籍)의 「영회시(詠懷詩)」에 "회오리바람이 방안에 불
어오니, 겨울새와 서로 의지하네(廻風吹四壁, 寒鳥相因依)"라고 하였다.

221) 중동(重瞳) : 순(舜). 『사기』 「항우전찬(項羽傳贊)」에, "내가 주생(周生)에게 듣자니, 순
임금의 눈은 대개 중동이라고 한다"라고 하였다.

222) 황영(皇英) : 순임금의 딸이자 요임금의 비인 아황(娥皇)·여영(汝英).

223) 조아만(曹阿瞞) : 조조(曹操). 어려서 이름이 아만이었다. 조만(曹瞞)이라고도 부른다.

224) 대이아(大耳兒) : 유비(劉備). 『삼국연의(三國演義)』에 보면, 유비는 두 귀가 어깨에까
지 닿았고 두 팔이 무릎까지 늘어졌다고 하였다. 강에서 어떤 노인으로부터 '귀 큰 놈
아'라고 불리고, 그 노인을 강에 건네 준 뒤, 다시 원래의 곳으로 가서 짐까지 찾아 건
네주어, 은공을 곱절로 하였다는 고사가 있다. 또『삼국연의』를 보면 여포가 죽기 전에
조조·유비와 대면한 백문루(白門樓, 제19회) 장면에서, 여포는 일찍이 원술이 공격하
였을 때 자신이 유비를 지키기 위해 원문(군문)의 창을 화살로 쏘고 양군을 화해시켰던
일(제16회)을 환기시키면서, "이 귀 큰 놈아, 원문(轅門)에서 창을 쏘아서 네 목숨을 구
해 준 옛 일을 잊었느냐(大耳兒, 不記轅門射戟時耶)"라고 하였다.

225) 석공(石公) : 동정(洞庭) 서산의 한 봉우리가 호수에 들어간 것을 석공산이라고 부른
다. 원굉도는 뒤에 석공이라고 호하였다.

임옥동(林屋洞)226)은 텅 비어 노래 소리 울려나고,

옥(玉)은 소하만(消夏灣)227)에 둘러 있고

물은 천인기(千人磯)를 할퀴었다네.

물결 머리에 여염집이 위태롭게 매달렸고

집 밑에는 교룡과 이무기의 비린내가 풍겨나며,

산귀신은 덩굴 붙잡고 나오고

교인(鮫人)228)은 난간 곁에서 살폈다네.

낮은 것은 자라와 악어의 형상이고

서 있는 것은 코끼리와 물소의 모습.

깊숙한 것은 바다 밑으로 뚫고 들어갔고

높은 것은 구름다리를 밟고 올라갔으며,

녹색 귤과 황감(黃柑) 나무

청우 사당[도관]과 백마 사당[절]229)이 널렸는데,

토민은 햇과일을 올리고

시골 여인은 산 닭을 바친다는군.

멋진 일이 하도 많아 기억하기 어려우니

명산은 가보면 비로소 알 것이라나.

사흘 동안 표묘산(縹渺山)230)을 다 보고

---

226) 임옥동(林屋洞) : 동정 서산에 있는 동산(洞山)이다. 도가서에 '십대동천(十大洞天)'이 있는데 그 가운데 임옥(林屋)이 아홉 번째 동천이다.

227) 소하만(消夏灣) : 동정 서산 표묘봉(縹緲峯) 남쪽에 있다. 만은 십여 리쯤 되며, 삼면이 모두 산이고 남쪽만 문처럼 열려 있다. 전하는 말에 오왕(吳王)이 피서하던 곳이라고 한다.

228) 교인(鮫人) : 인어.『술이기(述異記)』에 보면, 남해에 교인이 사는데, 마치 물고기처럼 물에서 생활하며 비단 짜는 일을 그치지 않는데, 그의 눈물은 진주가 된다고 하였다.

229) 백마사(白馬祠) : 후한 때 광무제의 아들인 명제(明帝) 유장(劉藏)은 유학을 중시해서, 친히 벽옹(辟雍)에 왕림하여 강학(講學)하는 한편, 승려나 사찰사를 파견하여 천축(天竺)에 가서 불경과 불상을 구해 오게 하기도 했다. 그는 낙양(洛陽)에 백마사(白馬寺)라는 절을 세웠는데, 이것이 중국에 불교가 전래된 시초라 한다. 이후, 백마사라고 하면 절을 가리킨다.

하루 비가 내리자 막리산(莫釐山)231)을 등지고선,

돌아와 내게 말하길

산수가 잘 생긴 남자232)처럼 보였다 하네.

형님[도망령]233)은 구십, 백 살의 나이,234)

아우[도석령]235)는 스무 편의 시를 지었는데,

글자마다 실제 자취를 전하고

어구마다 광채를 발하누나.

진정한 작자를 찾기 어려울 뿐 아니라

진정한 독자도 응당 드문 법.

앞의 물음을 정리하여 이야기를 마치고

훗날을 기약하자니 근심스러운데,

다시 적금자(赤金子 : 구리 종)로

나의 흰 솜 망치를 시험하였지.236)

염화시중(拈花示衆)237) 부처님 웃음처럼 아리땁고

---

230) 표묘(縹緲) : 동정 서산의 최고봉. 표묘봉이라고 한다.

231) 막리(莫釐) : 동정 동산의 최고봉으로, 막리봉이라고 한다. 동정의 동산도 역시 막리산이가고 한다.

232) 수미(鬚眉) : 수염과 눈썹. 남자의 아름다움을 말함. 여기서는 원굉도를 가리켜 한 말인 듯하다.

233) 장송(長公) : 여기서는 도망령(陶望齡)을 가리킨다.

234) 기(紀) : 12년을 말한다. 8 · 9기는 결국 구십 · 일백을 말한다.

235) 숙자(叔子) : 아우. 여기서는 도망령(陶望齡)의 아우 도석령(陶奭齡)을 가리킨다.

236) 환장적금자, 시아백면추(還將赤金子, 試我白綿鎚) : 적금자는 아마도 팔음(八音)의 하나인 종(鐘)이나 영(鈴) 따위를 가리키는 듯하다. 백면추(白綿鎚)는 백추(白鎚) · 백추(白椎)를 가리키는 듯하다. 불교의식에서 법당을 열고 불사를 할 때에 먼저 종을 한 번 치고 사람들을 안정(安靜)시킨 다음 여러 사람에게 고하는 것을 백추(白椎)라고 한다. 혹은 백면추(白綿鎚)는 흰 솜으로 만든 망치를 가리키는 듯하다. 무공추(無孔鎚), 즉 무공철추(無孔鐵鎚)가 힘이 없어 흰 솜으로 만든 것 같음을 말한 듯함. 무공철추는 손 델 데가 없으므로 언어(言語)나 사량(思量)으로는 미칠 수 없는 향상사(向上事)의 단적(端的)을 비유한다. 정식(情識)을 떠나 언어에 구애되지 않는 설법을 비유한다. 그렇다면 백면추는 미약한 설법을 말하는 것이 된다. 어쨌든 여기서는 도망령 형제가 불학(佛學) 가운데 어떤 문제를 가지고서 원굉도의 선학(禪學)의 깊이를 시험하였다는 뜻이다.

237) 염화시중(拈花示衆) : 심심상인(心心相印). 석가가 영산(靈山) 회상(會上)에서 꽃을 꺾

잎을 따서 아이 울음 그치게 하듯 하네.[238)

자색 호견(胡犬)을 발로 쳐죽이고

서하(西河) 사자를 발로 쳐 거꾸러뜨리는 격.[239)

어 뭇사람에게 보이자, 오직 가섭(迦葉)이 파안미소(破顔微笑)하니, 석가는 교외별전(敎外別傳)을 가섭에게 맡긴다고 하였다고 한다. 당나라 덕종 말기에 금릉(金陵)의 사문(沙門) 혜거(慧炬)가 『보림전(寶林傳)』을 지으면서 이 사실을 처음 기록하여 전한다. 『종문잡록(宗門雜錄)』에 보면, 왕안석(王安石)이 한원(翰苑)에 있을 때 『대범천왕문불결의경(大梵天王問佛決疑經)』 3권에서 염화시중(拈花示衆)의 고사를 보았다고 하였다. 가섭은 불교의 장로(長老)로 일컬어지며, 선종은 그를 서토 이십팔조(西土二十八祖)의 시조로 삼는다.

238) 지아제(止兒啼) : 우는 아이의 울음을 그치게 하기 위하여 노란 나뭇잎을 황금이라고 속이는 일. 지제전(止啼錢). 방편설(方便說)을 말함. 『열반경(涅槃經)』과 『종용록(從容錄)』에 나온다. 『고존숙어록(古尊宿語錄)』에 보면, 승려가 선종의 6조 혜능(慧能)의 재전제자(再傳弟子)인 마조(馬祖)에게 "화상께서는 어째서 즉심즉불(卽心卽佛)을 설하십니까?"라고 묻자, 마조는 "아이의 울음을 그치기 위해서이다"라고 하였다. 다시 그 승려가 "아이의 울음을 그치게 하여 어쩌자는 것입니까?"라고 하자, 마조는 "마음도 아니고 부처도 아니다(非心非佛)"이라고 답하였다고 한다.

239) 궐쇄자호견, 척도서하사(蹶殺紫胡犬, 踢倒西河獅) : 자색 호견(胡犬)은 서역의 승려, 즉 고승(高僧) 혹은 조사(祖師)를 가리키고, 서하사(西河獅)는 부처를 가리키는 듯하다. 이 구절의 뜻은 도망령 형제가 불교의 이치에 정통하여 학식이 풍부한 고승도 굴복시키고, 형체의 부처 그 자체도 초월하였다는 뜻이다. 당나라 말기의 혼란한 시대에 활동한 임제의현 선사는 많은 젊은이들에게 단호하게 자기 자신을 믿을 것을 강조하여, 『임제록』에서 "수행자 여러분! 그대, 내 앞에서 법문을 듣고 있는 그대, 우리들이 조상처럼 섬기는 부처와 조금도 다름이 없건만 믿지 못하고 밖으로만 향한다. 아서라"라고 말하였다. 수행자 자신이 부처와 다름이 없다는 말은, 마조선사 이래 전해오는 '마음이 부처'라는 말을 달리 표현한 것이다. 임제 선사는 자신의 본래성은 부처와 다름이 없다는 것을 강조하여, "시방 삼세 부처님과 조사들도 오로지 법을 구하기 위하여 세상에 나오셨고, 지금 참구하여 도를 배우는 사람들도 법을 구하기 위할 뿐이니, 법을 얻어야 비로소 끝나고 얻지 못하면 예전대로 다섯 갈래의 윤회에 떨어진다"라고 하였으며, 심법(心法) 곧 마음자리의 법[心地法]을 얻으라고 설교하였다. 그런데 임제선사는 이 '심지법'을 마음 밖에서 따로 구하지 말라고 하여, 밖에서 구하려는 이들을 염소나 양이 입에 닥치는 대로 먹어치우는 것에 비유하기도 하였다. 그렇다고 밖에서 구하지 말라는 말을 듣고는 안에 무엇이 있다고 해서도 안 된다고 경계하여, "대덕들이여! 내가 밖에 법이 없다고 말하면 공부하는 이들은 알아듣지 못하고 안으로 알음알이를 내어 벽을 보고 앉아서 위 잇몸에 혀를 찰싹 붙이고 꼼짝 않고 담담히 앉아 있다. 그리고는 이것이 조사 문중의 불법이라고 여기는데 정말 잘못이다"라고 하였다. 철저한 주체성에 입각한 임제 선사로서는 움직이지 않는 청정의 상태에도 안주하지 않는다. 부처를 완전한 경지라고 여기지 말라는 충고도 이런 입장에서 나오는 것이다. 무엇이든 내면화되

바위를 때리니 원래 대가 없고

도를 깨달으매 가지에 복숭아가 떨어지고 없네.[240]

한 바탕 동철(銅鐵)같은 말이

일만 인(仞)의 화살과 칼끝 같은 기봉(機鋒)[241]을 갖추었네.

병자인 나는 발작하는 일이 줄어들고

손님은 즐거워서 피로함을 잊었으니,

십여 일을 머물렀지만

마음으로는 하루 여섯 시각[242]보다 짧아라.

대장부의 한 방울 눈물은

옥구슬[243]보다 귀하거늘 뒤얽혀 떨어지다니.

어 고정되면 그것은 도리어 어디에 얽매이지 않는 수행인[無依道人]을 달아매는 말뚝이 되고 만다. 임제선에서는 그런 부자유는 용인되지 않는다. 임제가 하북부의 주지사인 왕상시와 관료들 앞에서 처음 개당설법을 하면서 "허공에 말뚝 박지 말라"고 고함을 친 것도 이런 기상을 드러내 보이는 것이다. 이런 그에게 부처를 내면화시키고 절대화시키는 일은 있을 수 없는 일이다. 그러나 당시 당나라 말기의 젊은 선승들은 자신감을 잃고 부처에 의지하고 유명하다는 종사들에 의지하여 이리저리 설법을 들으러 몰려다녔다. 이들을 향해 임제는 말한다. "그대들은 부산하게 제방을 쏘다니며 무엇을 구한다고 발바닥이 판대기가 되도록 밟고 다니느냐? 구할 부처도 없고, 이룰 도도 없고, 얻을 부처도 없다." 임제 선사는 남의 말 듣기보다는 당사자 본인이 철저하게 깨칠 것을 강조한다. 임제는 또 이렇게 말한다. "도를 배우는 이들이여! 법다운 견해를 터득하려면 남에게 휘둘리지 않기만 하면 된다. 안에서나 밖에서나 마주치는 대로 죽여라. 부처를 만나면 부처를 죽이고, 조사를 만나면 조사를 죽이고, 나한을 만나면 나한을 죽이고, 부모를 만나면 부모를 죽이고, 친척 권속을 만나면 친척 권속을 죽여야만 비로소 해탈하여 사물에 구애되지 않고 투철히 벗어나 자유자재하게 된다. 도를 배운다는 제방 납자들치고 사물에 의지하지 않고 나온 사람이란 하나도 없다." 임제선사는 당시 선사들이 '경박스럽게 제방의 장로들에게 인가를 받아 가지고 나는 선을 알고 도를 안다고 나불거리는' 것을 경고하고, 바른 안목과 자신의 깨달음을 중요시하였다.

240) 오도공유지(悟桃空有枝) : 오(悟)는 불교의 깨달음을 말한다. 이에 비하여 학적 지식을 신(信)이라고 말하니, 신(信)은 깨달음에 이르는 수단이다. 그래서 『양고승전(梁高僧傳)』에 보면, "깨달음이 열리고 믿음이 교체되는 것이 이치상 저절로 그러하니, 마치 과실이 익으면 저절로 떨어지는 것과 같다(悟發信謝, 理數自然, 如果就自零)"라고 하였다. 도(桃)는, 즉 신(信)이 익은 것인 신만(信滿)을 말한다.

241) 기(機) : 기관(機關). 진리에 계합(契合)하는 조짐.

242) 육시(六時) : 불교에서 주야 육시를 말한다. 여기서는 밤과 낮의 하루.

243) 주기(珠璣) : 기친 옥과 진주. 둥근 옥과 선수를 수(珠)라 하고 둥글지 않은 옥과 진주

오늘 이별을 맞아
서로 돌아보며 눈물을 줄줄 흘리노라.
가고 가고 또 가고 가면[244]
오강(吳江)에는 낙조가 낮게 드리우리.

五步一花開, 十步一花飛.
不知誰家子, 鬱鬱吐淸姿.
恬淡僧標格, 瀟洒士威儀.
手提白玉麈, 身披淺色衣.
徒步入闍門, 揮羽上塔墀.
僮僕盡魁偉, 一一晢而肥.
或言是山人, 或言星相師.
或云鄕里子, 聞聲始覺非.
通刺無姓名, 短紙摺不齊.
一揖遽登床, 草草寒喧而.
執手不問病, 捧腹但言饑.
設黍呼兒子, 蒸魚命小妻.
廣長舌有象, 突兀語難羈.
欲窮人外理, 先剖世間疑.
五行何因起? 天地何高卑?
鵠烏何白黑? 日月何盈虧?
生胡然而至? 死胡然而歸?
天胡然而喜? 鬼胡然而悲?
事無微不究, 語無響不奇.
獨不及臧否, 一切細碎詞.

를 기(磯)라고 한다.

244) 거거부거거(去去復去去):「고시십구수(古詩十九首)」의 '行行重行行'의 구법을 따랐다.

玄旨窮三日, 淸言暢四肢.
愛君深入理, 恐我倦傷脾.
未作經年別, 先爲五日辭.
入宮尋西子, 涉水弔鴟夷.
七十二螺髻, 三萬六玻璃.
山水旣奇敵, 相得永因依.
有如重瞳郎, 配合皇英妃.
又如曹阿瞞, 生逢大耳兒.
石公貌高古, 林屋洞傾歌.
玉遶消夏灣, 水齧千人磯.
浪頭懸閶里, 屋底腥蛟螭.
山鬼攀蘿出, 鮫人傍檻睎.
卑者如黿鼉, 立者如象犀.
幽者穿海底, 高者躡雲梯.
綠橘黃柑樹, 靑牛白馬祠.
土人進新果, 鄕女貢山鷄.
勝事紛難記, 名山到始知.
三朝盡縹渺, 一雨負莫釐.
歸來爲我言, 山水見鬚眉.
長公八九紀, 叔子二十詩.
字字傳實跡, 語語發光輝.
不獨作者難, 讀者亦應稀.
譚罷理前問, 愁來申後期.
還將赤金子, 試我白綿鎚.
拈花憐佛笑, 摘葉止兒啼.
蹴殺紫胡犬, 踢倒西河獅.
擊石原無竹, 悟桃空有枝.

一番銅鐵語, 萬仞箭鋒機.
病得發而減, 客以樂忘疲.
流連十許日, 情短六箇時.
丈夫一滴淚, 錯落貴珠璣.
今日若爲別, 相顧浩漣洏.
去去復去去, 吳江落日低.

1596년(만력 24년 병신) 9월, 오현에 있으면서 지은 시. 이때 병석에 누워 있다가 조금 나았다.

○ 도석궤(陶石簣) : 도망령(陶望齡). 자는 주망(周望)이고, 호가 석궤이다. 회계(會稽) 사람이다. 1589년(만력 17년) 회시(會試)에서 일등을 하였고 정시(廷試)에서 3등을 하였다. 처음에 한림원 편수를 제수 받았고, 뒤에 국자감 제주(國子監祭酒)로 관직 생활을 마쳤다. 강학으로 이름이 있었다. 『헐암집(歇菴集)』이 있다. 『명사』 권216에 전(傳)이 있다. 아우 도석령(陶奭齡)은 자가 공망(公望)이고, 또 다른 자는 군석(君奭)이며, 호는 석량(石梁)이다. 1603년(만력 31년)에 처음으로 거인(擧人)에 합격하였는데, 이 당시에는 아직 제생(諸生)이었다. 형 도망령과 함께 강학으로 이름이 있었다. 『회계현지(會稽縣志)』 권17에 전(傳)이 있다. 도씨 형제는 이때 오현에 이르러 원굉도를 방문하였는데, 원굉도는 병을 앓고 있었음에도 불구하고 탑(榻)에 의지하여 사흘이나 담화하였고, 또 7일째는 동정(洞庭)의 남산에 노닐었다. 이렇게 십여 일을 머문 뒤 헤어졌다. 도망령 『헐암집(歇菴集)』 권13에 「유동정기(遊洞庭記)」가 있다. 도망령도 공안의 시림(詩林)에 들어갔다. 전겸익(錢謙益)의 『열조시집소전(列朝詩集小傳)』 「정집 하(丁集 下)」에서 그의 시를 논평하여 "왕(왕세정)·이(이반룡)의 묵은 구습을 씻어버리고, 청신(淸新)함을 지켰다"고 하였다.

○ 不知誰家子 : 家는 패란거본에 中이라 되어 있으나, 서종당본·소수본에 의거하여 고친다.

○ 身披淺色衣 : 淺은 소수본에서 波로 되어 있다.

○ 蹴殺紫胡犬 : 紫는 서종당본·소수본에 子로 되어 있다.

젊은 왕랑 노래. 왕유도를 위해 짓다(少王郎, 爲王幼度作)

찬 기운은 산처럼 밀려오고 서리 또한 무거운데
붉은 누각의 은 글자 편액245)은 새벽 내내 혼들리네.
생황 부는 열다섯 살의 젊은 왕랑이여
푸른 오동 가지를 잡아 채색 봉황을 묶었구나.246)
적삼 훌렁 벗고 소탈해서 손님 · 주인을 따지지 않고
푸른 연기를 잔뜩 쥐어 흰 떨이에서 뿜어낸다.247)
금로(金爐)는 푹푹 소리내어 사자(獅子)가 오열하듯 하고
두툼한 초는 쌍으로 타올라 부용(芙蓉)을 토해내듯 하네.
유화(乳花 : 차의 포말)248)는 흰 눈처럼 봄 향기를 떨구고
물시계 눈금249)의 시각은 얼마 안 남았어도 정은 길어라.
서시(西施)250)가 월나라로 돌아가 이광(夷光)251)이 죽자
앵무(鸚鵡)는 혼을 잃고 원앙은 애끊었지.

---

245) 은제(銀題) : 은 글자로 쓴 편액.
246) 수닉청오전채봉(手搦靑梧拴綵鳳) : 푸른 오동나무 가지의 형상을 한 피리에 채색한 봉황이 그려져 있음을 가리키는 듯하다.
247) 만악청연분백주(滿握靑煙噴白麈) : 피워둔 향의 푸른 연기를 흰 털이로 털어서 잔뜩 뿜어낸다는 뜻인 듯하다.
248) 유화(乳花) : 차(茶)의 거품.
249) 백각(百刻) : 물시계 눈금. 하루를 1백 각으로 하였다. 육기(陸機)의 「누각부(漏刻賦)」에 "한 화살침으로 주야를 헤아리니, 백각을 끌어안아 빠르게 뜨는구나(度晝夜乎一箭, 抱百刻以駿浮)"라고 하였다.
250) 서시(西施) : 본래 춘추시대 월왕(越王) 구천(句踐)의 애첩(愛妾)이었는데, 구천(句踐)이 오나라에게 패하고 회계(會稽)에서 가까스로 사직을 보존하고 있을 때, 범려(范蠡)가 서시를 오왕(吳王) 부차(夫差)에게 주어서 부차의 마음을 혼란시켜 오나라를 망하게 했다. 『순자(荀子)』 「정론(正論)」과 『오월춘추(吳越春秋)』 및 『구천음모외전(句踐陰謀外傳)』 등에 고사가 보인다.
251) 이광(夷光) : 월나라 미녀 이름. 곧 서시(西施). 『습유기(拾遺記)』에 따르면, 월나라에 미녀 두 사람이 있는데, 하나는 이광(夷光)이고 다른 하나는 수명(修明)으로, 둘 다 오나라에 바쳐졌다고 하였고, 그 주에 보면, 이광과 수명은 각각 서시와 정단(鄭旦)의 별명이라고 하였다.

여왜궁(麗娃宮)[252] 속에는 이끼가 석 자인데
바둑판 먼지를 털어 향긋한 자취를 냄새 맡는다.
옛 우물 맑아서 사람을 뇌쇄(惱殺)시키나니
꿈속의 구름[253]은 누구 자리에 이르러가랴?

寒氣如山壓霜重, 朱閣銀題連曉動.
吹笙十五少王郎, 手掬靑梧捨綵鳳.」
禿衫淺揖無賓主, 滿握靑煙噴白塵.
金爐霍霍獅子鳴, 膩燭雙雙芙蓉吐.」
乳花如雪滴春香, 百刻無多情則長.
西施入越夷光死, 鸚鵡無魂駕斷腸.」
麗娃宮裏苔三尺, 旋拂遺蟇嗅香跡.
古井晶瑩惱殺人, 夢裏行雲誰到席?」

전
교
1596년(만력 24년 병신), 오현에 있으면서 지은 시.
○ 왕유도(王幼度) : 왕제(王制), 자가 유도이다. 경산(京山) 사람으로, 1594
년(만력 22년)의 거인(擧人)이다. 상해 교유(上海敎諭)의 직함으로 용문 지현(龍門
知縣)을 제수받았고, 탁주 지주(涿州知州)로 옮겼다. 『녹죽당시집(菉竹堂詩集)』이
있다. 강희(康熙) 연간에 이루어진 『호광통지(湖廣通志)』와 『경산현지(京山縣志)』에
각각 전(傳)이 있다.
○ 朱閣銀題連曉動 : 朱는 서종당본·소수본에 珠로 되어 있다.

---

252) 여왜궁(麗娃宮) : 오나라 왕 부차(夫差)가 서시를 위하여 지어 주었다는 궁전. 앞에 나
왔음.
253) 행운(行雲) : 고당(高唐) 신녀(神女)의 조운모우(朝雲暮雨) 고사를 이용한 표현이다.

병중에 황도원[254]의 〈동지 날 선사(절)에 이르러 꿈꾸고 수심에 젖어서〉 시에 화운하다(病中和黃道元至日禪寺夢愁詩)

한 번 화신풍[255]에 또 봄이 깊어가고
일백 번 맺힌 마른 내장은 일만 번을 돌고 도네.
태수[256]는 삼월 이후[257] 사판(仕版)을 아예 정지해서
공조(功曹)[258]의 빈 누각 책상에는 먼지가 자욱하다.
수심을 삭여, 활 그림자[259]를 뱀이라 오인하지 말고
경(境)을 대하여[260] 짐짓 몽환(夢幻)의 몸[261]임을 알라.
해 그림자(수명) 길어짐[262]은 내가 마음에 둘 바 아니니
응당 유람객과 함께 하는 날을 더하리라.

---

254) 황도원(黃道元) : 황국신(黃國信). 자가 도원이다. 영가(永嘉) 사람이다. 권2 「황도원에게 올리다(贈黃道元)」를 참조. 황도원은 이때 오현에 일시 거처하고 있었다.

255) 화신(花信) : 화신풍(花信風). 봄에는 24번의 화신풍이 있다고 한다.

256) 영하(鈴下) : 원래는 시졸(侍卒), 즉 수종(隨從)하는 호위(護衛)의 군졸을 말한다. 하지만 『칭위록(稱謂錄)』 「지부(知府)」 '영하(鈴下)'는 왕지견(王志堅)의 『표이록(表異錄)』을 인용하여, 당나라에서는 태수(太守)를 절하(節下)라 칭하고 또 영하(鈴下)라 칭하며, 또 제하(第下)라고 칭한다고 하였다.

257) 진후(辰後) : 진(辰)은 음력 3월을 가리킨다. 3월 이후 사판(仕版)을 정지하여 벼슬을 그만 둔 것을 말한다.

258) 공조(功曹) : 한나라 때 관직명으로, 서사(書史)를 관장하는 하급직. 군(郡)의 속리(屬吏). 북제(北齊) 이후로는 공조참군(功曹參軍)이라 일컬었다.

259) 궁사영(弓蛇影) : 진(晉)나라 악광(樂廣)의 객이 술잔에 비친 각궁(角弓)의 그림자를 뱀으로 오인한 고사. 사궁(蛇弓). 악광의 객은 술잔에 비친 각궁의 그림자를 뱀으로 오인하여 기분이 몹시 나빴는데, 그 술을 마신 뒤로 병이 났다. 그때 실은 악광이 집무하던 하남(河南) 청사(廳事)의 벽에 칠로 뱀을 그린 각궁이 걸려 있어서, 그 그림자가 술잔에 비친 것이라고 한다. 악광이 사실을 일러주자 그 뒤로 그 손님의 병이 홀연 나았다고 한다. 『진서(晉書)』 「악광전(樂廣傳)」에 고사가 실려 있다.

260) 대경(對境) : 객관으로 사물을 대함.

261) 몽환신(夢幻身) : 몽환(夢幻)과 포영(泡影) 같이 덧없는 일신을 말함.

262) 궁루첨래(宮縷添來) : 위(魏)·진(晉) 때 궁중에서 동짓날 붉은 실[紅線]을 가지고 해 그림자를 측량하여 동짓날 이후 선 하나만큼 길어지는 것을 보았다는 기록이 『형초세시기(荊楚歲時記)』에 나온다. 그것을 '동지일, 양일영(冬至日, 量日影)'이라 한다. 여기서는 즉 수명이 길어김을 뜻한다.

一番花信又成春, 百結枯腸萬轉輪.
鈴下久停辰後版, 功曹空閣案間塵.
消愁莫問弓蛇影, 對境聊觀夢幻身.
宮縷添來非我有, 祇應添得與游人.

전校교 1596년(만력 24년 병신), 오현에 있으면서 지은 시.

지疑의 전백성 씨의 『전교』는 제목에서 '黃道元至日禪寺'의 부분을 잘못 끊어 읽
어서, '황도원이 일선사에 이르러'로 풀이하고, 소주(蘇州)에는 일선사(日
禪寺)라는 절이 없고, 日은 아마 西의 잘못인 듯하다고 하였다. 그 근거로, 서선사
(西禪寺) 곧 남관음암(南觀音菴)이 오현 현학(縣學) 앞에 있는데 오(吳) 땅의 4대 사
찰 가운데 하나라는 것이 『오현지(吳縣志)』에 보인다는 점을 들었다. 그러나 이것
은 황도원이 동짓날 선사에 이르러 악몽을 꾸고는 내년에 죽을 조짐이라고 여겨 근
심해서 지은 시에 대하여, 위로하는 뜻을 시로 적어 보낸 것이다. 원굉도는 지난 해
8월 13일에 학질에 걸려 5개월 간을 앓았다. 그는 자신이 병석에서 느끼고 다진 인
생관을 가지고 황도원의 수심을 풀어주려고 한 것이다.

강진지에게 올리다(贈江進之)

첫째(其一)

동산 꽃은 네 번 결실263)을 맺고

---

263) 사과(四果) : 네 번의 결실. 그런데 이 말은 불교에서 말하는 사과(四果)의 뜻을 아울
러 담고 있는 듯하다. 불교의 사과(四果)는 성문승(聲聞乘)의 성과(聖果)를 네 가지로
차별하여 가리키는 말. 수타원과(須陀洹果)는 범부(凡夫)를 버리고 처음으로 성도(聖道)
로 들어가는 법류(法流), 사타사과(斯陀舍果)는 사혹(思惑) 가운데 전육품(前六品)을 끊
은 것, 아나사과(阿那舍果)는 잔여의 삼품(三品)의 사혹을 끊은 것, 아라한과(阿羅漢果)
는 일체 사혹을 끊어 없앤 극과(極果)이다.

문 앞 버들은 가지가 천 개 가까이 되네.
한 해 생계가 궁하여 그대는 봉급을 기다리니
관직 생활이 가난함을 나만은 아노라.
백성의 처지를 아파하여 제 가슴이 병든 듯하고
시사(時事)에 느껴 눈물로 시를 이룬다.
세금 독촉이 졸렬해서가 아니라
원래 견사(繭絲 : 가렴주구)264)를 야박하다 여겨서라오

苑花經四果, 門柳近千枝.
年儉遲君俸, 官貧獨我知.
痛民心似病, 感事淚成詩.
不是催科拙, 由來薄繭絲.

1596년(만력 24년 병신), 오현에 있으면서 지은 시. 강진지(강영과)는 장주 지현(長州知縣)으로 있었다. 이 권에 그와 관련된 시들이 많다.

둘째(其二)

전자(篆字) 동부(銅符)265)일랑 포개어 놓아두고
공문서266)의 먼지를 단번에 떨어내니

---

264) 견사(繭絲) : 인민에게서 세금을 뽑아내기를 마치 누에고치에서 실을 죄다 뽑아내듯이 가혹하게 하는 일. 가렴주구(苛斂誅求).『국어(國語)』「진어(晉語)」9에 보면, 조간자(趙簡子)가 윤탁(尹鐸)을 진양(晉陽)의 수령으로 시키자, 윤탁은 "견사(繭絲)를 하라는 것입니까? 보장(保鄣)을 하라는 것입니까?(以爲繭絲乎, 抑爲保鄣乎)"라고 물었다고 한다. 그 주(注)에 보면, 견사(繭絲)는 부세(賦稅), 보장(保鄣)은 폐한(蔽扞)이라고 하였다.
265) 동부(銅符) : 동으로 만든 부절(符節). 고을 수령의 표지이다.
266) 안독(案牘) : 공문서. 조사하여야 할 서류.『북사(北史)』「양소전(陽昭傳)」에 "양소는 사전(史傳)을 두루 공부하였는데, 특히 안독에 익숙하였다(昭學涉史傳, 又閑案牘)"라고 하였다.

손님과 친구는 일 처리를 간편하게 한다고 꾸짖고
아내와 자식은 관리의 가난함을 괴이하게 여기네.
덕과 위엄으로 다스리매 백성들은 옥사(獄事)가 없고[267]
바른 도리로 다스려 잡귀신은 신술(神術)을 부리지 않누나.
그대가 목선(木仙)[268]의 수령임을 알겠군
집안 대대로 무릉(武陵)[269] 사람이니.

數疊銅符篆, 一揮案牘塵.
賓朋嗔事簡, 妻子怪官貧.
德畏民無獄, 道治鬼不神.
知君木仙令, 家世武陵人.

셋째(其三)

거울 들여다보곤 외모 삭았음을 가련히 여기고
구레나룻 꼬면서 서리가 침노한 줄 알았네.
내 사투리를 청노(靑奴 : 종복)[270]는 오해하고
벼슬살이 실정은 흰 새가 알아주네.

---

267) 덕외민무옥(德畏民無獄) : 덕과 위엄으로 다스리매 백성들은 옥사(獄事)가 없다는 뜻.
   『논어』 「위정(爲政)」에 "공자께서 말씀하시길, 정령(政令)으로 이끌고 형벌로 다스리면
   백성들은 법망을 면하려고만 하지 부끄러움을 모르지만, 덕으로 인도하고 예로 다스리
   면 백성들은 부끄러움을 알고 선한 데로 이르러 간다(子曰 : 道之以政, 齊之以刑, 民免
   而無恥. 道之以德, 齊之以禮, 有恥且格)"라고 하였다.
268) 목선(木仙) : 노반(魯般)이란 사람이 나무로 만들었다는 신선.
269) 무릉(武陵) : 무릉도원(武陵桃源). 무릉은 지금 강서성(江西省) 부근 동정호(洞庭湖)와
   가까운 곳에 있다고 전해지며, 복숭아꽃 흘러오는 (환상의) 수원지이다. 동진 때 도연명
   (陶淵明)이 지은 「도화원기(桃花源記)」에서 이상향을 잘 묘사해 놓았다. 무릉도원은
   '풀이 무성한 거친 길에 사람이 오갔고 닭과 개는 서로 한가롭게 울고 짖는' 곳이다.
270) 청노(靑奴) : 종복. 한나라 때 이후로 비천한 사람들이 청색 옷을 입었기 때문에 이렇
   게 이름 한다.

귀여운 아이는 글자를 물을 줄 알고
소부(小婦 : 첩)는 함께 전사(塡詞)271)를 하네.
가정의 즐거움을 알게 되다니
한가한 관리는 역시 해볼 만하군.

窺銅憐貌減, 裹鬢覺霜欺.
鄕語靑奴誤, 宦情白鳥知.
佳兒能問字, 小婦與塡詞.
解得庭中樂, 閒官亦可爲.

넷째(其四)

벌써 서너 해 수령272)으로 명성이 자자하군
곱고 고운 옛 장주(長洲)273) 고을에서.
오궁(吳宮)의 패자(霸者)는 다 사라지고274)
진택(震澤)275)의 파도 소리는 가을을 알리는데,
꽃 깊은 동산은 중향국(衆香國)을 이루었고276)

---

271) 전사(塡詞) : 사보(詞譜)에 맞추어 글자의 평측과 압운을 지켜 사(詞)의 가사를 채우는 일.
272) 무재(茂宰) : 부현(府縣)의 지사(知事)에 대한 존칭. 무(茂)는 재기(才氣)가 왕성함을 말함. 『사물이명록(事物異名錄)』은 『산당사고(山堂肆考)』를 인용하여, 한나라 때 탁무(卓茂)가 밀령(密令)이 되어 명성이 있었으므로 무란 말로 고을의 수령이 된 자를 가리키게 되었다고 하였다. 이백(李白)의 시(「贈從孫義興宰銘」)에 "천자께서 무재를 생각하고, 하늘에서사 영재를 얻었네(天子思茂才, 天枝得英才)"라고 하였다.
273) 장주(長洲) : 강영과(江盈科)는 원굉도와 본과 동년(同年)으로, 장주(長洲) 지현에 처음 임명되었다.
274) 패기오궁진(霸氣吳宮盡) : 오왕 부차(夫差)가 월왕 구천(句踐)에게 회계(會稽)의 치욕을 당하게 하고, 노나라와 위나라의 군주를 탁고(橐皐)에서 회동하고 제후들을 황지(黃池)에 모아 회맹을 하고서 주왕실에게 명령을 내리는 등 패자로서 위세를 떨쳤으나, 결국 월나라 구천에게 패하여 살해되고만 사실을 말한다. 『사기』「오자서열전(伍子胥列傳)」을 참조
275) 진택(震澤) : 오 땅 남빙에 있는 대호(太湖). 앞에 나왔다.

주인 떠난 관왜궁(館娃宮)277)은 한낱 누(樓)로 되었구나.
집집마다 퉁소와 피리로 곡조를 연주하니
어찌 수령이 취하지 않을 수 있으랴.

幾年名茂宰, 艶冶古長洲.
霸氣吳宮盡, 濤聲震澤秋.
花深苑作國, 人去館爲樓.
簫管家家曲, 那能不醉侯.

다섯째(其五)

평소278) 간중(簡重)한 체모(體貌)이더니
이은(吏隱)279)하여 신선 자질이 드러나네.
공문서는 모두 시의 재료가 되고
번잡한 사무280)는 술 잔 속으로 들어가 잊혀지네.
빗겨 나는 까마귀는 알을 옮겨가고
신령한 까치281)는 둥지 째 품고 오누나.
〈소요(逍遙)〉의 저술을 한 번 보고

---

276) 원작국(苑作國) : 동산이 꽃 나라, 즉 중향국(衆香國)을 이루었다는 말.

277) 관(館) : 관왜궁(館娃宮). 여궁궁(麗娃宮)이라고도 함. 오왕 부차(夫差)가 서시(西施)를
위해 쌓았다는 피서궁. 오현(吳縣)에 있다.

278) 단거(端居) : 평소

279) 이은(吏隱) : 낮은 관직의 관리로서 은둔의 삶을 살아감. 은둔의 한 가지 방식이다. 또
한 오랜 기간 낮은 관직에 머물러 있음을 뜻하기도 한다. 두보(杜甫)의 시(「院中晚晴懷
西郭茅舍」)에 "완화계 속에는 꽃들이 흐드러지게 웃는데, 어찌 내가 이은의 이름을 겸
한 줄을 알랴(浣花溪裏花饒笑, 肯信吾兼吏隱名)"라고 하였다.

280) 분방(紛厖) : 번잡한 사무.

281) 영작(靈鵲) : 신령한 까치. 『개원천보유사(開元天寶遺事)』의 '영작보희(靈鵲報喜)'의
조에 보면, 당시 사람들의 집에서 까치 소리를 들으면 모두 희조(喜兆)라 여겼으므로,
'영작이 희소식을 알린다(靈鵲報喜)'고 하였다.

그대 입 벌리고 웃는[282] 이유를 알겠네.

강진지에게 「소요기(逍遙記)」가 있다.

端居持簡體, 吏隱見仙才.
案牘皆詩料, 紛厖入酒杯.
橫烏移卵去, 靈鵲抱巢來.
一見逍遙作, 知君笑口開.

進之有逍遙記.

【전교】 패란거본에 '進之有逍遙記'라는 주가 없으나, 서종당본에 의거하여 보완한다.

여섯째(其六)

지금 빚이 응당 늘어났으리
전형(錢兄 : 돈)이 오래 전부터 신령스럽지 못하니.
장부 문서를 흐르는 물처럼 처리하매
부하 관료들[283]은 빈 먼지만 끼고 있군.
옛 시들은 모아두었다가 손님에게 자주 나눠주고[284]
시를 새로 지어 번번이 남에게 주누나.
정갈한 서재[285]가 긴 대 숲 속에 있고

---

282) 구개(口開) : 입을 벌리고 웃음. 『장자』 「도척(盜跖)」편의 '입을 벌리고 웃다(開口而笑)'에서 따왔다. 백거이(白居易)의 「대주(對酒) 5수」 시 가운데 "달팽이 뿔 위에서 무슨 일로 다투나, 석화 빛 속에 이 몸을 부쳤거니, 잠깐 부유하였다가 잠깐 가난해지는 것을 즐거워하고 기뻐하다니, 입을 벌려 웃지 않는 이가 곧 바보로세(蝸牛角上爭何事, 石火光中寄此身, 隨富隨貧且歡樂, 不開口笑是癡人)"라고 하였다.

283) 참좌(參佐) : 속료(屬僚). 부하 관료.

284) 축고빈분객(蓄古頻分客) : 예전에 지은 시들을 쌓아두었다가 손님들에게 나누어준다는 뜻.

285) 퇴재(退齋) : 물러나 쉬는 서재.

분소(盆沼)[286]에는 예쁜 물고기[287] 일렁이네.

債子今應長, 錢兄久不神.
簿書行流水, 參佐擁空塵.
蓄古頻分客, 題詩每向人.
退齋修竹裏, 盆沼漾文鱗.

일곱째(其七)

시절의 괴로움을 겪으며 쓸개를 맛봤나니
채신(採薪)의 수고[288]를 어느 날에 그만두랴.
노란 인수(印綬)는 수염이 다 빠지고
검은 색 망혜(芒鞋)는 코 머리가 납작해진걸.
장부 관리는 종사관에게 분담했다만
독우(督郵)[289]에게 허리 굽힘이 괴롭구나.
가련타 옥구슬 같은 사람이여
머리칼이 가을 서리처럼[290] 무성하다니.

---

286) 분소(盆沼) : 분에 물을 채워 두고 작은 연못처럼 꾸며 둔 것.
287) 문린(文鱗) : 예쁜 물고기. 유종원(柳宗元)의 시(「登蒲州石磯望橫江口潭島深逈斜對香零山」)에 "허공에 깔린 석양 사이로 높이 뜬 새가 몸을 뒤집고, 깊이 잠긴 햇볕은 예쁜 물고기를 비춘다(浮暉翻高禽, 沈景照文鱗)"라고 하였다.
288) 노신(勞薪) : 채신지우(采薪之憂). 일반적으로는 병이 나서 땔감을 채취하는 일을 하지 못함을 뜻하여 자신의 병(病)을 칭하는 겸사(謙辭)로 쓰인다. 하지만 일설에는 땔감을 채취하러 가서 신체가 피로한 것을 말한다고 하며, 부신지우(負薪之憂)라고도 한다. 여기서는 후자의 뜻으로 썼다. 말직에서 고생하는 것을 말한다. 『맹자』「공손추 하(公孫丑 下)」에 보면, 맹중자(孟仲子)가 대답하길 "지난날에는 왕명이 있었으나 채신의 근심이 있어서 조정에 나갈 수 없었습니다(昔者有王命, 有采薪之憂, 不能造朝)"라고 한 말에서 기원한다.
289) 독우(督郵) : 진(晉)나라 도잠(陶潛)이 팽택령(彭澤令)으로 있을 때, 순시하러 온 상관인 독우(督郵)에게 머리 숙이기 싫어 그 날로 벼슬을 버리고 전원으로 돌아가면서 「귀거래사(歸去來辭)」를 지었다.

嘗膽經時苦, 勞薪幾日休.

禿鬢黃印綬, 芒履黑平頭.

簿領分從事, 腰肢惱督郵.

可憐人似玉, 嬴得髮如秋.

여덟째(其八)

전저(專諸)²⁹¹⁾는 옛 검을 남겼고

서자(西子)²⁹²⁾는 새 미녀로 바뀌었지.

나라 강대하여 떠도는 백성이 모이고

시절이 청명하여 좋은 일 많아라.

꽃은 미인의 얼굴처럼 성안에 현란하고

강물은 비단처럼 땅을 얼키설키 흘러가누나.

'단선(團扇)'은 '전계(前溪)' 위에 있나니²⁹³⁾

오 땅 여인은 〈자야오가(子夜吳歌)〉²⁹⁴⁾를 노래하네.

專諸遺舊劍, 西子變新娥.

國大遊民聚, 時淸艶事多.

---

290) 발여추(髮如秋) : 발여추상(髮如秋霜)을 줄인 말이다. 머리칼이 가을 서리처럼 희다는 뜻.
291) 전저(專諸) : 춘추시대 오왕(吳王) 요(僚)를 주살하고 공자(公子) 광(光)이 왕[즉 합려(闔閭)]이 되도록 도왔던 인물. 물고기 뱃속에 검을 숨겨두었다가 오왕 요(僚)를 찔러 죽였다.
292) 서자(西子) : 서시(西施). 오나라로 들어갈 때 이광(夷光)이란 이름을 사용하였다.
293) 단선전계상(團扇前溪上) : '단선'과 '전계'는 모두 악부의 가곡이다. 쌍관어(雙關語)이다.
294) 자가(子歌) : 「자야오가(子夜吳歌)」. 악부(樂府) 청상곡사(淸商曲辭). 자야가(子夜歌)라고도 함. 자야(子夜)는 동진(東晉) 때 노래를 잘 부른 여성으로, 당시 유행하던 속요의 곡조를 이용하여 정인(情人)에게 5언 4구의 단장(短章)을 주었고, 후대의 문인들이 그것을 모방하여 악부곡을 지었다고 하는 설이 있다. 대개 남녀 해후의 환락이나 부부이별의 근심을 토로한 내용이다. 『악부시집(樂府詩集)』 '청상곡사(淸商曲辭)'조에 실려 있다.

炫城花似面, 絡地水如羅.

團扇前溪上, 吳娘唱子歌.

『전교』는 둘 째 구의 '西子變新娥'에서 娥는 마땅히 蛾로 하여야 할 것이라고 하였다. 그러나 이 구의 뜻은 옛날에는 서시라는 미녀가 있었지만, 이제 오 땅, 즉 소주(蘇州)에는 새로운 미녀, 즉 오아(吳娥)로 대체되었다는 뜻으로 보아야 한다.

임장 수령 왕자성의 죽음을 곡하다(哭臨漳令王子聲)

첫째(其一)

세모에 밤 기운 차갑고 난향 연기[295]도 검은데
부음이 전해오다니 차마 듣지 못하겠네!
백주에 물여우가 사람 쏘는 것[296]을 누가 막으랴
황혼 무렵에 하늘이 먹 같이 검어져 괴이하여라.
지난날 그대와 함께 장안을 떠나던 때가 생각나네[297]
흰 이 보이고 청안(靑眼)[298]으로 보아 폐와 간을 드러내었지.
작은 술잔 들이키며 축(筑)[299]을 치고 큰 잔에 마시면서 춤을 추었고
가기(歌妓)는 아판(牙板)[300] 치며 노래하고 무희는 빙글빙글 춤추었네.[301]

---

295) 난연(蘭烟) : 방향의 연기. 남조 진(陳)나라 부재(傅縡)의 「박산향로부(博山香爐賦)」에 보면 "사향 불꽃은 붉은 빛을 감추고, 난향의 연기는 검게 되었구나(麝火埋朱, 蘭煙毁黑)"라고 하였다.
296) 귀역인(鬼射人) : 모함과 음해를 입음. 귀(鬼)는 귀역(鬼蜮), 즉 물여우. '전설'에 의하면 물여우는 모래를 머금고 있다가 사람에게 쏘아대어 즉시 발병하게 만드는 독충이라고 한다. '함사역인(含沙射人)'이라고 하면 모함과 음해를 입는 것을 말한다.
297) 억작여군발장안(憶昨與君發長安) : 만력 23년 2월 6일에 원굉도와 왕일명·탕현조가 함께 북경을 떠나 임지로 향한 일을 말함.
298) 청미(靑眉) : 청안(靑眼)을 바꾸어 쓴 말.
299) 축(筑) : 고대의 악기로, 13현이며, 대로 격타한다.

이별 뒤엔 상수(湘水) 소식 전하는 서신302)에 너무도 근심스러웠지

납매 그려진 종이의 서신이 높이 날아오지 못하기에.303)

그대 있는 동작대(銅雀臺) 곁에선 애간장이 만 갈래로 찢기고304)

내가 있는 관왜궁(館娃宮) 안에선 눈물이 일천 줄을 이루었네.305)

기린(麒麟)306)이 자빠지고 푸른 난새307) 울부짖누나

산 사람의 서신을 못 얻고 죽었다는 소식을 얻다니.

옥황상제 앞에 금 붓308) 잡을 사람이 어찌 없다고

하필이면 꽃 같은 이 젊은이를 데려갔는가?

---

300) 아판(牙板) : 상아로 만든 박판(拍板).

301) 우아아판각반반(優兒牙板角盤盤) : 우아(優兒)는 우령(優伶)으로, 여기서는 가기(歌妓).
각(角)은 무기(舞妓), 무희. 가기는 아판을 치면서 노래하고, 무기는 빙글빙글 춤을 춘다
는 뜻.

302) 상린자(湘鱗字) : 상수(湘水)로부터의 서신. 보통 인(鱗)은 인홍(鱗鴻)으로, 어안(魚雁)
이라고도 하며, 서신의 대칭(代稱)으로 사용된다. 송나라 서현(徐鉉)의 시(「王十七自京
垂訪作此送之」)에 "다만 인홍 편에 먼 서신을 구하여, 감히 거마가 가난한 집을 방문
해 달라고 말하였네(只就鱗鴻求遠信, 敢言車馬訪貧家)"라고 하였다.

303) 납화전자무고시(蠟花箋子無高翅) : 납화전자(蠟花箋子)는 납매(蠟梅)의 도안(圖案)
을 넣은 신전(信箋), 즉 편전(便箋), 편지지를 말한다. 편지가 빨리 도달하지 않았음
을 뜻한다.

304) 동작대변만루장(銅雀臺邊萬縷腸) : 동작대는 한나라 말기 건안(建安) 15년에 조조(曹
操)가 세운 누대로, 왕이명이 부임하여 있던 임장(臨漳)현의 서남쪽에 있다. 이것은 왕
이명이 임장현에서 수심이 만 갈래였음을 말한 것이다.

305) 관왜궁리천행루(館娃宮裏千行淚) : 관왜궁은 여왜궁(麗娃宮)이라고도 하며, 오왕 부
차(夫差)가 서시(西施)를 위해 쌓았다는 피서궁으로, 오현(吳縣)에 있다. 이 구절은 원굉
도가 친구를 그리워하는 마음에서 눈물을 줄줄 흘렸다는 말이다.

306) 기린(麒麟) : 전설에 나오는 신수(神獸). 독각(獨角)이며, 몸에는 인갑(鱗甲)이 나고, 꼬
리는 소와 같다고 한다. 길상(吉祥)을 상징하는데, 여기서는 걸세출의 인재를 말하여,
왕이명을 비유한 것이다.

307) 청란(靑鸞) : 전설에 나오는 봉황의 일종. 적색이 많은 것을 봉(鳳)이라 하고 푸른빛이
많을 것을 난(鸞)이라 한다.

308) 금관(金管) : 상제의 면전에서 문묵(文墨)을 담당하는 일. 손광헌(孫光憲)의 『북창쇄언
(北窓瑣言)』에 보면, "양나라 원제(元帝)가 상동왕(湘東王)일 때, 붓에 삼품(三品)이 있
었는데, 어떤 것은 금은으로 조각하여 장식하고, 어떤 것은 반죽(斑竹)으로 대롱을 만
들어서, 충효를 겸전(兼全)한 사람은 금관으로 글씨를 쓰고 덕행이 정수(精粹)한 사람
은 은관으로 글씨를 쓰고 문장(文章)이 섬려(贍麗)한 사람은 반죽관으로 글씨를 썼다"
고 한다.

천공(天公 : 하느님)이 잘못 뽑아가고는309) 모른 체 하니
은 벼루 갑310)이 지하의 가을에 묻혀 캄캄하구나.
장수(漳水)311)에는 영원토록 석마(石馬)312)가 울고
허물어진 두 언덕에서313) 범 울부짖고 용 근심하리라.314)

窮冬夜冷蘭烟黑, 死字傳來聽不得!
白日誰防鬼射人, 昏荒頗怪天如墨.」
憶昨與君發長安, 白齒靑眉吐肺肝.
小杯擊筑大杯舞, 優兒牙板角盤盤.」
別來愁絶湘鱗字, 蠟花箋子無高翅.
銅雀臺邊萬縷腸, 館娃宮裏千行淚.」
麒麟蹶地靑鸞叫, 不得生書得死報.
帝前金管豈無人, 何必如花一年少?」
天公錯注不回頭, 銀匣沉沉地下秋.

---

309) 착주(錯注) : 잘못 선발함. 주(注)는 주의(注擬). 당나라 선거(選擧) 제도에, 응시하여
선발된 자는 상서성(尙書省)에서 먼저 그 성명과 이력을 책에 적어, 다시 고순(考詢)을
거쳐 관직을 배정하였는데, 그것을 주의(注擬)라고 하였다.

310) 은갑(銀匣) : 은으로 만든 벼루 갑.『노학암필기(老學菴筆記)』에 보면, 당언유(唐彦猷)
의『연록(硯錄)』을 인용하였는데, 거기에 "홍사연은 반드시 은으로 갑을 만든다(紅絲硯
必用銀作匣)"라고 하였다.

311) 장수(漳水) : 장하(漳河). 지금의 하북·하남 두 성(省)의 변경에 있으며, 위하(衛河)로
흘러 들어간다. 임장현(臨漳縣)은 장하(漳河)의 기슭에 있다.

312) 석마(石馬) : 임장현은 옛 업성(鄴城)이 있던 곳이다. 삼국시대 위나라와 십육국(十六
國) 시대 후조(後趙)의 석호(石虎), 전연(前燕)의 모용준(慕容俊), 남북조 때 동위(東魏)
와 북제(北齊)가 모두 이곳에 도읍을 하였다. 따라서 이곳에는 황족의 옛 고분이 허다
하였는데, 묘 앞에는 석마가 놓여 있었다.

313) 양폐구(兩廢丘) : 금호대(金虎臺)와 화림원(華林園)의 폐허 유지를 말한다.

314) 호호룡수(虎號龍愁) : 한나라 말기 건안(建安) 18년에, 조조(曹操)가 업(鄴)에 금호대
(金虎臺)를 쌓았다. 또『진서재기(晉書載記)』에 보면, "석호(石虎)가 장군(張群)으로 하
여금 업(鄴)의 북쪽에 화림원(華林苑)을 축조하게 하였다"고 하였다. 그리고『업중기(鄴
中記)』에는 "화림원(華林園) 속, 천금제(千金堤) 위에, 두 개의 동호(銅虎)를 만들어 마
주보게 해서 물을 토하여 천천(天泉)에 쏟아지게 하였다"고 하였다. 용(龍)과 호(虎)는
금호(金虎)와 동룡(銅龍)을 가리킨다.

漳水萬年嘶石馬, 虎號龍愁兩廢丘.」

1596년(만력 24년 병신) 겨울, 오현에 있으면서 지은 시.
○ 왕자성(王子聲) : 왕일명(王一鳴), 자는 백고(伯固), 또 다른 자가 자성(子聲)이다. 황강(黃岡) 사람이다. 1586년(만력 14년)의 진사로, 태호 지현(太湖知縣)을 제수 받았다. 1595년(만력 23년)에 탕현조(湯顯祖)와 함께 북경으로 가서 상계(上計)하였고, 임장 지현(臨漳知縣)에 보임되어, 탕현조·원굉도와 함께 2월 6일 동시에 북경을 나가서 부임하였다. 이 2권의 「연경을 나서서 큰 형님과 셋째를 이별하며(出燕別大哥·三哥)」를 참조 왕일명은 재주를 자부하여 멋대로 행동하여, 이도(吏道)의 구속을 받지 않았다. 만력 연간에 조칙을 받아 국사(國史)를 편수하였는데, 대학사(大學士) 조지고(趙志皐)가 왕일명에게 역사 연구의 재능이 있으므로 위학례(魏學禮)·육필(陸弼)·왕치등(王穉登)과 함께 편수를 맡을 수 있다고 천거하여, 조칙으로 징소해서 등용하려 하였으나, 미처 상경하기 전에 사국(史局)이 파하였다. 1596년(만력 24년) 임장의 임소에서 죽었다. 시는 두보(杜甫)를 본받았다. 『자정고(自訂稿)』 1권이 있다. 『호북통지(湖北通志)』·「예문지(藝文志)」에 그의 『주륙통고(朱陸洞稿)』가 저록(著錄)되어 있다. 『열조시집소전(列朝詩集小傳)』「정집 하(丁集下)」에 전(傳)이 있다.
○ 패란거본에서는 제목 아래 附자가 있으나, 서종당본·소수본에 따른다.
○ 銀匣沉沉地下秋 : 秋는 이운관본에는 愁로 되어 있다.

둘째(其二)

머리 떨구고 또 곡하매 목이 메어 소리를 못 이루네
유유(幽幽)한 긴 밤, 서거한 이를 슬퍼하노라.
옥 부서지고 구슬이 깨어지매315) 애석하구나
하늘이 무슨 말을 하랴, 지각이 없는 것을.316)

---

315) 파옥추주(破玉鎚珠) : 옥구슬이 깨어지다. 옥구슬은 재주 있는 인재를 비유하는 말.
316) 천하언재무지야(天何言哉無知也) : 상천(上天)이 일찍이 무슨 말을 하랴? 아무 말이 없는 것은 지각이 없기 때문이다. 『논어』「양화(陽貨)」에 "공자께서 말씀하시길, '하늘이 무슨 말을 하랴? 사계절이 운행하고 온갖 품물이 태어나거늘, 하늘이 무슨 말을 하

세 번 곡하매 눈이 시고 눈물 말라 눈물도 못 흐르네

향 살라 하늘에 고하여 하늘이 입을 열어주길 원하노라.

안연(顔淵)[317]은 노나라 고사(高士)이거늘

어이하여 서른둘에 죽고 말았나?[318]

영균(靈均)[319]은 초나라의 올곧은 신하였거늘

왜 마른 몰골로 강담(江潭)에서 대궐을 바라보며 건수(蹇修)[320]를 중매
로 삼았던가?[321]

양자운(楊子雲 : 楊雄)은 어이하여 누각에서 투신하였던가?[322]

라?(天何言哉? 四時行焉, 百物生焉, 天何言哉)'라고 하였다"라고 되어 있다.

317) 안연(顔淵) : 이름은 회(回). 춘추시대 노나라 사람으로, 공자가 가장 인정한 제자. 공
자는 일찍이 노나라 애공(哀公)에게 말하길, "안회란 자가 있어 학문을 좋아하였는데,
노여움을 남에게 전가하지 않고, 같은 과실을 거듭하지 않았으나, 불행하게도 단명하여
죽고 말았다. 그러니 지금은 없습니다. 학문을 좋아하는 자가 있다고는 듣지 못했습니
다"라고 하였다고 한다. 『논어』 「옹야(雍也)」편에 나온다. 안연이 죽자, 공자는 '하늘이
나를 망치는구나(天喪予)!'라고 말하였다.

318) 휴(休) : 료(了)의 뜻으로, 죽었다는 말이다.

319) 영균(靈均) : 굴원(屈原)의 자(字). 전국시대의 초나라의 대부로, 자(字)는 평(平). 회왕
의 신임이 두터웠으나 참소를 당하자 『이소(離騷)』를 지었고, 용납되지 않자 멱라수에
빠져 죽었다. 굴원은 은사(隱士)인 어부(漁父)를 만나 자신의 심정을 토로하였는데, 「어
부사(漁父辭)」에 보면, "굴원이 방축된 뒤에 강담에 노닐며 못 가를 다니면서 음영하는
데, 안색이 초췌하고 형용이 바싹 말라 있었다. 어부가 보고서 묻기를 '그대는 삼려대
부가 아니십니까? 어떤 이유에서 여기에 이르렀습니까?'라고 하였다(屈原既放, 游於江
潭, 行吟澤畔, 顔色憔悴, 形容枯槁. 漁父見而問之曰, 子非三閭大夫與? 何故至於
斯?)"라는 말이 있다. 『사기(史記)』 권84에 「굴원열전(屈原列傳)」이 있다.

320) 건수(蹇修) : 복희씨(伏羲氏)의 신하로서 중매를 잘하였다. 후에 중매인을 일컫는 말
로 되었다.

321) 망군문이매건수(望君門而媒蹇修) : 이미 군주에게 용납되지 못하고 또 세간 사람에게
도 사랑을 받지 못하였다는 뜻. 『이소』에 보면 다음과 같은 구절이 있다. "천제님 뵈려
문을 열라하나, 수문장은 귀 먹었나 바라만 보네(吾令帝閽開關兮, 倚閶闔而望予)"라
든가 "나는 또다시 구름신을 불러, 복비 계신 곳을 구름 타고 찾았네. 뵈면 옥띠 풀어
정표로 주고, 건수더러 말하리라 중매 좀 서주라고. 참소꾼들 왔다갔다 훼방노아, 복비
마음 돌아서서 가까이 못했구나(吾令豐隆乘雲兮, 求虙妃之所在. 解佩纕以結言兮, 吾
令蹇脩以爲理. 紛總總其離合兮, 忽緯繣其難遷)"라고 하였다.

322) 양자운(楊子雲) : 양웅(楊雄). 자운(子雲)은 자. 서한 말년의 학자. 촉군(蜀郡) 성도(成
都) 사람. 사부(辭賦)에 뛰어났으며, 『주역(周易)』과 『논어(論語)』를 모방하여 『태현(太
玄)』·『법언(法言)』을 지음. 성제(成帝) 때 급사황문랑(給仕黃門郞)의 관직으로 있었고,

이하(李賀)는 어이하여 백옥루(白玉樓)의 글을 지었나?[323]

기갈은 어이하여 사마상여(司馬長卿)[324]을 병들게 하였나?

옴병은 어이하여 염백우(冉伯牛)[325]를 병들게 하였나?

용(龍)은 어찌 그리 어리석어 그물에 걸렸나?

자라는 어찌 그리 자잘하게 낚시 바늘을 물었나?[326]

산은 어찌하면 낮아져서 물을 이루나?

바다는 어찌하면 올라가서 언덕을 이루나?

성현은 말할 수 없고

바보는 근심할 수 없네.

석가와 노자

두 흰머리 늙은이는 눈이 흐릿하였도다.[327]

왕자성(王子聲)으로 말하면

과거에 급제한 지 열두 해에

일생 마치도록 그저 초라하게 지내며[328]

왕망(王莽) 때 천록각(天祿閣)에서 교서(校書)를 하였고, 대중대부(大中大夫)에 이르렀다. 현실에 대한 불만과 절망 때문에 『태현』에 자신의 생각을 기탁하였다. 뒤에 정치적 위협을 느껴 각(閣)에서 투신하여 자살하려 하였으나, 죽지 못하였다.

323) 이하(李賀) : 당나라 때 저명한 시인으로, 자(字)는 장길(長吉). 음산한 분위기의 시를 지어 귀계(鬼界)의 시인이라고 불렸다. 27세로 죽었다. 이상은(李商隱)의 「이하소전(李賀小傳)」이 있다. 그 글에 "장길이 죽어갈 때, 홀연 대낮에 붉은 옷[비의(緋衣)]을 입은 사람이 붉은 용[적규(赤虯)]을 수레에 메고 오는 것이 보였다. …… (붉은 옷의 사람이) 말하길, '상제가 백옥루(白玉樓)를 지어 놓고 당장에 그대를 불러서 기(記)를 지으라 하신다 ……'고 하였다. 잠깐 있다가 장길의 숨이 끊어졌다"고 하였다.

324) 마(馬) : 사마상여(司馬相如). 자(字)는 장경(長卿). 성도(成都) 사람. 서한 때 저명한 사부가(辭賦家). 소갈병(消渴病), 즉 당뇨병(糖尿病)을 앓았다.

325) 염(冉) : 염경(冉耕). 자(字)는 백우(伯牛). 춘추시대 노나라 사람으로, 공자의 제자인데, 덕행(德行)으로 일컬어졌다. 병으로 죽게 되었을 때 공자가 그를 문안하러 가서, 창 밖에서 그의 손을 잡고 말하길, "죽게 되었구나, 운명이로다! 이 사람에게 이런 병이 있다니, 이 사람에게 이런 병이 있다니!(亡之, 命矣夫! 斯人也而有斯疾也, 斯人也而有斯疾也)"라고 하였다고 한다. 『논어』 「옹야(雍也)」편에 나온다.

326) 오하세이수구(鼇何細而隨鉤) : 자라같이 큰 대어가 어찌하여 견식이 짧아서 낚시꾼의 의도대로 낚시 바늘에 걸리고 말았는가라는 뜻.

327) 미몽(眯矇) : 눈이 흐릿하여 잘 보이지 않는 모양.

눈썹 내리깔고 독우(督郵)329)에게 절하였거늘,

참언(讒言)이 또 이간질하여

심장을 창이 찌르듯 찔렀네.

관(棺)짝을 칭칭 감은 것은 석 자의 베

몸을 서식할 곳은 흙무덤이로구나.330)

아아 왕자성아

너는 하루도 아패(牙牌)와 청수(靑綬)331) 차고 장안 거리에서 공수(拱手)하지 못하였고,

또 옷 떨치고332) 옛 동산으로 돌아가 선인의 초고를 보충하지도333)

---

328) 엄건(淹蹇) : 재주가 있으면서 높은 지위에 오르지 못하고 부당한 위치에 머무름.

329) 독우(督郵) : 한나라 때 군(郡)의 좌리(佐吏)로서 현의 감찰을 책임졌다. 당나라 이후 폐지되었다. 도잠(陶潛)이 독우에게 굽신거리기 싫어 사직하였던 고사를 뒤집어 쓴 것이다.

330) 일부토(一抔土) : 본래 한 줌 흙이란 뜻인데, 무덤을 가리키는 말로 사용된다.『사기』「장석지전(張釋之傳)」에 보면, "가령 어리석은 백성이 장릉(한고조의 능)의 한 줌 흙을 훔쳤다고 하면, 폐하께서는 어떠한 법령을 적용하시겠습니까(假令愚民取長陵一抔土, 陛下何以加其法乎)"라고 하였다. 그리고 낙빈왕(駱賓王)의 격문(「代李敬業以武后臨朝移諸郡縣檄」, 즉 '爲徐敬業討武曌檄')에 보면, "그대들 문무관원은 혹 집안 대대로 한나라 작위를 이어받았거나, 혹은 문지(門地)가 황실의 지친(至親)이거나, 혹은 무관의 중임을 받았거나, 혹은 선실(미앙궁 正殿)에서 고명(황제 임종시의 유언 명령)을 받았다. 그때 말씀이 여전히 귀에 있거늘, 충성을 어찌 마음속에 잊겠는가? 한 웅큼의 흙(고종의 乾陵을 말함)이 아직 마르지 않았건만, 육척지고(六尺之孤, 즉 後嗣의 왕)는 어디에 있는가? 혹이라도 앙화를 복으로 바꿀 수 있다면, 서거한 분(고종)을 잘 장사지내어 보내고, 살아 계신 분(房州에 연금되어 있는 중종)을 섬겨, 근왕(勤王, 제후대신이 천자의 환난을 제거하고자 거병함)의 공을 함께 세우고, 대군의 명령을 폐하지 않으면, 모든 작위와 상금을 받으며 산하를 가리키며 맹세하는 일이 있을 것이다(公等或家傳漢爵, 或地協周親, 或膺重寄于爪牙, 或受顧命于宣室. 言猶在耳, 忠豈忘心! 一抔之土未乾, 六尺之孤安在? 倘能轉禍爲福, 送往事居, 共立勤王之勛, 無廢大君之命, 凡諸爵賞, 同指山河)"라고 하였다.

331) 아패청수(牙牌靑綬) : 5품관 복식. 아패는 상아나 짐승의 뼈로 만든 관함(官銜), 이력(履歷) 혹은 기사(記事)를 기록하는데 쓴다. 청수는 한나라 때 구경(九卿)의 관인(官印)을 매다는 청색의 인끈을 말한다. 여기서는 왕자성(王子聲 : 왕일명)이 아직 경관(京官)을 얻지 못하고 외료(外僚 : 외관직)로서 부침(浮沈)하다가 불행하게 죽었다고 하였다.

332) 불의(拂衣) : 옷을 떨치고 떠나감. 귀은(歸隱)을 말한다. 남북조 때 송(宋)나라의 사영운(謝靈運)의 「술조덕(述祖德)」에 "일곱 고을 바깥으로 고개 숙여 세속을 떠나고, 오호

못하였구나.

　아득히 만리 멀리에서 백(魄)이 혼(魂)을 동무하여[334]

　파리한 뼈의 늘그막 삶을 관아(官衙)에서 보냈구나.[335]

　그대에게 복을 내린 것이 어이 이리 박하더냐?

　그대를 앗아감이 어이 이리 빠르단 말인가?

　화시(和氏)는 허무하게 흐느껴 울고[336]

　초나라에는 이제 아무런 보물이 없게 되었구나.

　하늘도 공평치 못하고

　땅도 공평치 못하도다.

　아아,

　왕자성아!

로 옷소매 떨쳐 돌아가네(高揠七州外, 拂衣五湖裏)”라고 하였다.

333) 보철선인초(補綴先人草) : 선인의 유고를 정리하고 편집하는 일.

334) 백반혼(魄伴魂) : 사람이 죽게 되면 정기가 흩어져, 혼(魂)은 하늘로 올라가고 백(魄)은 땅 밑으로 내려가 근원으로 돌아간다고 한다. 혼(魂)은 양(陽)으로 정신으로 주재(主宰)하고, 백(魄)은 음(陰)으로 형체를 주재한다. 혼백의 개념은『좌전』‘소공(昭公)-7년’에 정(鄭)나라 자산(子産)이 “사람이 태중에서 형체를 이루었을 때를 백(魄)이라 하고, 백이 이루어지면 양(陽)인 혼이 이루진다. 갖가지 물건을 사용하여 육체를 양성하여 정기가 많아지면 그 혼과 백이 둘 다 강해진다[人生始化曰魄, 旣生魄, 陽曰魂, 用物精多, 則魂魄强]”라고 한데서 나타나 있다.『북계자의(北溪字義)』에 보면, “삶과 죽음이라는 관점에서 논한다면, 삶은 기의 신장이고 죽음은 기의 수축이다. 죽음이라는 관점에서 논하자면, 혼이 올라가는 것은 신이고 백이 내려가는 것은 귀이다. 혼의 기는 하늘에 뿌리를 두고 있으므로 올라가고, 백의 몸은 땅에 뿌리를 두고 있으므로 내려간다[以生死論, 則生者氣之伸, 死者氣之屈. 就死上論, 則魂之升者爲神, 魄之降者爲鬼. 魂氣本乎天, 故騰上. 體魄本乎地, 故降下]”라고 하였다.

335) 관송로(官送老) : 왕자성이 임장(臨漳)의 임소(任所)에서 병으로 죽은 것을 말한다.

336) 화씨공유읍(和氏空有泣) : 초나라의 변화가 형산에서 박옥(璞玉)을 얻어 여왕(厲王)에게 바쳤는데 옥인(玉人)을 시켜 이를 감정해 보니 옥이 아닌 돌이라고 하였다. 따라서 여왕은 변화가 속였다는 이유로 왼쪽 발뒤꿈치를 잘랐다. 변화는 다시 무왕에게 박옥을 바쳤는데, 마찬가지로 돌이라 감정되어 오른쪽 발을 잘랐다. 문왕이 즉위한 후 변화는 그 박옥을 안고 형산 아래에서 사흘 밤낮을 우니 눈에서 피가 나왔다. 문왕은 이런 이야기를 듣고 박옥을 쪼개게 하니 옥을 얻게 되었다.『한비자(韓非子)』「화씨(和氏)」에 나온다.

垂頭再哭哭聲瘂, 長夜幽幽悲逝者.

破玉錘珠可惜人, 天何言哉無知也.」

三哭眼酸淚枯欲流不得流, 焚香告天願天爲我開嚥喉.

顏淵魯高士, 胡爲三十二而死休?

靈均楚直臣, 云何枯槁江潭望君門而媒蹇修?

雲何爲而投閣? 賈何爲而賦樓?

渴何爲而病馬? 癲何爲而疾牛?

龍何愚而觸網? 鼇何細而隨鉤?

山何卑而成水? 海何升而爲丘?

聖者不能言, 愚者不能憂.

釋迦與老子, 眯矇雙白頭.

卽如王子聲, 高第十二秋.

窮年只淹蹇, 低眉拜督郵.

讒言復間之, 刺心如戈矛.

纏棺布三尺, 棲身土一抔.」

嗟乎子聲, 汝生不能一日牙牌青綬拱手長安道,

又不能拂衣故園補綴先人草.

萬里迢遙魄伴魂, 一具瘦骨官送老.

福君何其薄? 奪君何其早?

和氏空有泣, 楚國無以寶.」

天不平, 地不平.

吁嗟乎, 王子聲!」

釋迦與老子 : 서종당본·소수본에서는 '田巴與惠子'로 되어 있다.

○ 棲身土一抔 : 抔는 패란거본에 杯로 되어 있으나, 서종당본에 따른다.

○ 汝生不能一日牙牌青綬拱手長安道 : 青綬는 패란거본에 黑鬚로 되어 있으나, 서종당본·소수본에 따른다. 手는 서종당본·소수본에 揖으로 되어 있다.

○ 天不平, 地不平 : 서종당본・소수본에는 '漳水平, 漳臺傾'이라 되어 있다.

황도원[337]의 병화재[338]에 장난삼아 쓰다(戲題黃道元甁花齋)

아침에 한 화병의 꽃을 보고

저녁에 한 화병의 꽃을 보았는데,

꽃가지는 비록 색이 옅고 담담해도

그래도 가난한 집에 의탁할 수 있구나.

한 가지 두 가지는 바르고

세 가지 네 가지는 비스듬하다.

마땅히 곧아야지 굽어서는 안되지

맑음을 다퉈야지 사치를 다투지 말아라.

부처의 곁에는 양지(楊枝)의 물[339]이 있고

사발에 들어있는 것은 낙노(酪奴)의 차[340].

---

337) 황도원 : 이 3권의 「병중에 황도원의 '동지날 선사(절)에 이르러 꿈꾸고 수심에 젖어' 시에 화운하다(病中和黃道元至日禪寺夢愁詩)」를 참조.

338) 병화재(甁花齋) : 황도원의 서실 이름. 이 시에 따르면 그 이름은 원굉도가 지은 것이 다. 원굉도에게 『병화재집(甁花齋集)』이 별도로 있다.

339) 양지수(楊枝水) : 기사회생(起死回生)을 가능하게 하는 감로수(甘露水). 후조(後趙)의 석륵(石勒)의 아들이 갑자기 병이 들었을 때, 불도징(佛圖澄)이 버드나무 가지를 물에 적셔 쓸어주었더니 소생하였다고 한다. 『법원주림(法苑珠林)』에 나온다.

340) 낙노차(酪奴茶) : 낙노는 곧 차의 이칭이다. 『낙양가람기(洛陽伽藍記)』 '성남(城南)'조 에 보면 보덕사(報德寺)와 관련된 왕숙(王肅)의 고사가 있다. 왕숙이 처음에 도성에 들 어왔을 때 양육(羊肉)과 낙장(酪漿) 따위를 먹지 않고 늘 즉어갱(鯽魚羹)만 먹고 명즙 (茗汁)을 마셨으므로 고조(高祖)가 괴이하게 여겼다. 왕숙은 "양(羊)은 육지에서 나는 것 가운데 가장 좋은 것이고 물고기는 어족(魚族) 가운데 가장 뛰어난 것입니다. 양은 큰 나라인 제・로(齊魯)와 같고 물고기는 작은 나라인 주・거(邾莒)와 같습니다. 오직 명(茗)만은 그 가운데 끼지 않고 낙(酪)의 노(奴)가 되었습니다"라고 하였다. 팽성왕(彭 城王)이 왕숙에게 말하길, "그대는 제・로 같은 큰 나라를 중히 여기지 않고 주・거 같 은 작은 나라를 사랑하는가?"라고 하고, "내일 나를 찾으면 그대를 위해 주・거의 음식 을 진설하고 또 낙노(酪奴)도 준비하겠소"라고 하였다.

그대의 서재에 '병화(甁花)'란 말로 편액하면
한 곱절 더 멋지리라.341)

朝看一甁花, 暮看一甁花.
花枝雖淺淡, 幸可托貧家.
一枝兩枝正, 三枝四枝斜.
宜直不宜曲, 鬪淸不鬪奢.
傍佛楊枝水, 入碗酪奴茶.
以此顔君齋, 一倍添姸華.

전
교
1596년(만력 24년 병신), 오현에서 지은 시.
○ 제목의 黃道元이 소수본에서는 黃生으로 되어 있다.

눈오는 밤 감회가 있어서 황도원342)과 함께 짓다(雪夜感懷, 同黃道元作)

외로운 객관 아무도 없어 적적하고
동복만 둘, 셋 있을 뿐.
흰 기세가 산을 짓누르더니
눈 기운이 차가와 하늘이 초췌하다.
등잔불 싸늘하여 글자마저 푸른빛 돌고
화롯불 죽어서 찬 재를 마주하네.
유화(流火)343)는 공중을 잡아채며 날고

341) 연화(姸華) : 아름답고 멋짐.
342) 황도원에 대해서는 앞의 시 「눈오는 밤 마음에 느낌이 있어, 황도원과 함께 짓다
    (雪夜感懷, 同黃道元作)」를 참조.
343) 유화(流火) : 심성(心星). 즉 대화(大火)의 별. 7월의 저녁 무렵에 서쪽으로 흐르기 때
    문에 이렇게 말함. 심성이 정남방에 있을 때는 극히 무덥다고 한다. 『시경』「빈풍(豳風)」

별 부스러기는 이리저리 흩어지는군.
애석하여라 행락(行樂)을 할 터에
도무지 미관(微官)의 장애를 입다니.
가희(歌姬) 목구멍은 옥구슬이 얽힌 듯해라
누구 집 아리따운 자매인가?

孤館寂無人, 童僕三兩輩.
白勢壓山來, 雪冷天憔悴.
燈寒字欲靑, 爐死灰相對.
流火掣空飛, 錯落如星碎.
可惜行樂場, 都被微官礙.
歌喉絡飛珠, 誰家佳姊妹?

> 1596년(만력 24년 병신), 오현에서 지은 시.
> ○ 소수본에는 제목의 '同黃道元作' 다섯 글자가 없다.

구장유(丘長孺)

첫째(其一)

남쪽이든 북쪽이든 따질 것 없이
모두 옛 친구요 새 친구를 이루어,
두 눈구멍 활짝 열어
이 시대의 사람들을 모두 보았네.
언어(言語)는 누가 같은 맛인가

「칠월(七月)」에 "7월에는 심성이 흐르고, 9월에는 겨울옷을 드리네(七月流火, 九月授衣)"라고 하였다.

간장(肝腸 : 속마음)은 누가 가장 진실한가?
금릉(金陵)[344]의 거처를 살 수 있다면
좋은 이웃이 될 수 있을까?

不問南和北, 都成故與新.
放開雙孔眼, 閱盡一時人.
言語誰同味, 肝腸孰最眞?
金陵居可買, 是否作佳鄰?

1596년(만력 24년 병신), 오현에서 지은 시.
○ 구장유(丘長孺) : 구탄(丘坦). 자는 탄지(坦之), 호가 장유이다. 마성(麻城)
사람으로, 1606년(만력 34년) 무향시(武鄕試)에서 일등을 하고, 관직은 해주 참장(海
州參將)에 이르게 된다. 이때에는 제생(諸生)이었다. 시를 잘하고 글씨를 잘 썼으며
유람을 좋아하였다. 『남북유고(南北遊稿)』·『초구집(楚邱集)』·『도요집(度遼集)』
등이 있다. 『마성현지(麻城縣志)』에 전(傳)이 있다. 만력 24년 겨울, 원종도가 그의
『북유고(北遊稿)』에 서문을 적어 이렇게 말하였다. "그의 시는 한(漢)·위(魏) 사람
의 시가 아니고 육조(六朝) 사람의 시가 아니며, 또 초당·성당·중당·만당 사람의
시가 아니라 구장유 씨의 시이다. 구장유의 시가 아니라 구장유이다. 그렇기에 이것
으로 구장유 시를 논하고, 이 시로 구장유를 논하는 것이 모두 초부(焦腑 : 끓는 속마
음) 에 관계되어 있다."(『白蘇齋類集』권10) 구장유가 공안파의 인물이었음을 잘 알
수 있다. 이때 구탄은 북쪽으로 노닐어, 돌아오는 길에 금릉(金陵)에 이르렀으며, 시
고(詩稿)를 원종도에게 부쳐 서문을 청하고, 아울러 오(吳)로 가서 원굉도를 방문하
려 하였다. 원굉도는 벼슬을 사직하려는 뜻이 이미 굳어졌으므로, "그대 오시려거든
당장 오시오(君來當卽來)"라고 재촉하였다.

---

344) 금릉(金陵) : 지금의 강소성(江蘇省) 남경시(南京市)를 말한다. 역대로 금릉이라 불린
　　지역은 조금씩 다르다. 백하(白下)도 금릉이라 한 적이 있으므로, 원굉도는 금릉을 달
　　리 백하(白下)라고도 불렀다.

둘째(其二)

횡금(橫金) 벼슬[345]이라 쌀알이 주옥같고
동정호 봄물은 흰 눈 같아라.
다만 그대 오지 않아 근심이니
그대 온다면 마땅히 한 턱 내리다.
술은 일천 명을 먹일 수 있고
쌀도 석 달은 지탱할 수 있을 정도
그대 오시려거든 당장 오시오
내일 오(吳) 땅 수령은 출발할거요

橫金米如珠, 洞庭春似雪.
只愁君不來, 君來我當設.
酒可供千人, 米亦穀三月.
君來當卽來, 明日吳令發.

초도(생일)에 장난삼아 쓰다(初度戲題)

하찮고[346] 또 하찮다
뜬 인생[347]은 수레바퀴 같은 것을.[348]

---

345) 횡금(橫金) : 송나라 때 관직의 고하를 표시하던 일종의 패대(佩戴). 송나라 때 금어선
   화대(金御仙花帶)에 어부(魚符)를 차지 않는 관직을 말함. 권상서(權尙書), 어사중승(御
   史中丞), 자정(資政)·단명전각학사(端明殿閣學士), 직학사(直學士), 정시랑(正侍郞).
   급사중(給事中)의 복식. 한림학사(翰林學士) 이상 권상서까지의 벼슬을 말함.
346) 녹록(碌碌) : 용렬(庸劣)하기 짝이 없는 모양.

제왕의 광대함은 온 땅에 두루 펼쳐지고

사람의 군색함은 천하가 다 감옥이네.349)

지상에 떨어져 살아온 지 삼십 년

반나마 찡그리고 오금질 하였으니,

기쁨을 꼽아보면 십 년350)이 안 되고

수심을 헤아리면 일만 말.351)

열다섯 이전에는

스승이 괴롭게 얽어매어

아침에는 해 뜨는 걸352) 걱정하고

저녁에는 어려운 책 읽기를 염려했네.

열다섯 이후에는

남모르는 재주 품고353) 과거 공부354) 일삼아

---

347) 부생(浮生) : 뜬 인생. 『장자』 「각의(刻意)」에 보면 "삶이란 부평과 같고 죽음은 영원히 쉼과 같다(其生若浮, 其死若休)"라고 하였다.

348) 부생여전곡(浮生如轉轂) : 뜬 인생은 수레바퀴와 같아 한 곳에 정착하지 못하고 이리 구르고 저리 구른다는 뜻. 소식(蘇軾)이 48세 되던 1080년에 가족을 이끌고 황주(黃州)로 내려가 유배생활을 시작하면서 지은 「유배되어 임고정에 거처하게 되어(遷居臨皐亭)」라는 시에 "나의 삶이란 천지라는 거대한 맷돌에 붙은 한 마리 개미, 억지로 오른쪽으로 돌려 해도, 세상은 좌로 돈다. 올바른 길을 걸으려 하니, 춥고 배고픔을 면하지 못하지(我生天地間, 一蟻寄大磨, 區區欲右行, 不救風輪左. 雖云走仁義, 未免違寒餓)"라고 한 것에서 시상을 따 온 듯하다.

349) 제굉잡지라, 인군미천옥(帝宏匝地羅, 人窘彌天獄) : 제왕의 힘이 광대하여 땅 주위에 그물을 빙 둘러 설치하였고, 사람들은 온 천하에 가득한 감옥 속에서 괴롭다는 뜻.

350) 십성(十星) : 십년. 별은 1년에 하늘을 한 바퀴 돈다고 하므로 1년을 1성(星)이라고도 함.

351) 곡(斛) : 휘. 10두(斗)가 1휘.

352) 일상용(日上春) : 해가 오름. 일고용(日高春)과 같은 말. 원래는 해가 하늘에 떠올라 일렁이는 모습을 표현하는 말로 보통은 저녁 해가 서산이나 지평선에 걸려 흔들리는 모습을 말한다. 당나라 유종원의 「유주에서 장인 주소주에게 부치다(柳州寄丈人周韶州)」에 "빈 서재에서 아무 말 없이 고용(저무는 해) 아래 앉았다(空齋不語坐高春)"라고 하였고, 당나라 말의 설능(薛能)의 「가주의 후계에 노닐다(遊嘉州後溪)」 시에도 "시내 건너 멀리 석양이 방아 찧듯 하는 것을 보네(隔溪遙見夕陽春)"라고 하였다. 혹, 날이 밝아 절구 찧는 고역(苦役)과 같이 괴로운 공과(功課)라는 설이 있으나 이 번역본에서는 취하지 않았다.

353) 균수(龜手) : 균수약(龜手藥). 남이 알지 못하는 재주. 남이 알지 못하는 재주를 품고

유건(儒巾)355)을 머리에서 벗자마자

벼슬길 그물이 발을 옭아매었지.

일천 번 곁눈질356)에 한 관직을 얻고

일만 번 곁눈질에 적은 봉급 얻었다만,

누가 알았으랴 오두미(五斗米)357) 구하고도

처자식이 되려 배고플 줄을.

안색(顔色)은 상관 앞에 낮추고

간장(肝腸)은 공문서 때문에 메말랐으되,

행동거지는 걸핏하면 허물투성이라

상관의 미움과 성냄을 괴롭게 받았지.

달은 한 달에 열 번 둥글어지는 법 없고

술은 사흘만에 익는 법이 없도다.

앞으로의 일은 알 수 없고

지난날은 대속(代贖)할 수 없으니,358)

서 과장(科場)의 고시에 참가함을 뜻함. 송나라 유균(劉筠)의 시에 "형산옥 팔리는 것을 무어 늦는다고 염려하랴, 재주 품고 봉지(封地)를 떼어 받을 공적을 기약하네(荊山待價 何憂晚, 龜手猶期裂地酬)"라고 하였다. 이 시에서 '형산대가(荊山待價)'는 화씨벽(和氏 璧)을 말한다. 균수(龜手)의 고사는 『장자』「소요유(逍遙遊)」에 나온다. 송나라의 어떤 사람이 손이 트지 않는 약을 사용하여 대대로 솜 빠는 일을 업으로 삼아왔는데, 어떤 객이 그 소문을 듣고서 그 방도를 백금(百金)을 주고 사서, 객은 그것으로 오왕을 설득 하여, 월나라에 난리가 있을 때 오나라 군대의 장수가 되어 월나라 사람과 수전(水戰) 을 하여, 월나라 사람을 크게 패배시켜, 땅을 떼어 봉해받았다(裂地而封之)고 한다. 이 것은 진정으로 재주와 학식을 지닌 사람은 끝내 매몰되지 않을 수 있다는 뜻으로 사용 된다.

354) 장옥(場屋) : 여기서는 장옥문자(場屋文字), 즉 팔고문(八股文)과 같이 과거에서 부과 되는 시문을 말한다.

355) 유건(儒巾) : 유생이 아직 과거에 합격하기 전에 쓰는 모자.

356) 천면(千眄) : 일천 번 곁눈질을 함. 면(眄)은 면면(眄眄). 곁눈질로 흘끗흘끗 봄. 소심하 게 상사(上司)의 눈치를 보는 것을 말함.

357) 오두미(五斗米) : 현령(縣令)의 봉급. 오두록(五斗祿). 박봉(薄俸)의 뜻. 도연명은 "오 두미 때문에 허리를 굽힐 수 없다(不爲五斗米折腰)"고 하여 팽택령을 그만두고 귀거래 를 하였다.

358) 내자불가지, 거자불가속(來者不可知, 去者不可贖) : 도잠(陶潛)의 「귀거래사(歸去來

그대로 있자니 낯빛이 시들고

돌아가자니 마음이 갈팡질팡하였네.359)

그러다 병들어360) 지난 잘못을 깨달아

만 길 솟으려는 황곡(黃鵠)361)의 뜻 이루었으니,

직경 한 치 마음의 영화362)를

여덟 자, 열 자363) 되는 모욕과 바꾸지 말자꾸나.

碌碌復碌碌, 浮生如轉轂.

帝宏匝地羅, 人窘彌天獄.

墮地三十載, 强半是顰蹙.

算喜無十星, 量愁有千斛.

十五歲以前, 師傅苦拘束.

朝愁日上春, 暮愁書難讀.

十五歲以後, 龜手事場屋.

儒巾才去頭, 宦網又纏足.

千眄得一官, 萬眄得微祿.

辭」에 "이미 지난 일은 간하여 고칠 수가 없음을 깨닫고, 이제부터 미래의 일은 쫓아
가 잘 할 수 있으리라 알고 있다. 나는 정말로 길을 헤매었으나 그렇게 멀리까지 잘못
나아간 것은 아니니, 이제 관직을 그만두고 돌아가는 것이 옳고 지난날 잘못을 범했다
는 점을 깨닫겠다(悟已往之不諫, 知來者之可追. 實迷途其未遠, 覺今是而昨非)"라는
말이 있는 것을 바꾸어 썼다.

359) 척촉(彳亍): 가려고 하다가 그치는 모습. 여기서는 유예(猶豫)라는 뜻.

360) 일병(一病): 이 해 8월 13일에 원중랑은 갑자기 학질에 걸렸다. 10월 초에 조금 나아
져서 청사에 나와 일을 보았으나, 병이 다시 도져, 병세가 지속되어, 5개월이나 계속되
었다.

361) 황곡(黃鵠): 『초사』의 「복거(卜居)」에 "차라리 고니와 날개를 나란히 할까? 아니면 닭
이나 따오기와 더불어 먹을 것을 다툴까?(寧與黃鵠比翼乎? 將與雞鶩爭食乎?)"라는 말
이 있다.

362) 경촌영(徑寸榮): 직경 한 치 되는 마음에서 느끼는 영화. 경촌은 경촌심(徑寸心), 즉
일심(一心)을 말한다.

363) 심장(尋丈): 심(尋)은 8척(尺). 장(丈)은 10척.

誰知徵五斗, 妻子轉楄腹.
顔色低上官, 肝腸枯案牘.
擧止動得過, 憎恚苦相觸.
月不十回圓, 酒無三朝熟.
來者不可知, 去者不可贖.
欲留色枯稿, 欲歸心彳丁.
一病覺昨非, 萬仞遂黃鵠.
勿以徑寸榮, 易玆尋丈辱.

1596년(만력 24년 병신) 12월 6일, 오현에서 지은 시. 이 날은 원굉도의 29
세 생일이었다. 시에서 "땅에 떨어진 지 삼십년(墮地三十載)"이라고 한 것
은 성수(成數 : 반올림한 수)를 든 것이다.
○憎恚苦相觸 : 苦는 패란거본에 若으로 되어 있으나, 서종당본·소수본에 따른다.
○酒無三朝熟 : 熟은 패란거본에 熱로 되어 있으나, 서종당본·소수본·이운관본
에 의거하여 고친다.

장백기(張伯起)

두 해 사이에 대면하지도 못했고
관아로 오는 일자소식(一字消息) 드물었지.
흰 바위는 구름과 이어져 끓어오르듯 하고
푸른 씀바귀는 빗줄기 지나간 뒤 호미질 하네.
술동이 앞에선 〈홍불전(紅拂傳)〉364)을 공연하고

---

364) 홍불전(紅拂傳) : 장봉익이 지은 희곡인 「홍불기(紅拂記)」. 본래 홍불은 당나라 때 전
   기소설(傳奇小說)에 나오는 미인이다. 당나라 말기 두광정(杜光庭)이 지은 『규염객전
   (虬髥客傳)』에 의하면 당나라 초기의 대장 이정(李靖)이 아직 두각을 나타내기 전에 수
   (隋)나라의 권세 있는 월국공(越國公) 양소(楊素)를 찾아갔을 때 양소의 앞에서 홍불(紅
   拂 : 붉은 먼지떨이)을 쥔 여자가 서 있는 여자를 보았다. 그 여자는 이정(李靖)이 뛰어

꽃 아래서는 옛 비녀체 글씨365)를 쓰지.
형제들 모두 재명(才名)이 많으니
하산(何山)366)은 본디 미치지 못하리.

兩年稀面見, 一字到官疎.
白石連雲煮, 青荇帶雨鋤.
尊前紅拂傳, 花下古釵書.
兄弟多名理, 何山故不如.

전교 1596년(만력 24년 병신), 오현에서 지은 시.

○ 장백기(張伯起) : 장봉익(張鳳翼). 자가 백기이다. 호는 영허(靈墟)이다.
1564년(가정 43년)의 거인(擧人)이다. 아우 장헌익(張獻翼)·연익(燕翼)과 함께 재주
있다는 이름이 있어서, '삼장(三張)'이라고 일컬었다. 장봉익·연익은 모두 향거(鄕
擧)에 합격하였으나 회시에서 굴하였다. 장헌익은 또한 국학생(國學生)으로 끝마쳤
다. 장봉익은 글씨를 잘 썼으며, 문학의 품격이 아주 높았으니, 시문과 글씨로 귀인
들과 교유를 맺었다. 만년에는 글씨를 팔아 생계를 유지하였다. 『허실당집(虛實堂
集)』이 있다. 노래를 잘 지어, 악부신성(樂府新聲)을 잘 만들었다. 『양춘육집(陽春
六集)』「전기(傳奇)」가 세상에 유행하고, 그것을 연기하는 공연이 널리 행해졌다.
전겸익(錢謙益)의 『열조시집소전(列朝詩集小傳)』「정집 중(丁集 中)」에 전(傳)이
있다.

○ 홍불전(紅拂傳) : 즉 '홍불기(紅拂記)'로, 장봉익이 지은 희곡이다. 이정(李靖)·홍
불(紅拂)·규염객(虯髯客)의 일을 연회로 꾸몄다. 장봉익의 『양춘육집(陽春六集)』 6
종 가운데 하나이다. 그 나머지는 『축발기(祝髮記)』, 『절부기(竊符記)』, 『호부기(虎
符記)』, 『관원기(灌園記)』, 『염이기(戾履記)』이다. 그 가운데 「홍불기」의 연회가 가

난 인물인 것을 보고 밤을 도와 그를 찾아가 그와 함께 태원에 있는 이세민(李世民, 唐
太宗)에게로 달려갔다고 한다. 사람들은 그 여자를 가리켜 홍불(紅拂)이라고 했다.
365) 고차서(古釵書) : 옛 비녀 체의 글씨. 장봉익의 서법(書法)을 가리킨다. 전교(箋校) 참조.
366) 하산(何山) : 남조 때의 은사(隱士)인 하점(何點), 하구(何求), 하윤(何胤)의 삼형제로,
하점은 대산(大山), 하윤은 소산(小山)으로 불리기도 하고, 셋을 합하여 하씨삼고(何氏
三高)라고도 하였다.

『원중랑집』 제3권   399

장 성하였다. 이지(李贄)는 『홍불기』를 극히 칭찬하여, "이 기(記)는 관목(關目)도 좋고 곡(曲)도 좋고 백(白 : 대사)도 좋고 사(事 : 서사 내용)도 좋다"라고 하였다. 『분서(焚書)』 권4 「홍불(紅拂)」에 나온다.

○ 고차서(古釵書) : 장봉익의 서법(書法)을 가리킨다. 공평중(孔平仲)의 『담원(談苑)』에 "어떤 사람이 회소(懷素)에게 곽(郭) 병조(兵曹)의 필법에 대하여 묻자, 회소는 고차각(古釵脚)이라고 답하였다." 또 위속(韋續)의 『서품우열(書品優劣)』에서는 "이양빙(李陽冰)의 글씨는 마치 고차의물(古釵倚物)과 같아서, 일만 장정의 힘이 있다"고 하였다.

하산(何山)에 대하여, 전백성의 『전교』는 "심각(沈潅)·심연(沈演) 형제를 가리킨다. 두 형제는 오정(烏程) 사람으로, 하산(何山)은 바로 오정의 명산이다. 심연은 이 하산을 호로 삼았다. 권6이 「심하산(沈何山)」을 참조. 원굉도는 여기에서 장봉익 형제를 하산 형제에 견주었다"라고 하였다. 이것은 잘못이다. 하산(何山)은 남조 때 은사(隱士)인 하점(何點)·하구(何求)·하윤(何胤)의 삼형제이다. 하점은 대산(大山), 하윤은 소산(小山)으로 부르며, 셋을 합해서 하씨삼고(何氏三高)라고도 하였다. 『열조시집소전(列朝詩集小傳)』「정집(丁集)」「장태학헌익(張太學獻翼)」에 의하면, 장헌익은 통은(通隱)의 인물이고자 하여, 석호오(石湖塢) 속에 집을 쌓고 하점(何點) 형제를 제사하면서 자신을 그에게 비겼다는 말이 있다. 원굉도는 장봉익이 통은을 가장하면서 실은 명성에 연연한 것을 은근히 비판한 것이다.

조이신(曹以新)

행적367)은 인간세상에서 처량하고
일생 삶은 이 시대에 성글구나.
꽃 가까이 술 동이368)를 두고
비 피하여 책상 위 책을 거둔다.

---

367) 종적(蹤跡) : 발자취. 업적이란 뜻을 나타냄.
368) 주구(酒臼) : 주단(酒壇). 『한어대사전(漢語大詞典)』에 이 구절이 유일한 용례로 올라 외 있다.

세련된 문장369)은 외숙부 왕원미(王元美)370) 같고
맑고 소탈한 성품은 손태초(孫太初)371) 같네.
장경(長慶)372)은 이름이 불후하겠고
자제 분도 여향(餘響)을 이루리.

蹤跡人間冷, 生涯一世疎.
近花安酒臼, 避雨約牀書.
文雅王元美, 淸夷孫太初.
長慶名不死, 有子亦爲餘.

---

369) 문아(文雅) : 문장이 세련됨. 문학적으로 재능이 충분히 발현되어 있음.

370) 왕원미(王元美) : 왕세정(王世貞, 1526~1590). 자(字)가 원미이다. 명나라 중·후엽의
문인. 호는 봉주(鳳州)·엄주산인(弇州山人)으로, 강소성(江蘇省) 대창(大倉) 사람이다.
1547년에 진사가 되고 형부(刑部)의 관리가 되었으나, 당시의 재상 엄숭(嚴嵩)의 뜻에
거슬려 엄숭이 구실을 만들어 고도어사(古都御使)인 그의 아버지 왕여(王忬)를 사형시
키자, 벼슬을 그만두고 아버지의 무고함을 주장하며 8년 간 노력한 끝에 명예를 회복시
켰다. 그 뒤 다시 지방관에 복귀하였고 남경(南京)의 형부상서(刑部尙書)를 마지막으로
관직에서 물러났다. 젊었을 때부터 문명이 높아 가정칠재자(嘉靖七才子), 즉 후칠자(後
七子)의 한사람으로 꼽혔고, 학식은 그 중에서도 제1인자였다. 후칠자의 맹주격인 이반
룡(李攀龍)과 함께 이왕(李王)이라고 불렸으며, 명대 후기 고문사(古文辭)의 지도자가
되었고, 이반룡이 죽은 뒤에는 그 자리를 독점하였다. 격식을 소중히 여기는 의고주의
(擬古主義)를 주장하였으나, 이반룡이 진한(秦漢)의 문장과 성당(盛唐) 이전의 시를 그
대로 모방한 데 비해, 왕세정은 유연한 태도를 보였다. 만년에는 당나라의 백거이(白居
易)·한유(韓愈)·유종원(柳宗元)과 송나라의 소동파(蘇東坡) 등의 작품에도 심취하였
다. 문집으로 『엄주산인사부고(弇州山人四部考)』(174권)와 『속고(續稿)』(207권)를 남겼
고, 문학예술논집으로 『예원치언藝苑巵言)』을 남겼다. 사대기서(四大奇書)의 하나인
『금병매(金瓶梅)』가 그의 작품이라는 설도 있었다. 희곡으로는 『명봉기(鳴鳳記)』가 있
다. 『엄산당별집(弇山堂別集)』 등 역사 관계 논문도 남겼다.

371) 손태초(孫太初) : 손일원(孫一元). 자가 태초이다. 태백산인(太白山人)이라 불렸다.

372) 장경(長慶) : 당나라 목종(穆宗)의 연호인데, 백거이(白居易)와 원진(元稹)의 문집이
바로 그 원년에 묶여졌으므로, 그들의 문집을 각각 『백씨장경집(白氏長慶集)』·『원씨
장경집(元氏長慶集)』이라고 하며, 그들의 시체(詩體)를 장경체(長慶體)라고 한다. 여기
서는 조자념의 시풍이 백거이나 원진과 같음을 지적한 말인 듯하다.

1596년(만력 24년 병신), 오현에서 지은 시.

○ 조이신(曹以新) : 조자념(曹子念). 자가 이신이다. 태창(太倉) 사람으로, 왕세정(王世貞)의 외조카이다. 시를 지을 때 근체와 가행(歌行)은 외삼촌의 것을 모방하였다. 사람됨이 대범하고 남에 대한 허락을 가벼이 하지 않았으며, 하(河)·삭(朔) 일대 협사(俠士)의 풍모가 있었다. 왕세정이 죽자, 조자념은 오현으로 이사하여 거처하였는데, 궁항(窮巷)에 살면서 잡스러운 손님을 끊었다. 『열조시집소전(列朝詩集小傳)』「정집 중(丁集 中)」에 전(傳)이 있다.

○ 왕원미(王元美) : 왕세정(王世貞). 자가 원미이다. 태창(太倉) 사람이다. 1546년(가정 26년)의 진사로 형부주사(刑部主事)를 제수받았으며, 뒤에 여러 관직을 거쳐 형부상서(刑部尚書)에 이르렀다. 왕세정은 처음에 이반룡(李攀龍)과 함께 문단을 주도하여, "문은 반드시 서한, 시는 반드시 성당(文必西漢, 詩必盛唐)"을 주창하여 일시에 의고(擬古)의 풍조가 크게 타올랐다. 이반룡이 죽은 뒤 왕세정은 20년이나 홀로 문병(文柄)을 잡았다. 사대부와 산인(山人)·사객(詞客)들이 모두 그의 문하에 나아갔으며, 그의 자그마한 칭찬이라도 얻으면 성가(聲價)가 갑자기 일어났다. 저술이 아주 풍부하여 『엄주산인사부고(弇州山人四部稿)』 등이 있다. 1593년(만력 21년)에 졸하였다. 『명사』 권287에 전(傳)이 있다. 왕세정은 공안파의 배격 대상이었으며, 원굉도는 심지어 그를 '둔적(鈍賊)'이라 일컬었다.

○ 손태초(孫太初) : 손일원(孫一元). 자가 태초이다. 자칭 진(秦) 사람이라고 하였다. 일찍이 태백(太白)의 꼭대기에 은둔하였으므로 태백산인(太白山人)이라 칭하였다. 풍채가 수려하고 명랑하였으며, 종적이 기괴하였다. 정덕(正德) 연간에 유린(劉麟)·용예(龍霓)·육곤(陸崑)·오충(吳玩)과 함께 '초계오은(苕溪五隱)'이라 일컬어졌다. 시로 천하에 이름이 높았으나, 나이 37세로 죽었다. 『태백만고(太白漫稿)』가 있다. 『열조시집소전(列朝詩集小傳)』「병집(丙集)」에 전(傳)이 있다.

○ 蹤跡人間冷, 生涯一世疎 : 서종당본은 "邏跡皐橋去, 親知夢亦疏"로 되어 있다.

○ 文雅王元美, 淸夷孫太初 : 서종당본은 "梅癖林和靖, 鶴心孫太初"로 되어 있다.

장유우(張幼于)

호협한 기개 때문에[373] 집은 가난하지만

전광(顚狂)[374]이기에 명성이 일어났다.

성대한 사업은 염유(冉有)와 증점(曾點)[375]을 추구하고

높은 표치(標致)는 이반룡(李攀龍)과 왕세정(王世貞)[376]에 버금가네.

사슴 가죽[377]은 이부자리로 충당하고

---

373) 임협(任俠) : 호협한 기개.

374) 전광(顚狂) : 미쳐버림. 예속(禮俗)에 구애되지 않아 광사(狂士)라 불리는 명성이 올랐다는 뜻. 광사는 뜻이 크되 사업을 실행하기에는 소략한 사람. 『맹자』「진심 하(盡心下)」에 보면, 공자가 진(陳)에 있을 때 "어찌 돌아가지 않으랴, 우리 당의 인사는 광간(狂簡)하여 고원(高遠)한 뜻을 구하여 얻으려 하되 그 처음을 잊지 않는다"라고 말하였다고 인용되어 있다. 맹자는 "공자께서는 중도(中道)의 인물과 함께 하지 못한다면 그 다음으로는 반드시 광견(狂獧)의 인사를 구하였다. 광(狂)의 인사는 진취(進取)하고, 견(獧)한 인사는 하지 않는 바가 있다. 공자께서 어찌 중도의 인사를 원하지 않았으리오만은, 반드시 얻을 수는 없었으므로, 그 다음을 생각하신 것이다"라고 하였다.

375) 구·점(求點) : 염구(冉求)와 증점(曾點). 둘 다 공자의 제자. 여기서는 공자의 제자와 같은 정사(政事)와 인격수양의 성과가 있었음을 말한 것이다. 염구(冉求)는 자(字)가 자유(子有)로, 염유(冉有)로도 불린다. 공자의 제자 십철(十哲) 가운데 한 사람으로 정사과(政事科)에 속할 만큼 정치적으로 업적이 있었다. 계씨(季氏)에게 벼슬살아 그 재(宰)가 되었다. 증점(曾點)은 자(字)가 자석(子晳)이며 노(魯)나라 사람이다. 증자(曾子)의 아버지이다. 공자가 어느 날 제자들에게, "너희들이 평소에 말하기를 사람들이 나를 알아주지 못한다고 하는데 혹시라도 너를 알아주는 사람이 있다면 장차 어떻게 쓰여지겠느냐?"고 물었는데, 자로(子路)·염유(冉有)·공서화(公西華)에 이어 증점이 "늦은 봄에 봄옷이 이미 이루어지면 어른 대여섯 명과 동자 예닐곱 명과 함께 기수(沂水)에서 목욕하고 무(舞雩)에서 바람을 쏘이고서 시를 읊으면서 돌아오겠습니다(暮春者, 春服旣成, 冠者五六人, 童子六七人, 浴乎沂, 風乎舞雩, 詠而歸)"라고 대답하자, 공자가 "나는 증점을 허여하노라(吾與點也)"라고 했다. 『논어』「선진(先進)」편에 나온다. 주희(朱熹)의 집주(集注)는, 증점의 학문은 인욕(人慾)이 다한 곳에 천리(天理)가 유행하여 곳에 따라 충만하여 조금도 결함이 없음을 보았으므로, 동정(動靜)의 종용(從容)함이 이와 같았으며 그 뜻을 말함에는 현재 자기가 처한 위치에서 일상생활의 떳떳함을 즐기는 데에 지나지 않았고 애당초 자신을 버리고 남을 위하려는 뜻이 없었다고 하였다. 곧, 증점은 그 가슴속이 유연하여 곧바로 천지만물과 더불어 상하가 함께 유동하여 각각 제 곳을 얻은 묘함이 은연중 말밖에 나타났으니 자로·염유·공서화가 지엽적인 정사(政事)에 급급한 것에 견주어 보면 그 기상이 같지 않았으므로 공자가 감탄하고 깊이 허여하였다는 것이다.

376) 이왕(李王) : 이반룡(李攀龍)과 왕세정(王世貞). 후칠자(後七子)의 영수(領袖)였다.

377) 녹피(鹿皮) : 사슴 가죽. 강석(講席)에 호피(虎皮) 대신 까는 깔개이거나, 혹은 녹피관(鹿皮冠), 녹피건(鹿皮巾)을 가리키는 듯하다. 녹피관은 은둔자가 쓰는 모자로, 변(弁)의 일종이다. 두건(頭巾)과 약자(掠子)를 사용하지 않고 빗기개[篦]를 가지고 다니면서 모자를 싸맬 때는 반드시 빗기개를 사용하여 머리를 묶는다고 한다.

까치 꼬리의 털이개378)는 경전 책상에 올려 두었구나.
다시는 이름이나 자를 부르지 않고
온 천하가 소장(小張)이라 부르며 칭송하네.

家貧因任俠, 譽起爲顚狂.
盛事追求點, 高標屬李王.
鹿皮充臥具, 鵲尾薦經牀.
不復呼名字, 彌天說小張.

1596년(만력 24년 병신), 오현에서 지은 시.
○ 장유우(張幼于) : 장헌익(張獻翼). 자가 유우이다. 혹은 우우(友于)로도 적
으며, 일명 미(敉)이다. 장봉익의 아우로, '삼장(三張)'이라고 병칭되었다. 어린 나이
에 학비를 납부하고 국학생이 되었으나, 여러 차례 장옥(場屋)에서 굴하여 한 번도
합격하지 못하였다. 각의(刻意)하여 시를 지어, '삼장' 가운데서도 장헌익의 이름이
가장 높았다. 공명에서 득의하지 못하였으므로, 예법을 벗어나 방탕하게 구는 일을
많이 하여 세속을 놀라게 하였다. 『열조시집소전(列朝詩集小傳)』「정집 상(丁集
上)」에 전(傳)이 있다. 장헌익은 만력 연간의 문인 가운데서도 광방(狂放)의 대표적
인물이다. 그 사적에 대하여는 여러 사람이 기록으로 남겼다. 정중기(鄭仲夔)의 『이
신(耳新)』권5에 실려 있는 세 가지를 여기에 든다. "장유우 헌익은 기궤한 행동을
하기를 좋아하였다. 오(吳) 땅의 상국이 그의 명성을 흠모하여 특별히 방문하였는데,
그 문에 이르자 한 창두(蒼頭 : 종)가 중당으로 모시면서 '잠시 앉아 계십시오 주인
이 곧 나올 것입니다'라고 하였다. 얼마 있다가 한 노인이 도도하고 표표한 태도로
나왔는데, 수염과 머리칼이 은빛이었고, 짧은 지팡이를 짚고 있었다. 그 노인은 계
단 앞으로 지나가면서 방약무인(傍若無人)하였다. 한 참 지나도 장유우가 나오는
것은 보지를 못하였다. 상국은 의아해 하였다. 창두는 말하길, '지금 계단 앞으로 지
나간 분이 저의 주인입니다'라고 하였다. 상국은 묻기를 '어째서 나를 만나지 않는

---

378) 작미(鵲尾) : 까치 꼬리의 털이개를 말하는 듯하다. 혹은 작미표(鵲尾杓)를 말하는지
모른다. 『해록쇄사(海錄碎事)』에 따르면, 진사왕(陳思王)은 자루가 긴 작미표를 술동이
안에 넣어두고, 술을 권할 때는 그 꼬리로 마실 사람을 지시하였다고 한다.

것이냐?' 하였다 창두는 '주인께서는 상공이 다만 얼굴만 알기 원하신다는 것을 알고, 지금 이미 얼굴을 알게 하였으므로 번거롭게 만나볼 필요가 없다고 하셨습니다'라고 하였다. 그리고는 끝내 나오지 않았다." "장유우는 다섯 가지 색의 수염을 준비해 두고, 외출할 때마다 소매 속에 가득 넣고 가다가 서너 걸음도 채 가지 않아서 문득 바꾸어 매달았다. 그 기궤함이 이와 같았다." "장유우는 붉은 옷을 입는 것을 좋아하였다. 또 특히 악무(樂舞)에 묘하였다. 그래서 『무경(舞經)』을 지었다. 집에는 무동(舞童) 한 대열이 있었는데, 모두 친히 연습시켜 기예를 이룬 자들이었다. 무동이 춤 출 때, 보는 사람이 자기 취미(臭味)와 같지 않으면 보여주지 않았다. 또 매일 가인으로 하여금 마치 관청에서 고패(告牌)를 내거는 것처럼 문 머리에 여러 개의 패(牌)를 걸게 하였는데, '장유우매장(張幼于賣漿)'이라 적거나 '장유우매무(張幼于賣舞)'라 적거나 '장유우매협(張幼于賣俠)'이라 적거나 '장유우매치(張幼于賣癡)'라 적었다. 보는 사람들이 포복절도하였다."

이반룡(李攀龍, 1514~1570) : 명의 문학가. 자는 우린(于麟), 호 창명(滄冥), 역성(歷城 : 지금의 山東) 사람. 1544년(가정 23년) 진사가 되고 형부주사(刑部主事)에 제수되었다. 얼마 후 지방으로 파견되어 순덕지부(順德知府)를 지내고 관직이 하남안찰사(河南按察使)에 이르렀다. 이선방(李先芳)·사진(謝榛)·오악(吳岳) 등과 시사(詩社)를 조직하고 복고(復古)를 내걸었다. 그러다가 후에는 왕세정(王世貞)·종신(宗臣)·양유예(梁有譽)·서중행(徐中行)·오국륜(吳國倫) 등이 차례로 입사하여 이선방·오악 등과 함께 '칠자(七子)'가 되었다. 이들이 곧 '후칠자(後七子)'들이다. 그는 왕세정과 더불어 '칠자'의 영수가 되어 일시를 풍미했다. 저서로는 『창명집(滄冥集)』 30권이 있다. "서경(西京) 이하로는 이렇다 할 산문이 없으며, 중당 이하로는 좋은 시가 없다"고 하면서 유독 이몽양(李夢陽)을 받들어 모방과 복고의 문학을 제창했다. 시 방면에서의 문학적 성과가 비교적 뛰어났다. 칠언율시에 뛰어났으나, 고악부체시가(古樂府體詩歌)는 모방을 일삼아 지탄을 받았다. 산문 또한 그다지 뛰어나지 않았지만, 당시에는 그를 따르는 자가 많아서 명대의 문단에 적지 않은 영향을 주었다.

황보중장(皇甫仲璋)

손님을 사랑하여 늘 수레 비녀장을 숨기고[379]
소반에는 반드시 저자에서 사온 생선을 올리며,
차 끓일 땐 색채 있는 물을 쓰지 않고
향 피울 적엔 연기를 피우지 않누나.
고사(高士)의 일은 앞 시대의 전(傳)을 펼쳐보고[380]
계훈(稽勳)의 일을 맡아 옛 글을 모으네.[381]
등나무 꽃은 합자(閤子 : 누합)의 주위에 피어나
점점이 청전(靑錢)[382]을 연결한 듯하고

愛客常投轄, 登盤必市鮮.
茶烹無色水, 香煉不燃烟.
高士披先傳, 稽勳拾舊編.
藤花繚閤子, 點點綴靑錢.

전
筆校교
1596년(만력 24년 병신), 오현에서 지은 시.
○ 황보중장(皇甫仲璋) : 자는 이천(二泉). 장주(長洲) 사람이다. 황보방(皇甫汸)의 아들이다. 방(汸)의 자는 자순(子循), 호는 백천(百泉)이다. 황보방은 가정·융경 연간에 오(吳) 지역을 울렸다. 형 충(沖)·효(涍), 아우 염(濂)과 함께 당시에 명성이 있어서, '사황(四皇)'이라 일컬어졌다. 『열조시집소전(列朝詩集小傳)』「정집 상(丁集 上)」에 전(傳)이 있다.

---

379) 투할(投轄) : 손님 수레의 비녀장을 숨겨 두어 돌아가지 못하도록 만류함. 한나라 진준(陳遵)이 술을 좋아해서, 손님을 모아 크게 잔치를 열 때마다 수레의 바퀴 비녀장을 우물 속에 던져두어, 급한 일이 있어도 돌아가지 못하게 하였다는 고사가 있다. 『한서』「유협(游俠)」「진준전(陳遵傳)」에 나온다.
380) 고사피선전(高士披先傳) : 진(晉)나라 황보밀(皇甫謐)에게 『고사전(高士傳)』이 있다.
381) 계훈습구편(稽勳拾舊編) : 황보방은 일찍이 이부계훈사랑중(吏部稽勳司郎中)을 역임하였다.
382) 청전(靑錢) : 동전(銅錢). 동전을 주조할 때 주석을 섞기 때문에 푸른빛이 돈다.

○愛客常投轄 : 轄은 패란거본에 轍로 되어 있으나 서종당본을 따라 고친다.

황도원을 이별하며, 붓 가는 대로 부채 위에 적다(別黃道元, 信筆題扇上)

천리 길을 빈 주머니[383] 짊어지고

절며 와서는 오현(吳縣) 현령[384]에게 몸을 맡겼네.

손님은 운수가 기구하고

주인 또한 병치레 잦은데,

풍속이 야박해서 임공(臨邛)과 달라[385]

정정(程鄭)[386] 같은 좋은 일이 전혀 없네.

객지살이[387] 근 반년에

이름을 아는 가까운 사람 없으니,

백족(白足 : 승려)[388]을 따라서 밥을 구걸하고

대성(大聖 : 부처)[389]에게 귀의하여 사경(寫經)해서 풀칠했다지.[390]

---

383) 공낭(空囊) : 주머니가 씻은 듯이 비어 있음. 한 푼도 없음.
384) 오령(吳令) : 오현(吳縣) 현령인 원굉도 자신을 말함.
385) 박속리림공(薄俗異臨邛) : 임공은 지금의 사천성 공래현(邛崍縣). 한나라 때 사마상여
  (司馬相如)가 곤궁하였을 때 임공을 지나다가 탁왕손(卓王孫)의 과부가 된 딸 문군(文
  君)을 거문고 연주로 꾀어내어, 부부가 되어서는 술 파는 일로 생계를 하였다. 탁왕손
  이 그 소문을 듣고 수치로 여겨서 동복 1백 명과 돈 백만 금을 보내주었으므로, 사마상
  여가 마침내 부자가 되었다고 한다. 이 구절은, 세속이 각박하여 황도원이 사마상여와
  같은 후한 대접을 받지 못한다는 뜻이다.
386) 정정(程鄭) : 한나라 때 산동(山東) 사람. 본래 산동(山東)에서 유사(流徙)되어 온 노예
  였으나, 임공(臨邛)에 살면서 야주(冶鑄)를 업으로 삼아 거만금(鉅萬金)을 쌓았다. 『사
  기』 권129에 입전(立傳)되어 있다. 이 구절의 뜻은, 세상에는 정정(程鄭)처럼 좋은 운을
  타고난 사람이 드물다는 뜻이다.
387) 역거(逆居) : 객지 생활. 객거(客居).
388) 백족(白足) : 승려. 본래 남조 양(梁)나라의 혜교(慧皎)가 발이 얼굴보다 희었던 데서
  나온 말. 혜교는 아무리 진흙을 밟아도 발이 더러워지지 않아서 백족화상이라고 불렸
  다. 『고승전(高僧傳)』에 나온다. 이후 일반적으로 승려를 백족이라고 부른다.
389) 대성(大聖) : 부처. 부처의 존칭이다.

생선 없다는 노래를 부르지 않을 수 없으니391)

어찌 용(龍)의 본성을 순화하지 않을 수 있으랴?392)

가난은 선비에게 늘 있는 일

문장이 어찌 현달을 가져오랴?393)

세 치 혀가 있으면 곧 왕후(王侯)요394)

글 이루면 노래와 영탄하기에 족하네.

가소서, 배회하지 말고

관직 없으니 누굴 공경할 게 있소?395)

---

390) 용경(傭經) : 불경을 베껴내는 일을 하여 풀칠을 한다는 뜻.

391) 미면무어가(未免無魚歌) : 풍환(馮驩)의 고사. 맹상군의 식객 풍환이 대우가 나쁨을 불만스럽게 여겨 "칼아 돌아가자꾸나! 음식에 생선이 없구나(長鋏歸來乎! 食無魚)"라고 노래했더니, 맹상군이 알아듣고 고기 대접을 해주었는데, 얼마 안 되어, 풍환이 또 "칼아 돌아가자꾸나! 외출할 때 탈 수레가 없구나(長鋏歸來乎! 出無車)"라고 노래하였다. 그래서 수레를 내어 주었으나, 풍환은 얼마 있다가 또 다시 "칼아 돌아가자꾸나! 거처할 집이 없구나(長鋏歸來乎! 無以爲家)"라고 노래하였다. 이에 맹상군은 그를 제일 급의 숙소로 옮겨주고 대우를 잘 해주었다고 한다. 『사기』「맹상군열전(孟嘗君列傳)」과 『전국책』「제책(齊策)」에 나와 있다.

392) 능불순용성(能不馴龍性) : 용이 가진 본성을 죽이고 세속을 따랐다는 뜻. 즉 호방한 본성을 죽였다는 뜻.

393) 달개문장명(達豈文章命) : 어찌 문장이 현달을 가져올 수 있겠느냐는 뜻. 한유(韓愈)의 '시가 능히 사람을 궁하게 만든다(詩能窮人)'는 논리를 가져와 썼다. 두보(杜甫)의 시(「天末懷李白」)에도 "문장은 현달의 운명을 미워하고, 도깨비는 사람 찾아오길 좋아하네(文章憎命達, 魑魅喜人過)"라고 하였다.

394) 설재즉왕후(舌在卽王侯) : 전국시대 종횡가(縱橫家)였던 소진(蘇秦)과 장의(張儀)의 고사를 끌어와 썼다. 소진은 6국을 돌면서 "진 밑에서 쇠꼬리가 되기보다는 차라리 닭 머리가 되라"라고 설득하여 종적으로 연합시켜 서방의 진과 대결할 맹약을 맺도록 하였는데 이것을 합종(合從)이라 한다. 한편 장의는 진(秦)나라와 동맹을 맺을 것을 육국에 종용하였는데, 그것을 연횡(連衡)이라고 한다. 장의는 젊어서, 초나라 재상의 옥구슬을 훔쳤다는 누명을 받고 지독한 매질을 당하였는데, 집으로 돌아와 자기 아내에게 '내 혀가 그대로 있는지 보라'고 하여, 그대로 있다고 하지, '그러면 됐다'라고 하였다. 또한 『사기』「유후세가(留侯世家)」에 보면, 유후, 즉 장량(張良)이 말하길, "집안이 대대로 한(韓)나라에 있었으나 한나라가 멸하자, 만금의 자산을 아까워하지 않고, 한나라를 위해 강력한 진나라에게 보복을 하고자 하였더니, 천하가 진동하였습니다. 이제 세 치 혀로 제왕의 사부[帝者師]가 되어 만호(萬戶)에 봉해지고, 열후(列侯)의 지위에 올랐으니, 이것은 본시 포의(布衣)였던 사람이 성공할 수 있는 극한의 경지입니다. 저에게는 족합니다"라고 하였다. 이 구절은, 황도원을 위로하고 격려하는 뜻이다.

千里負空囊, 蹇足投吳令.

客子既數奇, 主人復善病.

薄俗異臨邛, 好事乏程鄭.

逆居垂半載, 無人知名姓.

乞飯隨白足, 傭經飯大聖.

未免無魚歌, 能不馴龍性.

貧者士之常, 達豈文章命?

舌在卽王侯, 文成足歌詠.

去矣莫徘徊, 無官誰相敬?

전교 1596년(만력 24년 병신), 오현에서 지은 시. 이때에 이미 관직을 사임하고 비준을 받았으므로, 황국신(黃國信)과 이별을 나누었다.

유자위(劉子威)

첫째(其一)

홍치(弘治)396)·정덕(正德)397)에 견줄 태평성대에

높은 재주는 안행(雁行)398)할 정도

---

395) 무관수상경(無官誰相敬) : 관직에 있지 않으므로 상관에게 굽신거릴 필요가 없다는 뜻.
396) 홍치(弘治) : 명나라 효종(孝宗) 주우탱(朱祐樘)의 연호가 홍치이다. 18년 간이었다.
397) 정덕(正德) : 명나라 무종(武宗) 주후희(朱厚熙)의 연호(1504~1522).
398) 안행(雁行) : 가장 앞에서 감. 안행(顏行)과 같음. 『한비자(韓非子)』「존한(存韓)」에 "다섯 나라의 제후가 함께 진나라를 토벌하였을 때 한나라는 도리어 제후 쪽에 가담하여, 맨 앞장서서 진나라를 향하여 함곡관 아래서 진지를 구축하였다(五諸侯共伐秦, 韓反與諸侯, 先爲雁行, 以嚮秦軍於關下矣)"라고 하였다. 『전국책(戰國策)』「한책(韓策)」에 보면 "한나라는 필시 왕을 은덕이 있다고 여기기 때문에 필시 맨 앞장서서 오지는 않을 것입니다(韓必德王也, 必不爲雁行以來)"라고 하였고, 그 주(注)에 "雁行은 顏行과 같다"고 하였다.

이름은 단대(丹臺)399)의 함(函)에 넣고
문장은 석고(石鼓)400)의 그것과 꼭 같구나.401)
창고지기402)로서 이윤(伊尹)403) · 여망(呂望)404)에게 이름이 알려졌으나
문 닫아걸고 『노자』· 『장자』를 읽고 있지.
이 시대의 어진 분들 모두 다 돌아가시고
하늘과 땅 사이에 유랑(劉郞) 한 사람만 남았도다.

盛事推弘正, 高才足雁行.
丹臺函姓字, 石鼓篆文章.
管庫名伊呂, 閉門讀老莊.

---

399) 단대(丹臺) : 신선이 사는 곳. 『열선전(列仙傳)』에 보면, 자양진인(紫陽眞人) 주계도
(周季道)가 선문자(羨門子)를 만나서 장생결(長生訣)을 알려달라고 애걸하자, 선문자가
말하길 "이음이 단대(丹臺) 석실 속에 있거늘 신선이 안 되리라고 어이 근심하랴"라고
하였다.
400) 석고(石鼓) : 주나라 선왕(宣王)이 기양(岐陽)에 사냥 갔을 때 그 업적을 석고(石鼓)에
글씨를 새겼다. 그 글씨는 주문(籒文)과 소전(小篆)의 중간 글자체로, 석고주문(石鼓周
文)이라고 한다.
401) 석고서문장(石鼓篆文章) : 문장은 석고의 문장이라고 점쳐도 딱 들어맞을 정도로 꼭
같았다는 뜻.
402) 관고(管庫) : 창고 관리를 함. 『예기』 「단궁 하(檀弓 下)」에 보면, 진(晉)나라 조문자(趙
文子)는 구원(九原)의 묘지에서 숙예(叔譽)와 이야기하면서, 죽은 사람 가운데 수무자
(隨武子)는 군주의 이익을 계산하면서 내 몸도 잊지 않았고 내 몸의 이익을 계산하면서
친구에 대해서도 잊지 않았으므로, 그가 다시 살아난다면 나라가 제대로 다스려질 것
이라고 하였다. 그러자 진나라 사람들은 조문자가 사람을 볼 줄 안다고 보았다. 그런데
조문자는 몸이 허약하여 옷도 제대로 이기지 못할 것 같았으며, 말소리가 낮고 늦어서
입에서 제대로 내뱉지 못하였으나, 진나라의 이곳저곳에서 창고지기를 하고 있었던 현
능(賢能)의 인사를 70여 명이나 발탁하였다.
403) 이윤(伊尹) : 중국 고대 전설 속의 인물. 상(商)나라의 유명한 재상으로 있으면서 탕왕
(湯王)을 도와, 어진 정치를 하였으며 하(夏)나라의 걸왕(桀王)을 멸망시켰다. 탕왕(湯
王)의 손자인 태갑(太甲)이 포악한 정치를 하자 이를 말리다가 귀양을 갔으나 뒤에 다
시 돌아와서 어진 정치를 베풀었다.
404) 여망(呂望) : 주나라 때 명신 강자아(姜子牙). 본래 성은 강(姜), 이름은 상(尙). 선대에
여(呂)나라에 봉해졌으므로 여상(呂尙)이라고도 한다. 자(字)가 자아(子牙)이다. 문왕(文
王)의 스승인 태공망(太公望)이다. 문왕이 사후에 무왕(武王)을 도와 은(殷)나라 주왕(紂
王)을 멸하였고, 제(齊) 땅에 봉해졌다.

時賢零落盡, 天壤一劉郞.

전
筆校교
1596년(만력 24년 병신), 오현에서 지은 시.
○ 유자위(劉子威) : 유봉(劉鳳). 자가 자위이다. 장주(長洲) 사람이다. 가정
(嘉靖) 29년의 진사로, 관직은 하남 안찰사첨사(河南按察使僉事)에 이르렀다가 파
직된 뒤 돌아가서, 천수를 다하고 집에서 죽었다. 저술이 아주 많아서, 수백 권에 이
르렀지만 대부분 험벽하고 심오하여 통하기 어렵다. 『열조시집소전(列朝詩集小傳)』
「정집 중(丁集 中)」에 전(傳)이 있다. 전겸익은 그의 문장을 다음과 같이 논평하였
다. "벽자(僻字)를 겹쳐 구(句)를 이루고, 글자가 조금 평이해지면 다시 벽자를 끼워
넣어서 덮었다. 심오한 구를 겹쳐서 편을 이루었으며, 구가 조금 순해지면 다시 심
오한 구로 차단하여 숨겼다. 그리고 글자에는 훈고(訓故)가 있고 구에는 점두(點讀)
가 있으며 편에는 단락(段落)이 있어서 정말로 아득하다."
○ 石鼓篆文章 : 篆는 서종당본 · 소수본에서는 式으로 되어 있다.

둘째(其二)

산 속에 살며 갑자(甲子)[405]를 잊고
현허(玄虛)의 사유로 무생(無生)[406]을 증명하니,
하늘의 마음은 고사(高士)를 편애하고
인간세계에선 노성인(老成人)[407]을 상서(祥瑞)로 여기네.
문장은 불사(不死)의 약(藥)이요[408]

---

405) 갑자(甲子) : 세월. 갑자는 한 해를 간지(干支)로 기록하는 방식.
406) 무생(無生) : 불교 용어. 태어남이 없으므로 죽음도 없는 궁극의 이법을 말한다. 대승
　　불교(大乘佛敎)의 '공(空)'의 이치와 연결된다.
407) 노성(老成) : 경력이 많고 사리에 통달하여 있거나 문장이 노련한 사람. 또한 노성인
　　(老成人)을 가리키는 경우가 있다. 『시경(詩經)』 「대아(大雅)」 「탕(蕩)」의 구절에 "雖無
　　老成人, 尙有典刑"이란 말이 있다. 정현(鄭玄)의 전교(箋校)에 따르면 여기서의 노성인
　　은 이윤(伊尹) · 이척(伊陟) · 신호(臣扈) 등을 가리킨다고 하였고, 주희(朱熹)의 『시집전
　　(詩集傳)』은 노성인이란 구신(舊臣)이라고 하였다. 채옹(蔡邕)이 죽은 다음에 공융(孔
　　融)은 채옹과 닮은 호분(虎賁)의 무사를 곁에 앉히고 "雖無老成人, 且有典刑"이라 하
　　였다고 한다. 『후한서(後漢書)』에 일화가 전한다.

형체는 세성(歲星)의 정기(精氣)로다.409)
세상 피하자니 명아주 불빛에 교서(校書)하던 분410)에게 부끄러워
등잔 심지 돋우며 오행(五行)의 이치나 전하네.

山居忘甲子, 玄想證無生.
天意私高士, 人間瑞老成.
文章不死藥, 形體歲星精.
避世羞藜火, 挑燈傳五行.

관아 서재에서 쓸쓸하던 참에 마침 조이신411) · 왕백곡 · 황도원 · 방
자공이 방문하였으므로 시를 지었다(縣齋孤寂, 時曹以新 · 王百穀 · 黃道
元 · 方子公見過, 有賦)

맑은 시절412)이거늘 벼슬살이에 게으르매
주머니에는 지난날의 가난이 더해질 따름.
외론 거문고 곡조는 손님에게 드리려 하고413)

---

408) 문장불사약(文章不死藥) : 문장은 불후(不朽)의 이름을 남기는 사업이라는 뜻. 경국문
장(經國文章)의 이념에 따를 경우 문장은 불후의 업적이라고 말할 수 있다.

409) 형체세성정(形體歲星精) : 세성(歲星)은 목성(木星)이다. 『사기』 「천관서(天官書)」에,
"일월의 운행을 살펴 세성이 순행하는지 역행하는지를 헤아린다(察日月之運行, 以揆
歲星之順逆)"라고 하였고, 그 『정의(正義)』에 "세성은 동방 목의 정이요 황제의 상이다
(歲星者東方木之精, 黃帝之象也)"라고 하였다.

410) 여화(藜火) : 한(漢)나라 유향(劉向)이 천록각(天祿閣)에서 서책을 교정하던 어느 날
밤에 한 노인이 명아주 지팡이를 짚고 그곳에 들어와 그 지팡이에 불을 붙여 밝혀주었
다는 고사를 말한다. 유(劉)씨라서 유향의 고사를 말한 것이다.

411) 조이신(曹以新) : 조자념(曹子念). 권3의 「조이신(曹以新)」 등 여러 시를 참조.

412) 청시(淸時) : 태평세월. 정치가 청명(淸明)한 시절을 말한다.

413) 금고장증객(琴孤將贈客) : 홀로 타오던 거문고 곡조를 손님에게 들으라고 보내려 한
다는 뜻. 이군옥(李群玉)의 「실학(失鶴)」 시에 "날개깃을 떨어뜨려 조각구름에 남겨두
어, 우아한 곡소를 외론 거문고에 실었네(墮翎留片雲, 雅操入孤琴)"라 하였다.

친숙해진 학(鶴)은 사람을 의심하지 않누나.
죽음이 두려워 처자식에게 돌아가고
관직을 그만두어 귀신에게 감사한다.414)
찬 구름에 해 그림자 흐르매
노을 기운이 선명하게 붉구나.415)

宦向淸時懶, 囊添舊日貧.
琴孤將贈客, 鶴慣不疑人.
怕死歸妻子, 休官謝鬼神.
寒雲流日影, 霞氣赤鱗鱗.

전
校教 1596년(만력 24년 병신), 오현에서 지은 시.
○ 왕백곡(王百穀) : 왕치등(王穉登), 자가 백곡이다. 장주(長洲) 사람이다.
열 살에 시를 지을 줄 알아, 이름이 오 땅에 높았다. 사람됨이 원만하고 통달하며,
전서와 예서에 교묘하였으며, 교유를 좋아하고 결납(結納)을 잘 하였다. 진진(津津)
하게 담론을 하여 날이 다하고 밤이 되더라도 듣는 이가 피로한 줄을 모를 정도였
다. 또 시로 이름이 나서, 공경과 달관 사이를 드나들었다. 같은 시기의 산인과 포의
가운데 시로 당대를 울린 자가 십여 명인데, 왕치등의 이름이 가장 높았다. 만력 연
간에 조칙으로 국사를 편수할 때, 대학사 조지고(趙志皐) 등이 왕치등과 위학례(魏
學禮)·육필(陸弼)·왕일명(王一鳴)을 천거해서, 조칙으로 징소하려 하였으나, 건의
가 올라가기 전에 사국(史局)이 파하였다. 『남유당시집(南有堂詩集)』 등이 있다. 『명
사』 권288 및 『열조시집소전(列朝詩集小傳)』 「정집 중(丁集 中)」에 전(傳)이 있다.
○ 방자공(方子公) : 방문선(方文僎). 자는 자공. 신안(新安) 사람이다. 반지항(潘之
恒)에게서 시를 배웠다. 곤궁하고 실의하여 9월에도 얇은 옷을 입었다. 1594년(만력

---

414) 휴관사귀신(休官謝鬼神) : 병마 때문에 관직을 그만두게 되어 병마에게 감사한다는 뜻.
415) 적인린(赤鱗鱗) : 선명하게 붉다. 인린(鱗鱗)은 구름의 채색이 곱고 선명한 모습. 『문
   선』에 실린 포조(鮑照)의 시(「還都道中作」)에 "고운 빛으로 저녁 구름 일어나고 쏴아쏴
   아 저녁 바람 억세다(鱗鱗夕雲起, 獵獵晚風遒)"라고 하였고, 여연제(呂延濟)의 주에
   "鱗鱗은 구름의 모습[雲貌]이다"라고 하였다.

22년)에 원중도는 무창(武昌)에서 응시할 때 반지항의 집에서 방문선을 알았는데, 그의 문아(文雅)를 사랑해서 원굉도와 교유하게 하였다. 원굉도의 『폐협집(敝篋集)』은 방문선이 엮어 상재(上梓)한 것이다. 강영과(江盈科)의 「폐협집서(敝篋集序)」에 나와 있다. 이로부터 1607년(만력 35년)까지 원굉도는 벼슬 살거나 유람하거나 늘 방문선을 데리고 갔다. 돈이 생기면 즉시 의복과 갖옷으로 치장하고 술을 사서 손님을 초대하는 등, 주머니 속에 돈을 남겨두지 않았다. 1609년(만력 37년)에 죽었다. 관련 사적은 원중도의 『유거시록(遊居柿錄)』 권3에 나온다.

○ 怕死歸妻子 : 妻는 서종당본에 婆로 되어 있다.

방자공[416]의 요아관에 쓰다(題方子公蓼莪館)

작은 집을 묘지 근처[417]에 짓고
요아(蓼莪)[418] 시편의 뜻을 부쳤네.
하늘은 텅 비었어도 흰 눈을 떨구고
땅은 고달파서 무 하나 낳지 않누나.[419]
달 아래선 산귀신[420]을 불러대고

---

416) 방자공(方子公) : 방문선(方文僎). 앞의 시에 나왔다.
417) 호리(蒿里) : 본디 태산(泰山) 남쪽의 산 이름인데, 사람이 죽으면 혼백이 이리로 와서 머문다고 한다. 여기서부터, 묘지를 가리키는 말로 사용되었다.
418) 요아(蓼莪) : 『시경』 「소아(小雅)」 「요아(蓼莪)」편을 말한다. "무성한 것은 지칭개인가 하였더니, 지칭개가 아니라 쑥덤불이네. 슬프고 슬프도다 부모님이시여, 나를 낳으시느라 너무도 고생하셨네(蓼蓼者莪, 匪莪伊蒿. 哀哀父母, 生我劬勞)"로 시작한다. 「모시서(毛詩序)」는 "요아는 유왕을 풍자한 것이다. 인민들이 노역하고 고생하여 효자가 부모를 끝까지 봉양을 하지 못하는 것을 말하였다(蓼莪, 刺幽王也. 民人勞苦, 孝子不得終養爾)"라고 하였고, 정현(鄭玄)의 전교(箋校)는 "끝까지 봉양을 하지 못하는 것은 양친이 병들고 돌아가실 때 마침 역소에 있어서 뵈올 수 없기 때문이다(不得終養者, 二親病亡之時, 時在役所, 不得見也)"라고 하였다. 주희(朱熹)의 『시집전(詩集傳)』은 "인민이 노역을 하고 고생하여 효자가 부모를 끝까지 봉양하지 못하여 이 시를 지었다(人民勞苦, 孝子不得終養而作此詩)"라고 하였다.
419) 지고불생라(地苦不生蘿) : 지력이 없어서 무 하나 자라지 않는다는 뜻. 蘿는 나복(蘿蔔), 즉 무이다.
420) 산귀(山鬼) : 『초사』 「산귀(山鬼)」에서 "산 계곡에 사람이 있는 듯하여라(若有人兮山

가을 무덤에선 초나라 노래를 오열하듯 부른다.

누헌 가까이 늙은 잣나무 우거졌었거늘[421)

부여잡아 꺾다니, 눈물을 어이하랴.[422)

小築依蒿里, 高篇寄蔘莪.

天空猶墮雪, 地苦不生蘿.

夜月呼山鬼, 秋墳咽楚歌.

近軒多古柏, 攀折淚如何.

전
筆校교

1596년(만력 24년 병신), 오현에서 지은 시.

세모에 시사(時事)를 두고 느낀 바 있어서(歲暮卽事)

난고(蘭膏)[423) 연기는 등잔에 짙고

꽃 빛깔은 한 밤에 붉게 무리 졌는데,

之阿)"라고 산귀신의 존재를 노래한 것이 있다.

421) 고백(古栢) : 두보(杜甫)가 기주(夔州) 제갈공명(諸葛孔明) 사당에 있는 늙은 잣나무를
노래한 「고백행(古栢行)」의 시상을 따왔다. "공명 사당 앞에 늙은 잣나무 있어, 가지는
청동과 같고 뿌리는 바위 같아라. 서리 내린 듯한 껍질은 물을 띨구며 둘레가 마흔 아
름이고, 검은 녹색 빛이 하늘에 이천 척이나 솟아 있네. …… 뜻 있는 인사와 세상 버린
지식인들이여 원망스레 한탄 마오, 옛날부터 재목은 쓰이기 어려웠다오(孔明廟前有老
栢, 柯如靑銅根如石. 霜皮溜雨四十圍, 黛色參天二千尺. …… 志士幽人莫怨嗟, 古來
材大難爲用)"라고 하였다.

422) 반절누여하(攀折淚如何) : 사람들이 잣나무 가지를 부여잡아 꺾어대니, 그것이 슬퍼
서 흐르는 눈물을 주체할 수 없다는 뜻. 잣나무 가지는 덕이 높은 사람을 비유한다.

423) 난염(蘭熖) : 난고(蘭膏)를 태워 나는 불꽃. 난고는 난초 향을 넣은 기름. 『초사(楚辭)』
가운데 송옥(宋玉)의 「초혼(招魂)」에 "난고의 밝은 등촉이 비추고, 아름다운 여인이 나
란히 늘어섰네(蘭膏明燭, 華容備些)"라고 하였는데, 『통석(通釋)』에 따르면, 난고는 기
름의 냄새를 없애기 위해 난초 향을 넣어 고(膏)로 정련(精煉)한 것이라고 한다.

비단 가지와 옥 가위 한가롭고[424]
금 주련과 병풍이 차가워라.
벼슬살 뜻은 이슬 맞은 풀처럼 시들고
귀향의 마음은 저녁 기러기에 꺾이누나.
누가 능히 소녀를 배워
눈썹 그림이 유행의 경지에 들 듯 하랴?[425]

蘭焰添燈重, 花光簇夜紅.
綵枝閑玉剪, 金帖冷屏風.
宦意如霜草, 鄉心折晚鴻.
誰能學少女, 眉畫入時工.

전
篆校교   1596년(만력 24년 병신), 오현에서 지은 시.

제석 날에 왕백곡 · 황보중장 · 방자공과 함께 관아 서재에서 묵은 해를 보내다(除夕同王百穀 · 皇甫仲璋 · 方子公衙齋守歲)

게을러 입춘첩[426]은 아직 붙이지 않고
짐짓 한 해를 마감하는[427] 노래를 부른다.
한가한 관직이라 세망(世網)을 벗어날 수 있고

---

424) 채지한옥전(綵枝閑玉剪) : 비단을 세공하여 만든 장식용 나뭇가지 앞에 옥으로 만든 전지가 놓여 있는 모습을 말하는 듯하다.
425) 미서입시공(眉書入時工) : 눈썹에 그림을 그리는 화장이 당시의 유행에 꼭 들어맞음을 말함.
426) 의춘자(宜春字) : 봄에 맞는 글. 입춘첩(立春帖).
427) 졸세(卒歲) : 한 해를 마감함. 묵은해를 보냄. 송년(送年).

참새 그물 펴지 않아 객들도 기뻐하네.428)
가문이 사씨(謝氏)429) 같음을 비로소 깨닫겠고,
몸뚱이는 하씨(何氏)가 말한 대로라 부끄럽네.430)
다만 강호 자연을 새로 맡아 차지하니431)
한 줄기 오솔길432) 위로 흰 구름이 많구나.

懶貼宜春字, 聊爲卒歲歌.
官能容脫網, 客喜不張羅.
始覺門如謝, 剛慚肉似何.
江湖新管領, 一徑白雲多.

---

428) 장라(張羅):『사기』「급·정열전(汲鄭列傳)」의 찬(贊)에 효무제 때 하비(下邳)에 살던
    적공(翟公)의 고사를 인용하여 두었다. 처음에 그가 정위(廷尉)가 되자 빈객이 문정에
    가득 찼으나 관직에서 해임되자 문전에는 참새 잡는 그물을 칠 정도로 한산했다. 그러
    나 다시 정위가 되자 빈객이 모이려 했다. 그래서 그는 "한 번 죽었다가 다시 살아나매
    사귀는 이의 정을 알겠고, 한 번 부유하였다가 가난해지자 사귀는 이의 태도를 알겠다.
    한 번 귀하였다가 한 번 천해지자 사귀는 이의 실정이 드러났다(一死一生, 乃知交情,
    一貧一富, 乃知交態, 一貴一賤, 交情乃見)"라는 방(榜)을 문전에 걸어두었다고 한다.
429) 사씨(謝氏):육조 시대의 거족(鉅族).
430) 강참육사하(剛慚肉似何):옛날 하씨는 마른 사람은 천하게 여겼는데, 나는 몸뚱이가
    말라서 그 말대로 천하기 때문에 정말로 부끄럽다는 뜻. 강(剛)은 바야흐로, 정말로의
    뜻. 하씨(何氏)는『삼보결록(三輔決錄)』의 주(注)에 나오는데, 장씨(張氏)는 구법(鉤法)
    에 정통하고 하씨(何氏)는 산법(算法)에 정통하였다고 한다. 그래서 삼보(三輔)의 옛말
    에 "장씨는 구법, 하씨는 산법. 하씨는 비만하고, 장씨는 수척하네(張氏鉤, 何氏算. 何
    氏肥, 張氏瘦)"라는 말이 있었다고 한다. 하씨의 경우 비만한 사람은 곧 귀하게 되고
    수척한 사람은 곧 천하게 되는 반면에, 장씨는 그 반대이기 때문에 그렇게 말한다고 하
    였다. 두 가문은 각각 구(鉤)와 산(算)으로 길흉을 판단하고, 사람의 비만과 수척함으로
    귀천을 점쳤다는 것이다.
431) 관령(管領):맡아 차지하다.
432) 일경(一徑):외딴 오솔길 하나. 온정균(溫庭均)의 시(「盧岾山居」)에 "온 산에 비가 내
    려 어둡고, 오솔길은 구름 속으로 비스듬히 들어가네(千山隨雨暗, 一徑入雲斜)"라고
    하였다.

○ 왕백곡·황보중장·방자공(王百穀·皇甫仲璋·方子公) : 모두 앞의 시에 나왔다.

원단에 품은 뜻을 적다(元日述懷)

객 살이 관아에서 한가하게 꽃구경하다가

고향 생각에 버드나무 가지 아래 취하노라.

문 닫고 지내지만 봄 풀은 길게 자라고

베개 높이 베고 바라보니 흰 구름이 기운차다.433)

소나 말이라 불리며434) 여전히 머물다니

붕새435)처럼 떠날 길 아득하구나.

밭 있다면 볍씨나 뿌리리라.

허리 굽히고436) 조정에 나가는 이를 비웃으며.

---

433) 교(驕) : 무성하다. 교교(驕驕).

434) 우마호잉재(牛馬呼仍在) : 『장자』「천도(天道)」편에, "나를 소라고 부르면 소라고 여기고, 나를 말이라고 부르면 말이라 여긴다(呼我牛也, 而謂之牛. 呼我馬也, 而謂之馬)"라는 구절이 있다. 남들이 소나 말이라 부르면 자기는 그것을 받아들이고 거역하지 않고서 전혀 구애되지 않는다는 뜻이다. 여기서는 남들이 나를 무시한다는 뜻이다.

435) 곤붕(鯤鵬) : 『장자』「소요유(逍遙遊)」에 나오는 상상의 물고기와 새. 북명(北冥)의 곤(鯤)이라는 대어가 화하여 붕새가 된다고 하고, 붕새는 구만 리를 높이 떠서 남쪽으로 간다고 하였다.

436) 경절(磬折) : 경쇠처럼 허리를 반으로 꺾다. 경쇠의 등같이 몸을 굽히는 것으로, 공경하는 모습이다. 『예기』「곡례 하(曲禮 下)」에 "서 있으면 허리를 굽혀 머리가 패옥에까지 이른다(立則磬折垂佩)"라고 하였다. 『장자』「어부(漁夫)」에 보면, 공자가 어부와 대담할 때 어부는 노를 세우고 선 채로 공자를 대하였는데 공자는 허리를 굽히고 몸을 구부려서[曲要磬折] 두 번 절하고 응답하였고, 그래서 제자들이 불만을 토로하였다는 이야기가 있다. 또 완적(阮籍)의 영회시(詠懷詩)의 "어찌하여 당로의 사람들은, (진 왕실의 권위에 굴종하여) 함부로 몸을 굽힌 채 귀착할 곳을 잊는가(如何當路者, 磬折忘所歸)"라는 구절이 있다. 여기서는 오두미(五斗米) 때문에 허리를 굽혔던 지난 시대의 인물들을 빗대어 하는 말이다. 도잠(陶潛)이 귀거래를 하였듯이 자신도 귀거래를 한다는 뜻을 드러내었다.

客署閑花事, 鄕心醉柳條.

閉門春草長, 高枕白雲驕.

牛馬呼仍在, 鯤鵬路已遙.

有田堪種米, 磬折笑前朝.

1597년(만력 25년 정유), 오현에서 지은 시. 원굉도는 이해 30세였다.

원단에 방자공[437]과 바둑을 두며(元日方子公對弈)

삼백 길을 다투어 달리며[438]

---

437) 방자공(方子·公) : 방문선(方文僎). 자는 자공. 신안(新安) 사람이다. 반지항(潘之恒)에
게서 시를 배웠다. 앞에 나왔다.

438) 삼백쟁치도(三百爭馳道) : 바둑의 길이 삼백인 것을 말한다. 바둑판은 가로, 세로 각
각 19도(道)로, 그 도가 교차하는 점의 수가 361이다. 그 가운데 점은 천원(天元)이라 하
며, 그것을 뺀 나머지가 3백 로(路)가 된다. 명나라 사조제(謝肇淛)가 엮은 『오잡조(五
雜俎)』에 보면, "천원의 일자(一子)는 중앙에 위치하여 사방에 호령하는 군주와 같은
것으로, 이 일자(一子)를 제외한 360은 주천(周天)의 수로, 그것을 4분하여 춘하추동의
4계절로 하였다"라고 되어 있다. 바둑에 사용된 용구는 바둑판 이외에 바둑상자[碁笥],
바둑돌이 있는데, 그것들은 각각 『역(易)』의 천(天)과 지(地), 그리고 음양과 연결된다.
바둑판의 길 수 361은 1년의 일수이며, 바둑판이 4계절로 나누어져 있다. 반고(班固)는
「혁지(奕旨)」라는 글에서, 바둑에 4상(象)이 갖추어져 있다고 하여, 기국(碁局)이 정방
형인 것은 지(地)의 원칙, 기로(碁路)가 직선인 것은 명덕(明德)의 체현, 기자(碁子)가 흑
백인 것은 음양의 이치, 기반(碁盤) 위의 포진(布陣)은 천문(天文)이라고 하였다. 또 양
(梁)나라 무제는, "위렴은 하늘을 본뜨고 방국은 땅을 본받았다(圍奩象天, 方局法地)"
라고 하였다. 원나라 시대인 1337년에 이루어진 『현현기경(玄玄碁經)』에서는 "천지의
방원(方圓)의 상징이 있고, 음양의 동정(動靜)의 도리가 갖추어져 있으며, 성진(星辰)의
집산(集散)의 질서가 보전되어 있고, 풍운의 변화의 기미(機微)가 숨겨 있으며, 춘추의
영고(榮枯)의 의식이 포함되어 있고, 산하의 기복(起伏)의 형세가 나타나 있으며, 세상
사의 흥망, 일신의 성쇠 등, 이 가운데 깃들어있지 않은 것은 하나도 없다"라고 하였다.
그런데 바둑판은 본래부터 가로, 세로 19도씩이었던 것은 아니다. 즉 고대의 유적에서
나오는 바둑판은 가로, 세로 17도이다. 즉 바둑판은 한위(漢魏) 이전에는 17도, 289로였
다. 그것이 진(晉)부터 육조(六朝)에 걸쳐 19도 361로로 바뀌었다. 『오잡조』에 보면, 한

십천(일만) 전을 걸려 하네.

도소주(屠蘇酒)[439]는 잘 못 마셔 부끄럽다만

바둑 품은 외람되이 앞길이라네.

비단 같은 꽃은 새 날의 경색을 더하지만[440]

서리 같이 흰 터럭은 청년의 기상을 감쇠시킨다.

누가 능히 흑과 백[441] 속에서

혜원(慧遠)[442]의 선(禪)을 깨달으랴.

단순(邯鄲淳, 2~3세기)의 『예경(藝經)』에는 "기국(碁局)은 종횡으로 17도, 합 289도"라
고 되어 있는데, 오늘날과 비교하면 70도가 적다. 옛날에 바둑판은 팔괘(八卦)와 관계
있는 점치는 도구였다고 하는데, 그것이 먼저 17도로 도수(道數)가 증가한 것인데, 이
것은 천지(天地)의 수인 17을 이용하였기 때문이다. 즉 『관자』「오행(五行)」에 보면,
"천도는 9로 체계화하고 지리는 8로 체계화하며 인도는 6으로 체계화한다. 천을 부로
하고 지를 모로 하여 만물을 열어 일통으로 총괄한다(天道以九制, 地理以八制, 人道
以六制. 以天爲父, 以地爲母, 以開乎萬物, 以總一統)"라고 되어 있는데, 여기서 천의
수 9와 지의 수 8을 합한 것이 17이고, 천과 지와 인의 수를 합한 것이 23이다. 바둑판
의 17도는 천의 수 9와 지의 수 8을 합한 것이었다. 그런데 진(晉)부터 바둑판이 19도로
된 것은 19가 영겁회귀(永劫回歸)를 의미하는 수인 것과 관계가 있다는 설이 있다. 즉,
『한서(漢書)』「율력지(律曆志)」에 보면 "천의 끝수 9와 지의 끝수 10을 합해 19가 되며,
『역』은 궁극에 이르러 끝나면 변화하게 되는데, 이것을 윤법(閏法)이라고 한다"라고 되
어 있으니, 이 19는 곧 19년 7윤법의 율력에서 나온 수였다. 바둑판의 19도는 천문과
역(易)을 설명하는 영겁회귀의 신성한 수를 이용한 것이다.

439) 도소주(屠蘇酒) : 원일(元日)에 마셔서 백귀(百鬼)를 제압하고 사기(邪氣)를 물리친다
고 하는 술.

440) 화금첨신일(花錦添新日) : 꽃이 비단같이 피어나 새로 맞은 날의 경색을 더욱 아름답
게 장식하여 준다는 뜻.

441) 흑백(黑白) : 시비(是非) · 선악(善惡) · 정사(正邪) · 청탁(淸濁) 따위의 대립항(對立項)
을 말함. 또한 기국(碁局)을 가리키기도 하므로, 쌍관어(雙關語)이다.

442) 원공(遠公) : 진(晉)의 승려 혜원(慧遠). 삼소(三笑) 고사로 유명하다. 즉 혜원(慧遠), 도
연명, 육수정이 여산(廬山)에서 도를 논하다가 서로 웃으며 이별한 일이 있다. 「삼소도」
의 화제(畫題)도 있다. 송나라 진순유(陳舜兪)의 『여산기(廬山記)』 권2에 "흐르는 샘이
절 아래를 돌아나가 호계로 들어간다. 지난날 혜원 스님이 손님을 전송하느라 이곳을
지나는데, 호랑이가 문득 울부짖었으므로 이러한 이름을 붙였다. 도원량은 율리에 거처
하였고, 산 남쪽에는 육수정이 있었는데, 둘 다 도를 아는 인사였다. 혜원 스님은 이 두
사람을 전송하며 함께 이야기하다가 도에 부합하였으므로, 자신도 모르는 사이에 호계
를 건넜던 것인데, 그래서 서로 크게 웃었다. 지금 세상에 전하는 삼소도라는 것은 여
기에서 비롯된다(流泉匝寺下, 入虎溪. 昔遠師送客過此, 虎輒號鳴, 故名焉. 陶元亮居

三百爭馳道, 十千計賭錢.

屠蘇慚得後, 奕品僭居前.

花錦添新日, 霜毛減少年.

誰能黑白裏, 悟得遠公禪.

전
筆校교 1597년(만력 25년 정유), 오현에서 지은 시.

○ 서종당본·소수본에서는 제목을 「원단에 손님과 마주하여(元日與客對)」라 하였다.

품은 생각을 적어본다(述懷)

나무는 지초(芝草)·계수(桂樹)를 우선 심고

옷은 승검초[薜]와 새삼[蘿]을 마름질 하네.[443]

낡은 그림 건 것은 종병(宗炳) 조사(祖師)[444] 같고

栗里, 山南陸修靜, 亦有道之士. 遠師嘗送此二人, 與語合道, 不覺過之, 因相與大笑. 今世傳三笑圖, 皆起於此"라고 하였다. 송나라 소식(蘇軾)의 「삼소도찬(三笑圖贊)」을 살펴보면 그 세 사람이 누구를 가리키는 지는 확실하지 않다. 송나라 누약(樓鑰)은 「다시 동파의 삼소도 찬에 발문을 쓴다(又跋東坡三笑圖贊)」에서 세 사람이 같이 한 자리에 있을 수 없다는 사실을 논증한 바 있다. 혜원은 진(晉)나라 의희(義熙) 12년 병진(丙辰)에 이미 나이가 83세였고, 육수정은 의희(義熙) 3년 정미(丁未)에 태어나 유송(劉宋) 원휘(元徽) 5년 병진(丙辰)에 죽었으므로, 혜원이 죽은 뒤 정확히 일갑자(一甲子)가 뒤에 죽었다. 육수정은 72세에 죽었으므로, 원공이 죽었을 때 육수정은 고작해야 10살이었다. 게다가 육수정은 유송(劉宋) 원가(元嘉) 말에 비로소 여산(廬山)으로 왔으니, 원공이 죽은 지 30년 뒤였고, 도연명이 죽은 지도 20여 년이 흐른 시점이었다. 누약은 「삼소도」에 얽힌 일화는 호사가들이 잘못 전한 것으로 신빙성이 없다고 보았다.

443) 종수선지계, 재의탁벽려(種樹先芝桂, 裁衣度薜蘿): 굴원(屈原)의 『이소(離騷)』에 "나무 뿌리를 취하여 구리때를 묶고, 벽려의 떨어진 꽃잎을 연결하노라. 굽은 균계를 똑바로 펴서 난초에 연결하고, 호승을 끈으로 삼아 그 끈이 늘어져 아름답네. 아아, 나는 저 앞 시대의 현인을 모범으로 삼아, 세속의 사람들이 입는 것과는 다르도다. 비록 지금 시대의 사람들과 부합하지 않는다고 하여도, 원컨대 팽함이 죽은 뒤 남긴 올바른 표준을 따르려고 하노라(擥木根以結茝兮, 貫薜荔之落蘂. 矯菌桂以紉蘭兮, 索胡繩之纚纚. 謇吾法夫前修兮, 非世俗之所服. 雖不周於今之人兮, 願依彭咸之遺則)"라고 하였다.

해진 솜옷 껴입은 것은 나부(羅敷) 여인[445] 같네.

구학(丘壑)[446]에도 치구(馳驅)가 심하고[447]

현허(玄虛)도 색상(色相)이 많아라.[448]

조정과 저자에서 얽매임 없다면[449]

어느 곳인들 도롱이 입고 고기 낚지 못하랴?

種樹先芝桂, 裁衣度薜蘿.

敝圖懸祖炳, 敗絮擁妻羅.

丘壑馳驅甚, 玄虛色相多.

市朝無拘管, 何處不漁簑.

1597년(만력 25년 정유), 오현에서 지은 시.

---

444) 폐도현조병(敝圖懸祖炳) : 병(炳)은 남조 송(宋)의 종병(宗炳)을 가리킨다. 산수를 좋아하여, 가서는 다시 돌아갈 줄을 몰랐다. 유람한 곳을 그림으로 그려두고, 누워서 노닐었다. 와유(臥遊)라고 한다.

445) 패서옹처라(敗絮擁妻羅) : 나(羅)는 전국시대 진(秦)의 나부(羅敷)를 가리킨다. 절개를 곧게 지켜서 쟁(箏)을 타면서 「맥상상(陌上桑)」 노래를 불러, 조(趙)나라 왕의 핍박을 물리쳤다.

446) 구학(丘壑) : 심산유곡(深山幽谷). 은거하는 곳.

447) 구학치구심(丘壑馳驅甚) : 언덕과 골짜기는 은둔자의 거처로 알려져 있지만 그곳에도 수레와 말을 내달리는 일이 많다는 뜻.

448) 현허색상다(玄虛色相多) : 현허하다고 여기는 하늘에도 갖가지 색상이 많은 것처럼, 현허(玄虛)한 노장(老莊)과 불교의 도리에도 이설(異說)이 많다는 것을 은근히 지적한 말인 듯하다. 『한비자』 「해로(解老)」에 "성인이 그 현허함을 보고, 그 주행함을 근거로, 억지로 이름 할 도라고 하였다(聖人觀其玄虛, 用其周行, 强字之曰道)"라고 있다.

449) 시조무구관(市朝無拘管) : 저자와 조정에서도 얽매임이 없다. 즉 시은(市隱)과 조은(朝隱)을 한다는 뜻.

영춘가. 강진지의 노래에 화운함(迎春歌, 和江進之)

동풍이 누강(婁江)[450] 나무에 따스하게 불고
온 거리 큰 길[451]에 새벽안개 엉겼는데,
용 같은 백마는 흰눈 헤치며 날듯이 가고
달구지 끄는 연자매의 물소리는 꽃향기 뚫고 건너온다.
요란스런 요가(鐃歌)[452] 속에 연기 같은 먼지 날리니
현란한 옷에 곱게 단장한 여인이 천만 인은 되겠군.
이마의 비단 띠 어여쁘고 채붕(彩繃)[453]도 멋지고,
사당의 노래 구성지매[454] 봄 신[455]이 모여드네.
붉은 옷에 금대 두르고 말[斗]만한 인장을 찬 이들은
앞 열이 장관, 뒷 열이 태수로군.
오사모(烏紗帽)엔 한궁화(漢宮花)[456]를 아로새겼고
청노(靑奴 : 종복)는 무릎 꿇고 도소주(屠蘇酒)[457]를 올린다.
채련하는 배에는 옥으로 당(幢)을 만들고
흰 살결의 가동(歌童)과 무희[458]가 쌍을 이루었구나.

---

450) 누강(婁江) : 강소성(江蘇省) 오현(吳縣)의 동쪽에 있는 강. 태호(太湖)의 지류로, 남산
   (嵐山)·태창(太倉) 등의 지역을 거쳐 장강(長江)으로 들어간다. 장강으로 들어가는 곳
   을 유하구(劉河口)라고 한다. 강의 이름을 하강(下江)·유가하(劉家河)·유하(劉河)라고
   도 한다.
451) 삼구(三衢) 구맥(九陌) : 시가의 큰 길을 말함.
452) 요취(鐃吹) : 요가(鐃歌). 본래 군가인데 여기서는 거리에서 징을 두드리면서 노래 부
   르는 악대를 말하는 듯하다.
453) 채붕(彩繃) : 나무를 가설하고 비단장막을 둘러 친 일종의 가설무대.
454) 요요(繚繞) : 구불구불 돌아나간 모습.
455) 망신(芒神) : 봄의 신. 구망신(句芒神). 구망은 본디 고대에 수목을 관리하던 관리였다
   고 한다. 나무가 봄에 무성하므로 목신(木神)을 구망신이라고 한다.
456) 한궁화(漢宮花) : 한궁추(漢宮秋)의 꽃. 전추라(剪秋羅)라고도 한다. 심홍색의 꽃이다.
457) 도소주(屠蘇酒) : 고대의 풍속에 농력(農曆)으로 정월 초하루에 도소주를 마시면 염병
   [瘟疫]을 예방할 수 있다고 한다. 도소(屠蘇)는 풀의 이름이다.
458) 모녀(毛女) : 온 몸에 털이 나 있었다는 옛날의 선녀인데, 여기서는 무희를 말하는 듯
   하다. 모녀는 본래 진시황 때 궁인인데 자는 옥강(玉姜)이라고 하며, 화음(華陰) 산중으

이원(梨園)459)의 옛 음악은 삼천 부(部)460)

소주(蘇州)의 신 악보는 열 세 곡조

되놈 머리의 가면을 쓰고 범처럼 튀고

꽉 끼는 적삼과 비단 바지 입고 대고(大鼓)를 두드리네.

금망(金蟒)461) 옷에 전흉(纏胸)462) 차림은 귀신의 복장

흰 옷 입고 합장하는 모습은 관음(觀音)의 춤.

관객은 산을 이루어 비단 옷이 연이었고

뒤얽혀 소란하거늘 거문고와 노래 소릴463) 누가 구분하랴.

큰길의 향기로운 바람464)은 웃음소리를 실어 보내고

십 리에 붉은 깁 여인들은 취한 미소년465)을 가로막네.

푸른 연잎을 그린 적삼과 연꽃 무늬 치마

투액라(透額羅)466)에 꼭지 머리, 담담한 화장.

버드나무 가지를 들고 언니랑 동생에게 자랑하고467)

외를 소매에 넣어 와선 아랑(兒郞)468)에게 던지네.469)

로 도망하여 소나무 잎을 먹으면서 살다가 신선이 되었다고 한다. 『열선전(列仙傳)』에 나오며, 자(字)를 옥강(玉姜)이라고 한다고 하였다.

459) 이원(梨園) : 당나라 현종이 일찍이 악공 3백 명과 궁녀 수백 명을 선발하여 악곡을 이원에서 가르치게 하였다고 한다. 그것을 '황제이원자제(皇帝梨園子弟)'라고 하며, 연원(演員)을 '이원자제(梨園子弟)'라고 한다.

460) 부(部) : 악대(樂隊).

461) 금망(金蟒) : 황금색의 용을 그린 옷. 망의(蟒衣). 명나라 때는 오랑캐 추장과 각신(閣臣)에게 망의를 하사하였다. 화의(花衣), 망복(蟒服)이라고도 한다.

462) 전흉(纏胸) : 가슴을 조이는 복색을 말하는 듯함.

463) 사여육(絲與肉) : 사(絲)는 거문고 소리, 육(肉)은 노래 소리.

464) 향풍(香風) : 향기로운 바람. 꽃에 불어 향기를 띠고 있는 바람.

465) 취옥(醉玉) : 술에 취한 옥 같은 미소년.

466) 투액(透額) : 투액라(透額羅). 투명한 얇은 비단. 『유청일찰(留青日札)』에 보면, 원진(元稹)의 시(「贈劉采春」)에 "새 화장이 교묘하여 쌍 나비를 그린 듯하고, 상주 투액라를 제멋대로 싸매었네(新粧巧樣畵雙蛾, 謾裹常州透額羅)"라고 하였다.

467) 습득춘조과자매(拾得春條兮姊妹) : 길가는 미소년과 눈이 맞아 미소년이 정표로 준 버드나무 가지를 손에 쥐고 자매들에게 자랑한다는 뜻. 춘조(春條)는 봄날의 버드나무 가지.

468) 아랑(兒郞) : 보통은 아내가 남편을 부르는 말로 사용되지만, 여기서는 정인(情人)을

일시에 피리 소리 급하고 거문고 소리 빨라지자

일천 문 앞 수양버들, 가지가 꺾이누나.[470]

문 닫아건 원(袁) 대령(大令)[471]만은

서가[472]에 먼지 끼고 거미줄이 생겨났고

東風吹暖婁江樹, 三衢九陌凝曉霧.

白馬如龍破雪飛, 犢車輾水穿香度.」

鐃吹拍拍走烟塵, 炫服靚粧千萬人.

羅額鮮姸夢綵勝, 社歌繚繞簇芒神.」

緋衣金帶印如斗, 前列長官後太守.

烏紗新縷漢宮花, 靑奴跪進屠蘇酒.」

採蓮舟上玉作幢, 歌童毛女白雙雙.

梨園舊樂三千部, 蘇州新譜十三腔.」

假面胡頭跳如虎, 窄衫繡袴搥大鼓.

金蟒纏胸神鬼裝, 白衣合掌觀音舞.」

觀者如山錦相屬, 雜沓誰分絲與肉.

一路香風吹笑聲, 十里紅紗遮醉玉.」

말한다.

469) 수내과자척아랑(袖來瓜子擲兒郞) : 본래 외를 던진다는 말은 『시경』 「위풍(衛風)」 「목과(木瓜)」에서 "나에게 목과를 던져주기에, 아름다운 옥으로 보답하네(投我以木瓜, 報之以瓊琚)"에서 나온 말로, 작은 선물을 주어 큰 선물로 보답을 받는다는 뜻이다. 투과득경(投瓜得瓊)의 성어로 쓰인다. 그런데 여기서는 정인(情人)에게 정표를 보낸다는 뜻으로 쓰였다. 또한 이것은 반악(潘岳)의 고사를 따온 것이기도 하다.

470) 파청지(破靑枝) : 사람들이 버드나무 가지를 정표로 주기 위해 수양버들 가지를 꺾는다는 뜻이다.

471) 대령(大令) : 지현(知縣)의 별명.

472) 서상(書床) : 서가(書架). 백거이(白居易)의 시(「東南行一百韻 寄通州元九侍御・灃州李十一舍人・果州崔二十二使君・開州韋大員外・庚三十二補闕・杜十四拾遺・李二十助教員外・竇七校書」)에 "서상에 귀뚜라미 울고, 거문고 갑에 거미가 그물을 쳤네(書床鳴蟋蟀, 琴匣網蜘蛛)"라 하였다.

青蓮衫子藕荷裳, 透額垂髻淡淡粧.
拾得春條夸姊妹, 袖來瓜子擲兒郎.」
急管繁絃又一時, 千門楊柳破靑枝.
獨有閉門袁大令, 塵擁書牀生網絲.」

전校교 1597년(만력 25년 정유), 오현에서 지은 시. 강영과의 「영춘가(迎春歌)」는
『설도각집(雪濤閣集)』 권2에 실려 있다. 기구(起句)에 "불탄 자리에 새벽녘
동풍이 불어 푸른빛 감돌고, 거리에는 아침나절 비단 옷 차림 번잡하네(燒痕曉入東
風綠, 九陌朝來繁綺縛)"라고 하였고, 결구(結句)에는 "다만 시절이 평화롭고 곡식
풍년이 들어, 해마다 봄맞이가 오늘 같기만 바라노라(但願時和年穀豐, 歲歲迎春如
此日)"라고 하였다.

○ 牘車輾水穿香度 : 輾은 패란거본에 碾이었으나, 이운관본에 의한다.

○ 一路香風吹笑聲 : 路는 패란거본에 絡이었으나, 이운관본에 의하여 고쳤다.

강진지의 이별시에 답하다(答江進之別詩)

그대는 한 자 되는 흰 비단에[473]
혼을 녹일 듯[474] 쓰라린 이별의 슬픔을 적어 보냈구려.
뼈아픈 눈물이 흘러 글자 자취는 붉은 파도를 이루고[475]
괴로운 마음처럼 비단의 무늬도 찢어져 있네.

---

473) 일척소(一尺素) : 서신. 「고악부(古樂府)」의 「음마장성굴행(飮馬長城窟行)」에 "손님이
먼 곳에서 와서 내게 잉어 한 쌍을 주시네, 아이를 불러 잉어를 삶게 하였더니 그 속에
한 자 서신이 있구나(客自遠方來, 遺我雙鯉魚, 呼童烹鯉魚, 中有尺素書)"라고 하였다.
옛날 사람들은 보통 한 자 길이의 비단에 글을 썼다.

474) 소혼(消魂) : 이별로 인하여 혼백을 잃은 듯하다는 뜻. 남조 송나라 강엄(江淹)의 「별
부(別賦)」에 "서글피 혼을 녹이는 이유는, 오직 이별하기 때문이로다(黯然銷魂者, 唯別
而已矣)"라고 하였다.

475) 필파홍(筆波紅) : 슬픔에 붓이 흔들려 글씨가 물결을 이루고, 피눈물에 글씨가 물들어
붉게 되었다는 뜻.

그대와 사귄 지 이제 겨우[476] 두 해,

서로 높은 절개를 닦자고 기약하였지.

잘못이 있으면 반드시 곧바로 지적하고

근심 있으면 함께 애절하게 여겼다네.

밀의(密意)는 난야·전단나 향기[477]처럼 뚜렷하고

고상한 이야기는 금가루[478] 날리듯 하였으며,

공문서의 문안과 문학·사학의 서적도

하나하나 토의하여 결정하였지.

그대는 남을 대하여 솜처럼 부드럽게 이야기하되

긴요한 논의에는 쇠처럼 논리가 날카로웠고,[479]

기뻐하거나 성내거나 참된 성정을 그대로 드러내고

남의 급한 일을 보면 간장(마음)이 뜨거워졌지.

그렇기에 나의 아우 소수(小修)가 말하길

강랑(江郎)은 오 땅에서 뛰어난 호걸 수령이라나.

그대는 관로를 잠시 떠나지만

우리의 교제가 어찌 중단되겠소?

옛 우물은 거친 물결을 일으키지 않고[480]

---

476) 재(才): 겨우 재(纔)와 같다.

477) 취난전(臭蘭旃): 난초와 전단나(栴檀那)의 향기를 냄새 맡음. 불교적 이치를 변별하고 품평함. 난(蘭)은 난야(蘭若)로, 승려가 거처하는 곳을 말함. 전단나(栴檀那)는 남인도 마라야(摩羅耶)산에서 나는 향목으로, 우전왕(優塡王)이 처음으로 전단으로 석가모니 불상을 만들었다. 혹은 취난(臭蘭)은 『주역』「계사전(繫辭傳)」의 "동심의 말은 그 향기가 난과 같다(同心之言, 其臭如蘭)"라고 한 것을 취하여 온 것인지 모른다.

478) 금설(金屑): 금가루. 담화의 이야기 하나하나가 아름다움을 비유한 말. 그런데, 원굉도는 만력 18~19년에 일종의 인생론을 저술하여 스스로 그 제목을 『금설편(金屑篇)』이라고 하였다. 이지(李贄)는 그것을 읽고 서문을 적어주고 시를 한 수 보낸 일이 있다.

479) 당기봉사철(當機鋒似鐵): 긴요한 관두(關頭)에 이르게 되면 언봉(言鋒)이 날카롭고 시원시원하여, 조금도 애매하고 주저함이 없이 결론을 내리는 것을 말함.

480) 고정절회파(古井絶廻波): 우정만은 죽도록 변하지 않는 것이 마치 마른 옛 우물이 어떠한 파란과 변화도 일으키지 않는다는 뜻. 당나라 맹교(孟郊)의 시에 "제 마음은 오래되 우물의 물과 같아 맹세코 파란을 일으키지 않아요(妾心古井水, 波瀾誓不起)"라고

깊은 산에는 녹지 않는 눈이 쌓여 있는 법.

橫將一尺素, 寫出消魂別.
淚深筆波紅, 情苦絹文裂.
事君才兩載, 相期礪高節.
有過必直陳, 無憂不共切.
密意臭蘭旅, 奇談飛金屑.
案牘與文史, 一一相商決.
對客語如綿, 當機鋒似鐵.
喜怒性情眞, 緩急肝腸熱.
所以小修言, 江郞吳令傑.
官雖暫時離, 交豈中道輟.
古井絶廻波, 深山無化雪.

1597년(만력 25년 정유), 오현에서 지은 시. 강영과가 원굉도를 이별하면서 지은 시는 모두 7수로, 「원중랑이 병을 이유로 사직하고 남쪽으로 돌아가기에(袁中郞移病南歸)」라는 제목이다. 『설도각집(雪濤閣集)』 권1에 있다.

강랑[481]을 이별하며(別江郞)

강랑(江郞)은 모습이 기굴(奇崛)하고
시문도 대단히 예스럽고 질박하다.
열 셋에 부친 읽으시던 책을 읽었고

하였다. 또 백거이(白居易)의 시(「贈元稹詩」)에 "파란 없음은 옛 우물 물, 마디(節) 있음은 가을 대나무 가지(無波古井水, 有節秋竹竿)"라 하였다.
481) 강랑(江郞) : 강영과(江盈科)의 아들. 강우소(江禹疏).

열다섯에 부친의 붓 받는 꿈을 꾸었기에,⁴⁸²⁾

부모가 애련히 여겨

늘 슬하에서 보호하는구나.

어찌 나를 따라 노닐어

작은 배로 이실(二室)⁴⁸³⁾을 찾아가지 않나?

江郎貌奇崛, 文字多古質.

十三讀父書, 十五夢先筆.

父母憐愛之, 保護常在膝.

何不從我遊, 扁舟訪二室?

전
筆校교
1597년(만력 25년 정유), 오현에서 지은 시.

지
志疑의
전백성의 『전교』는 강랑을 강영과(江盈科)라고 보았으나, 시의 내용으로 보아 강랑은 그 아들 강우소(江禹疏)를 말한다. 강우소는 자가 백통(伯通)으로, 뒤에 원굉도의 친구 용응(龍膺)과 "풍아(風雅)로 서로 교유하였다(以風雅相友善)."(용응, 「白雲山房詩序」) 이때는 아직 어려서 부친을 따라 오현에 있었다.

---

482) 몽선필(夢先筆) : 부친에게서 붓을 받는 꿈을 꾸었다는 뜻. 양(梁)나라 강엄(江淹)이 복건성(福建省) 포성현(浦城縣) 서남쪽의 고산(孤山)이란 곳에 수령이 되었을 때 신(神)이 오색필(五色筆)을 주는 꿈을 꾸고 난 뒤 문명(文名)을 떨치게 되었다는 고사에 빗댄 것이다. 고산의 지명을 몽필(夢筆)이라고도 한다. 그런데 강엄은 뒤에 꿈을 꾸니 한 장부가 꿈에 나타나서 곽경순(郭景純 : 郭璞)이라고 자칭하면서 말하길, "전에 그대에게 붓을 빌려주었는데, 이제 돌려주었으면 한다"고 하였으므로, 품속에서 오색필을 더듬어 찾아서 그에게 돌려주었다고 하며, 그 뒤로 그의 문장력은 떨어지게 되었다고 한다. 『남사(南史)』「강엄전(江淹傳)」과 『태평광기(太平廣記)』의 몽(夢)조에 고사가 전한다. 여기서는 고사의 전반만 관련시킨 것이라고 하겠다.

483) 이실(二室) : 강영과(江盈科)의 고향 도원현(桃源縣) 흠산(欽山) 아래, 마원(馬援)이 피서하던 두 석실을 말한다. 전백성 씨의 『전교』는 소실(少室)과 대실(大室)로 보았으나 잘못이다.

왕백곡[484]을 이별하며(別王百穀)

황하에 서리 푸르고[485] 기러기는 비껴 나는데[486]
서풍에 필마로 또다시 하늘가로 향하다니.
금범경(錦帆涇)[487]은 낭관(郎官)[488] 관사를 감아 흐르고
관자교(冠子橋)[489]는 처사(處士)[490]의 집으로 통하네.
가절을 맞아 초야의 은둔자로서 떨이를 흔들고[491]
정갈한 관아 서재에서 식사 전 차를 한참 음미하네.

---

484) 왕백곡(王百穀) : 왕치등(王穉登). 만력 연간에 조칙으로 국사를 편수할 때, 대학사 조지고(趙志皐) 등이 왕치등과 위학례(魏學禮)·육필(陸弼)·왕일명(王一鳴)을 천거하여, 조칙으로 징소하여 등용하려 하였으나, 건의가 올라가지 전에 사국(史局)이 파하였다. 앞서의 시에 나왔다.

485) 청상(青霜) : 푸른 서리. 강에 찬 안개가 푸르게 끼어 있는 것을 가리키는 듯함.

486) 안자사(雁字斜) : 기러기들이 붓으로 쓴 글씨처럼 비스듬히 비껴 나는 모습을 가리킴.

487) 금범경(錦帆涇) : 개울의 이름. 소주(蘇州) 부치(府治) 큰 거리의 서쪽에 있다. 전하는 말에 오나라 왕이 비단 돛을 걸어두고 놀았다고 하여 이런 이름이 붙었다고 한다.

488) 낭관(郎官) : 한나라 때 시랑(侍郎)과 낭중(郎中)을 가리키는데 숙위(宿衛)를 관장하였으며, 때로는 지방관을 겸하였다. 당나라 이후로는 오로지 낭중원외(郎中員外)를 가리켰다. 여기서는 구체적으로 누구를 가리키는지 미상.

489) 관자교(冠子橋) : 즉 여관자원교(女冠子院橋)이다. 소주(蘇州) 부성(府城) 안의 자비교(慈悲橋) 남쪽에 있다.

490) 처사(處士) : 매처사(梅處士) 즉, 북송의 시인 임포(林逋)를 말하는 듯함. 임포는 서호(西湖)의 고산(孤山)에 은둔하면서 20년 간 성시(城市)로 발을 들이지 않았다. 그는 일생 결혼을 하지 않고, 매화를 심고 학을 기르면서 즐겨, 마침내 '매처학자(梅妻鶴子)'라는 말이 있게 되었다.

491) 호사매휘임하주(好事每揮林下麈) : 좋은 절기에는 재야에 거처하는 사람으로서 자유를 만끽하여 떨이를 흔들며 청담하기를 즐긴다는 뜻. 왕백곡이 교유를 좋아하여 사람들과 만나면 여유 있게 담소하여, 듣는 사람으로 하여금 피로하지 않게 한다는 뜻을 지닌다. 주(麈)는 큰사슴으로, 여기서는 주미(麈尾)의 준말이다. 큰사슴의 꼬리로 만든 먼지떨이. 위진(魏晉) 때 지식인들이 청담(淸談)을 할 때에 손에 들고 있기를 좋아하였다. 『진서』「왕연전(王衍傳)」에 보면, "왕연은 재주가 높고 외모가 아름다웠는데, 이치를 분명히 깨닫는 것이 신묘하였으며, 현언(玄言)을 아주 잘 하였으되, 오직 『노자』와 『장자』를 논하는 것을 일삼았다. 매번 옥으로 된 자루가 달린 큰사슴 꼬리를 들고 있었는데, 그의 손과 같은 색이었다"고 하였다. 임하(林下)는 관직에 없이 재야에 있는 사람을 말한다.

동쪽 이웃에 예쁜 여인 없지 않으리니[492]
눈앞에 누가 〈완계사(浣溪紗)〉[493]를 뽑을지?

河上靑霜雁字斜, 西風匹馬又天涯.
錦帆逕繞郎官舍, 冠子橋通處士家.
好事每揮林下塵, 淸齋長試穀前茶.
東鄰不是無姝子, 眼底何人解浣紗.

전
筆校교

1597년(만력 25년 정유), 오현에서 지은 시.
○ 好事每揮林下塵 : 揮林下塵가 서종당본 · 소수본에는 供梅月水로 되어
있다.

<hr />

492) 동린불시무주자(東鄰不是無姝子) : 동쪽 이웃에 아름다운 여인이 살고 있다는 뜻. 송
옥(宋玉)이 지은 「등도자호색부(登徒子好色賦)」의 고사를 빌어 왔다. 송옥은 전국시대
초나라 양왕(襄王)의 신하로, 호색한 등도자를 설정하여 양왕을 간(諫)하였다. 그 부의
첫머리에 보면, 송옥이 사는 마을의 동쪽 이웃 여자[東家之女]가 담장에 올라서서 자
신을 엿본 지 3년이나 되지만 아직 허락을 하지 않았다는 말을 하였다.
493) 해완사(解浣紗) : 완계사(浣溪紗)의 곡조를 잘 알아서 구성지게 부른다는 뜻. 완계사
는 본래 사패(詞牌)인데, 남곡(南曲)에도 곡조가 있는 등 여러 가지 곡조가 있다. 완사
계(浣紗溪)는 본래 절강성(浙江省) 소흥현(紹興縣) 남쪽 약야산(若耶山) 아래의 약야계
(若耶溪)를 말하며, 서시(西施)가 비단을 빨았다는 곳이다.

시문 목차

『원중랑집』 제3권

금법집(錦帆集) 권1